라틴아메리카
인종과 정치

이 저서는 2008년 정부(교육과학기술부)의 재원으로 한국연구재단의
지원을 받아 수행된 연구임(NRF-812-2008-1-B00039)

라틴아메리카 인종과 정치

김기현 지음

한국학술정보(주)

대학에 들어와 라틴아메리카와 인연을 맺은 지도 이제 30년이 훌쩍 지나가고 있다. 학위 과정을 마치고 본격적으로 연구의 삶을 산 지도 15년이 넘었다. 그동안 많은 논문을 발표하고, 여러 저술 작업들에 공동 참여했지만 단독저술을 내는 것은 이번이 처음이다. 따라서 이 책의 출판을 앞두고 남다른 감회가 없을 수 없다. 최근에 2인 공저로 출판한『라틴아메리카 경제의 이해』도 많은 정성을 들였기에 애정이 크지만, 단독저술이라는 점에서 이 책의 출판이 내게 가지는 의미는 남다르다. 그래서 이렇게 머리말이라는 것도 한번 써 보려고 마음을 먹는다.

지금까지 지역학이라는 명분 아래 참으로 다양한 주제들을 연구해왔다. 주요 정치, 경제 흐름에 대한 분석은 말할 것도 없고, 역사와 문화 그리고 인류학과 관련된 주제들에도 관심을 가져왔다. 라틴아메리카 원주민이라는 주제와 연을 맺게 된 것은 인권 프로젝트를 수행하면서부터였다. 학회 동료들과 함께한 이 프로젝트에서 나는 라틴아메리카의 다양한 인권 문제들 중 원주민 인권을 맡았다. 연구를 수행하는 과정에서 원주민 문제가 인류학적 주제를 넘어, 또 인권이라는 문제를 넘어 라틴아메리카 현대 정치의 가장 중요한 변수 중 하나임을 인식하게 되었다. 1980년대의 외채위기와 1990년대의 신자유주의 헤게모니로 인해 기존의 좌파가 위기를 겪으면서 새롭게 부각된 것이 신사회운동, 즉 정체성의 정치이다. 그중 라틴아메리카에서는 원주민 운동과 종족성의 정치가 가장 큰 영향을 미쳤다. 이 책의 저술은 바로 이런 인식에서 출발했다.

멕시코에서 오랜 유학생활과 수차례 라틴아메리카 다른 국가들을 여행하면서 가졌던 의구심, 즉 '라틴아메리카 사회는 분명히 인종적으로 분리되어 있음에도 불구하고 왜 인종문제가 부각되지 않는가?' 하는 문제에 대한 의문도 이 연구를 시작하게 된 중요한 배경이다. 최근 좌파 정당들이 다시 부각되면서 원주민 운동과 종족성의 정치가 다소 위축된 것처럼 보이기도 하지만, 그렇다고 해서 라틴아메리카에 원주민을 비롯한 흑인들의 인종문제가 사라진 것은 결코 아니다. 라틴아메리카에서 인종문제 그리고 그들의 정치적 참여의 문제는 앞으로도 계속될 것이다.

나는 이 책을 집필하면서 기대하지 않았던 또 다른 소득을 얻었다. 그것은 다름이 아니라 이 연구의 연장선상에서 라틴아메리카의 또 다른 종족 그룹인 아시아계에 대해 관심을 가지게 되었고, 그를 통해 다시 학술연구재단의 저술지원을 받게 되었다는 사실이다. 라틴아메리카에서 아랍계, 유대계, 일본계, 중국계를 포함하는 아시아계 종족그룹은 원주민, 흑인과는 달리 성공한 소수 종족그룹이라는 점에서 또 다른 의미를 가진다. 그러한 관심과 성과는 모두 원주민과 흑인에 대한 연구, 즉 이 책에서부터 시작되었다.

이 책을 저술하고 출판하는 데 있어서 가장 큰 도움을 준 것은 무엇보다 한국연구재단이다. 논문을 중심으로 평가하는 학계의 풍토에서 한국연구재단이 야심차게 시도한 인문저술사업이 없었더라면 이 책의 출판은 사실상 불가능했을 것이다. 주제의 중요성에 공감하고 선정해 준 익명의 심사위원들에게도 이 자리를 빌려 감사의 뜻을 전한다. 아버지를 따라 힘든 학문의 길을 가겠다는 큰아들 동휘, 재수라는 어려운 과정을 잘 참으며 최선을 다하고 있는 둘째아들 주영, 그리고 나를 포함해 세 명의 이기적 남자들을 묵묵히 뒷바라지하는 아내 경순에게 이 책을 바친다. 가정의 평온함이야말로 연구의 원동력이다.

김기현

차 례

서론:
혼혈의 신화를 넘어 종족성의 정치로

1. 라틴아메리카에 인종차별이 존재하는가?

다음의 글은 네이버 지식iN에 한 중학생이 수행평가를 위해 올린 질문이다. "라틴아메리카가 여러 인종이 혼합되어 있으면서도, 인종차별이 없는 이유는 무엇입니까?" 이 질문에 대한 재야 식자들의 답변은 흥미롭다. "라틴아메리카 대부분의 인구는 혼혈족이다. 그러니까 인종차별이 있을 수 없다. 대개 인종차별은 '나는 엄연히 백인이다'라는 엄연한 구분에 의해서 생기는데 자신이 백인인지도 흑인인지도 모르는 사람이 인종차별을 할 수 있나요." 다른 답변 또한 같은 맥락이다. "인종차별이 없다고 들었습니다. 워낙 많이 섞여서. 백인끼리 결혼해도 흑인이 나온다고 하네요."

이러한 질문과 답변을 보면서, 라틴아메리카 인종문제가 미국처럼 백인과 흑인의 문제라는 부분적으로 잘못된 인식은 차치하고라도, 라틴아메리카에는 인종차별이 존재하지 않는다는 인식이 우리나라에까지 일반화되어 있다는 사실은 놀랍다. 그리고 그 현상에 대한 이유를 혼혈에서 찾는 것조차도 라틴아메리카의 일반적 인식과 크게 다르지 않다.

라틴아메리카에서는 인종문제에 있어 다음과 같은 신화가 존재한다. 라틴아메리카는 혼혈과 인종 통합정책을 성공적으로 수행함으로써 인종문제가 존재하지 않는다. 따라서 미국에서의 차별이 사회적이라기보다 인종적인 것이라면, 라틴아메리카에서의 차별은 인종적이라기보다 사회적인 것이다. 그럼으로 라틴아메리카는 인종문제 해결의 모델이라 할 수 있다.

그러나 라틴아메리카의 인종문제는 혼혈의 이데올로기와 국가 통합정책에 따라 그 심각성이 드러나지 않았을 뿐 그 문제가 결코 작지는 않다. 무엇보다 500년간의 혼혈에도 불구하고, 라틴아메리카 몇몇 국가 원주민 인구의 비중은 미국에서 흑인이 차지하는 비중보다 훨씬 더 크다. 게다가 최근의 사회학적 연구들은 라틴아메리카에 있어서 인종에 따른 정치사회적 차별이 엄연히 존재하고 있음을 속속 밝히고 있다.

관련하여 스페인의 유명 신문 엘 파이스El País의 편집인인 이반 브리스코에의 언급은 의미하는 바가 크다. "원주민이 다수인 볼리비아, 과테말라뿐만 아니라 백인 지배의 유사한 사회 구조를 가진 대부분의 중남미 국가들에서 빈곤의 수준과 피부색의 일치는 너무나 뚜렷하기 때문에, 500년에 걸친 혼혈이 라틴아메리카에서 인종차별 문제를 의미 없게 만들었다는 신화는 이제 더 이상 존재할 수 없다."Briscoe, 2005

물론 라틴아메리카의 어떤 나라에도 법적으로 명확한 인종차별은 존재하지 않는다. 그러나 그 유명한 '인종 민주주의racial democracy'의 브라질이나 원주민 대통령 베니토 후아레스Benito Juárez를 탄생시킨 멕시코에서조차도 암묵적 인종차별은 여전히 존재하고, 무엇보다 실재적 측면에서 정치·경제·사회적 인종차별도 매우 크다. 브라질에서 흑인과 물라토의 연평균 소득은 백인의 65%에 불과하며, 베네수엘라에서는 우고 차베스에 대한 지지가 흑인과 혼혈인 그리고 백인 사이에 뚜렷이 갈라지고, 백인 엘리트들이 차베스를 삼보(원주민과 흑인의 혼혈)라고 비난하는 현상들은 라틴아메리카에 실제적으로 존재하는 인종차별의 몇몇 사례에 불과하다. 심지어 카스트로 이전 거의 아파테이트[^apartheid]에 가깝던 쿠바 사회가 혁명을 통해 흑인과 백인의 평균 수명을 거의 같은 수준으로 올림으로써 인종차별문제를 성공적으로 해결했다고 선언했음에도 불구하고, 1990년대 이후 경제적 위기 상황을 거치면서 쿠바에서도 인종차별 문제가 다시 심각하게 등장하고 있다는 사실은 라틴아메리카 인종문제의 뿌리가 얼마나 깊은가를 말해준다.

2. 원주민은 21세기 라틴아메리카 정치의 주요 행위자

라틴아메리카에서는 지금까지 수많은 정치적 변화의 시도가 있었지만, 그것이 근본적인 정치·사회적 변혁을 가져온 경우는 많지 않다. 특히 인종문제에 있어서 변화는 거의 전무하다. 단지 백인들이 원주민과 흑인들의 표를 얻기 위해 그들의 조직을 활용하거나 선심정책을 펼친 경우는 흔하지만 그들 스스로가 주체가 되어 사회변혁을 주도한 경우는 매우 드물다. 그러니 백인지배사회에 근본적 변화가 있을 수 없었다.

그러나 최근 라틴아메리카의 인종문제에 있어 흥미로운 사실은 이 지역의 종족적 주체들이 과거의 수동적이고 체념적 상태에서 벗어나 당당히 자신의 권리를 요구하기 시작했다는 점이다. 특히 원주민들의 정치적 부상은 라틴아메리카 정치에 있어서 최근 가장 부각되는 이슈가 되었다. 관련하여 앞서 언급한 브리스코에는 또 다음과 같이 언급하고 있다. "최근 라틴아메리카 정치에 있어서 가장 지배적 이슈는 좌파의 부상이다. 그러나 볼리비아에서 에보 모랄레스의 승리 이후 이러한 정치적 동력은 원주민과 같은 소외된 자들[^underdog]의 부상이라는 심지어 보다 더 큰 동력에 의해 대체되고 있다."[Briscoe, 2005] 그의 말은 2000년대 라틴아메리카 정치에서 원주민의 정치적 부상이 좌파 정부의 등장보다 더 큰 이슈임을 지적하는 것이다.

500년간의 말살과 통합정책에도 불구하고 라틴아메리카 전체에서 원주민 인구가 차지하는 비중은 현재 약 6% 수준을 유지하고 있다. 그리고 최근에는 그 비중이 오히려 증가하는 추세이다. 이렇게 이들이 전체 인구에서 차지하는 비중이 결코 작지 않지만 그들의 중요성이 보다 부각되는 것은 원주민들이 일부 국가에 집중되어 있다는 점 때문이다. 라틴아메리카에서는 우루과이와 카리브의 일부 섬나라들을 제외하고 거의 모든 국가가 원주민 인구를 가지고 있다. 그러나 원주민의 약 85% 이상은 여전히 과거 마야 문명과 잉카 문명의 중심지였던 중앙아메리카나 중부 안데스 유역 국가들에 집중되어 있다.

<표 1>에서 볼 수 있는 것처럼 2000년 볼리비아와 과테말라에서 원주민 비중은 전체인구의 각각 66.2%와 39.5%로 과반이 넘거나 과반에 달하며, 페루의 원주민 비중도 15.9%에 이른다. 에콰도르의 원주민 비중은 비록 공식적 통계로는 6.8에 불과하지만, 다른 통계에 따르면 43%로까지 추정되기도 한다. 멕시코의 경우 비록 전체 인구에서 차지하는 원주민 인구의 비중이 7.9%에 불과하지만 절대적 수로는 가장 많은 원주민이 멕시코에 살고 있다. 또한 멕시코의 경우 원주민들이 일부 주(치아파스 주, 오아하카 주 등)에 집중되어 있기 때문에 그러한 지역에서 원주민의 비중은 거의 과반수에 달한다.

흑인 인구수는 인종 개념의 정의와 자의식의 변화에 따라 크게 차이가 난다. 따라서 백인이 아니면 다 흑인이라는 개념에 따라 최대한으로 잡으면 그 비중은 전체의 17%가 넘고, 물라토를 제외한 최소 흑인의 비중만 고려하면 전체의 9% 수준에 달한다. 따라서 인구수만을 놓고 본다면 오히려 흑인의 비중이 원주민보다 더 크다. 그럼에도 불구하고 흑인

인구의 다수가 브라질과 카리브의 소국들에 집중되어 있고, 흑인 인구의 대부분이 혼혈인 물라토로서 확고한 종족 정체성을 가지고 있지 않기 때문에 아직까지 흑인문제는 라틴아메리카 종족성이 정치 측면에서 덜 주목받고 있다.

어쨌든 이러한 수적 중요성에도 불구하고 원주민과 흑인들은 지금까지 자신의 목소리를 내는 것 없이 소외된 계층으로 살아왔다. 그러나 1980년대 이후 라틴아메리카에서 이들 소외된 인종과 종족들은 달라진 모습을 보여주고 있다. 그들은 이제 수적 비중에 기반을 두고 자신의 목소리를 내기 시작했으며, 그로 인해 새로운 사회세력으로 부상하고 있다. 특히 종족 정체성을 보다 강화한 원주민들은 라틴아메리카 정치에 있어 중요한 세력으로 등장했다.

〈표 1〉 라틴아메리카 주요국가 원주민과 흑인 인구수[a]

(단위: 명)

국가 (인구조사 연도)	원주민 인구수 (원주민 인구 비중: %)	국가 (2007)	흑인 인구수(물라토 포함 최대) (흑인 인구 비중: %)
멕시코(2000)	7,618,900(7.9)	브라질	88,836,450(44.7)
볼리비아(2001)	5,358,107(66.2)	콜롬비아	9,585,244(21.0)
과테말라(2002)	4,433,218(39.5)	아이티	8,583,759(>95.0)
페루(2007)	3,913,314(15.9)	도미니카공화국	8,106,054(84.0)
콜롬비아(2005)	1,392,623(3.4)	베네수엘라	6,999,926(26.5)
에콰도르(2001)	830,418(6.8)	쿠바	3,999,626(34.9)
브라질(2000)	734,127(0.4)	멕시코	1,112,117(1.0)
칠레(2002)	692,192(4.6)	페루	866,408(3.0)
아르헨티나(2004)	600,329(1.5)	니카라과	530,207(9.0)
베네수엘라(2001)	511,329(2.2)	파나마	470,466(14.0)
온두라스(2001)	440,313(7.2)	에콰도르	437,193(3.0)
파나마(2000)	285,231(10.0)	과테말라	265,530(2.0)
파라과이(2002)	87,568(1.7)	온두라스	155,857(2.0)

a: 원주민 범주의 기준 차이에 따라 본문의 수치와 약간의 차이가 있음
자료: CEPAL, 2006; CIA World Factbook; 그 외 각국 통계청 자료

특히 안데스 유역 국가들에 있어서 원주민은 한 정권의 탄생과 유지에 거의 결정적 영향을 미치고 있다. 따라서 21세기 라틴아메리카 정치를 이해하는 데 있어 인종적·종족적 문제, 특히 원주민 변수는 반드시 고려되어야 할 중요한 요소가 되었다. 따라서 라틴아메리카에서 '종족성의 정치Ethnic Politics'는 더 이상 낯선 표현이 아니다.

한편 원주민 운동과 같이 정치적 영향력을 확보하는 수준까지는 발전하지 못했지만, 흑인 사회 운동 또한 브라질, 콜롬비아, 에콰도르, 베네수엘라 등에서 힘을 얻어가고 있다. 특히 브라질의 흑인운동은 가장 잘 조직되고 정치적으로도 발전되어 있다. 이들은 브라질 사회에서 실제 존재하는 인종차별주의가 브라질 흑인들의 발전에 가장 큰 장애임을 지적한다. 그중에서도 브라질에 기반을 둔 흑인연합운동MNU은 정치 조직으로서, 정치·경제·사회의 구조적 변화를 통해 인종차별주의를 해소하기 위해 정치적 투쟁을 전개하고 있다. 백인 중심의 브라질 정치 엘리트들에 대한 이러한 압력은 브라질의 '인종 민주주의' 신화를 붕괴하는 데 크게 기여했다.

2007년 스위스의 다보스에서 열린 세계 경제 리더들의 모임에서 주요 이슈로 떠오른 것 중에 하나가 종족주의tribalism이다. 종족주의가 다보스 포럼에서까지 중요한 의제로 다루어지는 이유는 세계화가 진행되는 과정에서 다양한 문화를 지닌 종족성의 저항이 결코 만만치 않기 때문이다. 라틴아메리카에서도 세계화에 대한 종족성의 저항은 결코 만만치 않은 데 원주민 운동이 가장 두드러지는 예이다.

최근 라틴아메리카 정치에서는 과거의 주요 행위자였던 군부나 노조는 이제 뒤로 물러나고 여성이나 원주민 등이 중요한 세력으로 부상하고 있다. 특히 신자유주의로 인해 전통적 조합주의가 소멸됨에 따라 원주민들의 생존권이 위협을 받으면서, 또 원주민 운동에 보다 관용적인

〈표 2〉 독립 이후 라틴아메리카 정치의 주요 행위자 변화

시대구분	혼돈의 시기	과두지배체제	포퓰리즘	군부집권기	신자유주의	최근
연도	1825~1870	1870~1930	1930~1960	1960~1980	1980~2000	2000년 이후
주요 정치행위자	까우디요 (무력수장)	지주계급	포퓰리스트 정치인과 노조	군부와 관료	기업인과 테크노크라트	원주민 혹은 시민사회

민주화 과정이 이들 운동에 보다 많은 활동 공간을 제공하면서, 또 국제적 NGO들의 물질적·기술적 지원이 원주민 운동에 힘을 보태면서 원주민 운동은 최근 보다 강화되고 있다. 따라서 원주민 운동의 추이를 살펴보는 것은 라틴아메리카 정치·경제의 전반적인 전망을 위해 이제 불가피한 일이 되었다. 21세기 라틴아메리카의 많은 국가들에서 원주민 운동과 그들의 정치적 참여는 이 지역 정치 경제 변동의 가장 중요한 변수가 되었다.

3. 운동을 넘어 정당정치로서의 종족성 문제에 대한 접근

최근 안데스의 볼리비아에서는 원주민 정체성을 내세우는 에보 모랄레스가 대통령에 당선되었다. 과테말라에서는 노벨 평화상을 수상한 원주민 처녀 리고베르타 멘추가 대통령 후보로 나서겠다고 선언했다. 에콰도르에서는 원주민 정당이 정치에서 결정적 영향력을 발휘하고 있다. 멕시코의 사파티스타 운동은 비록 정당정치로 나아가지는 않았지만 원주민 문제를 사회 전반에 부각시켰다.

이러한 원주민 운동의 부상은 그것 자체로서도 흥미롭지만, 운동에서 정당정치로의 발전이라는 현상은 지금까지 원주민 종족 운동에서 찾아볼 수 없었던 새로운 현상이다. 일부 국가에서는 원주민들이 다수임에도 불구하고 그들은 항상 정치적으로 소외된 세력이었다. 일부 국가에

서는 원주민 운동이 조직화되었지만 자신의 종족 정당을 통해 정치에 참여한 것은 비교적 최근의 일이다. 심지어 최근 에콰도르나 볼리비아 같은 경우에 원주민 정당들은 정당정치에서도 두드러지는 성과를 보여주었다. 그들은 원주민 정체성을 유지하면서 자신들의 정당을 조직하였고, 선거에서도 놀라운 성과를 보여주고 있다.

라틴아메리카는 다종족 사회임에도 불구하고 1990년대 이전에 종족성에 기반을 둔 정당은 거의 존재하지 않았다. 드물게 존재했던 경우에도 정치적 영향력은 매우 미약했다. 예를 들어 1940년대 초 칠레에서 마푸체 원주민들은 아라우카노 자치제Araucanian Corporation를 설립해 선거에 참여했다. 이들은 1945년과 1953년 선거에서 국회와 시 의회의 몇몇 의석을 차지하는 성과를 올리기도 했으나, 1957년 선거에서는 참패함으로써 좌파 정당에 흡수되고 말았다. 1989년에는 역시 칠레에서 아이마라 원주민들이 토지와 정체성을 위한 정당Party for Land and Identity을 설립했으나 곧 사라졌다. 볼리비아에서도 1970년대 말 몇몇 원주민 정당이 설립되고, 1980년대에는 선거에도 참여했으나 1990년대까지 2% 이상의 득표율을 올리지 못했다. 흑인 정당의 사례는 더욱 희박하다. 브라질에서는 1930년대에 브라질 흑인전선Frente Negra Brasileira이 형성되었으나, 1937년의 군사 쿠데타에 의해 사라졌다. 쿠바에서도 1990년대 초 독립운동에 참여했던 흑인들을 중심으로 유색인종독립당Partido Independiente de Color을 설립했으나 피비린내 나는 억압 과정을 통해 사라졌다.

1990년대부터 기존 정당들이 상당부분 위기와 해체의 과정을 겪는 동안 원주민 사회운동은 정치적 활동이 증가했고, 어떤 경우에는 자신의 정당을 형성하기도 했다. 가장 대표적인 사례가 에콰도르의 CONAIE와 볼리비아의 코카재배업자들이 주도적 역할을 담당한 MAS이다. 에콰도르의 대표적 원주민 운동기구인 CONAIE는 1990년대 정당을 설립하고,

2002년 대선에서 선거연합에 참여해 승리했다. 그를 통해 원주민 지도자들은 내각에 참여하기도 했다. 볼리비아에서도 코카재배업자가 중심이 된 MAS는 결국 2005년 대선에서 승리했다. 콜롬비아와 베네수엘라는 원주민 인구가 전체의 5%를 넘지 않음에도 불구하고, 원주민 종족 정당을 성공적으로 발전시켰다. 이들 국가에서 원주민 정당은 몇몇 주의 주지사 선거에서 승리했고, 국회에서도 의석을 획득했다.

반면 아르헨티나, 멕시코, 니카라과, 페루 등에서도 원주민 정당이 설립되었으나 결과는 미약했다. 특히 멕시코, 과테말라, 페루는 원주민 인구의 비중이 매우 높음에도 불구하고 종족성의 정치가 제대로 발전하지 못하고 있다.

원주민의 종족성의 정치가 이렇게 각국의 원주민 인구의 비중과 무관하게 어떤 나라에서는 성공적이고, 어떤 나라에서는 미약한 이유는 무엇인가? 어떤 나라에서는 종족적 운동이 종족 정당으로 발전하였고,[1] 또 어떤 나라에서는 여전히 사회운동의 수준에 머물러 있는 이유는 무엇인가? 이 글은 바로 이런 의문에서 출발한다. 이런 차이에 주목하면서 라틴아메리카 각국에서 종족성 운동의 현주소, 특히 종족성 운동의 정치적 영향력, 그리고 그들의 종족 정당으로의 발전의 차이를 발생하게 하는 각국의 정치적 환경 등을 살펴보게 될 것이다. 이 글이 기존의 종족 운동에 대한 연구와 다른 점도 바로 이들 운동의 정당 정치로의 발전 문제에 초점을 두고, 나아가 그러한 발전에 있어 국가 간의 다양한 차이에 주목한다는 점이다.

종족적 운동이 정당정치로 발전하는 각국의 다양한 사례를 살펴보는

---

1) '종족 정당'(ethnic party)'으로 규정되기 위해서는 최소한 다음의 조건을 지녀야 할 것이다. 첫째, 정당 지도부의 반 이상이 피지배적 종족그룹의 정체성을 가져야 한다. 둘째, 정당의 중심적 선거 공약에 종족적, 문화적 내용이 포함되어야 한다. 셋째, 정당에 대한 부정적 이미지를 피하기 위해 자신을 '정치 운동'이라고 부르는 조직들도 '종족 정당'의 범주에 포함될 수 있지만, 이 경우 이들은 어떤 형태로든 선거에 참여를 해야 한다.

과정에서 이 글은 필연적으로 각국의 제도와 정당 시스템에 대해 관심을 가지지 않을 수 없을 것이다. 왜냐하면 종족적 운동의 정당정치로의 발전은 각국 정치의 탈 중앙집권화, 원주민들의 투표권에 대한 접근성, 소수자를 위한 의석수 할당, 원주민 집중 거주지를 고려하는 선거구역의 합리적 정리 등과 같은 제도적 변화와, 기존 정당의 분열, 좌파 정당의 쇠퇴 등과 같은 정당시스템의 변화 등과 같은 요인에 밀접히 연결되어 있기 때문이다. 뿐만 아니라 각국 종족 운동의 내부 상황도 세밀히 분석한다. 예를 들어 각국 원주민의 지역 간, 종족 간의 갈등 상황이나, 종족적 사회운동의 성숙도, 운동의 국제적 네트워크 등도 이들 운동이 정당정치로 발전하는 데 크게 영향을 미치기 때문에 그에 대해서도 관심을 기울인다.

이러한 다양한 변수들의 조합에 따라 어떤 국가에서는 종족적 운동이 단순히 원주민과 흑인들이 집중되어 있는 지역의 대표성이라는 지역적 한계를 넘어 전국 정당으로의 '성공적 변화'를 이룰 수 있었고, 또 어떤 나라에서는 종족적 운동이 여전히 단순한 지역적 운동에 머물러 있거나 혹은 종족적 정체성을 잃고 소멸하기도 했다.

4. 원주민 종족 정치 발전의 의미

한편 원주민 운동의 정당정치화가 흥미로운 이유는 무엇보다 그것이 라틴아메리카에서 기존 정당의 위기와 밀접히 관련되어 있기 때문이다. 원주민 운동의 정당정치화가 가장 성공적으로 이루어진 곳은 주로 안데스 지역이다. 안데스 지역은 라틴아메리카에서 종족적으로 가장 분열된 곳이다. 볼리비아, 에콰도르, 콜롬비아, 베네수엘라, 페루와 같은 안데스 국가들의 사회는 백인과 메스티소 지배계급과 그에 종속된 원주민으로 크게 분열되어 있다. 그로 인해 이 지역은 라틴아메리카의 다른 지역들에 비해 게릴라와 같은 정치적 폭력이 보다 빈번했고, 그로 인해 정치적 불안도 보다 심각했다. 그 결과 이 지역 정당정치 시스템의 제도화 수준은 매우 낮다. 페루와 베네수엘라에서는 최근 기존 정당이 모두 붕괴되었고, 볼리비아와 에콰도르에서는 기존 정당들이 완전히 파편화되었다. 따라서 종족 정당의 발전과 이러한 기존 정당의 위기는 매우 밀접한 관계를 가진다.

라틴아메리카의 종족성의 정치가 흥미로운 또 다른 이유는 원주민들이 단지 종족 정당만이 아니라 사회운동으로서도 선거라는 도구를 활용한다는 점이다. 라틴아메리카에서 종족 운동과 종족 정당은 서로 대체하는 관계가 아니라 상호보완적 관계이다. 즉, 종족 정당이 성장하면 종족 운동이 소멸하는 것이 아니라, 서로 함께 성장하고 또 함께 쇠퇴한다. 라틴아메리카의 종족운동이 종족 정당을 형성하는 과정은 그래서 보다 주목할 만하다.

라틴아메리카의 새로운 종족 정당들은 민주적 참여를 보다 확대한다는 점에서 또한 의미가 있다. 그것은 지금까지 소외된 사회세력의 민주적 참여 확대의 새로운 모델을 제시한다. 그들은 사회 저변에 깊은 뿌리를 내리고 있고, 상대적으로 부패한 정치구조와는 멀리 떨어져 있다. 라틴아메리카의 민주화가 대중 참여의 문제로 인해 한계를 드러내는 상황에서 종족 정당은 그러한 참여를 확대함으로써 제도적 민주주의의 심화를 실현할 수 있다는 점에서 매우 중요한 의미를 가진다.

5. 라틴아메리카 종족 정치 분석 구조

라틴아메리카에서 종족성의 정치를 비교분석하기 위해서 이 글은 크게 다섯 부문으로 나뉜다. 첫째는 원주민 인구의 비중이 높고, 종족 정당 정치도 잘 발전된 사례이다. 여기에는 볼리비아와 에콰도르의 사례가 포함된다. 볼리비아에서는 카타리스타 운동을 통해 정치적 영향력을 행사하던 원주민들이 코카재배업자들을 중심으로 MAS라는 정당을 통해 최근 대선에서 승리하는 데까지 이르렀다. 원주민 운동이 가장 발전했던 에콰도르에서도 원주민 조직들은 단순히 운동의 수준에서 벗어나 선거를 통한 권력 획득으로까지 나아갔다. 이들 국가의 사례를 통해 라틴아메리카에서 원주민 운동이 종족 정당으로 발전할 수 있었던 다양한 정치사회적 조건들을 분석한다.

두 번째 그룹은 원주민의 비중은 많지 않으나 종족 정당 정치가 잘 발전된 사례이다. 이 그룹에는 콜롬비아와 베네수엘라의 사례가 포함된다. 콜롬비아와 베네수엘라의 원주민 인구의 비율은 불과 2~4% 수준이다. 그럼에도 불구하고 그들이 헌법개혁이나 종족 정당 정치를 통해 얻은 성과는 매우 크다. 따라서 이들 국가의 사례는 다른 나라들에게 종족 정당 정치가 나아가야 할 방향을 제시한다는 점에서, 또 종족 정당의 정치가 궁극적으로 획득할 수 있는 것이 구체적으로 무엇인지를 보여준다는 점에서 의미하는 바가 매우 크다.

세 번째 그룹은 원주민 인구의 비중은 높지만, 종족 정당이 아직 잘 발전하지 못한 사례들이다. 페루, 멕시코, 과테말라가 이 그룹에 속한다. 이들 국가의 원1주민 인구 비중은 볼리비아와 에콰도르에 비해 결코 낮지 않다. 그럼에도 불구하고 원주민 종족운동이나 종족 정당의 발전은 미약하다. 따라서 이들 국가의 사례를 통해 왜 이들 국가에서는 원주민 종족성의 정치가 제대로 발전하지 못했는가 하는 점에 주목하게 될 것이다. 이를 위해서는 인디헤니스모와 같은 정부의 원주민 통합정책, 좌파 게릴라 운동, 군부의 억압 등과 같은 다양한 요인들이 분석될 것이다.

네 번째 그룹은 원주민 인구도 적고 종족성의 정치도 발전하지 못한 사례들이다. 여기에는 아르헨티나, 칠레, 파라과이, 브라질 등의 사례가 포함된다. 이들 국가의 원주민 인구 비중은 각각 1.5%, 4.6%, 1.7%, 0.4%에 불과하다. 이들 국가는 모두 남부원추형지역$^{Cono\ Sur}$에 있다. 이들 국가에서 원주민 운동은 잘 조직화되기보다는 단순히 지엽적 저항 수준에 머무르고 있다. 여기서는 소수 종족인 원주민들의 저항을 통제하는 정부의 정책에 초점을 맞추고, 나아가 이들 국가에서 원주민 운동의 현황과 종족성의 정치로 발전할 수 있는 가능성을 살펴본다.

마지막 다섯 번째 그룹은 아프리카계의 종족성 정치와 관련된 사례이다. 여기서는 라틴아메리카에서 아프리카계의 수가 가장 많은 브라질과 함께 사회주의 국가 쿠바의 사례를 살펴본다. 쿠바의 경우 물라토를 포함한 아프리카계의 수는 브라질, 콜롬비아, 아이티, 도미니카공화국, 베네수엘라보다 작고, 그들이 전체 인구에서 차지하는 비중도 아이티, 자메이카, 도미니카공화국, 브라질보다 낮지만, 쿠바를 대표적 사례 중 하나로 선택한 이유는 쿠바혁명과 같은 급진적 사회변혁도 라틴아메리카의 뿌리 깊은 인종차별 문제를 해결할 수 없었음을 보여주기 위해서이다. 그와 함께 여기서는 라틴아메리카에서 아프리카계 종족성 정치의 현 주소와 이들에 대한 인종차별 문제를 해결하기 위해서 필요한 정책이 무엇인지를 생각해 볼 것이다.

1부

원주민 인구의
비중이 크고, 종족성의
정치가 가장 잘 진전된 사례

1장 볼리비아:

카타리스타 운동에서 MAS의 승리까지

I. 볼리비아 원주민 인구의 정치적 중요성

볼리비아는 라틴아메리카에서 원주민 인구의 비중이 가장 높은 나라이다. 자기 정체성을 기준으로 할 때 볼리비아 15세 이상 인구 중 원주민이 차지하는 비중은 <표 1>에서와 같이 전체의 61.95%에 달한다.[2) 그중 안데스산악 지역의 포토시, 라파스, 오루로 주와 융가스Yungas: 안데스 동쪽 계곡지역 지역의 코차밤바와 추키사카 주에서는 65%를 넘어선다. 특히 포토시주의 원주민 인구 비중은 83.72%로 가장 높다. 게다가 과거에 이들 원주민들은 대부분 농촌에 거주했으나, 현재는 라파스, 코차밤바, 엘알토와 같은 대도시 주변에 거주함으로써 보다 정치적 영향력을 증가하고 있다. 반면 차코 지역의 산타크루스나 타리하 주 그리고 아마존 지역의 판도와 베니 주의 원주민 비중은 각각 37%, 19%, 16%, 32%로

---

2) 라틴아메리카 각국 원주민 인구의 비중은 무엇을 기준으로 하느냐, 어떤 시기에 하느냐에 따라 매우 다양하게 나타난다. 볼리비아의 경우는 1976년과 1988년 인구조사에서는 사용언어에 따라 종족성을 분류하였으나, 2001년 인구조사부터는 자기정체성(autoidentificación)을 기준으로 삼고 있다. 사용언어 기준에 따르면 2001년 원주민 인구는 전체 인구 8,274,325명 중 4,133,138명으로 전체의 49.95%이다(Instituto Nacional de Estadistica(INE), *Bolivia: Población Total, Por Condición Indígena y Área de Residencia Según Departamento, Censo 2001.* 참조).

상대적으로 낮다.

원주민들의 종족 그룹도 매우 다양하다. 아이마라 그룹에 동화된 약 3만 명의 아프리카계 볼리비아인들을 '원주민'으로 규정한다면 총 37개의 종족그룹이 존재한다.[3) 이들 중 가장 큰 종족 그룹은 전체 인구의 30.69%를 차지하는 케추아와 25.19%를 차지하는 아이마라이다. 케추아는 주로 안데스 지역과 차코와 아마존의 저지대를 연결하는 중간지대인 융가스 지역의 코차밤바주와 추키사카주 그리고 안데스 지역의 포토시주에서 60%가 넘는 절대 다수를 형성하고 있다. 반면 아이마라는 수도가 있는 안데스 지역의 라파스주와 역시 안데스 지역인 오루로주에 집중되어 있는데 이들이 각각의 주에서 차지하는 비중은 68%, 37%이다. 그 외 주목할 만한 종족 그룹으로는 과라니, 치키타노, 모헤뇨가 있는데 이들이 전체 인구에서 차지하는 비중은 각각 1.53%, 2.21%, 0.85%에 지나지 않는다. 이들은 대부분 차코나 아마존과 같은 저지대에 거주하고 있다. 과라니는 산타크루스주와 타리하주에, 치키타노는 대부분 산타크루스주에, 그리고 모헤뇨는 대부분 베니주에 거주한다.

최근까지 원주민 종족들은 역사적으로 단합된 모습을 보이기보다는 서로 갈등하는 모습을 보여주었다. 특히 다수를 차지하는 케추아와 아이마라 간의 정치적 경쟁구도는 매우 잘 알려져 있다. 아이마라는 때때로 배타적 종족주의를 내세우면서, 수도인 라파스 주변에 집중되어 있는 지리적 이점을 활용하여 볼리비아의 원주민 운동(농민 운동)을 사실상 주도해 왔었다. 반면 케추아는 수적으로는 아이마라보다 더 많지만 종족성을 지닌 정치그룹으로는 훨씬 덜 조직화하였으며, 따라서 그들의 종족주의도 아이마라에 비해 미약하다. 한편 저지대의 다양한 소수 종족그룹들은 수적으로 다수인 과라니와 치키타노의 주도적 행태에 맞서

---

3) 자료: Wigberto Rivero Pinto(2006), Pueblos Indígenas de Bolivia, www.amazonia.bo/pueblos.php

자주 마찰을 일으키고 있다.

그러나 보다 의미 있는 내부적 분열은 페루와 에콰도르에서 나타나는 것과 같이 고지대와 저지대 원주민들 사이의 갈등이다. 이들은 서로 간에 매우 다른 경제적·사회적 조직 형태를 가지고 있으며, 따라서 정당과 국가 그리고 외국 NGO들과의 관계에 있어서도 이들은 서로 매우 다른 이해관계를 가지고 있다. 따라서 몇몇 예외를 제외하고 1990년대 말까지 고지대와 저지대 원주민들의 정치적 활동은 완전히 분리되어 전개돼 왔다. 그들의 만남은 아주 특별한 경우를 제외하고는 이루어지지 않았다.

〈표 1〉 15세 이상 인구 중 '오리지널 민족'[4] 혹은
'원주민'으로 자기 정체성을 밝힌 인구수와 비중(2001)

지역	15세 이상 인구	원주민 인구(%)						
		케추아	아이마라	과라니	치키타노	모헤뇨	그 외	전체
포토시	416,225	320,490 (77.00)	26,316	337	136	49	1,155	348,483 (83.72)
라파스	1,504,695	117,729	1,028,105 (68.33)	3,931	1,306	1,558	11,198	1,163,827 (77.35)
코차밤바	902,336	596,506 (66.11)	62,843	3,038	1,537	1,854	4,486	670,264 (74.28)
오루로	251,604	89,762 (35.68)	94,121 (37.41)	291	108	64	1,578	185,924 (73.90)
추키사카	308,992	188,587 (61.03)	3,878	7,957	394	285	1,280	202,021 (65.38)
산타크루스	1,218,930	206,564 (16.95)	48,071	55,072 (4.52)	107,152 (8.79)	13,223	26,320	456,402 (37.44)
베니	202,463	6,835	7,282	1,065	1,007	25,723 (12.70)	24,331	66,243 (32.72)
타리하	240,506	29,978 (12.46)	6,391	6,063	551	172	3,611	46,766 (19.44)
판도	30,500	1,238	1,620	144	80	395	1,468	4,945 (16.21)
전체	5,076,251	1,557,689 (30.69)	1,278,627 (25.19)	77,898 (1.53)	112,271 (2.21)	43,323 (0.85)	75,427 (1.49)	3,145,235 (61.95)

자료: Instituto Nacional de Estadística(INE), Autoidentificación con pueblos Originarios o Indígenas de la Población de 15 años o más de edad. Censo 2001.

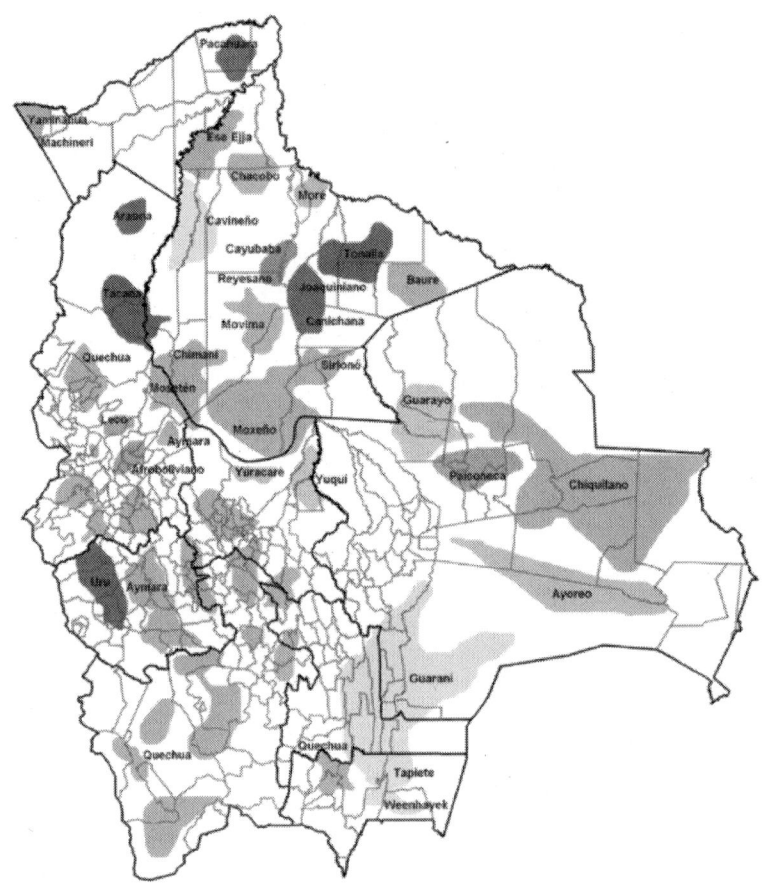

자료: Wikipedia, File: Pueblos originarios de Bolivia

〈그림 1〉 볼리비아 원주민 지역별 분포도

---

4) 안데스 원주민과 아마존의 원주민들은 오랜 토론 끝에 자신들을 통합적으로 지칭하는 용어로 '오리지널 민족들'을 채택했는데 '원주민(indigenas)' 대신 이러한 용어를 사용하게 된 이유는 멕시코나 과테말라 지역의 원주민들과는 달리 안데스 지역의 케추아인들이나 아이마라인들이 원주민이라는 용어를 경멸적이라고 생각하기 때문이다. 이들은 원주민이라는 용어보다는 여전히 '농민'을 선호하거나 아니면 자신의 고유한 문화적 그룹인 케추아인 혹은 아이마라인으로 불리는 것을 더 좋아한다. 혹은 가장 투쟁적 경우에 오히려 '인디오(indio)'라는 용어를 사용하기도 한다. 또한 이들은 원시적 의미가 들어있다고 생각하는 '원주민'뿐만 아니라 '종족(etnía)'이라는 표현도 좋아하지 않는다(Albó, 1994). 반면 CIDOB의 지도부는 운동의 자치성을 확보하고 원주민 운동을 지원하는 국제적 지원그룹들과의 관계를 고려해 '원주민'이라는 용어의 사용을 선호한다. '오리지널 민족들'이라는 용어는 양자의 절충안이라 할 수 있다.

Ⅱ. 원주민 정체성의 회복: 고지대의 카타리스타 운동과 저지대의 CIDOB[5]

1. '농민(Campesino)'으로서의 원주민

스페인의 정복 이래 1952년 볼리비아 혁명이 발생하기까지 볼리비아 사회는 국민으로서의 권리를 가진 '시민'과 아무런 권리도 인정받지 못하는 '인디오'로 완전히 양분된 이중사회였다. 그때까지 인디오들은 '우리들의 야만인nuestros bárbaros'으로서 문명화 혹은 동화되거나, 아니면 사라져야 할 대상으로 간주되었다.

그러나 1952년 볼리비아 혁명 이후 정치적 권리를 가지지 못했던 원주민들은 처음으로 선거권[6]을 획득하게 되었고, 그로 인해 볼리비아 정치의 한 행위자로 등장하기 시작한다. 처음 원주민들은 국가가 후원하는 농민조합하에서 조직되기 시작했다. 따라서 당시 이들의 정체성은 원주민이기 전에 '농민campesino'으로 규정되었으며, 원주민 단체의 대부분은 집권 민족주의혁명운동당Movimiento Nacionalista Revolucionario, 이하 MNR과 밀접한 관계를 맺고 있었다. 원주민이 아닌 농민으로서의 통합은 비단 볼리비아뿐만 아니라 라틴아메리카 다른 나라에서도 흔히 나타나는 국가와 원주민의 일반적 관계로서 이러한 구조하에서는 종족성이라는 것은 하나의 인종차별주의로 생각될 뿐이었다. 따라서 원주민의 정체성은 계급적 성격의 농민으로 규정되었으며, 근대화와 함께 사라져야 할 대상으로 여겨졌다.

---

5) 이 글 Ⅱ장과 Ⅲ장은 필자가 2007년, *라틴아메리카연구*, Vol. 20, No. 1에 발표한 논문인 「원주민 인권과 종족성의 정치: 볼리비아 사례를 중심으로」에서 발표한 글을 수정 보완한 것이다.

6) 원주민의 선거권은 1960년대 군부정권이 혁명에 기초를 둔 선거연합인 민족혁명운동(MNR)을 몰아낸 이후 철회되었다가, 1980년대 민주화와 함께 다시 회복되었다.

물론 국가의 영향력이 미치지 못하는 지역에서는 종족성이 여전히 중요한 사회적 문화적 정체성의 기초로 남아 있기도 했다. 리베라 꾸시깐끼와 엑스턴Rivera Cusicanqui 1987; Eckstein 2001의 분석에 따르면 볼리비아에서는 특히 조합주의에 대한 케추아인들과 아이마라인들의 반응이 조금 달랐다. 그 이유는 후자가 혁명 이후 조합주의에서도 여전히 국가로부터 소외감을 느꼈기 때문이다. 실제 농민조합 운동은 안데스 고지대의 다양한 지역에서 각기 서로 다른 효과를 가져왔다. 예를 들어 케추아인들이 주로 거주하는 코차밤바 지역에서 농민조합모델은 이미 설립되어 있던 그들의 소규모 토지 소유 모델과 잘 맞아떨어졌을 뿐만 아니라, 그곳에서 원주민 농민조합은 일정한 권력을 행사할 수 있었고, 영농 자금이나 기타 여러 가지 국가의 지원을 상대적으로 보다 쉽게 받을 수도 있었다. 반면 아이마라 원주민들이 주로 거주하는 라파스지역에서는 여전히 집합적 토지소유제와 전통적인 사회조직 형태가 강력히 유지되고 있었기 때문에 농민조합 모델이 쉽게 받아들여질 수 없었다. 따라서 이 지역의 원주민들은 혁명 이후에도 여전히 국가로부터 소외되었다고 느꼈다. 이러한 소외감이 후에 자신의 문화적 차이를 인정받고자 하는 아이마라 원주민의 정치 문화 운동인 카타리스타 운동으로 전개되었다.

2. 아이마라의 카타리스타 운동

카타리스타라는 이름은 1781년 실패로 끝난 원주민 반란 때 아이마라의 영웅이었던 투팍 카타리Túpac Katari7)에서 따온 것이다. 카타리스타 운동은 1960년대 후반 아이마라인이 주로 거주하는 라파스와 오루로 지역

---

7) 투팍 카타리의 본명은 훌리안 아파사(Julián Apasa)이다. 투팍 카타리라는 이름은 그에 앞서 볼리비아 지역에서 원주민 반란을 주도했던 토마스 카타리(Tomás Katari)와 페루 지역에서 역시 원주민 반란을 주도한 투팍 아마루 2세의 이름에서 각각 따온 것이다.

에서 처음 출현했다. 1968년 당시 바리엔토스Barrientos 장군이 새로운 세제 관련법을 공포했을 때 원주민 농민들은 그를 공식적으로 비판하면서 독립적인 농민 조직과 급진적인 정치 운동을 형성하였다 그러한 새로운 운동들 중에서 가장 중요한 것이 바로 카타리스타 운동이었다.

카타리스타 운동가들은 자신의 정치적 목표를 위해 원주민들을 이용만 하려는 기존의 노동자 조직을 점차 거부하기 시작한다. 따라서 이 시기를 거치면서 볼리비아 원주민 운동에는 MNR주의자로부터 카타리스타로의 종족적 정체성의 강화가 이루어졌다. 공동체에 뿌리를 두지 않고, 도시의 사상적 스승을 모시며, 사회주의를 지지하는 좌파 농민 운동과는 달리, 카타리스타의 아이마라 지도자들은 무엇보다 공동체를 기반으로 하고, 종족적 상징을 사용하며, 토착적 권위를 존중하고, 원주민의 의복을 입는 등 원주민 정체성을 강조했다.

투팍 카타리라는 이름 아래 출현한 십여 개의 조직들은 크게 인디오주의Indianismo와 카타리주의Katarismo로 나누어졌다. 인디오주의는 보다 급진적 이데올로기로서 반서구, 반백인적 입장을 취한다. 그에 따라 볼리비아에서 유럽인을 추방하고, 토지를 인디오들에게 반환하며, 식민지 이전의 국가 형태를 회복할 것을 주장한다. 따라서 노조와 같은 비인디오 조직과의 연대에 대해서도 공식적으로 반대하는 입장이다. 반면 카타리주의는 계급의식과 종족성을 혼합하고자 한다. 따라서 종족적 다양성을 인정하는 원주민적이면서 동시에 서구적인 정부의 형태를 추구한다. 그에 따라 카타리주의는 비원주민적 사회운동이나 좌파 혹은 포퓰리스트 정당들과의 연대에 호의적 입장을 취한다. 카타리주의자들과 인디오주의자들은 기초 수준의 조직들로부터 점점 더 많은 조직원들을 확보함에 따라 1970년대 초반에는 정부가 지원하는 농민 조직인 전국농민노동자연맹CNTCB을 주도하게 되었다.

결과적으로 볼리비아에서 원주민 운동이 본격적으로 부각되기 시작한 것은 군부정권에 의해서이다. 군부정권은 노동자와 중산층의 투쟁적 민주세력과 맞서 민간의 지지 세력을 확보하기 위해 '군부와 농민의 협약Pacto Militar Campesino, 이하 PMC'을 시도했다. 그러나 다른 한편으로 이를 받아들이지 않는 농민들에 대해 자행되는 군부의 억압과 대량적 학살은 원주민들의 각성을 불러일으켰다. 1973년 코차밤바 계곡 지역에서 케추아인들의 저항을 억누르기 위해 반세르Hugo Bánzer 장군 정권에 의한 원주민의 대량학살이 자행되었을 때 이에 저항한 것은 오히려 희생자가 전혀 없었던 안데스 지역의 아이마라인들이었다. 앞서 살펴본 것처럼 전통적으로 국가와 군부에 대해 온건한 입장을 지닌 케추아인들에 비해 아이마라인들은 이 사건을 계기로 PMC에 반대하고 국가에 대해 저항하는 급진적 입장을 취하기 시작했다.

1979년에는 볼리비아 최근 역사에 있어 가장 중요한 농민 조직, 볼리비아 농업노동자 유일 노조동맹Confederación Sindical Unica de Trabajadores Campesinos de Bolivia, 이하 CSUTCB이 설립되었다. 카타리스타 운동도 그의 일원이 되었다. CSUTCB는 1979년 도로 점거를 통해 농촌에서 도시로 들어가는 식량 수송을 1주일 이상이나 차단하는 시위를 통해 독립적 정치 행위자로서 농민의 부활을 알렸다. 그럼에도 불구하고 CSUTCB는 정치조직으로서 많은 어려움에 직면했다. 국가로부터 독립적인 조직으로서 겪을 수밖에 없었던 재정적 어려움으로 인해 그들의 지도자들은 기존 정당의 유혹에 빠지지 않을 수 없었다. 기존의 정당들 특히 좌파 정당들은 이러한 약점을 이용해 그들에게 영향력을 행사했다.

이 시기에 CSUTCB의 지도자들은 기존 정당의 후보로서 선거에 참여하기 시작했다. 그러나 이들의 기존 정당 참여는 결국 기존의 계급과 경제적 이해관계에 기반을 둔 메스티소 정당들에 복종을 의미한다. 농민들은 혁명 이후 MNR 정부의 조합주의 때와 마찬가지로 이때도 여전히 정당에서 농민으로 내려가는 수직적 구조하의 하위 부문을 차지할 수밖에 없었다. 그곳에서 문화적 정체성이나 인종 문제는 잘해야 부차적인 것이었다. 그에 따라 카타리스타들은 기존 정당의 원주민에 대한 이러한 차별 대우에 반대했다.

그에 따라 1981년 가르시아 메사^{Luis García Meza} 장군 정부하에서 PMC가 최종적으로 붕괴되었을 때 협약의 붕괴를 이끈 주축도 아이마라 원주민들의 카타리스타^{Katarista} 운동이었다. 이때부터 볼리비아 원주민 운동의 주도권은 MNR과의 연합을 주도하고 군부정권 하에서는 PMC를 지지했던 코차밤바 중심의 케추아인들로부터 보다 급진적인 아이마라인들로 넘어오게 되었다.

3. 코카재배업자 운동

그러나 민주화가 진행되면서 원주민 운동 나아가 농민 운동의 주도적 세력으로서 혹은 정치 세력으로서 카타리스타 운동의 헤게모니는 오히려 점차 시들해졌다. 그리고 1985년에는 내부 분열까지 일어났다. 경제적 긴축정책이 실시되면서 광산 노동자들의 대량 해고가 발생하자 좌파 정당들은 보다 공격적으로 농민조직에 침투하기 시작했다. 그에 따라 CSUTCB의 지도부 선출은 정당들 간의 투쟁의 장으로 변했다. 개인적 라이벌 관계와 서로 다른 이데올로기로 인해 이미 존재했던 내부적 분열은 정당들의 참여로 인해 보다 심화되었다.

1980년대 말 경에는 대부분 케추아 출신들로 구성된 코카재배업자들이 아이마라의 카타리스타로부터 CSUTCB의 주도권을 넘겨받았다. 1980년대 중반에 시작된 파스 에스텐소로^{Paz Estenssoro} 정부의 긴축 정책은 광산 노동자들의 대량적 실업을 야기했다. 과거 광산에서 일하던 케추아와 아이마라 원주민들은 광산업이 쇠퇴하면서 대부분 코차밤바주의 차파레Chapare로 이주하여 코카재배업자로 변신했다. 1980년대 중반 코카 근절 프로그램이 시작되기 전까지 볼리비아는 세계 코카 잎 생산의 약 80%를 차지할 정도로 코카는 볼리비아 농민들의 주된 작물이었다. 코카 재배로 인한 소득이 약 5억 달러 정도였으니 GDP 규모가 100억 달러도 되지 않는 볼리비아에서 코카 재배는 그야말로 농민들의 생명줄과도 같았다. 그러다 보니 1997년에서 2000년 사이 미국의 압력에 따라 실시된 코카 재배 근절 정책으로 인한 손실은 GDP의 약 8%에 달했다Mayorga, 2005: 171.

1984년부터 코카재배업자들은 그들의 농업적 요구를 실현하고, 정부의 코카 근절 노력에 저항하기 위해 자신들의 조직을 형성하기 시작했다. 그 결과 1990년 차파레에만 5만 명의 코카재배업자들이 160개의 지역조합과 30개의 연맹 하부조직centrales 그리고 5개의 연맹을 조직하였다.

코카는 원주민들에게 단순히 수익성 있는 작물이라는 성격을 넘어 전통적 소비 대상이자 제식 등에서 영적인 용도로 쓰이는 문화적으로 특별한 의미의 농산물이었다. 따라서 코카재배업자들은 코카 생산 방어를 원주민의 문화적 권리로서 주장하게 되었으며, 따라서 이들의 저항도 자연히 원주민의 문화적 권리 투쟁이라는 성격을 띠게 되었다.

사실 아이마라인들의 카타리스타 운동과 다음 장에서 살펴볼 저지대 원주민 운동이 명백한 종족적 정체성을 가지고 있었던 데 비해 코카 생산업자들의 정체성은 다소 복잡한 성격을 띤다. 코카재배업자들이 메스티소, 케추아, 아이마라 등 다종족적 성격을 띠고 있기 때문에 이들에게 하나의 종족적 정체성을 부여하기는 어렵다. 비록 언론이 흔히 이들을 '케추아'라고 부르기는 하지만 이들은 훨씬 복잡한 종족성을 지닌다. 그의 지도자인 에보 모랄레스Evo Morales 또한 언론에서 '케추아'로 규정하기는 하지만 일부 언론에서는 그를 아이마라로 규정하는 곳도 있다(www.aymaranet.org). 실제 그는 케추아와 아이마라 이중 언어 지역인 오루로 주의 찰라파타 출신으로서 부모가 각각 아이마라와 케추아 출신이다. 어쨌든 코카재배업자들의 정치적 입장이 원주민 농업의 문제와 밀접히 연결되어 있으며 그의 지도자인 에보 모랄레스가 운동의 원주민성을 강조하고 있음으로[8], 코카재배업자들의 운동을 원주민 문화운동으로 보는 것도 무리가 없다고 생각된다.

문화적 투쟁으로서 코카 재배의 방어는 코카 재배를 하지 않는 원주민들에게도 영향을 주었다. 코카재배업자들의 문화적 자유를 위한 투쟁은 볼리비아의 전통으로서 코카 소비를 방어하고자 하는 민족주의 주장과도 결합됨으로써 인권기구, 인류학자, 법률가, 일부 언론 등과 같은 사회의 다양한 비 원주민적 조직들의 지지까지도 획득할 수 있었다.

4. 아마존 저지대 원주민 운동(CIDOB)의 탄생

한편 1980년대 초반에는 볼리비아 동부^{Oriente}의 아마존 지역에서 첫번째 원주민 조직이 탄생했다. 이들 지역의 원주민들은 몰려드는 새로운 이주 세력과 여러 가지 문제로 충돌하기 시작하면서 불만이 증가했다. 그런 상황에서 80년대 들어 국제 NGO와 교회 등이 이들 단체에 대한 지원을 강화했다.[9] 따라서 원주민들의 국제적 네트워크도 크게 향상되었다. 1970년대부터 원주민들은 가톨릭교회나 부유한 세계 자선 재단

---

8) 모랄레스는 '코카가 아이마라와 케추아인들의 투쟁과 단합의 깃발'이라고 선언했다.(Donna Lee Van Cott, "A Reflection of Our Motley Reality, Bolivian Indians' Slow Path to Political Representation", From Movements to parties in Latin America, The Evolutions of Ethnic politics, NY: Cambridge University Press, 2005: p. 58. 참조.

9) 동부 저지대 지역 원주민 운동의 설립회원들은 대부분 국내 혹은 국제 NGO들에 의존하고 있다. 또한 외국인 선교사들은 아마존 지역의 일부 작은 원주민 마을들에서 여전히 후원자적 영향력을 유지하고 있다. 이러한 의존관계는 볼리비아 국가 정치시스템의 국제적 의존과도 일치한다. 그러나 이러한 관계로 인해 원주민 운동의 진정성과 자발성이 훼손된다고 볼 수는 없다.

으로부터 지원을 받기 시작했다. 그리고 1980년대부터는 세계화로 인해 더 많은 국제단체들과의 네트워크가 형성되고 있었다. 그중에서도 국제 노동기구^{ILO}는 169호 협정을 통해 라틴아메리카 대부분의 회원국들에게 원주민이 자신의 문화적 정체성을 유지하고, 정치과정에 참여할 권리를 보장하고, 그들의 고유한 제도나 관습을 존중하고, 의료나 교육 등에 있어 복지를 제공할 것을 언명하였다. 국제기구들의 라틴아메리카 원주민에 대한 이러한 관심은 원주민들의 정치적 영향력을 보다 강화하였다. 그에 따라 라틴아메리카 여러 지역에서 원주민들의 조직화가 시작되었고, 볼리비아 저지대 원주민들도 드디어 1982년 볼리비아 동부, 차코, 아마존 지역 원주민 동맹Confederación Indígenas del Oriente, Chaco y Amazonía de Bolivia, 이하 CIDOB이라 불리는 자신들의 조직을 설립했다. 다양한 종족 간의 적대감이 조직화의 장애물이었으나 새로운 이주자로부터 자신의 땅을 지켜내야 한다는 공동의 절박함이 이들을 하나로 뭉칠 수 있게 했다.

CIDOB은 1991년 동부 저지대에서 안데스 고지대의 수도 라파스까지 40일간의 '토지와 존엄성을 위한 행진March for Territory and Dignity'을 통해 자신들의 존재를 널리 알렸다. 이 행진에는 안데스 고지대의 원주민들도 합류했는데 그로 인해 CIDOB의 종족적 정체성에 대한 주장이 아이마라 원주민 운동과 상징적으로 감정적으로 서로 교감하게 되었다는 점은 매우 중요한 의미를 지닌다.

그로 인해 안데스 지역 원주민들에게 있어서도 노조와 같은 계급적 정체성으로부터 공동체 기반의 종족적 문화적 정체성으로의 전환이 다시 조금씩 활성화되기 시작했다. 계급적으로 농민으로 분류되었던 안데스 원주민들의 상당수가 자신들의 정체성을 '오리지널 민족들pueblos originarios 혹은 naciones originarias'로 규정했으며, 아이마라의 종족적 상징이었던 무지개색 바둑판무늬의 '위플라wiphala'기는 이제 '오리지널 민족들'의 다양성과

다문화주의를 나타내는 명백한 상징물이 되
었다. 원주민들이 주가 되어 만든 조직 중 가
장 잘 조직된 단체 중 하나인 코카생산업자들
단체 또한 코카가 가지는 안데스 원주민들 사
이에서의 신성한 의미를 살려 조직의 성격을
보다 문화적·종족적인 방향으로 가지고 가
기 시작했다.

〈그림 2〉 볼리비아 원주민을
상징하는 위팔라기

5. '촐로 포퓰리즘'

그러나 이때까지도 선거에 있어서 원주민 운동은 아직 두각을 나타내
지 못했다. 자금부족, 약한 조직, 내부분열, 지역적 성격 등의 문제점 때
문에 어떤 카타리스타 정당도 선거에서 많은 표를 획득하지 못했다.
1990년대까지 카타리스타 운동은 의회에서 오직 한 석을 얻는데 그쳤
다. 그러나 그들은 다양한 선거에서 존재를 알렸고 그들의 다문화주의
호소는 원주민이 다수인 볼리비아 국민들의 의식 속에 침투하기 시작했
다. 1978년부터 아이마라 카타리스타 리더를 맡고 있는 우고 카르데나
스Victor Hugo Cárdenas는 1985년에서 1989년 사이에 의원직을 수행했으며, 1989
년에는 비록 낙선했지만 대통령 후보로 나오기까지 했다. 그러나 그는
선거 캠페인 동안 많지 않은 텔레비전 출현 등 대중 앞에 설 기회를 통
해 지적이고도 강한 인상을 심어줌으로써 원주민 운동에 대한 대중적
시각을 교정하는 데 크게 기여했다.

반면 원주민 정체성의 부각과 그들의 정치적 영향력 증대는 1980년대
후반 '촐로cholo10) 포퓰리즘'이라는 현상을 야기한다. 오랜 기간 원주민

---

10) 촐로는 주로 도시에 거주하는 원주민적 뿌리가 강한 인종적 문화적 혼혈인들을 지칭한다. 경멸적 의미가 남아

토속문화학자이자 아이마라인 지역에서 인기 있는 텔레비전과 라디오 방송의 소유주이기도 한 카를로스 팔렌케^{Carlos Palenque}는 1989년에서 1991년 사이에 있었던 세 번의 선거에서 수도인 라파스와 그의 위성도시인 엘알토에서 시장으로 선출되었다. 그로 인해 그의 정당인 조국의 양심 Conciencia de Patria, 이하 CONDEPA은 도시와 그 주변 지역에서 가장 강력한 정치세력으로 부상했다. 당연히 그의 선거전에 있어서 종족성 문제는 가장 중요한 이슈였다. 그는 '새로운 인디오와 촐로의 볼리비아' 건설을 주장했고 아이마라의 상징물들을 자신의 정당의 상징물로 사용하면서 원주민들의 지지를 획득했다.

한편 1989년 혁명좌파운동^{Movimiento Izquierdista Revolucionario, 이하 MIR}과 전 독재자 우고 반세르가 이끄는 우파 정당인 민족주의 민주행동당^{Acción Democrática Nacionalista, 이하 ADN}의 선거연합을 통해 탄생한 하이메 파스 사모라^{Jaime Paz Zamora} 정부 또한 원주민 문제를 심각하게 인식하고 그들의 지지를 얻기 위해 다양한 수단을 강구한다. 그는 원주민 문제를 국제적 포럼에서 반복적으로 다루었으며 국제 원주민 기금^{FIP}의 본부를 볼리비아에 유치하기도 했다. 뿐만 아니라 코카 잎의 문화적 가치 인정, 정부의 원주민 기구 강화, 원주민의 이중 문화교육 지원, 원주민 운동과의 직접적 대화 시도, ILO의 원주민 인권에 대한 169조항의 인정 등과 같은 정책을 실현했다. 심지어 비록 실현하지는 못했지만 아이마라의 깃발인 위팔라^{wiphala}를 국가 상징으로 만들려고 시도하기도 했다. 이런 모든 사실들은 볼리비아 정치에 있어 이제 더 이상 원주민 문제를 고려하지 않고 어떤 정권도 통치성을 확보할 수 없음을 말해준다. 그러나 그러한 시도들은 원주민이 주체가 아닌 포퓰리즘적 정치 행태의 결과였다. 이때까지도 원주민들은 여전히 독자적 정치세력으로 성장하지 못했다.

있기는 하지만 최근에는 사회학적으로 중립적 용어로 많이 사용된다.

Ⅲ. MNR과 카타리스타 연합정부의 다문화주의

1. 다문화주의의 전개

1993년 대통령 선거에서는 이러한 사실을 반영하여 혁명 이전에 대지주였던 MNR의 산체스 데 로사다Gonzalo Sanchéz de Lozada가 자신의 부통령 후보로 카타리스타 운동의 리더인 우고 카르데나스[11)를 지명하기에 이르렀다. MNR과 카타리스타의 관계는 합병이나 흡수가 아닌 동등한 입장에서의 선거연합이었다. 카르데나스와의 연합으로 MNR은 지금까지한 번도 승리하지 못했던 아이마라 주 거주지역인 라파스에서 다수를 획득할 수 있었다. 그리고 그에 힘입어 37.6%를 득표함으로써 2위를 한 ADN과 MIR의 공동후보인 반세르를 약 14% 차이로 따돌렸다. 2위와의 이런 차이는 1982년 민주화 이후 실시된 선거 중 가장 큰 것이었다Van Cott, 2000b: 341.

자신들의 토지를 유지하고 문화적 정체성을 인정받고자 1980년대부터 시작된 원주민들의 조직화와 대대적인 시위의 결과가 1990년대 중반에는 MNR과의 정치적 연합이라는 형태로 나타났다. 그리고 MNR은 원주민 운동과의 그러한 연합을 통해 선거에서 압도적 승리를 거둘 수 있

---

11) 그는 대통령인 산체스 데 로사다가 한때 미국으로 일주일 여행을 하는 동안 임시 대통령이 된 적이 있다. 비록 일시적이기는 하지만 그 사실이 주는 상징적 의미는 매우 컸다. 이 일로 인해 카르데나스는 라틴아메리카에서 생물학적, 문화적 차원에서 공식적으로 최초의 원주민 대통령이 되는 영광을 누린다. 물론 생물학적으로 볼 때 19세기 중반 멕시코 사포텍 원주민 출신인 베니토 후아레스가 대통령이 된 적이 있지만 그가 문화적으로 거의 백인이었던 것을 생각하면, 볼리비아의 카르데나스는 실제 라틴아메리카 최초의 원주민 대통령이라 할 수 있다. 하지만 라틴아메리카 최초의 진정한 원주민 대통령의 영예는 2005년 볼리비아 대통령으로 당선된 에보 모랄레스에게 주어져야 할 것이다. 왜냐하면 카르데나스는 정식으로 대통령이 된 것이 아니라 임시 대통령이었으며, 임기도 일주일로 극히 짧았기 때문에 그를 최초의 원주민 대통령으로 인정하기에는 부족한 점이 많다. 물론 페루에도 촐로 출신의 알레한드로 톨레도가 모랄레스에 앞서 대통령에 당선되긴 했지만 그 또한 후아레스와 마찬가지로 문화적으로 원주민으로 보기에 어려운 점이 많다. 따라서 생물학적으로 보나, 문화적으로 보나 원주민의 정체성을 대변하면서 정식으로 선거를 통해 대통령이 된 에보 모랄레스야말로 라틴아메리카의 진정한 최초 원주민 대통령이라 할 수 있다.

었다.[12] 이에 우고 카르데나스는 부통령 취임연설에서 다문화적 다종족적 민주주의를 강조하면서 "볼리비아가 500년간의 소외와 배제의 역사에서 다시 깨어나는 파차쿠티Pachakuti: 아이마라어로 '다시 일어나다'라는 뜻의 시대로 들어가고 있다"라고 주장했다Albó, 1994: 68, 재인용.

원주민 문제와 관련하여 연합정부가 가장 먼저 착수한 것은 이 문제를 다룰 정부 기관을 설립하는 것이었다. 새로운 정부는 종족성, 세대 문제를 다루는 부SNAEGG를 새로 만들고, 그 산하에 특별히 카르데나스의 카타리스타 운동과 함께 운영할 종족 문제를 위한 국Sub-secretaria de Asuntos Etnicos, 이하 SAE을 두었다. 그리고 SAE는 1994년 CIDOB과 앞으로 SAE의 프로젝트나 입법 활동에 함께 참여할 것을 약속하는 협정을 맺게 된다. 이를 통해 과거에 단순히 정부 정책의 수혜자에 불과했던 원주민들이 이제 정책결정에 직접 참여하는 능동적 정치행위자로 부상하게 되었다.

원주민들의 이러한 참여를 바탕으로 연합정부는 볼리비아 원주민들의 지위에 혁명적 변화를 가져왔다. 산체스 데 로사다 대통령과 아이마라 원주민 우고 카르데나스 정부(1993~97)하에서 볼리비아는 처음으로 그들의 사회가 '다종족multi-ethnic, 다문화적pluri-cultural'임을 헌법상 인정한다. 그리고 국가와 원주민 사이의 전통적 관계를 변화시킬 수 있는 일련의 다문화적 개혁을 제도화한다. 구체적으로 개정된 헌법 제1조는 볼리비아가 '다종족 다문화' 민족임을 명백히 언급하였고, 171조는 볼리비아의 "영토에서 살고 있는 원주민들의 사회적·경제적·문화적 권리가 인정되고 존중되고 보호받아야 한다"라고 명시했다.

이러한 헌법적 권리의 인정은 구체적 법 제정을 통해 다양한 영역에서 원주민들에게 특별한 권리를 부여해주었다. 그중에서 이중 언어와

---

12) 다당제이면서 대선에서 결선 투표제가 없는 볼리비아에서 37.6% 득표는 결코 적은 것이 아니다. 특히 2위와의 표차가 14%나 났다는 사실은 의미하는 바가 적지 않다.

문화 교육프로그램과 원주민의 집합적 토지소유권 인정은 가장 두드러지는 예이다. 그러나 정치적으로 원주민들에게 가장 중요한 의미를 차지하는 것은 바로 '민중 참여법Law of Popular Participation'이다. 이 법은 시 단위의 지방자치정부의 행정에 민중대표로서 원주민이 참여하는 것을 이부화하고 있다. 또한 원주민 대표로는 기존의 원주민 마을의 관습적 리더들의 대표성이 그대로 인정되었다. 이로써 볼리비아에서는 처음으로 지역 정치 차원에서 원주민들의 사회조직과 그들의 관습적 지도자들에게 합법적인 정치적 권력이 부여된 것이다.

볼리비아에서 이와 같이 사회의 다종족, 다문화적 성격이 헌법으로 인정된 것은 시사하는 바가 매우 크다. 콜롬비아와 같은 나라에서는 이미 1991년에 헌법상 종족적·문화적 다양성을 인정하고 보호한다고 밝혔지만, 그 나라의 1.6%(1993년 통계)밖에 되지 않는 원주민 인구의 비중을 감안할 때 국가적으로 의미하는 바는 실제 그다지 크지 않다. 반면 원주민 인구 비중이 60%를 넘는 볼리비아와 같은 나라에서 문화적 다양성의 헌법적 인정은 더욱 필요함에도 불구하고 실현되기는 오히려 더 어려웠다. 왜냐하면 문화적 다양성의 헌법적 인정이라는 사실은 자칫 국가 체제 자체를 바꿀 수도 있는 중대한 결정이기 때문이었다. 원주민 인구가 소수인 미국이나 라틴아메리카의 브라질, 콜롬비아, 칠레 같은 나라에서는 원주민의 문화적 다양성에 대한 헌법적 인정이 국가의 통합에 대한 심각한 위협이 되지 않기 때문에 헌법의 다문화성 인정이 상대적으로 쉽게 이루어질 수 있는 반면, 원주민 인구가 많거나 다수인 멕시코, 에콰도르, 볼리비아 등에서는 이러한 문화적 다양성에 대한 헌법적 인정이 국가의 통합에 위협이 될 수도 있다고 생각되기 때문에 쉽게 실현될 수 없었다. 따라서 볼리비아에서 다문화주의의 헌법적 인정이 가지는 의미는 결코 작은 것이 아니었다.

2. 다문화주의의 한계

그럼에도 불구하고 산체스 데 로사다 대통령이 다문화주의를 인정하지 않을 수 없었던 것은 선거연합에 대한 단순한 호의 차원이 아니라 원주민의 요구를 받아들이지 않으면 통치성을 확보할 수 없을 정도로 그때 이미 원주민 운동의 세력이 강하게 성장했었기 때문이다. 다시 말해 연합정부의 다문화주의는 대통령이 원주민에 주는 하나의 포퓰리즘적 선물이 아닌 원주민들의 정치적 영향력 증대에 따른 불가피한 선택이었다. 따라서 포스테로[Postero, 2004: 191-193]는 MNR 정부하에서 이루어진 다문화주의는 문화적·정치적 자치를 추구하는 원주민 세력과 그에 대해 새로운 지배와 포용의 수단을 찾는 통치엘리트 집단의 '위급상태에서의 접합'이라고 정의한다.

그럼에도 불구하고 MNR에 의한 다문화주의는 비록 과거의 하향식 통합정책과는 분명히 다르지만 국가가 주도한다는 점에 있어서는 아직도 분명 한계를 지니고 있었다. 그러한 한계는 MNR과 원주민 세력의 연합이 본질적으로 결코 양자 모두를 만족시킬 수는 없다는 점에 있다. 연합정부는 기본적으로 신자유주의적 성격을 지니고 있다. 실제 이들은 임기 중 석유, 가스, 통신, 항공사, 발전, 철도 등에 걸쳐 볼리비아의 가장 중요한 국영기업들의 민영화 작업을 추진했다.[13] 경제사회적으로도 산체스 데 로사다의 신자유주의 정책은 원주민들의 빈곤 문제를 해결할 수 없었다. '민중 참여법' 또한 신자유주의 원칙에 따른 볼리비아식 탈중앙집권화 작업의 일환으로 추진된 측면이 크다.

연합정부의 다문화주의 또한 본질적 측면을 잘 들여다보면 서구적 근

---

13) 볼리비아의 민영화 작업은 '자본화(capitalization)'라고 불리는데 그 특징은 국영기업을 민간자본에게 전부 팔기보다 기업의 효율성과 수익성을 높일 수 있는 전략적 파트너에게 지분의 50%를 팔고, 남은 지분 50%는 국가연금기금에 49% 그리고 전 국영기업의 직원들에게 1%씩 나누어 주는 것이다.

대성과 원주민성으로 대표되는 과거의 전통에 대한 자의식이 애매모호하게 조화되어 있음을 알 수 있다. 즉, 원주민성을 근대성의 한 부분으로 인식하는 태도가 엿보인다. 이러한 태도는 종족성을 관광 사업으로 활용하고자 할 때 특히 두드러진다. 원주민들이 만든 수공예품, 원주민 음악, 원주민 카니발 등은 실제 관광산업과 밀접히 연결되어 있다. 국가는 원주민성을 강조하고 그들의 가치를 인정함으로써 외국 관광객들로부터 더 많은 돈을 벌어들일 수 있다. 나아가 심지어 원주민 발전 프로그램을 통해 더 많은 국제적 지원을 얻어낼 수도 있을 것이다. 어릴 때부터 외국 생활을 해 스페인어보다는 영어를 더 잘하는 대통령인 산체스 데 로사다 정부하에서 다문화주의가 공식적으로 받아들여졌던 것은 원주민의 정치적 영향력이 확대되었던 것도 중요한 이유이지만 그와 함께 다문화주의가 신자유주의 개혁을 추진하는 데 걸림돌로 작용하지 않았기 때문이기도 하다. 결국 신자유주의와 다문화주의 동반 실현을 추구하는 데 있어 산체스 데 로사다 정부의 다문화주의의 한계가 내포되어 있었다고 볼 수 있다.

이렇다 보니 연합정부의 다문화주의 개혁이라는 것이 볼리비아 지배계층과 원주민 그룹 사이의 역사적 모순을 지우기에는 한계가 있었다. "신자유주의적 간(間)문화주의neoliberl interculturalism14)는 예전에 소외되었던 인디오들을 포용하기 위한 일관된 과정이라기보다는 사회적 차이, 시민적 정체성, 계급적 참여 형태의 질서를 재구성하고 이를 정당화하기 위해 수시로 바뀌는 심지어 때때로 모순적이기도 한 정치적 언어와 제도의 변화 형태에 불과하다"는 쿠스탑선Gustafson, 2002: 269-270의 평가도 타당성을 가지게 된다. 시작이야 어찌되었든 간에 결과적으로 MNR과 원주

---

14) 다문화주의라는 용어는 인종 간의 갈등을 야기할 소지가 있음으로 공식적으로는 간(間)문화성(interculturality)이라는 용어가 빈번히 사용된다. 그러나 그 본질은 다문화주의이다.

민의 연합은 신자유주의 정책을 본격적으로 실현하기 위해 정치적 승리와 안정이 필요했던 지배계층이 원주민 그룹에게 제한적 양보를 한 조건부 동맹에 불과했다고 볼 수밖에 없다.[15]

따라서 산체스 데 로사다 대통령의 원주민에 대한 포용정책은 카타리스타 운동[16]의 온건화와 분열을 동시에 가져왔다. MNR과의 연합의 한계를 점차 인식한 급진적 카타리스타 운동가들은 대부분 우고 카르데나스의 MNR과의 연합을 비판하기 시작했고, 이에 대응하여 우고 카르데나스는 아마존 저지대 원주민 운동과의 연계를 통해 돌파구를 찾게 된다.

3. 원주민 운동의 부활과 사회적 갈등의 심화

1997년에는 과거 군부 독재자였고 현재는 오리엔트 지역의 백인 지배층을 대변하는 보수정당인 ADN을 대표하는 우고 수아레스 반세르Hugo Suárez Banzer 정부가 탄생했다. 다문화주의에 대한 원주민들의 실망으로 인해 그들의 지지를 상실한 MNR의 득표가 18.2%에 머물렀던 데 비해 20%를 득표한 ADN이 근소한 차이로 대선에서 승리한다. 그리고 반세르는 정치적 안정을 위해 과거 '촐로 포퓰리즘'을 주도한 시민연대연합 Unión Civica Solidaridad, 이하 UCS과 CONDEPA 그리고 MIR를 끌어들인 대연합 정부를 출범시킨다. 보수적인 반세르 정부마저 이들과 연합했다는 사실은 이제 어떤 정부라도 어떤 형태든 원주민의 문제를 정치 어젠다로 삼지 않고는 정치적 안정을 이룰 수 없다는 것을 보여주었다.

---

15) 원주민 운동과 MNR의 동맹에 대해서는 다양한 정의가 존재한다. 그러나 이런 주장들은 대부분 원주민 운동과 산체스 데 로사다 정부의 신자유주의와의 어색한 관계를 강조하고 있다. 이들 중 하비에르 알보(Albó, 1994)는 '카타리스타로부터 다시 MNR주의자로의 전환: 아이마라와 신자유주의의 놀라운 동맹'이라고 정의했고, 구스탑선(Gustafson, 2002)은 '자유주의적 인디헤니스모(Liberal Indigenismo)'라고 정의하기도 한다.
16) 이때까지도 카타리스타 운동은 여전히 카르데나스라는 개인적 카리스마에 의존한 채 체계적 대안을 가진 조직화된 정당으로서의 면모를 갖추지 못하고 있었다.

반세르 정부는 산체스 데 로사다 정부 때 시작된 원주민 관련 개혁을 지속할 수밖에 없었으나 담론에 있어서는 전통적인 비즈니스적 접근을 시도한다. 그는 원주민 문제를 문화적 차원에서 인식하고 다문화주의를 지속적으로 강조하기보다는 원주민을 하나의 빈곤층으로 인식하고 그들의 현실적 문제를 해결할 필요성을 주장했다. 이러한 그의 접근 방식에 따르면 원주민들은 국제시장에서 볼리비아의 경쟁력 향상을 위해 필요한 '근대화된 노동력'으로 전환되어야 한다는 것이다. 그러나 반세르 정부는 이러한 주장에도 불구하고 관련하여 실제적인 성과를 내는 데는 실패했다.

오히려 산체스 데 로사다 정부에서 시작된 토지개혁을 제대로 진행하지 못함으로써 원주민들의 불만을 증가시켰다. 특히 지주계급이 여전히 정치적 권력을 장악하고 있는 지역에서 이러한 토지 개혁은 정부 관료들에 의해 방해받는 사례가 많았고, 또 일부 지역에서는 지주도 원주민도 아닌 제삼자(도시로부터 온 이주민)들의 개입으로 인해 실제 원주민들에게 돌아가는 토지는 많지 않았다. 심지어 토지의 집합적 소유권을 원하지 않는 사람들에게는 개인 소유권을 허용해주는 법 개정이 이루어짐으로 인해 집합적 토지 소유권이라는 다문화주의의 가장 중요한 성과마저 흔들리게 되었다.

한편 '민중참여법'을 통한 지방 수준에서의 원주민의 정치적 참여도 실질적 효과는 미약했다. 지역자치의 강화로 원주민 인구가 많고 강력한 지역적 리더가 있는 곳에서는 원주민이 새로운 정치적 공간을 확보할 수 있었다. 그러나 그렇지 못한 대부분의 원주민 공동체에서는 이미 존재하던 지역 정치엘리트가 자치권의 강화를 자신의 정치적 권력을 보다 공고히 하는 데 활용했을 뿐이다. 결과적으로 원주민을 포함한 모든 국민에게 서구적 자유민주주의 틀 내에서 참여의 장을 제공하고자 했던 이 법은 기본적 권력구도, 인종차별주의, 전통적 정당 등이 여전히 그대로 존재하는 한 원주민들의 실질적 정치 참여가 결코 자유롭지 못함을 증명해 주었다.

'민중참여법'을 통해 정치적 참여와 정책의 본질적 변화를 기대했던 원주민들에게 이러한 한계에 대한 인식은 크나큰 실망감을 가져다주었다. 그들은 이제 부유한 지배층에 기대 자신의 이익을 얻는 것이 얼마나 무모한 것인가에 대해 분명히 인식하게 되었다[Postero, 2004: 202-204].

2000년부터 원주민들의 이러한 실망은 대다수 민중세력들의 신자유주의 정책에 대한 불만과 합쳐져 볼리비아 사회의 갈등을 심화시켰다. 시위의 물고를 튼 것은 소위 '물 전쟁'이었다. 정부가 물세를 올리려고 하자 코차밤바주에서 처음으로 파업과 시위가 시작되었다. 이러한 파업과 시위는 신자유주의 경제 개혁 이후 경제적 위기에 직면하고 있던 상황에서 전국적으로 확산되기 시작했다. 농민, 노동자, 교사, 운수업자, 코카재배업자 등은 라파스로 향하는 고속도로를 점거하는 시위를 벌이기 시작했다. 특히 농민연합의 격렬한 시위는 경찰과 대면하는 과정에서 수명의 사상자를 내기도 했다. 이러한 격렬한 파업과 시위는 가톨릭교회의 중재로 해결되었다. 하지만 이 사건으로 인해 볼리비아의 기존 정치 시스템과 전통적 정당들이 이제 더 이상 원주민을 위해 사회정의를 실현하고 정치적 참여를 확대할 수단이 되지 못한다는 기존의 시각이 다시 한 번 확인되었다.

원주민들에 의한 폭력과 시위가 심화되자 라파스의 보수 언론들은 볼리비아 사회를 도시화되고 근대화되고 스페인어를 말하는 볼리비아와, 반체제적이고 반근대적이며 폭력적인 다른 인종의 볼리비아로 양분하는 구시대적인 '두 개의 볼리비아'론을 다시 들고 나왔다. 이러한 시각은 정부가 공식적으로 '간문화주의'를 내세움에도 불구하고 원주민들에 대한 도시의 백인과 메스티소들의 생각은 여전히 식민지 시대에 머물러 있음을 보여주었다. 그러나 원주민은 이제 더 이상 식민지 시대의 원주민이 아니었다. 이미 정치적 주도성을 회복한 원주민의 저항은 격렬해졌고, 시위대와 군부와 충돌 과정에서 수많은 사상자가 발생하기도 했다. 바야흐로 볼리비아는 인종전쟁이라고까지 말하기는 어렵지만 인종문제로 야기되는 심각한 사회적 갈등의 시대에 접어들었다.

Ⅳ. 종족성의 정치

1. 최초 종족 정당의 출현

초기 원주민들에 의한 정당 설립 시도는 주로 아이마라 원주민들에 의해 이루어졌다. 카타리주의와 인디오주의 운동이 처음으로 자신들의 정당을 설립한 것은 1978년이다. 그러나 1970년대 초반에 인디오주의자 루시아노 타피아Luciano Tapia는 이미 투팍 카타리 인디오 운동MITKA라는 정치조직을 설립하고자 했다. 그러나 반세르 군부정권의 억압으로 인해 1978년까지 원주민 정당의 공식적 설립과 선거위원회 등록이 연기되었다.

카타리주의자들은 자신의 정치적 조직인 투팍 카타리 혁명운동MRTK을 1978년에 설립했다. MRTK는 농민 운동의 정치적 도구로서 설립되었기 때문에 처음부터 MITKA보다는 광범위한 지지기반을 확보하고 있었으며 또한 보다 굳건한 조직 구조를 가지고 있었다. 그러나 MRTK의 지도부는 MITKA보다 훨씬 도시화되고 서구적인 생각들을 가지고 있었다. 그렇기 때문에 그들은 종족적 정체성에 기반을 두고 있음에도 불구하고, 학생, 지식인, 대중조직, 노동자 계급 등과 같은 사회의 보다 넓은 광범위한 부문의 지지를 끌어들이고자 했다.

1980년대 원주민 종족 정당을 형성하려는 의미 있는 노력은 애국적 집중의 축Eje de Convergencia Patriótica으로 나타났다. 그것은 백인과 인디오 간의 동맹에 의한 것이었다. 그러나 그에 참여했던 원주민들은 백인들이 결코 인디오들의 요구를 이해할 수 없다고 판단했기 때문에, 동맹을 포기하고 자신들만의 정당인 공동체의 축Eje Comunero을 형성했다. 그 후 그의 일부 지도자들이 좌파 정당인 자유볼리비아운동MBL이나 혁명좌파운동MIR으로 빠져나감에 따라 남은 자들은 보다 원주민적 모습을 띤 정당인 파차쿠티 축Eje Pachacuti17)을 형성했다. 파차쿠티 축은 파차쿠티 운동 Movimiento Pachacuti으로도 알려져 있다. 이는 1993년 선거를 목표로 1992년에 공식적으로 설립되었다.

카타리주의자의 가장 성공적 조직인 투팍 카타리 해방 혁명운동MRTKL의 리더인 빅토르 우고 카르데나스Víctor Hugo Cárdenas는 1993년 선거를 위해 파차쿠티 축과 동맹을 결성했다. 그러나 카르데나스의 MNR과의 사전 동맹 사실이 알려지자, 파차쿠티 축은 카르데나스를 배신자로 규정하게 되었다.

한편 파차쿠티 축의 부통령 후보인 메스티소 라미로 바렌체아Ramiro Barrencchea는 파차쿠티 축의 유일한 하원의원으로 당선되었다. 하지만 그역시 당을 배신했다. 그는 선거관리위원회에 후보의 이름을 등록하기직전 원주민 후보들의 이름을 리스트의 앞자리에서 지우고 그 자리를자신의 사람들로 채웠다. 이러한 사건들은 비원주민들의 기만적 행위를부각시킴으로써 원주민들에게 자신들만의 정당을 설립할 필요성을 보다 강조하게 되었다. 어쨌든 1970년대와 1980년대에 있어 아이마라인들은 기존 정당들과의 동맹 경험에 실망함으로써 자신들의 정당을 조직하고자 했다.

---

17) 파차쿠티는 매우 복잡한 의미를 가진 케추아어이다. 파차가 땅(earth)을 의미하고, 쿠티가 회전, 복귀 혹은 회복(return)을 의미함으로 둘을 합하면 땅의 회전 혹은 세상의 대전환, 즉 혁명을 의미한다. 나아가 파차쿠티는 투팍 카타리, 즉 잉카의 부활을 의미하기도 한다.

2. 코카재배업자들의 종족 정치

1990년대 초에는 코카재배업자들 또한 정부의 코카 재배 근절 징책에 영향을 미칠 수 있는 자신들의 정치적 기구를 형성할 가능성을 타진했다. 코카재배업자들의 지도부는 단순히 사회운동만으로 그들의 요구를 실현하기 어려우며, 따라서 민주적 정치 공간에 접근할 필요성이 있음을 느끼게 되었다.

정당을 설립하고자 하는 안은 1990년대 초 CSUTCB의 회의에서 여러 차례에 걸쳐 논의 되었고, 결국 1994년, 1995년, 1996년에 개최된 총회에서 인준되었다. 그러한 결정은 CSUTCB를 통제하고자 하는 좌파 정당들에 대한 실망에서 기인한다. 예를 들어 MBL과 공산당Partido Comunista, MIR의 일부 세력이 연합하여 만든 좌파 연합Izquierda Unida, 이하 IU은 코카재배업자들을 반제국주의의 전위이자 안데스 문화의 방어자로서 규정하면서 그들의 지지를 얻고자 하였다. 그에 따라 코차밤바 지역에서 그들에 대한 지지가 1985년 1.76%에서 1989년 33.16%까지 상승하였다. 그러나 코카재배업자들은 좌파 정당이 중앙 정부에 미치는 영향력이 크지 않음에 따라 이러한 동맹의 결과에 대해 만족할 수 없었다. 따라서 그들은 결국 자신의 정당 설립으로 나아가지 않을 수 없었다.

1994~95년에 걸친 헌법 개혁은 새로운 정당 설립을 위한 제도적 환경을 조성했다. 특히 시 단위의 선거구를 설정한 '민중참여법'은 가장 중요한 의미를 가졌다. 그 법에 따라 볼리비아는 1995년 역사상 처음으로 전국에 걸쳐 시의원을 직접 뽑았다. 전국 314개 각 시 선거구역에서 직접 선거를 통해 뽑힌 시의원들은, 나아가 그들 중에서 시장을 선출했다. 게다가 정부는 중앙 재정 수입의 20%를 각 시정부에 분배하였다.

그에 따라 CSUTCB는 물론이고 저지대 원주민 운동인 CIDOB마저도

1995년 선거에 참여하기 위해 정당을 형성할 것을 결정했다. 그를 위해 1995년 CSUTCB는 국민주권 의회Asamblea de la Soberanía de los Pueblos, 이하 ASP를 설립했다. 그리고 ASP는 원주민 농민 운동 내부에서 설립된 최초의 의미 있는 정당이 되었다. ASP는 '민중참여법'의 탈중앙집중화 방안에 따라 처음으로 유효한 정치적 대안이 되었다.

1995년의 헌법 개혁이 비례대표제와 소선거구제를 병행함에 따라 전국적 득표에 약한 원주민 정당이 소선구제를 통해서는 원주민 인구가 집중된 지역에서 승리할 가능성을 찾을 수 있었다. 이러한 제도적 개혁이 원주민들의 정치적 참여를 보다 쉽게 만들었다. 게다가 인디오주의 당과 카타리주의 당의 기존 정당과의 연합으로 인한 붕괴와 좌파 정당들의 쇠퇴는 ASP의 정치적 활동 영역을 보다 확대했다. MBL이나 IU와 같은 좌파 정당은 1993년 선거부터 전국 수준에서 독자적으로 10% 이상의 득표가 어려워졌으며, 한편 MIR와 MNR은 점차 중도우파로 전환되었다. Condepa와 UCS와 같은 포퓰리스트 정당들도 주로 도시 유권자들만을 지지기반으로 삼고 있었다. 이러한 정치적 조건들은 지방 선거에 있어 ASP의 정치적 입지 구축에 우호적으로 작용했다.

3. 저지대 원주민의 정치적 참여

정당들은 전통적으로 저지대의 고립된 원주민들을 무시했다. 따라서 그들도 기존의 정당들에 대해 호의적 입장을 가지고 있지 않았다. 그럼으로 1990년대 중반 아마존 지역의 원주민들이 시의원 선거에 참여하고자 결정했을 때 이들은 기존의 정당과는 어떤 관계도 가지고 있지 않았다.

그러나 이들의 정치 참여에 있어 가장 큰 걸림돌은 정당을 형성하고 가입하는 데 있어서 필요한 법적 조건들이었다. CIDOB은 한편으로는 이런 요구 조건들을 바꾸려고 노력하는 한편, 당장에는 기존 정당들과 손을 잡지 않을 수 없었다. 다만 조직의 독립성을 존중해주고, 그들의 종족적 제안을 정당의 정치적 구호를 내걸며, 자신의 후보를 정당의 후보로 추천한다는 조건을 달았다.

1995년 시의원 선거에서 아마존 지역의 원주민 운동 조직들은 하나의 정당을 선택하기보다는 각 지역에서 영향력 있는 다양한 정당들과 각각 동맹을 맺었다. 예를 들어 치키타노족들은 자신의 지역에서 강력한 MNR이나 ADN, 혹은 포퓰리스트 정당 UCS와 동맹을 맺고자 했다. 그러나 이들 정당들은 후보선출이나, 후보의 지위 등에 있어 치키타노의 요구를 받아들이지 않았다. 결국 치키타노족들은 그 지역에 어떤 기반도 없기 때문에 그들의 조건을 모두 받아들일 것을 약속한 좌파 정당 자유볼리비아운동MBL과 동맹을 맺게 된다. 아마존의 원주민 조직들은 1995년 선거에서 MBL을 지지하게 되었고, 그 결과 MBL은 정당 설립 이후 처음으로 전국적으로 13.3%에 달하는 득표율을 올릴 수 있었다.

1997년 대선과 총선을 앞두고 CIDOB은 안데스의 원주민 농민 조직들과 함께 통합 정치기구의 설립을 논의했다. 그러나 이러한 논의는 케추아 농민과 아이마라 원주민, 아마존 원주민들의 농지 관련법과 관련된 정부와의 대응 전략에 있어서 드러난 차이점으로 인해 실현될 수 없었다. 그에 따라 CIDOB은 기존에 등록된 정당의 이름만 빌릴 것인가, 기존 정당과 동맹을 맺을 것인가, 기존 정당의 원주민 후보를 지원할 것인가, 기존 정당의 비원주민 후보라도 자신들의 이익을 대변하는 후보를 지지할 것인가를 놓고 토론을 벌였다. 그 결과 CIDOB의 선택은 두 번째 옵션인 기존 정당과의 동맹이었다. 기존 정당과의 동맹을 통해 최대한 자신들의 후보를 배출하는 것이 목표였다.

CIDOB의 요구는 부통령 후보직, 4명의 지역구 하원의원 후보와 2명의 비례대표 하원의원 후보 그리고 선거에서 승리할 경우 행정부의 일부 자리를 보장해 달라는 것이었다. 이러한 조건을 걸고 CIDOB은 MNR, MIR 그리고 MBL과 협상을 했다. 그중 CIDOB의 조건을 받아들인 정당은 이번에도 역시 MBL뿐이었다. 그러나 MBL의 승리 가능성이 매우 낮다는 것이 문제였다. 조건의 수락이냐, 선거에서의 승리 가능성이냐의 갈등 속에서 CIDOB은 MBL뿐만 아니라 파차쿠티의 축Eje Pachakuti, MNR, MIR와의 동맹으로 각각 분열되었다.

선거의 결과 CIDOB은 MNR과 연합한 단지 한 명의 후보만을 하원의원으로 당선 시켰을 뿐이었다. 이 지역 대부분의 원주민들은 그들 자신의 후보가 아닌 전통 정당의 비원주민 후보에게 표를 주었다. 이유는 선거기간 동안 단지 그들이 그들의 공동체를 위해 많은 돈을 뿌렸다는 것뿐이다. 원주민들이 투표를 포기한 것도 그러한 결과에 영향을 미쳤다. 게다가 아마존 지역의 많은 원주민들은 여전히 선거를 위한 신분증명서도 가지고 있지 않았다.[18] 이러한 결과를 직면하여 CIDOB은 자신의 정당을 설립할 필요성을 다시 한 번 절감하게 되었다.

2002년 대선과 총선을 앞두고 CIDOB은 자신들만의 정당을 형성하기 위한 헌법 개정을 요구했다. 그와 함께 아마존 지역에서 도시에 기반을 둔 선거구 설정의 문제도 동시에 제기했다. 이러한 요구는 2002년 선거를 앞두고는 받아들여지지 않았다. 그러나 2004년 의회에서는 굳이 정당으로 등록하지 않더라도 사회운동이나 원주민 조직들이 선거에 참여할 수 있는 법이 통과되었다. 어쨌든 2002년 선거에서도 CIDOB은 1997년과 같이 다각적 동맹을 통해 선거에 참여할 수밖에 없었다.

---

18) 아마존 지역 원주민들의 81.2%는 투표를 위한 신분증이 없고, 40%는 출생증명서도 가지고 있지 않다. Van Cott, 2005, op. cit., p. 76 참고.

4. 아이마라와 종족성의 정치

아이마라인들은 일찍이 1970년대부터 자신의 정당을 설립하려고 노력하여 왔다. 2000년 전 MITKA의 리더인 펠리페 키스페Felipe Quispe는 ASP에 참여하려는 조직의 결정에도 불구하고, 자신의 정당인 파차쿠티 원주민 운동MIP을 설립한다. 과거 무장 게릴라로 활동 한 적도 있었던 급진적 인디오주의자 키스페는 그의 정당 강령으로 500년간 백인에 의해 지배받은 아이마라 민족의 부활과 식민지 이전 시대의 재건을 내세웠다.

키스페의 이런 급진적 아이마라 종족주의는 아이마라와 케추아의 동맹을 불가능하게 했다. 게다가 키스페와 케추아의 지도자 알레호 벨리스Alejo Véliz 그리고 비록 케추아와 아이마라 양쪽의 피를 나누고 있지만 대부분 케추아인들로 구성된 코카재배업자들의 조직을 리더하고 있는 에보 모랄레스Evo Morales, 이들 3명 사이의 반목은 점차 심화되어 갔다. 이들 3명의 원주민 지도자가 서로 갈등함에 따라 원주민 운동 전반에 대한 지지도 감소했다.

이런 상황에서 2002년 대선을 앞두고 키스페는 대통령 후보로 나서는 것을 포기하고, 모랄레스의 사회주의 운동MAS과 동맹을 시도한다. 그러나 동맹이 실패로 돌아감에 따라 키스페와 모랄레스는 각각 대통령 후보로 나섰고 상호간의 비방은 극에 달했다. 한편 모랄레스가 MAS의 이름으로 선거전에 참여한 것에 비해, 키스페의 MIP는 정식으로 정당 등록을 하는 데 많은 어려움을 겪었다.

1995년 이후 제도적 조건의 완화에도 불구하고, 종족 정당을 정식으로 등록하는 데는 여전히 많은 어려움이 남아있었다.[19] ASP나 그의 결

---

19) 종족 정당이 정식으로 등록하고 또 법적 등록을 지속적으로 유지하기 어려운 이유는 그렇게 하기 위해서 전국적으로 3% 이상의 득표율을 유지해야 하기 때문이다. 그러나 지역별로 집중되어 있는 종족 정당의 특성상 그 수준의 전국적 득표는 쉬운 일이 아니다. 게다가 등록을 위해 필요한 비용의 마련도 쉽지 않을 뿐만 아니라,

가지인 국민 주권을 위한 정치기구^{IPSP}는 모두 그들 자신의 이름으로 등록할 수 없었기 때문에, 비록 법적으로는 등록되어 있지만 사실은 거의 소멸되어가는 좌파 정당들의 이름을 빌리지 않을 수 없었다. MIP 또한 정당 등록을 위한 서명 부족으로 거의 2002년 선거에 참여할 수 없게 되었다. 그러나 MIP가 등록하지 못할 경우 MAS와 동맹을 맺게 되는 것을 두려워 한 기존 정당들의 후원으로 MIP의 등록은 가능해졌고, 결국 키스페는 MIP의 이름으로 대선에 참여할 수 있었다.

V. 종족 정당과 선거

1. 개혁 이전 시기(1978~1993)

이 시기 동안 새롭게 출현한 종족 정당들은 등록을 유지하기 위해 필요한 최소한의 득표율도 획득할 수 없었다. 이러한 낮은 득표율은 원주민들의 매우 낮은 선거인 명부 등록률, 기존 지배 정당들의 선관위 조정, 등록을 유지하고 선거 분담금을 피하기 위해 3% 이상 득표해야 할 필요성, 선거 캠페인을 위한 재정적 부담 등으로 인한 것이다. 게다가 초기의 종족 정당들은 주로 지식인들의 작품이었기 때문에 풀뿌리 원주민 조직들과의 연계도 부족했다. 따라서 이들 초기 종족 정당들은 선거전에서 요구되는 조직의 인적·물적 자원을 활용할 수도 없었다.

아이마라 인디오주의 정치 조직인 MITKA는 1978년 선거에서 0.6%를 득표했다. 비록 낮은 득표율이었지만 자원의 부족과 조직적 열세를 감안할 때 처음치고는 놀라운 성과로 평가되었다. 그 결과 1979년 선거에

선거관리 위원회는 조그만 위반에도 엄격한 법을 적용해 원주민 종족 정당의 등록을 취소했다. 이러한 어려움은 1995년의 '민중참여법'에도 불구하고 여전히 남아 있었다. Van Cott, 2005, *op. cit.*, p. 63. 참조.

서는 더 많은 자원을 활용할 수 있게 되었다. 따라서 인쇄기도 구입할 수 있었고, 사무직원에게 월급도 지불할 수 있었다. 그러나 선거전 막판에 선관위는 사전 선거에서 MITKA의 득표율을 문제 심아 그의 정당 능록을 취소하고, MITKA가 선거에 참여하는 것을 마고자 했다. 그러나 리더의 단식투쟁을 통해 선거비용을 사전 예탁하는 조건으로 결국 선거에 참여할 수 있었다. 그 결과 MITKA는 1.6%의 득표율을 올려 국회의석 하나를 차지할 수 있게 되었다. 그러나 1979년 쿠데타로 MITKA의 의회 진출은 무산되고 말았다.

1980년 선거에서는 MITKA가 내부 분열로 인해 타피아^{Tapia}의 MITKA와 리마^{Lima}의 MITKA−I이 각각 선거에 참여했다. 그리고 이들은 각각 1%와 1.1%를 득표해서 의회에서 각각 의석 하나씩을 차지하게 되었다. 그러나 역시 이들도 또 다른 쿠데타로 인해 의석을 상실했다가 1982년에야 비로소 의회에 입성할 수 있었다. 그러나 의회 입성 이후 국회 농업위원회에 소속된 이들의 역할은 미약했다. 의회로 진출한 타피아를 대신해 MITKA의 리더를 맡은 펠리페 키스페는 이들 두 원주민 의원들의 의회에서의 역할에 대해, "그들은 열등감에 싸여 회의 중에 한 번도 입을 열지 못했다"라고 비판했다^{Van Cott, 2005: 80-81}.

1980년대 중반 MITKA가 내부 갈등으로 해체됨에 카타리주의자들이 아이마라 원주민을 리드하게 되었다. 카타리주의자의 정치 기구인 MRTK는 1978년 설립 이래 1980년까지 세 번의 선거에서는 다른 정당들과 연합을 통해 선거에 참여했다. 그리고 MITKA가 해체된 후 1985년부터는 독자적으로 선거에 참여했고, 그해 선거에서 단지 0.95%를 득표함으로써 역시 소멸되었다. 대신 MRTK의 분파인 MRTKL은 같은 선거에서 1.8%를 득표하고, 국회에 두 명의 의석을 확보할 수 있었다. 그것은 인디오주의와 카타리주의를 통틀어 아이마라 원주민 종족 정당의 설립

이래 그때까지 선거에서 거둔 가장 큰 성과였다.

1989년 선거에서 MRTKL은 MRTK의 또 다른 분파인 카타리스타 해방 연합 전선FULKA과 공동으로 선거전에 뛰어들었다. 그리고 결과는 빅토르 우고 카르데나스Victor Hugo Cárdenas가 이끄는 MRTKL 1.45%, 그리고 FULKA가 1.04%를 각각 득표하는 것으로 나타났다. 1985년 선거에서 MRTKL 후보로 국회에 진출한 카르데나스는 이번 선거에서도 국회에 진출하기 위해 충분한 득표를 했음에도 불구하고 기존정당들에 의해 통제되는 선관위가 비례할당을 교묘히 조작함에 따라 의회 진출이 무산되었다.

1993년 대선에서 카르데나스는 MNR과의 동맹을 시도한다. 그러나 카르데나스가 MNR과의 연합을 시도하자 카타리스타 운동은 네 분파로 분열되고 만다. 카타리스타 운동은 MNR과 선거연합을 맺은 MRTKL 외에, 좌파연합IU과 연합한 FULKA, 중도우파인 ADN의 우고 반세르Hugo Banzer가 인위적으로 조정해서 만든 카타리스타 민족운동MKN, 그리고 파차쿠티 축Eje Pachakutik으로 나누어졌다. 선거 결과 IU와 연합한 FULKA와

〈표 2〉 아이마라족의 인디오주의와 카타리주의 정당들의 선거 득표율(%)

연도	MITKA	MRTK	MRTKL	FULKA	MKN/KND	Eje Pachakutik
1978	0.6	a				
1979	1.6	a				
1980	2.1b	a				
1985		0.9	1.8			
1989			1.45	1.04		
1993			c		0.7	1.1
1995			1.2		0.23	
1997					d	0.84
1999			0.07		0.41	

a: 기존 정당과 연합
b: MITKA와 MITKA-I 합한 득표율
c: MNR과 연합
d: ADN과 연합
자료: Van Cott, 2005: 79

0.7%를 득표한 MKN은 국회에서 단 한 석도 차지할 수 없었으며, 1.1%를 획득한 파차쿠티 축은 1석을 획득하는 데 그쳤다. 반면 동맹의 결과 MNR은 1980년 민주화 이래 최다 득표율을 올리면서 승리할 수 있었다. 그리고 그러한 결과에 결정적으로 기여한 MRTKL은 7명의 국회의원 후보 중에서 3명을 당선시켰고, 카르데나스는 원주민으로서는 처음으로 부통령 자리를 차지하게 되었다.

부통령으로서 카르데나스는 온건 합리적 태도를 취함에 따라 볼리비아의 비원주민들과 국제 사회로부터 좋은 평판을 받았다. 그렇지만 코카재배업자 조직인 CSUTCB는 카르데나스가 MNR과 연합한 데 대해 그를 원주민의 '배신자이자 적'으로 규정했다. 카르데나스의 MRTKL은 독립적 원주민 운동들에 의해 거부됨에 따라 1995년 시 단위 지방선거에서는 전국적으로 1.2%를 득표하는 데 그쳤다. 그에 따라 단지 5명의 시장(전체의 1.6%)과 22명의 시의원(전체의 2%)만을 확보할 수 있었다. 그리고 1999년 시 단위 지방선거에서는 불과 0.07%의 지지율로 단지 2명의 시의원을 확보하는 데 그쳤다. 낮은 득표율로 인해 2002년 대선과 총선에 참여하기 위해서 선거 분담금을 지불해야 하는 처지에 놓이게 된 카르데나스의 MRTKL은 새로운 동맹자를 찾았으나 실패하고 결국 소멸의 위기에 놓이게 되었다.

결론적으로 1993년까지 아이마라 원주민 종족 정당을 포함한 모든 원주민 정당들은 어떤 정당도 독자적으로 2% 이상의 득표를 할 수 없었다. 그리고 2000년대에 들어서면 아이마라족 위주의 카타리주의나 인디오주의 정당들은 거의 소멸되는 운명에 처하게 되었다. 이 시기에 원주민 정당들이 성공을 거둘 수 없었던 이유는 첫째로 정당의 등록 및 유지를 위한 조건들이 너무 엄격했으며, 둘째로 주요 리더들의 경쟁으로 인한 내부 분열이 지속되었고, 셋째로 원주민들의 선거인 명부 등록률이 여전히 매우 낮았으며, 넷째로 후견인적 수혜를 제공할 수 있는 기존 정당들이 원주민 리더들을 흡수하거나 혹은 포퓰리스트 정당들이 원주민들의 지지를 끌어갔기 때문이다.

그러나 이 시기에 원주민정당들의 존재 의미가 결코 작다고만 할 수는 없을 것이다. 예를 들어 부통령이 된 카르데나스는 그때까지 원주민들에 대한 비 원주민들의 인식을 완전히 바꾸어 놓았다. 카르데나스는 원주민들도 국가의 책임을 맡을 수 있는 능력이 있음을 볼리비아뿐만 아니라 세계에 알리는 계기가 되었다. 또한 원주민 정당들은 볼리비아 주류 정치에 종족적 문화적 주제를 부각시켰다. 그로 인해 1990년대에는 볼리비아에서 더 이상 원주민들의 지지나 그들과의 연합 없이 정권 획득이 어려운 상황에 이르게 되었다. 그리고 카타리스타와 인디오주의 정당들에 의해 부각된 아이마라 민족주의는 1998년 이후 펠리페 키스페에 의해 파차쿠티 원주민 운동[MIP]로 전승되었다.

2. 개혁 이후 시기(1995~1999)

1995년의 시 단위 선거에 있어 지방자치를 강화하는 '민중참여법'은 종족 정당의 발전에 크게 기여했다. 이 법이 적용된 이후 종족 정당들은 등록을 유지할 수 있는 수준의 득표가 가능해졌다. 게다가 종족 정당들은 코카재배업자 운동, 보다 크게는 그들이 포함되어 있는 농민 운동 CSUTCB의 조직적 지원을 받게 되었다. 뿐만 아니라 이 시기에 소련 및 동구권 사회주의 국가들의 붕괴와 세계화로 인한 신자유주의 헤게모니 아래서, 대안을 잃어버린 좌파 정당들이 쇠퇴하고, 도시와 도시 근교 지역에서 원주민들의 지지를 끌어갔던 포퓰리스트 정당인 CONDEPA도 약화되었다. 좌파 정당과 포퓰리스트 정당들의 약화는 종족 정당의 발전에 새로운 전기를 마련했다.

코카재배업자들이 주축이 된 선거기구인 ASP는 여전히 등록 문제가 있었기 때문에 1995년 선거에서는 거의 소멸되어 가는 좌파 정당 IU의 이름을 빌려 선거전에 참여했다. 선거 결과는 코카재배업자들이 집중되어 있는 차파레 지역을 완전히 휩쓸어 버리는 것으로 나타났다. ASP는 이 지역에서만 10개의 시장직과 49개의 시의원직, 6개의 주의원 자리를 차지했고, 안데스 고지대에서도 5개의 시의원직을 추가함으로써 총 54석의 시의원직을 차지했다.

1997년 총선에서는 처음으로 국회의원 소선거구제가 도입됨에 따라 그의 인구가 한 지역에 집중되어 있는 코카재배업자들은 다시 한 번 제도개혁의 덕을 볼 수 있었다. ASP는 코차밤바 주의 차파레 지역 하원의원 의석 4개를 차지했으며, 특히 코카재배업자들의 리더인 에보 모랄레스는 이 지역 선거구에서 약 60%의 득표율을 통해 국회의원에 당선됨으로써 전국 최다득표율을 과시했다. ASP는 코차밤바 주 전체에서 17.5%를 득표했으며, 전국적으로는 3.7%의 득표율을 보였다.

〈표 3〉 ASP, IPSP/MAS, MIP의 득표율

구 분	ASP/IU	IPSP/MAS	MIP
1995년 시 단위 선거	-전국득표율: 3% -시장: 10석 -시의원: 54석 -주의원: 6석		
1997년 총선 및 대선	-전국득표율: 3.7% -하원의원: 4석		
1999년 시 단위 선거	-전국득표율: 1.12% -시장: 4석 -시의원: 23석	-전국득표율: 3.27% -시장: 10석 -시의원: 79석	
2002년 총선 및 대선		-전국득표율: 20.94% -상원의원: 8석 -하원의원: 27석	-전국득표율: 6.09% -하원의원: 6석

자료: Van Cott, 2005: 86

1999년 시 단위 선거를 앞두고 ASP는 또다시 지도자들의 개인적 라이벌 관계로 인해 두 파로 분열되었다. ASP는 알레호 벨리스Alejo Véliz가 이끄는 잔류세력과 에보 모랄레스가 이끄는 분파인 국민주권을 위한 정치기구IPSP로 나뉘었다. 이들은 1999년 선거에서 전국적으로 각각 1.12%와 3.27%를 득표함으로써 합계 4.4%로 1997년의 자신들이 획득한 전국 득표율을 넘어섰다.

선관위가 IU의 등록을 무효화함에 따라 더 이상 IU의 이름을 빌릴 수 없었던 ASP 잔류파는 볼리비아 공산당PCB의 등록을 활용하면서 여타 다른 정당들과의 동맹을 통해 전국적으로 1.12%를 득표하였다. 그러나 그들이 획득한 23개의 시의원과 4개의 시장직은 단지 코차밤바 내에서만 얻은 것이었다. 한편 거의 빈사 상태인 MAS의 이름을 빌려 선거전에 나선 IPSP는 전국적으로 3.27%를 획득했으며, 6개 주에 걸쳐 79개의 시의원 의석을 획득했다. 그중에서도 라파스주와 코차밤바 주에서 각각 18개와 40개로 가장 많은 시의원직을 획득했으며 그 외 4개 주에서도 다수의 시의원을 확보했다. 그 외에도 IPSP/MAS는 코차밤바에서 10개의 시장직을 획득했다.

3. 2002년 대선 및 총선[20]

2002년 선거를 앞두고 원주민 운동은 크게 세 방향으로 전개되었다. 그들은 각각 저지대 산타크루스 지역의 CIDOB과, 라파스와 인근 지역의 아이마라인들, 그리고 코차밤바 인근 차파레 지역의 코카재배업자이다. 그중에서 코카재배업자를 대표하는 MAS의 에보 모랄레스Evo Morales

---

20) V.3, V.4, 장은 필자의 앞서 언급된 논문 「원주민 인권과 종족성의 정치: 볼리비아 사례를 중심으로」의 내용을 수정 보완한 것이다.

와 아이마라 민족주의를 대표하는 펠리페 키스페[Felipe Quispe]가 이끄는 MIP 는 새로운 정치적 대안으로 부각되었다.

코카재배업자들은 1980년대 이래로 미국의 DEA와 대사관이 후원하는 반 마약부대와 사실상의 저강도 전쟁을 벌여 왔었다. 코카재배업자들이 주도하는 고속도로 점거와 시위를 반마약부대가 잔인하게 진압하는 과정에서 이들의 투쟁은 수차례 폭력적으로 전개되었다. 그런 과정에서 볼리비아의 코카 재배 근절 프로그램을 주도하는 미 제국주의를 비난했던 모랄레스는 전국 최다 득표율을 올리며 1997년 국회에 진출했다. 하지만 그는 2001년 코카재배업자의 고속도로 점거 시위를 주도했다는 이유로 반역죄로 몰려 국회에서 탄핵되는 사태를 맞이한다.

그러나 에보 모랄레스는 이를 계기로 단순히 코카재배업자의 리더에서 한걸음 더 나아가 대통령 선거에까지 도전하게 된다. 그리고 2002년 선거 캠페인이 진행되는 동안 그는 구좌파, 영향력 있는 좌파 법률가 그룹, 현 농민과 노동자 연합의 지도자, 토지 없는 농민 운동[Movimiento Sin Tierra], 그리고 일부 저지대 원주민 운동 리더 등을 끌어들여 보다 광범위한 정치 전선을 형성하였다. 그리고 그는 자신의 정당인 MAS가 백인 엘리트에 의해 억압받고 존엄을 상실한 모든 볼리비아의 민중과 원주민들을 대표한다고 선언했다.

코카재배업자들이 볼리비아 정치에 있어서 강력한 영향력을 발휘할 수 있었던 데에는 그들의 수적 비중도 중요한 요인이지만 그와 더불어 이들의 거주 지역이 백인과 메스티소들의 주요 거주 지역인 저지대 산타크루스와 안데스의 수도 라파스 간을 잇는 고속도로 주변에 위치해 있다는 지리적 요인도 크게 작용했다. 두 도시는 볼리비아에서 산업적으로나 정치적으로 가장 중요한 도시들로서 두 도시를 잇는 고속도로는 사실상 볼리비아의 동맥이나 마찬가지이다. 따라서 이 도로를 점거한다는 것은 가장 효과적인 투쟁방식이 될 수 있었다. 뿐만 아니라 코카 자체가 미국의 대중남미 반 마약 전쟁의 주 대상이기 때문에 이들의 투쟁이 국제적 안보 이슈로서 세계적 주목을 끌 수 있었던 것도 코카재배업자 운동이 정치적 영향력을 가질 수 있었던 이유라 할 수 있다.

한편 노련한 정치 활동가이자 한때 카타리스타 게릴라이기도 했던 카리스마 있는 아이마라 지도자인 펠리페 키스페는 분리 독립된 아이마라 권력을 촉구하는 운동을 전개했다. 일부는 키스페의 마초적 리더십이 폭력적이며 진보적이지 않다고 비난하기도 하지만[21], 어쨌든 그는 강력한 문화적 민족주의를 내세우며 아이마라 원주민 운동을 주도하고 있다. 그리고 그런 목적을 위한 정치 조직으로서 MIP를 설립하였다.

아이마라인들이 CIDOB에 비해 보다 큰 정치적 영향력을 발휘할 수 있었던 것은 순전히 지리적 요인 때문이다. 아이마라인들의 공동체는 주로 수도인 라파스 주변에 분포되어 있다. 따라서 지금까지 볼리비아의 메스티소와 백인합쳐서 q'ara: '카라'로 불림 엘리트들이 원주민에 대해 가지고 있는 대부분의 인종적 편견과 차별은 주로 이들 아이마라인으로부터 나온 것이다. 라파스 주변의 아이마라 거주지역인 빈민촌 엘알토는 히스패닉적 성격의 도시 라파스에는 항상 위협으로 다가왔다. 따라서 볼리비아 정치에 있어 지배 엘리트들이 아이마라인들에 대해 느끼는 불안감은 오히려 케추아인들에 대한 것보다 더 크다. '카라'들이 느끼는 이러한 불안감은 일찍이 엘리트와 아이마라 간에 정치적 타협을 가능하게 했다. 그로 인해 아이마라의 정치적 영향력도 증대할 수 있었다. 실제는 라파스 주변 10개 구역 정도에 국한된 지역적 성격의 아이마라 원주민 운동이 볼리비아 국가 중앙정치에 있어 그렇게 큰 영향력을 미칠

---

21) 키스페는 원주민 인권 운동이 일반적으로 추구하는 방향 중 하나인 집합적 토지 소유권 대신 개인적 토지 소유권에 대한 지지를 선언함으로써 저지대 원주민 그룹의 반감을 샀다.

수 있었던 것은 전적으로 아이마라 지식인과 그들의 운동이 지역적으로 국가 권력 심장부 가까이에 집중되어 있었기 때문이다.

한편 저지대 원주민 운동인 CIDOB은 2002년 내선을 앞두고 여전히 분열된 모습을 보였다. CIDOB 지도자의 상당수는 MIR당과 동맹을 주장했고 이들 중 일부는 이 당의 이름으로 국회의원 선거에 출마했다. 다른 일부는 모랄레스와 좌파 법률가 그룹과 동맹함으로써 고지대와 저지대 원주민들 간 연대의 필요성을 강조했다. 그러나 포스테로Postero, 2004: 205−206에 따르면 동시에 저지대 원주민 그룹들은 이러한 동맹의 결과 고지대의 무 토지 빈곤층이 저지대 원주민들이 보호하기 위해 투쟁해 왔던 자신들의 토지에 침입할 수 있다는 두려움을 가지고 있었기 때문에 이러한 동맹에 대해 항상 조심스러운 입장을 취하고 있었다.

2002년에 CIDOB은 원주민에게 실질적으로 더 많은 정치적 대표성을 부여할 수 있는 헌법을 다시 개정하기 위한 제헌의회 구성을 요구하면서 산타크루스에서 라파스까지 행진을 시작하였다. 비록 선거를 앞두고 원주민 그룹들이 각각의 이해관계에 따라 이러한 행진에 처음부터 적극적으로 참여하지는 않았지만 결국 고지대의 케추아와 아이마라들이 저지대 원주민들의 이러한 행동에 상징적으로 동조함으로써 이 행진은 대중과 언론의 큰 관심을 끌어 모았다. 비록 이 행진은 원래 의도했던 제헌의회 구성이라는 목표를 달성하는 데는 실패했지만 그로 인해 원주민이 볼리비아 정치에 중요한 행위자로 다시 부상했음을 알리는 데는 성공했다.

코카 생산업자들과 저지대 원주민 운동 CIDOB의 시위와 행진이 있은 뒤 실시된 2002년 선거에서 원주민과 농민 운동은 중앙정치의 장에서 크게 부각되기 시작했다. <표 4>에서 보는 것처럼 코카 생산업자와 원주민의 이익을 대변한다고 할 수 있는 에보 모랄레스가 주도하는 MAS는 대선에서 20.94%를 득표함으로써 22.46%를 득표한 MNR에 이어 2위를 차지했고, 아이마라인 키스페가 주도하는 MIP도 6.09%를 득표함으로써 5위를 차지하였다.

〈표 4〉 1997년과 2002년 대선 주요 정당 득표율

(단위: %)

정당	1997	2002
MNR	18.20	22.46
MAS	–	20.94
NFR	–	20.91
MIR	16.77	16.32
MIP	–	6.09
UCS	16.11	5.51
ADN	22.26[a]	3.40
CONDEPA	17.16	0.37

a: ADN-NFR-PDC연합
자료: CNE, 2007: 6-8

〈표 5〉 2002년 하원 주요 정당의 지역별 의석수

정당	추키사카	라파스	코차밤바	오루로	포토시	타리하	산타 크루스	베니	판도	전국(%)
MNR-MBL	3	5	3	2	4	3	9	5	2	36(27.69)
MAS	2	7	7	4	5	–	2	–	–	27(20.77)
MIR-NM	2	6	1	2	3	5	5	1	1	26(20.00)
NFR	2	7	6	2	2	1	4	1	–	25(19.23)
MIP	–	6	–	–	–	–	–	–	–	6(4.62)
총[a]	11	31	18	10	15	9	22	9	5	130(100)

a: 군소 정당 포함한 총 의석수(비례대표 62석, 지역구 68석 총 130석)
자료: CNE, 2007: 7

한편 <표 5>에서 보듯이 이들 두 세력이 확보한 하원 의석은 MAS가 27석, MIP가 6석으로 총 130석 중 33석에 이르렀다. 비율로도 전체 의석의 25%가 넘는다. 선거의 결과 2002년 개회된 국회에서 130석 중 33석에 원주민 대표들이 자리 잡고 있는 모습을 보는 것 그 자체가 볼리비아

사람들에게는 새로움이었다. 그들은 그 모습을 보면서 국가가 국민을 통치하는 방식에 있어 변화가 시작되고 있음을 느꼈다.

반면 볼리비아의 전통적인 세 주요 정당－MNR, MIR, ADN－의 대선 득표율은 모두 합쳐 42.18%에 불과했고, 전체 의석에서 차지하는 비중도 50.77%에 그쳤다. 이에 비해 원주민과 농민의 이익을 대변하는 두 그룹－MAS와 MIP－의 대선 득표율은 27.03%이고, 전체 의석에서 차지하는 비중도 25.39%였다는 사실은 이제 볼리비아에서 원주민 운동이 선거에서 차지하는 비중이 매우 의미 있는 수준에 이르렀음을 보여준다. 따라서 마요르가Mayorga, 2005: 176는 이때부터 볼리비아의 정치는 MNR과 MIR 중심의 전통 정당정치세력과 종족성에 기반을 둔 원주민 사회운동으로 양극화되었다고 정의한다.

물론 이러한 선거 결과가 기존 정당을 지지하는 표가 원주민으로 옮겨갔다는 것을 의미하지는 않는다. 1997년과 2002년 하원의원 선거결과를 비교해보면 기존 정당 중에 MNR과 MIR의 지지율은 각각 18.20%, 16.77%에서 22.46%, 16.32%로 조금 상승했거나 아니면 거의 같은 수준을 유지하고 있다. 한편 ADN의 지지율은 22.26%에서 3.40%로 하락했는데 이는 백인 거주 차코 지역의 이익을 대변하는 중도 우파 ADN에 대한 지지가 원주민 운동에게로 옮겨갔다기보다는 앞선 ADN의 우고 반세르Hugo Banzer 정부의 실정에 대한 지지 하락이 정치 신인인 백만장자 후보 만프레도 레이에스 비야Manfred Reyes Villa의 신공화세력Nueva Fuerza Republicana, 이하 NFR의 득표로 옮겨졌기 때문이다. 실제로 이번 선거를 앞두고 새로이 조직된 NFR은 2002년 대선에서 20.91%를 득표했다.

그러면 처음 선거에 참여한 MAS와 MIP의 지지는 어디에서 온 것인가? <표 4>에 나타난 바로 이들에 대한 지지는 기존의 두 포퓰리스트 정당인 CONDEPA와 UCS에 대한 표가 옮겨온 것으로 해석된다. 앞서 언급한 언론 재벌 카를로스 팔렌케가 이끄는 CONDEPA와 산타크루스를 기반으로 볼리비아에서 가장 큰 맥주회사를 운영하면서 전국에 걸쳐 병원, 학교, 길 등을 지어주고 여러 가지 물건들을 나누어 줌으로써 빈민과 원주민들 사이에서 인기를 얻었던 막스 페르난데스Max Fernández의 UCS의 2002년 대선 지지율은 각각 17.16%, 16.11%였다. 그러나 2002년 선거에서 이들에 대한 지지는 각각 0.37%, 5.51%로 급격히 하락했다. 이들 포퓰리스트들에 대한 지지가 주로 도시의 빈민층이나 원주민들이었던 것을 생각해보면 바로 이들에 대한 지지가 MAS와 MIP로 옮겨왔음을 알 수 있다. 이러한 사실은 2002년 선거를 통해 원주민들이 포퓰리스트들의 선거를 앞둔 선심성 캠페인이나 선거 전략에 휘둘렸던 모습에서 벗어나 스스로의 이익을 대변하는 정치세력을 가지게 되었음을 말해준다. 이것은 볼리비아에서 '종족성의 정치'가 본격적으로 시작되었음을 의미하는 것이다.

4. 원주민 운동의 정책 거부권

뿐만 아니라 더욱 주목할 만한 사실은 2003년 8월 원주민 운동은 MNR과 MIR의 연합 정부의 대통령인 산체스 데 로사다를 몰아내는 데도 결정적 기여를 하였다는 점이다. 원주민 운동의 리더들인 모랄레스와 키스페가 라파스, 엘알토, 코차밤바 등에서 주도한 6주간의 대대적 시위는 그에 대한 정부의 탄압으로 수많은 사상자를 발생시켰다. 그러나 이 사태로 인해 이후 산체스 데 로사다 대통령은 결국 사임하고 볼리비아를 떠날 수밖에 없었다. 그의 축출은 물론 칠레를 통과하는 천연가스 수출 프로그램에 대한 국민들의 반발 때문이었지만 실질적 이유는 원주민이나 사회의 빈곤층이 정책결정 과정에서 배제된 데 대한 불만이 터진 것이다. 시위에 가담한 사람들의 대부분은 원주민들이었으며, 이들은 이제 지배적 백인 엘리트들에 대한 종속적 입장에서 벗어나 과감하게 자신들의 힘을 보여주면서 정책 결정과정에 당당히 참여할 권리를 찾고자 하였다.

이 일은 원주민들이 독자적인 정치세력을 형성해 선거를 통한 정치 참여를 확대하는 동시에 도로 차단과 같은 격렬한 시위 등의 방법을 통해 정부의 정책 결정에 있어서도 거부권을 행사할 수 있게 되었다는 것을 말해준다. 물론 원주민 운동이 이러한 힘을 가지게 된 데에는 다른 사회운동들과의 광범위한 연대가 중요한 역할을 했다. 원주민 운동은 이제 단순히 원주민 문제를 넘어 국가의 전반적인 정치 경제 문제들로 활동 영역을 넓혀갔다. 그리고 당연히 이러한 운동의 주도권은 원주민들이 잡고 있었다.

관련하여 포스테로[Postero, 2004: 207]는 다음과 같이 언급하고 있다. "1970년대의 원주민 운동이 원주민의 정체성이나 자신의 종족적 이익에 초점을 맞추었다면, 2003년에 원주민 지도자들은 산체스 데 로사다 정부의 신자유주의 정책과 맞서기 위해 원주민이 아닌 다른 성격의 민중 조직과도 전략적 동맹을 맺기 시작했다. 이러한 사실을 두고 언론이 원주민들의 반란이라고 부르는 것은 놀랄 만한 일이 아니다. 동맹은 MAS의 에보 모랄레스와 라파스 지역의 아이마라 농민 리더인 펠리페 키스페라는 두 명의 원주민 지도자가 주도적 역할을 맡았고 시위대의 전방에 나타나는 인물들도 압도적으로 원주민—특히 대부분의 폭력 사태가 발생한 엘알토 지역의 원주민—이 많았다. 시위대의 리더들은 안데스 전사들의 용맹함을 언급하는 등 그들의 주장을 밝히기 위해 종족적 수사와 상징물들을 즐겨 사용했다. 심지어 새 대통령과의 조약을 받아들이는 과정에서 펠리페 키스페는 과거 백인과 메스티소들의 인디언 반란과 보복으로 인한 공포를 상기시키면서 만약 그들의 요구가 받아들여지지 않는다면 거리가 피로 물들 것이라고 위협했다."

이것은 단순한 협박 차원이 아니라 기존의 지배계층에는 실질적인 위협으로 다가왔다. 이제 볼리비아는 원주민 운동이 강력히 거부하면 정부는 어떤 정책도 제대로 실현할 수 없는 상황에 이르렀다. 원주민 운동은 과거 단순히 문화적 인권을 추구하는 수준을 넘어 이제는 국가 정책 전반에 있어 강력한 거부권을 행사할 수 있는 힘을 가지게 되었다.

5. 2005년 대선과 최초의 원주민 대통령 탄생

볼리비아 정치는 전통적으로 중도우파인 MNR, 우파인 ADN, 그리고 중도좌파인 MIR에 의해 지배되어 왔다. 이들의 이데올로기적 지향점은 비록 달랐지만 현실 정치에 있어서 한계로 인해, 특히 권력을 잡기 위한 정당 간의 연합으로 인해, 결국 이들의 경제 사회 정책은 서로 뒤섞여 결국 차이를 상실했다. 전통적 지배 정당들이 모두 보수화하자 그 공백은 CONDEPA, UCS와 같이 카리스마적 지도자가 이끄는 포퓰리스트 정당들이 채워 왔다. 그러나 이들 포퓰리스트 정당들도 볼리비아 다수 원주민들의 이익을 궁극적으로 대변할 수는 없었다.

이런 상황에서 2002년 대선부터 에보 모랄레스가 주도하는 원주민 정당인 MAS가 강력하게 부각됨에 따라 2005년 선거판도는 크게 전통적 정당 대 MAS의 구도로 짜였다. 전통적 정당은 합종연횡을 거쳐 민주적 사회적 권력Poder Democrático y Social, 이하 PODEMOS22)과 국민연합Unidad Nacional, 이하 UN23)으로 나뉘어 있었다. 8명의 후보가 난립했음에도 불구하고 선거는 결국 PODEMOS의 키로가와 MAS의 모랄레스로 압축되었다. 키로

---

22) PODEMOS는 과거 ADN, MNR소속의 일부 정치인들과 MIR의 중도파 세력이 결합하여 만든 선거연합으로 전직 부통령이자 ADN의 총재였던 호르헤 키로가(Jorge Quiroga)를 대통령 후보로 내세웠다.

23) UN은 MIR의 좌파세력들이 만든 정치조직으로서 그들의 대통령 후보는 과거 MIR정부에서 일했던 대부호 사무엘 도리아 메디나(Samuel Doria Medina)였다.

〈표 6〉 2005년 대선 결과

정당	대선후보	득표율
NFR	Gildo Angulo	0.68%
USTB	Néstor Garcia	0.26%
UN	Samuel Jorge Doria Medina	7.80%
MIP	Felipe Quispe Huanca	2.16%
MAS	Evo Morales Aima	53.74%
MNR	Michiaki Nagatani	6.47%
FREPAB	Eliseo Rodríguez	0.30%
PODEMOS	Jorge Quiroga Ramìrez	28.59%

자료: CNE, 2007: 8

가는 MAS가 극단주의 운동이고 모랄레스는 작은 차베스가 될 것이라고 비난했다. 그러나 그러한 비난에 대해 모랄레스는 MAS만이 볼리비아의 강력한 사회운동을 통제하고 통치성을 확보할 수 있다고 맞섰다.

비록 모랄레스가 여론조사에서 가장 앞서 가기는 했지만 아무도 그가 1차 투표에서 압도적으로 승리할 것이라고 예상하지는 못했다. 그럼에도 불구하고 <표 6>에서 보는 것처럼 모랄레스는 1차 투표에서 53.74%라는 절대다수를 획득함으로써 대통령에 당선되었다.

모랄레스의 당선은 크게 세 가지 측면에서 중요한 의미를 가진다. 첫째는 볼리비아 근대 정치사에 있어 그가 최초의 비전통적 정당의 후보라는 점이고, 둘째는 최초의 1차 투표 당선자라는 점이며, 셋째는 볼리비아 아니 라틴아메리카 최초의 원주민 대통령이라는 점이다.Singer, 2006: 5

특히 그가 1차 투표에서 다수로 당선되었다는 사실은 의미하는 바가 매우 크다. 1982년 민주화 이후 볼리비아 대선에서 1차 투표만으로 바로 대통령에 당선된 것은 그가 처음이다. 그것은 의회에서 결정되는 2차 투표에서의 승리를 위해 의회에서 다른 정치세력과 야합을 할 필요가 없게 되었음을 의미한다. 지금까지 2차 투표를 위한 의회에서의 정당 간

협약은 다양한 정치적 부패의 온상이 되어왔고, 또 한 정당의 정책을 온전히 실현하는 것을 막아왔다.

이러한 정당 간의 협약은 비록 지배 계급 내부의 통치성을 확보하는 데는 도움이 되었지만 유권자들의 요구에 제대로 부응할 수는 없었다. 그럼으로 주로 원주민공동체에 기반을 둔 볼리비아의 시민사회는 이러한 정당 간의 협약을 통한 정치 하에서 이루어지는 정책 결정과정에서 완전히 배제되어 왔다. 따라서 모랄레스가 1차 투표에서 당선된 것은 2차 투표를 위한 정치적 야합의 필요 없이 마음껏 자신의 정책을 실현할 수 있는 여지를 제공한다는 점에서 매우 의미 있는 것이었다Eaton, 2006.

모랄레스의 당선이 주목받는 또 다른 이유는 그가 진정한 의미에서 '라틴아메리카 최초의 원주민 대통령'이라는 점이다. 모랄레스는 선거전에서 그가 원주민을 대표하는 후보임을 명백히 했고, 대통령에 당선된 이후에도 그가 원주민의 대통령임을 보여주기 위한 의식의 일환으로 아이마라 귀족의 옷을 입고 잉카의 기원이라고 알려진 티우아나코에서 원주민 지휘권을 부여받는 의식을 행했다.[24]

또한 이번 선거에서 나타난 지역적 분할 구도도 볼리비아의 정치가 명백한 종족 정치의 양상을 띠고 있음을 보여준다. 다음 <표 7>에서 보듯이 모랄레스는 원주민 인구가 다수를 차지하는 서부 안데스 지역인 라파스, 코차밤바, 오루로, 포토시, 추키사카 주에서는 절대 다수를 득표했다. 반면 원주민 인구가 50% 미만인 동부 저지대의 산타크루스, 베니,

---

24) 모랄레스가 진정 원주민 대통령인가에 대해서 논란의 여지가 없는 것은 아니다. 그가 비록 원주민의 피를 가지고 있다고는 하지만 실제 생물학적으로 보아 그는 메스티소에 보다 더 가깝다. 양부모의 성이 모두 원주민의 것인 아이마라의 지도자 펠리페 키스페 우안카와 달리, 모랄레스는 모친의 성 아이마는 원주민의 것이지만 부친의 성 모랄레스는 명백히 스페인의 것이다. 또한 그는 안데스 원주민의 종교를 믿기 보다는 로마 가톨릭 신자이기도 하다(Bolpress, 2006-01-01). 이러한 사실을 통해 그가 진정 원주민 대통령인가 하는 의문을 제기하는 사람이 없지는 않다. 그러나 현재 라틴아메리카에서 인종적 구분이 피부색이나 혼혈 여부에 의해 결정되기보다는 자기결정에 의한 것임을 고려한다면, 지금까지 그의 행보로 볼 때 그를 원주민 대통령으로 인정하는데 큰 무리는 없을 것이다.

〈표 7〉 모랄레스의 2005년 대선 지역별 득표율

주	라파스	코차밤바	오루로	포토시	추키사카	타리하	산타크루스	판도	베니
득표율(%)	66.6	64.8	62.6	57.8	54.2	31.6	33.2	20.9	16.5

자료: CNE, www.cne.org.bo

타리하, 판도 주에서는 40% 이하의 상대적으로 낮은 득표율을 기록했다. 특히 라파스 주에서 모랄레스는 경쟁 후보인 키로가보다 약 40% 이상 앞서는 압승을 거두었다.

그렇다고 모랄레스의 지지가 지역적인 것만은 아니다. 예를 들어 키로가 후보의 거점인 산타크루스 주에서 모랄레스는 33.2%를 득표함으로써 키로가 후보와 약 8.5% 차이가 날 뿐이며, 타리하 주에서도 31.6%라는 적지 않은 득표율를 달성했다. 이러한 사실은 모랄레스에 대한 지지가 비록 원주민들이 다수인 동부 안데스 지역에 집중되기는 했지만 전국적으로도 광범위하게 퍼져 있음을 말해준다. 그럼에도 불구하고 서부 안데스 지역과 동부 아마존 지역에서 모랄레스에 대한 지지는 확연한 차이를 보이고 있으며, 따라서 그로 인한 지역적 분열과 갈등은 볼리비아 정치의 최대 현안이 되고 있다.

물론 그가 선거전에 행한 말과 행동들, 그리고 당선 직후에 행한 다양한 의식들, 그리고 그의 지지 세력만으로 보아 그가 진정한 원주민 대통령이라고 평가하기에는 이른 감이 있다. 결국 모랄레스가 진정한 원주민의 대통령으로 계속해서 남기 위해서는 앞으로 그가 어떤 정치를 펼칠 것인가 중요하다. 원주민이 정치의 주된 세력으로 참여하고 있는 볼리비아에서 모랄레스가 실현할 정책들은 라틴아메리카에서 종족성 정치의 미래를 가늠해보는 좋은 사례가 될 것이다.

부록

ADN: Acción Democrática Nacionalista, 민족주의 민주행동당

CIDOB: Confederación Indígenas del Oriente, Chaco y Amazonía de Bolivia, 볼리비아 동부, 차코, 아마존 지역 원주민 동맹

CONDEPA: Conciencia de Patria, 조국의 양심

CSUTCB: Confederación Sindical Unica de Trabajadores Campesinos de Bolivia, 볼리비아 농업노동자 유일 노조동맹

MAS: Movimiento Al Socialismo, 사회주의운동당

MIP: Movimiento Indígena Pachakuti, 파차쿠티 원주민 운동

MIR: Movimiento Izquierdista Revolucionario, 혁명좌파운동

MNR: Movimiento Nacionalista Revolucionario, 민족주의혁명운동당

NFR: Nueva Fuerza Republicana, 신공화세력

PMC: Pacto Militar Campesino, 군부와 농민의 협약

SAE: Sub-secretaria de Asuntos Etnicos, 종족 문제를 위한 국

UCS: Unión Civica Solidaridad, 시민연대연합

2장 에콰도르의 종족 정치:
영향력의 정치에서 권력의 정치로

I. 에콰도르 원주민 인구

2001년 국가 공식 인구조사 결과에 따르면 에콰도르의 인종은 메스티소 77.4%, 백인 10.5%, 원주민 6.8%, 물라토 2.7%, 흑인 2.2%, 그 외 0.3%로 구성되어 있다(INEC, 2001: 27. 원주민 인구 비중 6.8%는 에콰도르 원주민 운동의 잘 알려진 정치적 영향력에 비해 생각보다 그렇게 높은 수치는 아니다. 또한 다른 라틴아메리카 국가들과 비교해 보아도 볼리비아(66.2%), 과테말라(39.5%)는 물론이고, 파나마(10.0%), 멕시코(7.9%), 온두라스(7.2%)보다도 낮다. 물론 절대적 기준으로 보면 원주민 인구의 수는 멕시코(7,618,990명), 볼리비아(5,358,107명), 과테말라(4,433,218명)에 이어 네 번째로 많은 830,418명이긴 하지만 앞선 세 나라와 비교해서 확연히 적은 수치이다(CEPAL, 2006: 41.

심지어 원주민 인구 비중 6.8%라는 수치는 2001년 인구조사부터 자기 판단 기준이 도입됨에 따라 나온 수치이고, 예전처럼(1990년 인구조사까지) 언어 기준으로만 산정하면 원주민의 비중은 4.3%에 불과하다. 즉, 2001년 인구조사에서 자기 정체성을 원주민이라고 말한 830,418명 중 실제 원주민어를 말하는 사람의 수는 이들 중 63.1%인 524,136명으로서 이들이 에콰도르 전체 인구에서 차지하는 비중은 4.3%가 되는 것이다INEC, 2001: 21.

그러나 이러한 사실로 인해 에콰도르 원주민 인구의 중요성이 보다 더 감소하는 것은 아니다. 그것은 오히려 비록 원주민어를 말하지는 않지만 자신의 정체성을 원주민으로 규정하는 사람들이 점차 많아지고 있음을 의미한다. 아직도 원주민에 대한 전통적 평가-열등하고, 거칠고, 한이 많고, 이기적이고, 잔인하고, 복수심에 불타고, 신뢰할 수 없는, 따라서 문명에 통합되지 않으면 소멸되고 말 인종-가 강한 에콰도르에서 그것은 놀라운 변화하고 할 수 있다.

어쨌든 에콰도르의 원주민 인구는 <표 1>에서 보는 바와 같이 1950년 이후 1990년까지 감소세를 이어오다 1990년대부터 다시 증가하는 추세를 보이고 있다. 원주민 인구 비중이 1950년 10.9%에서 1990년 3.8%로 급감한 이유는, 에콰도르 전체 인구가 같은 시기 2,855,012명에서 9,285,689명으로 거의 3배 이상 증가한 데 비해 원주민 인구는 1950년347,745명에서 1990년 362,500명으로 단지 4.2%라는 미약한 증가에 그쳤기 때문이다.

그러나 원주민 인구는 1990년대부터 다시 증가하기 시작해서 2001년 인구조사에 따르면 전체에서 차지하는 비중이 6.8%로 늘어났다. 이러한 경향은 과거와 같이 언어 기준을 적용하더라도 원주민 인구 비중은 4.3%로 그의 증가세는 여전하다. 언어 기준으로만 볼 때도 1990~2001년 원주민 인구의 증가율은 44.6%에 달한다. 이는 과거 1950년에서 1990년 사이의 증가율 4.2%와 비교하면 엄청난 변화이다. 심지어 자기정체성 평가 기준에 따른 원주민 인구수 830,418명을 1990년 원주민 인구수 363,500명과 비교하면 10년 만에 자그마치 129.1%의 증가를 가져온 것이 된다.

이러한 변화는 1990년대 이래 본격적으로 전개된 원주민 인권회복운

〈표 1〉 조사 기관에 따른 에콰도르 원주민 인구수 변화 추이

조사기관	연도	기준	인구(명)	비중(%)
국가인구조사 통계국(INEC)	1950	언어	347,745	10.9
국가인구조사 통계국(INEC)	1990	언어	362,500	3.8
에콰도르 원주민 10년 위원회	1995	지리적 조건 공동체 조직	3,055,678	26.7
INEC의 생활수준 조사	1998	언어	616,844	5.5
ENEMDUR의 고용, 반실업, 실업조사	2001	자기정체성	1,682,875	15.0
VI회 인구조사와 V회 주거조사(INEC)	2001	자기정체성	830,418	6.8
에콰도르 원주민 종족성 지표 시스템(SIDENPE)	2003	자체평가자료	1.058,363 1,157,498	8.7 9.5
유엔(UN)	2004	자체평가자료	4,100,000	43.0

자료: INEC, 2001: 19

동 때문이다. 1990년대 이후 에콰도르 원주민들은 정치적 장에서나 언어 사용에 있어 자신들의 요구를 적극적으로 표현하기 시작했다. 그리고 그에 따라 사회적 갈등과 협상이 이루어졌고, 그 결과가 이러한 변화로 나타났다. 특히 1988년 문화 간 이중 언어교육 담당기관Dirección Nacional de Educación Intercultural Bilingüe, DINEIB의 설립과 원주민어의 공식적 사용은 원주민어 사용자의 획기적 증가를 가져오기도 했다. 이러한 결과 원주민어를 사용하는 사람의 수는 꾸준히 증가했고, 특히 자신의 정체성을 원주민이라고 규정하는 사람들의 수가 획기적으로 증가했다. 결과적으로 조사기관마다 어떤 기준을 적용하는가에 따라 에콰도르 원주민의 비중은 15%ENEMDUR, 2001년 기준, 심지어 43%(유엔 2004년 기준)까지 평가되기도 한다.

보다 구체적으로 원주민의 종족적·지역적 분포를 살펴보면 다음의 <표 2>와 같다. 에콰도르에는 표에 나타난 종족(아와, 차치, 슈아르, 키추아) 외에도 다양한 종족들이 존재한다. 그러나 전체 원주민 인구 830,418명 중 49.2%를 차지하는 키추아Quichua를 제외하고 다른 종족들의 비중은

매우 미약하다. 키추아 다음으로 비중이 높은 슈아르Shuar가 겨우 전체 원주민 수의 6.3%를 차지하고, 세 번째로 비중이 높은 차치Chachi와 네 번째인 아와Awa는 각각 0.7%, 0.4%에 불과하다. 따라서 이들 네 종족 외에 나머지 종족들은 <표 2>에서 따로 수치를 표기하지 않았다.

그런데 여기서 한 가지 주목할 만한 사실은 자신의 정체성을 원주민이라고 밝힌 830,418명중 39.6%에 달하는 328,956명이 자신의 종족이 어디에 속하는지를 밝히지 않았다는 점이다. 이러한 수치는 원주민 언어를 말할 수 없음에도 불구하고 자신의 정체성을 원주민이라고 규정한 사람들의 수와 거의 유사하다.

다음으로 원주민들의 지역적 분포를 살펴보면 안데스 산악 지역에 71.1%, 동부 아마존 지역에 19.6%, 그리고 서부 해안 지역에 8.5%가 거주하고 있고, 그 외 갈라파고스 섬 지역에 0.1%, 그리고 비경계지역Zona No Delimitada 에 0.1%가 거주하고 있다. 따라서 원주민들의 대부분이 주로 안데스 산악 지역에 거주하고 있음을 알 수 있다INEC, 2001: 31.

<표 2>에서 보는 바와 같이 안데스 지역 대부분의 주에서 키추아가 다수를 차지하고 있지만, 아마존 지역의 일부 모로나 산티아고와 사모라 친치뻬에서는 슈아르가, 해안 지역의 에스메랄다스와 북쪽 안데스 지역의 까르치에서는 차치와 아와가 각각 다수를 차지하고 있기도 하다.

원주민 인구의 비중만 놓고 보면 아마존 지역의 나뽀, 모로나 산티아고, 빠스따사, 오레야나가 각각 54.9%, 41.2%, 37.0%, 30.3%로 모든 주 중에서 1위, 2위, 4위, 5위를 차지한다. 그러나 이들 지역의 원주민 인구의 수는 안데스 지역의 그것에 비해 상대적으로 적다. 원주민 인구를 절대적 수치로 보면 안데스 산악지역의 침보라소가 153,365명으로 1위, 그 뒤를 이어 수도인 키토가 위치한 역시 안데스 지역의 삐친차가 95,380명으로 2위, 삐친차 바로 북쪽의 임바부라가 86,986명으로 3위, 삐친차 바

로 남쪽의 꼬또팍시가 84,116명으로 4위, 꼬또팍시 아래의 뚱구라우하가 64,708명으로 5위를 차지한다. 게다가 이들 중 침보라소, 임바부라, 꼬또 팍시는 원주민 인구의 비중도 가가 38.0%, 25.3%, 24.1%로 높다. 따라서 이들 지역에는 현재 에콰도르 원주민 운동의 가장 중요한 정치 경제 문화 기구들이 자리 잡고 있으며, 그로 인해 이들 지역은 오늘날 에콰도르 원주민 운동과 종족성 정치의 '핵'을 형성하고 있다.

〈표 2〉 에콰도르 원주민의 지역별, 종족별 분포도[25]

지역	주	주요 원주민 종족				총 원주민 인구수	원주민 비중(%)
		아와	차치	슈아르	키추아		
안데스	아수아이	9	5	62	7,060	20,733	3.5
	볼리바르	10	3	8	17,230	40,094	23.7
	까냐르	2	5	5	23,660	33,776	16.3
	까르치	1,787	1	10	335	4,623	2.8
	꼬또팍시	6	16	6	45,879	84,116	24.1
	침보라소	2	8	22	116,205	153,365	38.0
	임바부라	344	34	17	55,220	86,986	25.3
	로하	−	−	19	6,738	12,377	3.1
	삐친차	40	102	282	22,125	95,380	4.0
	뚱구라우하	5	3	22	34,003	64,708	14.7
해안	엘 오로	9	5	22	478	5,505	1.0
	에스메랄다스	931	5,237	25	144	10,543	2.7
	과이아스	45	5	60	3,326	42,377	1.3
	갈라파고스	−	−	−	372	739	4.0
	로스 리오스	20	1	9	141	5,518	0.8
	마나비	3	−	2	111	6,448	0.5
아마존	모로나 산티아고	6	13	43,360	332	47,495	41.2
	나뽀	37	5	46	33,377	43,456	54.9
	빠스따사	4	6	3,193	12,072	22,844	37.0
	수꿈비오스	10	8	1,076	6,722	13,476	10.4
	오레야나	15	8	1,051	19,698	26,249	30.3
	사모라 친치뻬	−	−	3,400	3,140	9,348	12.2
비경계설정구역		4	−		27	622	0.9
전체		3,283	5,465	52,697	408,395	830,418	100

자료: INEC, 2001: 32-33

Ⅱ. 에콰도르의 원주민 운동

1. 에콰도르 원주민 운동의 탄생: 아마존 지역 원주민 운동의 조직화

에콰도르의 원주민 비중이 상대적으로 높지 않음에도 불구하고, 그들이 라틴아메리카에서 가장 강력한 정치적 영향력을 발휘하게 된 것은 바로 그들의 조직화 때문이다. 에콰도르의 원주민 운동은 라틴아메리카 다른 국가들의 원주민 운동에 비해 가장 잘 조직화되어 있고, 또 제도화되어 있다. 에콰도르만큼이나 원주민 운동이 활발한 볼리비아에서는 원주민 운동이 아마존 지역 원주민을 대표하는 CIDOB과 안데스의 아이마라족을 대표하는 카타리스타 운동으로 분열되어 있고, 게다가 다수를 차지하는 케추아인들은 원주민 운동에 적극적이지 않은 데 비해, 에콰도르의 원주민 운동을 대표하는 에콰도르 원주민 민족성 동맹Confederación de Nacionalidades Indigenas del Ecuador, 이하 CONAIE은 아마존 지역, 안데스 지역, 해안 지역, 즉 에콰도르 전 지역의 원주민 운동 거의 전부를 하나로 조직화하고 있다.

에콰도르의 원주민 운동도 처음에는 주로 계급에 기반을 둔 운동이었다. 그러나 이러한 계급운동은 같은 계급 내에서도 인종적 차이가 존재한다는 문제점을 차치하더라도, 근본적으로 원주민 공동체의 이익과 일치하지 않음이 점차 드러났다. 따라서 에콰도르의 원주민들 사이에서는 국가를 더 이상 자본가 계급의 이익도구로 보기보다 백인지배 문화의 방어자로 보는 시각이 나타나기 시작했다. 원주민 운동이 처음에는 주로 좌파와 연결되어 있었지만 그런 시각이 점차 발전함에 따라 좌파 성

---

25) 현재 볼리비아의 주는 총 24개이다. 그러나 현 인구조사는 2001년에 행해진 것임으로 2007년 과이아스 주에서 분리된 산타 엘레나 주와 삐칀차 주에서 분리된 도밍고 데로스 차칠라스 주가 빠져 있다. 따라서 본 표에는 총 22개 주로 나타난다. 대신 이 〈표 2〉에는 지금은 사라진 비경계설정구역이 따로 표시되어 있다.

향의 원주민 운동은 이제 계급적 성격에서 벗어나 문화운동으로 전환하게 되었다.

에콰도르에서 원주민 운동이 시작된 곳은 아마존 지역이다. 사실 아마존 지역 원주민의 수는 약 16만 2,868명으로 대략 83만으로 추정되는 전체 에콰도르 원주민 중에서 차지하는 비중이 19.6%에 불과하다. 또 원주민 인구의 대다수를 차지하는 안데스 지역 원주민(약 60만으로 전체 원주민의 71.8% 정도)이 키추아[26]족으로 통일된 데 비해, 이들 아마존 지역 원주민들은 키추아 외에도 슈아르와 같은 다양한 언어적 종족성으로 분열되어 있다.

그럼에도 불구하고 아마존 지역의 원주민 운동은 전체 원주민 조직인 CONAIE 리더의 반 이상을 배출함으로써 사실상 에콰도르의 원주민 운동을 주도하는 입장에 있다. 안데스 지역 원주민이 비록 수적으로는 압도적으로 우세하고, 또 파업이나 도로 차단과 같은 시위 전술들을 발전시키기도 했지만, 이들 조직은 대개 계급 지향적이고 투쟁 목표도 주로 자신들만의 고립된 지역적 문제에 치중했다. 그에 비해 아마존 지역 원주민 운동은 1960년대부터 이미 원주민 종족성에 기반을 둔 조직화를 시도했고, 또 토지권과 같이 원주민 전체에게 보다 보편적인 이슈를 투쟁 목표로 설정함으로써 원주민 운동을 주도했으며, 나아가 안데스 지역 원주민 운동에도 영향을 미쳤다.

아마존 지역에서 원주민 운동이 일찍부터 발전할 수 있었던 것은 이들 지역의 원주민들이 지리적 고립 때문에 상대적으로 자신의 문화적 정체성을 더 잘 유지할 수 있었기 때문이다. 그러나 1964년의 토지개혁과 뒤이어 이 지역에서 발생한 석유 개발붐으로 인한 도시민들의 이주

26) 케추아(Quechua)어는 콜롬비아 남부에서 볼리비아까지 안데스 전 지역에서 가장 널리 사용되는 원주민 언어이다. 그러나 에콰도르에서 케추아는 흔히 키추아(Quichua)로 불린다. 물론 에콰도르의 키추아어에 약간의 지역적 방언이 존재하긴 하지만 에콰도르의 키추아어가 다른 지역의 케추아어와 크게 다른 것은 아니다.

로 인해 아마존 지역 원주민들의 정체성은 점차 파괴되기 시작했다. 에 콰도르 남동부 아마존 지역에서 에콰도르 최초의 근대화된 원주민 운동 중 하나인 슈아르 센터 연맹Federación de Centros Shuar, 이하 FCS이 설립된 것은 1964년이었다. 선교사들이 설립한 FCS는 원주민들의 토지가 개발과 도시민의 이주로 인해 위협받는 것에 저항해, 공동체 토지의 형태로 원주민들의 공동체와 토지를 지켜내는 데 성공했다. 이때부터 아마존 지역 원주민 운동에 있어 원주민 공동체 토지의 문제가 문화적 정체성과 밀접한 관계를 맺기 시작했다.

1970년대에도 아마존 지역의 원주민들은 이 지역의 개발과 이주에 따른 자신의 토지와 문화의 상실에 대한 위협에 대응해 다양한 조직들을 형성했다. 그리고 1980년에는 이런 다양한 아마존 지역 원주민 조직의 통합체로 에콰도르 아마존 지역 원주민 민족성 동맹Confederación de Nacionalidades Indigenas de la Amazonia Ecuatoriana, 이하 CONFENIAE이 출현했다. 이 통합조직은 대중적 지지를 확보했으며 자신의 토지를 지켜내는 데 기여했다. 그전까지 원주민들은 간헐적 저항에도 불구하고 수동적이고, 복종적이며, 정치경제적으로 미성숙하다는 이미지에서 벗어날 수 없었다. 그러나 아마존 원주민의 조직화는 원주민에 대한 이러한 기존 인식에 대해 새로운 변화를 가져오기 시작했다.[27]

2. CONAIE와 원주민 운동의 전국적 통일

한편 안데스 산악지역에서 현대적 형태의 원주민 조직화가 시작된 것은 1960년대에 토지개혁이 시작되면서부터이다. 그전에도 1944년에 조

---

27) 원주민 운동의 출현으로 인해 과거에는 자신이 원주민 태생임을 감추기 위해 원주민 성을 백인의 성으로 바꾸는 일이 빈번하였다. 그러나 이제는 대신 원주민 운동의 리더들이 의도적으로 원주민 전통적 복장을 입고 원주민어로 연설하는 일이 흔해졌다.

직된 에콰도르 원주민 연맹 Federación Ecuatoriana de Indios, 이하 FEI이라는 조직이 있었으나, 이는 에콰도르 공산당이 주도한 것으로 명백히 계급적 성격을 띤 조직이었다.

1964년 토지개혁은 에콰도르 농촌에서 무임금 노동 시스템huasipungo: 우리나라 소작농제도와 비슷함을 사라지게 했으나, 반면 농민들에게 토지공급이 제대로 이루어지지 않음에 따라 실제로 대부분이 원주민인 농민들의 토지 접근이 사실상 불가능했다. 이에 1970년대와 1980년대에 걸쳐 원주민들은 조직화를 시작했고, 1937년 제정된 '공동체comunas' 법에 따라 '까빌도cabildo'라는 제한적 자치 기구를 설립하게 되었다. 그리고 1972년에는 기존의 FEI에 대응하여 가톨릭교회가 지원하는 원주민 조직인 에쿠아루나리Ecuador Runacunapac Riccharimui, 이하 ECUARUNARI28)가 탄생했다. 이 조직은 콜럼버스 신대륙 발견 500주년이 되는 해인 1992년에 국제적인 '500년의 원주민 저항' 운동을 주도적으로 이끌기도 했다.

1979년 민주화 이후 처음으로 문맹자(대부분이 원주민)들에게도 투표권이 주어지면서부터 원주민의 지지를 얻기 위한 정치권의 관심이 증대했다. 그러한 가운데 1980년 에콰도르 최초의 전국적 원주민 조직이 탄생하게 되었다. 1980년 아마존 지역의 CONFENIAE와 안데스 산악 지역의 ECUARUNARI가 공동 조정기구로서 에콰도르 원주민 민족성 조정위원회Consejo de Coordinación de las Nacionalidades Indigenas del Ecuador, 이하 CONACNIE를 설립한 것이다. 그리고 CONACNIE는 나아가 1986년에 드디어 해안 지역의 원주민 조직들까지 끌어들여 명실상부한 전국적 원주민 조직인 CONAIE를 설립하게 되었다. 교육부 자료에 따르면 CONAIE는 에콰도르 전체 원주민의 70% 이상을 조직화하고 있다Selverston, 1994.

CONAIE는 국제 환경운동이나 해외 인류학자 등 외부의 지원과 원주

---

28) 'Runacunapac Riccharimui'는 키추아어로 '잠든 인디언들을 깨운다'라는 뜻이다.

민 공동체 리더의 헌신적 노력에 힘입어 즉시 에콰도르의 가장 대표적 사회운동으로 발전했다. 그들은 단기적으로는 토지문제를 운동의 목표로 삼았으나, 장기적으로는 다문화주의의 헌법적 인정[29]을 추구했다. 그럼에도 불구하고 이때까지만 해도 원주민 운동은 계급적 성격과 종족적 성격의 양면성을 띠고 있었다. 따라서 종족적 권리 회복이 원주민 투쟁의 일차적 목표는 아니었다. 어쨌든 CONAIE는 토지권, 원주민 문화 존중, 다문화민족 내의 정치적 대표성 확보와 같은 원주민 종족 공동의 이슈들을 투쟁 목표로 설정함에 따라 에콰도르 원주민 운동의 통합성을 유지하는 데 크게 기여했다. CONAIE의 가장 큰 기여는 무엇보다 그를 통해 에콰도르 원주민 운동이 다른 어떤 나라에서도 볼 수 없는 운동의 전국적 통일성을 확보하게 되었다는 점일 것이다.

3. 대중 시위를 통한 원주민 운동의 정치적 영향력 강화

원주민 운동의 이러한 조직화에 따른 정치적 영향력의 부상으로 롤도스와 우르타도Jaime Roldos: 1979~1981; Oswaldo Hurtado: 1981~1984 정부는 원주민 관련 공공 정책 서비스를 제공하는 정부 기관을 따로 설립했으며, 원주민들을 위한 소규모 대출 프로그램을 가동하기도 했다. 그러나 이들 정부는 원주민 공동 토지를 인정하는 데에는 미진한 성과를 보였고, 산림법을 제정하여 아마존 지역 원주민들의 삶의 터전에 대한 통제를 가함으로써 원주민들의 불만을 사게 되었다.

그 후 1984년 페브레스 코르데로León Febres Cordero: 1984~1988 정부는 보수

---

29) 당시 에콰도르는 원주민 인구가 다수인 지역에서 이중 언어 교육을 허용하고, 원주민 공동체의 자치정부를 법적으로 인정하며, 공동체 소유 토지를 인정하는 등 원주민 인권과 관련된 구체적 내용들을 실제 실현하고 있었지만, 헌법상으로는 그때까지 다종족성과 다양한 언어의 존재를 공식적으로 인정하고 있지 않았다. 에콰도르가 헌법상 '다문화, 다인종 국가'임을 인정한 것은 다른 안데스 국가들(콜롬비아 1991년, 페루 1993년, 볼리비아 1994년)보다 늦은 1998년이었다.

적 시책에 따라 민간 부문을 강화하고, 아마존 지역의 개발과 식민화를 본격 추진하였으며, 원주민들의 토지 무상 점거에 반대하는 정책을 펼쳤다. 또한 내안적 원주민 운동을 소식함으로써 원수민 운농의 통합을 방해했고, 심지어 대중시위를 국가에 대한 반역으로 간주하여 중무장된 경찰을 통해 폭력적으로 억압하도록 지시했다. 페브레스 코르데로 정부의 이러한 보수적 조치에 대해 원주민들은 강력히 저항했다. 이러한 저항을 통해 원주민 운동은 페브레스 코르데로 정부에 대응해 직접적인 투쟁을 지속했던 유일한 민중조직으로 남게 되었고, 나아가 국내외적으로 주목을 받는 중요한 정치세력으로 부각되었다.

1988년에 집권한 보르하$^{Rodrigo\ Borja:\ 1988\sim1992}$ 정부는 사회민주주의 계열의 온건 좌파로서 분노한 원주민들을 달래기 위해 아마존 정글 보전과 '다문화 국가'를 언급하게 된다. 그러나 보르하 정부의 이러한 원주민 달래기는 말뿐이었고 실제 정책으로 옮긴 것은 거의 없었다. 1990년대에 접어들면서 원주민 운동은 이제 더 이상 정치인들의 약속만을 믿고 기다리려고 하지 않았다. 그들은 이제 시위를 통해 힘을 보여주고, 그를 통해 자신의 이익을 실현하려는 적극적 전략을 취하게 되었다. 이런 상황에서 1990년대에는 일련의 시위를 통한 원주민 인권 운동이 시작되었다.

그 출발점은 1990년 6월에 있었던 전국 원주민 봉기$^{Levantamiento\ Nacional\ Indigenas}$이다. 이때 수만 명의 원주민 농민들은 일주일간 지속된 시민 봉기를 일으켰다. 이 봉기에서 원주민들은 농산물의 도시로의 이송을 막았고, 주요 고속도로를 점거했으며, 집단적으로 각 주의 수도를 향해 시위행진을 벌였으며, 심지어 어떤 장소에서는 관공서를 점거하기도 했다. 이러한 시위는 CONAIE의 주도하에 이루어졌으며, 그들은 특히 중부 안데스 산악지역과 아마존 지역에서 전폭적 지지를 획득했다. 이를 계기로 에콰도르에서 지금까지 지역적 연대 차원에 머물렀던 원주민 운동인 CONAIE가 전국적 원주민 운동으로 발전하는 계기를 마련하였으며, 동시에 이를 통해 원주민 운동은 새로운 원주민 정체성을 확립할 수 있었다.

이 사건이 에콰도르의 정치에 미친 영향은 매우 컸다. 원주민 운동의 성장으로 인해 에콰도르 사회에는 새로운 긴장과 두려움이 증가했으며, 그로 인해 원주민에 대한 고려 없이 더 이상 에콰도르 정치의 안정과 미래를 보장할 수 없다는 인식이 확산되었다.

이러한 원주민들의 저항에 직면한 당시 보르하 정부는 하나의 당근으로서 CONAIE에 이중 언어교육 프로그램에 대한 통제권을 부여했다. 이중 언어교육은 원주민 정체성을 확립하는데 있어 매우 중요한 기여를 하고, 나아가 성공적 조직화의 기초가 될 수 있다는 점에서 원주민 운동에 있어 매우 중요한 의미를 지닌다. 이중 언어 교육 프로그램을 주도한다는 사실은 CONAIE가 지방교사의 임명권을 가지게 된다는 것을 의미하는데 이는 원주민 운동의 조직화와 정치화에 결정적 영향을 미쳤다. 지방교사직은 농촌 지역에서 정기적으로 월급을 받는 몇 안 되는 정규직인 동시에, 지방교사들은 지역 공동체에서 정치적 문화적으로 강력한 영향력을 가지고 있었다. 따라서 그들의 임명권을 가진다는 것은 지방정치에 있어 강력한 영향력을 행사할 수 있는 기반을 마련하는 것이었다. 따라서 CONAIE가 이중 언어교육을 위한 지방교사 임명권을 가지면서부터 잇자Leonidas Iza를 대표로 하는 CONAIE는 에콰도르 원주민 운동을 대표하는 단체로서의 위상을 보다 확고히 할 수 있었다. 또 그를 기반으로 CONAIE는 오늘날까지도 국내정치에서 강력한 영향력을 발휘할 수 있게 되었다Selverston, 1994: 145-146.

한편 다문화주의를 인정하고, 원주민 공동체 토지를 인정해 달라는 원주민들의 요구에 대해 에콰도르의 토지소유자, 정부관료, 군부는 이러한 요구가 국가적 통합과 개인 소유권의 원칙을 위협하는 것이라고 강하게 반대했다. 따라서 보르하 정부는 이러한 문제에 있어서 더 이상 나아가지 못했고, 그로 인해 또 다른 대대적 원주민 시위운동이 발생하게 되었다. 1992년 아마존 지역 빠스따사 주에 거주히는 2,000여 명의 원주민들이 6일간에 걸쳐 그 곳에서 수도인 키토에 이르는 대행진을 시작했다. 생존을 위한 원주민 대행진Gran Marcha para la Vida이라 불리는 이 시위를 통해 빠스따사의 원주민들은 이 주 전체를 하나의 광범위한 원주민 종족 토지로 인정해 줄 것을 요구했다. 이 시위 행렬은 수도에 접근함에 따라 CONAIE가 이에 가담하게 되었고, 또 그들의 요구가 원주민 인권 전반에 대한 요구로 확산되면서 대중적 지지를 획득하게 되었다. 이러한 상황에 직면하여 정부는 광범위한 종족 토지 인정에 대한 요구는 들어주지 않은 채 다만 지역별 소규모 원주민 공동체 토지만 인정하는 것으로 사태를 일단락지었다.

하지만 이 사건은 원주민 운동에 중요한 전략적 변화를 가져왔다. 지금까지는 원주민 운동이 원주민과 전체 사회를 이분법적으로 갈라놓으면서 원주민 문제에만 배타적으로 매달려 왔었다면, 이번 사태를 계기로 원주민 운동은 종족적 구분을 전체 사회에서 분리된 하나의 파편이 아닌 국가 전체 조직의 일부분을 형성하는 하나의 조각으로 보는 다민족적 정체성plurinational identity30)을 추구하게 되었다.

이에 따라 CONAIE는 이제 단순한 원주민 문제에서 한걸음 더 나아가 보다 광범위한 국가 전체의 문제로 관심을 확대하기 시작했고, 모든 종족적 차이를 포용하는 '다민족적 정체성'을 추구하게 되었다. 물론 CONAIE는 다민족주의가 모든 에콰도르인들의 다양한 종족성의 차이를 반영하

---

30) 다문화주의(multiculturalism)가 단지 원주민들의 종족적 차별성만을 강조하는 것이라면 다민족주의(plurinationalism)는 차별성을 인정하는 동시에 이들 간의 국가적 통합을 동시에 강조한다는 점에서 양자는 차이가 있다.

지 못하고 통합만 강조한다면 국가는 단지 민주주의의 탈을 쓴 엘리트의 통제 도구에 불과할 것이라는 점을 경고한다.

Ⅲ. 에콰도르 원주민의 종족성 정치

1. 원주민 운동의 정당 설립과 선거 참여에 대한 상이한 입장들

1990년대 이전까지 에콰도르의 원주민 조직들은 주로 좌파정당과의 동맹을 통해 정치에 참여했었다. 즉, 그때까지 원주민 리더들은 자신들의 정당을 설립하기보다는 주로 좌파정당에 가입하고 그의 후보로서 선거에 참여하는 전략을 택했다. 한편 민주좌파Izquierda Democrática, 이하 ID와 좌파확대전선Frente Amplia de la Izquierda, 이하 FADI과 같은 좌파 정당들은 자신들의 조직이 미치지 못하는 지역에서 그를 보완하기 위한 수단으로 그 지역의 원주민 리더들을 자신의 정당으로 끌어들이고자 했다. 이러한 동맹을 통해 원주민들은 1970년대에 이미 선거를 통해 시의원과 같은 자리에 오를 수 있었다.

좌파와 원주민 조직들의 동맹이 지방선거에서 그러한 성과를 거둠에 따라 점차 더 많은 좌파 정당들이 원주민과의 동맹에 관심을 가지게 되었다. 그러나 한편으로 이러한 성과를 보면서 좌파 정당에 소속된 메스티소들도 지방 단위에서 자신들의 조직을 형성하기 시작했다. 따라서 원주민들은 메스티소들과 좌파정당 후보 자리를 놓고 경쟁해야만 했다. 그에 따라 일부 원주민 리더들은 메스티소들과 경쟁할 필요 없이 자신들의 정당을 설립할 것을 주장했다.

그러나 원주민 정당 설립에 대한 원주민 조직 내부의 반발도 적지 않았다. 반대 논리는 원주민 정당은 원주민들만의 특수한 이해관계를 대변하게 됨에 따라 인종 정당으로 흐르게 되고, 그로 인해 전체로부터 고립될 위험이 있다는 것이다. 그러나 이러한 논리보다도 독자적인 원주민 정당을 설립하고자 하는 원주민들의 전반적인 의지와 능력 부족이 원주민 정당의 설립을 지연시킨 가장 중요한 이유였다.

결과적으로 원주민들은 다양한 좌파 정당들과의 동맹을 시도했으나, 어떤 동맹을 통해서도 원주민들은 자신들의 요구를 충족할 수 없었다. 예를 들어 후보 경쟁으로 인한 갈등으로 FADI와의 동맹을 깨고 또 다른 좌파정당인 에콰도르 사회주의당Partido Socialista Ecuatoriano, 이하 PSE과 동맹을 맺은 꼬따까치 원주민 농민 조직 연합Unión de Organizaciones Campesino e Indigenas de Cotacachi, 이하 Unorcac은 여기서도 역시 메스티소 리더들과의 갈등에 직면하게 되었다. PSE의 메스티소 리더들은 Unorcac의 원주민 리더들에게 지역조직의 통제권과 결정권을 결코 부여하지 않았으며, 선거에 더 많은 원주민 후보를 올리고 또 시 의회 의장에 원주민을 추대하고자 하는 Unorcac의 요구를 받아들이지 않았다. 심지어 시 의회에서 PSE의 메스티소 의원들은 같은 당 소속의 원주민 의원들과 같이 행동하기보다는 오히려 다른 정당의 메스티소 의원들과 더 잘 어울렸다. 따라서 원주민이 다수인 지역에서조차 원주민 의원들의 요구는 그들에 의해 종종 묵살되곤 했다. 심지어 원주민 시의원들은 다른 메스티소 시의원이나 심지어 보좌진들에 의해서도 종종 무시되곤 했다Pallares, 2002: 96-97.

이런 상황에서 원주민 운동이 선거 정치에 참여할 것인가에 대한 논쟁이 원주민 조직들에 의해 전국적 수준에서 진지하게 논의되었다. 아마존 지역의 원주민들은 1990년의 전국적 봉기가 원주민 운동의 대중동원 능력을 성공적으로 보여줌에 따라 원주민 정당을 설립할 조건이 충분히 조성되었음을 주장했다. 반면 안데스 지역의 원주민 조직 리더들은 정치로부터 거리를 두고 조직의 제도적 공고화와 운동의 정체성에 초점을 맞추고자 했다.

1988년 대선을 앞두고 열린 CONAIE 회의에서 정치위원회는 원주민 조직원들이 각자 개인적 자격으로 사회민주주의 계열의 중도좌파 ID의 대선 후보인 로드리고 보르하Rodrigo Borja를 지지할 것을 결정했다. 다만 조직의 정치적 독립성을 유지하기 위해서 조직 차원에서 공식적 지지 표명은 하지 않았다. 심지어 1992년에 CONAIE는 운동을 강조하면서 선거를 보이콧하기까지 했다.

그러나 이웃한 콜롬비아에서 원주민들의 성공적인 정치 참여가 에콰도르 원주민들의 정치 참여를 자극하기 시작했다. 1990년 세 명의 콜롬비아 원주민 리더들이 제헌의회에 참여했다. 그리고 그들이 참석한 가운데 제정된 새로운 헌법은 콜롬비아가 다문화 다인종 사회임을 인정하고, 원주민에게 상원 의석 두 개를 보장해 주었으며, 사회운동이나 개인이 선거에 참여하는 것을 허용하였다.

콜롬비아에서 원주민들의 성공적인 정치적 참여를 지켜본 CONAIE는 1993년 총회에서 자신들의 정당으로 선거에 참여할 것을 결정하게 되었다. 그러나 안데스 지역의 원주민 리더들은 여전히 전국적 수준의 선거에 참여하는 데 부정적 견해를 가지고 있었다. 그들은 지역적 수준에서는 대안적 정부 모델을 설립하기 위해 선거에 참여할 필요성을 강조했음에도 불구하고, 전국적 수준에서의 선거 참여에는 여전히 회의적 시각을 가지고 있었다.

원주민 리더들, 특히 안데스 지역 원주민 리더들이 전국적 단위의 선거에 참여를 꺼리는 이유는 자신들 운동의 리더들이 전국 단위의 선거에 참여함으로써 기존 정당에 의해 흡수co-opt되고, 또 그로 인해 운동의 자율권을 상실할지도 모른다는 우려 때문이었다. 그런 이유 때문에 1993년 선거에서 CONAIE는 시 단위 혹은 주 단위 수준의 선거에 참여하는 것만을 허용했다. 그러나 한편으로 이들은 다민족 사회운동 조직을 형성하려는 목표를 가지고 있다면 비록 원주민 조직이 아닐지라도 다양한 사회부문들과 연대할 필요성이 있음을 강조했다. 안데스 원주민늘의 이러한 '다민족주의plurinationalism'는 이들의 관심이 단순히 원주민적인 것을 넘어 다양한 사회문제에까지 확대되어 있음을 말해주는 것이다.

그에 따라 CONAIE는 1993년 선거에 참여하는 조건으로 다음의 세 가지 원칙을 설정했다. 첫째, 전통적인 정당과는 어떤 동맹도 맺지 않는다. 둘째, 후보자들은 기존의 전통적 정당의 중상류층 출신 정치인들과는 명백히 달라야 한다. 셋째, CONAIE는 보다 광범위한 정치 프로젝트를 설립하고 그를 통해 정치적 지지를 보다 확대하기 위해 다른 민중운동들과의 동맹에 참여해야 한다Andolina, 1999: 221-222. 즉, 정치에 참여하는 CONAIE의 입장은 기존 정당과는 거리를 두면서 다양한 민중운동과는 연합하는 전략을 취하는 것이었다.

2. 거리의 권력에서 선거의 권력으로: CONAIE의 정당 설립과 전국적 선거 참여

1994년 국민투표에 의해 개정된 선거법은 원주민 운동이 자신의 정당을 통해 선거에 참여하게 된 결정적 계기가 되었다. 개정 선거법은 정당들에게 선거동맹을 허용하였는데, 이를 통해 정당들은 지지 기반이 부족한 지역에서도 지지를 획득할 수 있게 되었다. 또 선거에 참여하기를 희망하는 정당은 해안 지역을 포함한 최소 열 개 주에서 정당지부를 등록해야 한다는 규정이 삭제되었고, 전국 선거에 참여하고자 하는 정당은 당시 21개 주 중 최소 12개 주에서 후보를 내야 한다는 조항도 철폐되었다.31) 아마존과 안데스 지역에 집중되어 있음으로 인해 해안 지역에서는 지지 기반이 미약했던 원주민 운동은 이러한 선거법 개정을 통해 전국적 수준의 선거에 참여가 가능하게 되었다.

게다가 원주민 운동은 도시에 집중되어 있는 다른 사회 운동들－예를 들어 노조와 여성운동－과 달리 지역 선거구와 거의 일치하는 지역단위로 조직되어 있었기 때문에 선거를 위한 조직을 형성하는 데에도 유리한 측면을 가지고 있었다. 원주민들은 그들의 인구 비중이 높고 또 잘 조직되어 있는 주나 시에서 그들의 조직을 선거자원으로 활용할 수 있기 때문에 선거에서 승리할 가능성이 있다고 판단했다.

또한 1994년의 선거법 개정은 '정당'이라는 용어 대신 '정치운동'의 이름으로 선거에 참여하는 것을 허용함으로써, 기존 정치 시스템과 정당에 대해 거부감을 가지고 있던 원주민 운동의 선거 참여에 대한 심리적 거부감도 제거했다.

한편 1995년 두란 바옌Durán Ballén 정부의 사회보장 민영화를 위한 국민투표를 앞두고, 원주민 운동은 석유노조와 공공부문 노조들이 주도한 반민영화 운동에 참여함으로써 그 계획을 무산시켰다. 이는 에콰도르의 원주민 운동이 단순히 농민과 빈곤층과의 연대를 넘어 신자유주의에 반대하는 중산층과도 보다 넓은 연대를 맺음으로써 반신자유주의 확대전선을 형성한 결과였다. 정부와 기업조직들의 신자유주의 개혁을 위한 잘 조직된 시도에도 불구하고 원주민 운동은 확대전선을 통해 이를 성공적으로 무산시키는 데 성공했다. 이를 통해 CONAIE의 지도자들은 자신들의 선거 잠재력에 대해 어느 정도 자신감을 가지게 되었다. 그들은 이제 원주민 운동도 전국적 수준에서 의석을 확보할 가능성이 충분히 있다는 인식을 가지게 되었다Andolina, 1999: 216.

---

31) 하지만 선거 후에도 계속해서 정당으로 등록을 유지할 수 있기 위해서는 최소 4~5%의 상대적으로 높은 지지율을 획득해야 한다는 조항은 여전히 남아있었다.

CONAIE 내부에는 여전히 선거참여에 대한 회의주의자들이 없는 것은 아니었지만, '거리의 권력'에서 '선거를 통한 권력'으로 변화할 필요성이 보다 강력하게 제기되었다. 즉, 원주민 운동이 정치인들의 책략에 휘둘릴 필요 없이 주도적으로 사회적 변화를 추진하기 위해서는 모든 수준의 권력에 스며들 필요가 있다는 생각이 CONAIE 내부에서 증가하기 시작했다. 일부 안데스 지역의 지도자들은 그런 생각에 여전히 반대했지만, 아마존 지역의 원주민들은 1996년 대선에서 파차쿠틱 정치운동Movimiento Político Pachakutik, 이하 MPP이라 불리는 조직을 통해 그들 자신의 후보로 선거에 참여할 것을 고집했다.[32]

그러나 한편으로 사회운동과 노동자 지도자들은 1996년 대선에서 반신자유주의 동맹의 공동 후보를 선출하기 위해 새로운 국가를 위한 시민운동Movimiento de Ciudadanos por un Nuevo País, 이하 NP을 설립했다. 이들은 선거에서 승리하기 위해서 반드시 원주민 운동의 지지가 필요함을 인식하고 CONAIE 지도자들에게 접근했다. 그러나 이미 아마존 지역 원주민들은 MPP를 통해 대통령 후보를 자체적으로 낼 것을 결정했기 때문에 CONAIE는 원주민 운동의 분열을 막기 위해서 NP와의 선거연합 문제를 투표에 부쳤다.

그 결과 CONAIE는 자신들의 정당인 파차쿠틱 다민족적 통합 운동Movimiento de Unidad Plurinacional Pachacutik, 이하 MUPP[33]을 설립하고, 그를 통해 1996년 대선에서 NP와 동맹을 맺을 것을 결정했다. NP와의 동맹은 그의 진보적

---

32) 에콰도르에는 파차쿠틱 말고도 또 다른 원주민 정당이 존재한다. 그것은 프로테스탄트계열의 원주민 조직인 에콰도르 프로테스탄트 교회 동맹(Federación Ecuatoriana de Iglesias Evangélicas, 이하 FEINE)이 1998년에 만든 아마우따 하따리 프로테스탄트 원주민 운동(Movimiento Evangélico Indígena Amauta Jatari, 줄여서 Amauta Jatari로 불림)이다. 아마우따 하따리는 대부분 가톨릭인 CONAIE가 주도하는 파차쿠틱에 자신의 신도를 빼앗기는 것을 막기 위해 프로테스탄트 계열에서 만든 원주민 정당이다. 이들의 1998년 총선 득표율은 0.06%에 불과했으며, 2002년 대선 득표율도 0.85%에 불과했다.

33) MUPP는 CONAIE 정치 위원회의 다문화 대안 운동(Movimiento Alternativo Plurinacional)과 아마존 원주민들의 MPP를 절충해서 만든 이름으로써 흔히 줄여서 '파차쿠틱'(Pachakutik은 키추아어로 '다시 일어나다'라는 뜻인 동시에 잉카의 위대한 영웅의 이름이기도 함)이라고 부르기도 한다.

지식인들의 경험과 생각들을 통해 원주민 운동이 원주민 어젠다를 넘어 보다 광범위한 이슈들과 직면할 수 있게 했으며, 나아가 농촌지역에만 국한 되었던 파차쿠틱의 지지를 도시로까지 확산하는 계기를 마련했다. 이제 원주민 운동이나 비원주민 운동이나 모두 서로의 도움 없이는 자신의 정치적 목표를 달성할 수 없음을 인식하게 되었다.

CONAIE는 사회운동의 이러한 동맹에 비록 뒤늦게 가입했지만 그 동맹에서 가장 중요한 역할을 수행하게 되었다. 사회운동들은 CONAIE가 리더십 역할을 맡기를 원했으며, 그로 인해 동맹의 이름도 순서를 MUPP-NP로 했다. 동맹의 대선 후보인 에흐럴스Ehlers는 CONAIE의 명백한 지지 없이 대선에 나서기를 거부했으며, 전 CONAIE의 리더인 루이스 마카스Luis Macas를 동맹의 국회의원 비례대표 후보 리스트 1번에 올리고자 했다. 이렇게 CONAIE가 에콰도르 사회운동 동맹에서 주도적 역할을 수행할 수 있게 된 것은 신자유주의 개혁으로 인해 노조세력이 약화되었기 때문이다. 그에 따라 원주민 운동 조직인 CONAIE는 단일 조직으로서는 에콰도르에서 가장 큰 사회운동이 되어 있었던 것이다.

좌파 정당 또한 소련의 붕괴와 그에 따른 사회주의의 위기에 따라 자신만의 효과적 선거 전략을 상실했다. 따라서 좌파정치인의 다수는 대안으로서 MUPP-NP 동맹에 참여했다. 원래 좌파는 원주민 운동의 정치적 잠재력을 인정하지 않았다. 좌파 정당의 리더들은 종족성을 정치적 범주로 인정하는 것을 거부해 왔으며, 종족적 요구는 자신들의 계급적 의제와는 무관한 것으로 간주해왔다. 또한 그들은 원주민을 정치적 투쟁을 위한 자의식이 없는 존재로 보았다. 이는 에콰도르의 좌파도 역시 '식민지적 인종주의'에서 벗어나지 못하고 있었음을 말해준다. 그러나 원주민 운동이 중요한 정치세력으로 부각되고, 또 그로 인해 좌파 정당들의 정치적 영향력이 급속하게 줄어들자 좌파 지도자들은 원주민에 대한 기존의 인식을 바꿀 수밖에 없었고, 결국에는 CONAIE가 주도하는 동맹에까지 가입하게 되었다. 결국 노동운동의 약화와 좌파의 위기는 에콰도르에서 원주민 운동이 가장 중요한 정치저 행위자로 부각되는 데 있어서 가장 중요한 요인들 중 하나가 되었다.

3. 파차쿠틱의 정치적 부상

1996년 선거법이 개정되자 원주민 리더들은 자신들의 정당인 파차쿠틱을 설립하고, NP와의 동맹을 통해 정치에 뛰어들게 되었다. 이때부터 원주민 운동은 단순히 원주민적 의제에서 벗어나 그들의 다민족적 의제들을 발전시켜 나갔다. 그에 따라 원주민 운동은 문화적 차이의 인정, 정치적 자치, 다민족주의, 이중 언어 교육, 원주민 고유의 의학적 처방의 합법화 등을 기치로 내걸었다.

1996년 5월 선거에서 파차쿠틱과 NP 동맹은 전국적으로 모든 수준에서 후보자를 냈다. 일부 지역에서는 좌파정당들과도 동맹을 맺었다. 그 결과 <표 3>에서 보는 바와 같이 파차쿠틱-NP 동맹은 대선에서는 20.61%를 득표함으로써 비록 결선 투표에 진출하지 못했지만, 총선에서는 국회의원 총의석 82석 중 거의 10%인 8석을 차지하게 되었다. 그중 1석은 비례대표였고[34], 나머지는 지역구로서 아수아이에서 2석, 침보라소, 꼬또팍시, 나뽀, 빠스따사, 삐친차에서 각각 1석씩을 차지했다. 그로 인해 다당제 정치 시스템의 에콰도르 의회에서 파차쿠틱-NP 동맹은 단번에 제 4당으로 올라서게 되었다. 뿐만 아니라 지방선거에서도 파차쿠틱은 총 21개 주 중 13개 주에서 참여하여, 8개 주에서 최대 11개의 시장 직을 획득하고[35], 11개 주에서 12개의 주의원 의석, 그리고 역시

---

34) 파차쿠틱-NP의 원주민 비례대표직은 전 CONAIE의 리더였던 루이스 마카가 차지했다.

구 분	1996	1998	2000	2002
대통령 선거	20.61%(1차)	14.74%(1차)		20.32%(1차)[b] 54.79%(결선)[b]
국회의원 선거	8석(총 82석)	8석(총 121석)		14석(총 100석)
주지사 선거	0	5(총 21개 주)	5(총 22개 주)	
주의원 선거	12석(총 79석)	4석(총 79석)	13석	14석(총67석)
시장 선거	6 혹은 11[a](총 215개 시)	27(총 215개 시)	23(총 215개 시)	–
시의원 선거	39 혹은 45석[a](총 791석)	35석(총 791석)	84석(총 880석)	73석(총 677석)

a: 비록 CNE가 공식적으로 파차쿠틱의 승리라고 판명하지 않은 곳에서도 동맹을 통한 파차쿠틱의 승리 사례가 있었다.
b: 구티에레스의 PSP와 동맹
자료: Consejo Nacional Electoral(CNE); IFES Election Guide; Van Cott, 2005: 127

11개 주에서 최대 45개의 시의원 의석을 차지하게 되었다. 이러한 결과는 파차쿠틱이 처음 참여하는 선거이며, 선거 동맹의 캠페인 기간이 단지 3개월에 불과했고, 원주민 운동이 언론매체에 접근할 수 없었던 점들을 고려할 때 놀랄 만한 성과로 평가된다[Van Cott, 2005: 124].

파차쿠틱의 이러한 성과는 다수의 원주민들이 여전히 전통적 정당들에 지지를 보내는 상황에서 이루어졌다. 게다가 원주민 운동이 초기에 우파 포퓰리스트인 압달라 부카람[Abdala Bucaram] 정부를 지지했음에도 불구하고, 파차쿠틱은 자신의 정당의 정체성을 유지하기 위해 부카람 정부와는 거리를 두었다. 그러나 부카람과 연합하지 않은 결과 파차쿠틱 후보자들 사이의 통합은 급속히 약화되었다. 즉, 부카람은 파차쿠틱과의 연합을 포기하고, 파차쿠틱 의원들의 지지를 획득하기 위해 개별적으로 접촉하기 시작했다. 그리고 그 과정에서 2명의 파차쿠틱 의원이

---

35) 여기에는 에콰도르에서 3번째로 큰 도시인 쿠엔카(Cuenca)가 포함된다. 쿠엔카는 페루의 쿠스코와 함께 잉카 제국의 제 2수도였던 곳으로 에콰도르 원주민 문화의 상징적 의미가 있는 곳이다. 쿠엔카가 위치한 아수아이 주의 원주민 비중이 앞서 살펴본 대로 3.5%에 지나지 않음에도 불구하고 쿠엔카에서 파차쿠틱이 승리했다는 것은 의미하는 바가 크다. 물론 이러한 현상은 수도인 키토가 위치한 삐친차 주의 원주민 비중이 4.0%임에도 불구하고 거기서 파차쿠틱-NP 동맹이 국회의원 1석을 확보했다는 사실에서도 유사하게 나타난다. 이는 키토와 쿠엔카와 같은 대도시에서 메스티소로 분류되는 많은 사람들이 원주민적 정체성을 가지고 있거나 아니면 최소한 원주민적 대의에 동의했다는 것을 의미한다.

뇌물죄로 수감되기도 했다. 부카람의 이러한 행동들은 파차쿠틱이 전국적 정치의 장에 효과적으로 진입하는 데 부정적 영향을 미쳤다^{Macdonald,} 2002: 184-185.

부카람 정부는 두 명의 원주민을 원주민 관련부처이 장관으로 임명하는 세스처에도 불구하고, 결국 원주민 운동의 경제사회적 프로그램을 거부하고 신자유주의 개혁 프로그램을 단행했다. 그로 인해 CONAIE는 부카람 정부에 대한 지지를 철회했고, 결국 그들이 조직한 대규모 시위를 통해 부카람을 대통령직에서 몰아냈다.

부카람이 '정신적 부적격자'라는 혐의로 쓰고 의회에 의해 파면되자, CONAIE는 즉시 제헌의회를 구성하기 위한 선거를 실시할 것을 요구했다. 1997년 실시된 제헌의회 선거에서 파차쿠틱은 기존의 NP와 동맹을 맺지 않았다. 그럼에도 불구하고 파차쿠틱은 총 70개 의석 중 홀로 7석, 그리고 다른 정당과의 동맹을 통해 3석을 차지함으로써 제헌의회에서 3번째로 큰 정치세력으로 부각되었다. 그로 인해 파차쿠틱은 에콰도르 중도좌파 정치블록의 핵심이 되었다.

가장 큰 보수정당이 퇴장한 가운데 제정된 1998년 헌법은 따라서 당시로서는 원주민 권리와 관련하여 라틴아메리카에서 가장 진보적 내용을 담게 되었다. 즉 1998년 제헌의회가 제정한 신헌법은 원주민들의 정치적 부상이라는 현실을 그대로 반영했다. 1998년 헌법은 원주민어, 원주민 관습법과 같은 원주민의 기본적 권리들을 광범위하게 인정했으며, 종족 그룹과 문화의 지역적 다양성을 인정함으로써 국가적 통합을 공고히 하고자 했다. 비록 1998년 헌법이 에콰도르가 '다문화^{plurinational} 국가' 임을 공식적으로 언급하지는 않았지만, 실제로 그러한 내용들은 충분히 담겨 있다. 특히 정치적으로 원주민과 아프리카계 공동체의 소위 '자치정부' 구역을 특별 선거 구역으로 설정한 것은 주목할 만하다.

결과적으로 이때부터 파차쿠틱 나아가 원주민 운동은 단순히 하나의 새로운 합법적 정당의 의미를 넘어, 다수 민중의 참여를 통한 진정한 민주화의 전위가 되었다. 즉 파차쿠틱과 원주민 운동은 이때부터 전통적 정당들에 의해 구조화된 선거민주주의의 한계를 뛰어넘을 새로운 정치적 대안으로 자리 잡게 되었다Macdonald, 2002: 186.

1998년 선거에서 파차쿠틱과 NP는 다시 동맹을 맺었고 1996년 대선 후보로 밀었던 프레디 에흐럴스Freddy Ehlers를 다시 대선 후보로 추대했다. 그리고 동시에 총선과 지방선거를 위해서 일부 지역에서 사회당Partido Socialista, 이하 PS, 확대전선Frente Amplio, 이하 FA과도 동맹을 맺었다. 선거 결과 에흐럴스는 1996년보다 낮은 14.74%를 획득하는데 그쳤다. 그리고 총선에서는 여전히 8석을 차지했음에도 불구하고지역구에서 6석, PS-FA와 동맹한 비례대표에서 2석 전체 의석이 늘어남에 따라 전체 비중은 6%대로 감소했다. 그러나 지방선거에서 파차쿠틱은 소규모 좌파 정당들과의 지역에 따른 다양한 동맹을 통해 79개 주의원 자리 중 4석, 215개 시장직 중 27개, 791개 시의원직 중 35석을 차지하는 성과를 올렸다.

파차쿠틱의 형성과 정치적 성공은 정치 시스템에 반대하는 대중운동의 리더로서 CONAIE의 성격과 서로 모순되는 점이 없지 않았다. 파차쿠틱이 시정부나 주정부를 통제하고 중앙정부의 주요 관직에도 올라있는 상황에서 국가에 대해 지속적 반대 입장을 고수하는 CONAIE의 전략은 서로 충돌하지 않을 수 없었다. CONAIE가 전통적 정치 계급과의 어떤 연합도 거부하면서 국가 제도의 합법성을 문제로 삼았다면, 파차쿠틱은 공공정책을 결정하는 합법적 수단으로서 존재하는 제도적 공간에 원주민 운동의 대표자들이 참여하고 또 그를 통해 체제 내에서 시스템을 변화시킬 것을 목표로 삼았다. 이러한 이중 전략은 원주민의 투쟁이 의회라는 체제 내부와 길거리라는 체제 외부 양쪽에서 동시에 전개될 수 있다는 측면도 있었지만, 한편으로 사회운동 조직으로서 CONAIE와 정당으로서 파차쿠틱 사이에 혼동과 긴장 심지어 갈등을 야기하기도 했다.[Van Cott, 2005: 128]

CONAIE의 지도자들은 파차쿠틱의 의원들이 의원직을 원주민적 의제들을 실현하기 위한 수단으로서가 아니라, 의원직 그 자체를 목표로 삼고 있기 때문에 점점 전통적 정치인들을 닮아가고 있다고 비판했다. 심지어 파차쿠틱의 의원들은 의회에서 원주민 동맹을 형성하고 함께 일하기보다는 오히려 자신의 다음 임기를 보장할 수 있는 길을 찾아 뿔뿔이 단독 플레이를 한다고 비난받기도 했다. 또한 CONAIE는 파차쿠틱의 시장과 의원들이 원주민 운동이 주도하는 시위 등을 지속적으로 지지하기보다는 오히려 질서를 먼저 내세우기도 한다고 비판했다. 실제 일부 파차쿠틱 의원들의 그러한 태도와 CONAIE의 지속적 문제 제기로 인해 파차쿠틱은 상당부분 정당으로서의 발전에 어려움을 겪어야 했다. 결국 사회운동으로서 CONAIE의 지속적 성장은 오히려 파차쿠틱을 약화시켰다. 이러한 현상은 원주민 운동과 정당이 하나로 단합된 모습을 보여주는 볼리비아의 사례와는 다소 대조되는 점이다.

4. 2002년 대선 승리와 구티에레스와 동맹의 한계

파차쿠틱의 정치적 성장에도 불구하고, 1998년 대선에서는 여전히 또 다른 포퓰리스트인 하밀 마후아드[Jamil Mahuad]가 승리를 획득하게 되었다. 원주민과 마후아드 정부는 초기에 매우 좋은 관계를 유지했다. 그러나 이러한 관계는 1999년 2월에 금융위기가 발생하면서 끝나게 되었다. 금융위기로 인해 마우하드 정부는 약속했던 원주민 발전 기금을 마련할 수 없었고, 이에 대해 CONAIE는 대중 저항과 총파업으로 맞섰다. 그에 따라 국가는 완전 마비 상태에 빠지게 되었다. 이에 정부는 CONAIE와 협상을 통해 원주민 발전 기금을 재창출할 것과 이중 언어 교육에 대해 지지할 것을 약속했다. 게다가 CONAIE는 원주민 이슈를 넘어 기본 생필품과 연료 가격의 인하 그리고 동결된 은행 자산의 유연한 해제 등 사회의 전반적 문제에 대한 양보도 동시에 얻어냈다. 이 사건을 통해 CONAIE는 단순히 원주민 운동이라는 제한적 틀을 넘어 정치, 경제 등 광범위한 영역에서 국가적 문제의 해결을 위해 주도적 역할을 수행하게 되었다. 이런 과정에서 CONAIE는 정부와 대화 채널의 형성을 통해 정책 결정과정에 직접 참여할 수 있는 길도 열었다.

그러나 계속되는 경제상황의 악화와 정치위기의 심화는 정책 결정을 보다 폐쇄적이고 제한적으로 만들 수밖에 없었다. 그로 인해 원주민 조직이 정책 결정에 참여한다는 계획은 사실상 유명무실해졌다. 따라서 원주민 운동은 또다시 정책 결정 과정에서 소외되었다. 그리고 이러한 소외감은 결국 2000년 또다시 원주민 봉기를 야기했고, 그 후 봉기는 군부의 동참으로 쿠데타로까지 발전하게 되었다.

2000년 군부와 원주민의 동맹 쿠데타는 다민족적 민주주의 확장을 추구하는 CONAIE와 군부 세력의 합작품이었다. 원주민들이 마후아드 정부하에서 경제적 침체와 정책결정 과정에의 소외에 대해 불만을 가졌었다면 군부는 해외금융기관의 압박으로 인해 군 예산이 삭감된 데 대해 불만을 가지고 있었다. 게다가 쿠데타를 주도한 에콰도르 육군은 해군이나 공군과는 달리 장교 그룹의 상당수가 중산층과 하층 출신들로 구성되어 있었다. 그리고 병사들의 상당수도 원주민들이었다. 결과적으로 에콰도르 육군은 그들 스스로를 사회적 엘리트라고 생각하지 않았으며, 따라서 1960년대 이래 결코 반민중적이거나 반원주민적 입장을 취한 적이 없었다.

다른 한편으로 에콰도르인들이 군부에 대해 가지고 있는 생각도 긍정적 측면이 많았다. 원주민들은 과거 경험으로 보아 군부 정권이 민주적으로 선출된 민간 정부보다 원주민들을 위해 훨씬 더 많은 것을 실현했다고 생각하고 있었다. 이런 입장은 에콰도르 민주주의의 한계일 수도 있겠으나, 하여튼 2000년 원주민과 군부의 동맹 쿠데타를 가능하게 한 주요 요인이었다고 할 수 있다(Macdonald, 2002: 173-175).

쿠데타의 출발점이 원주민의 시위였음에도 불구하고 군부의 참여로 인해 원주민 운동은 지속적 영향력을 발휘하지 못하고 그 역할과 의미가 축소되었다. 그러나 이 사건으로 인해 CONAIE는 국내외적으로 다시 한 번 에콰도르 정치에 있어 자신의 영향력을 과시할 수 있었다. 특히 국내적으로 CONAIE는 지금까지와는 다른 보다 대담하고 적극적인 저항운동을 전개함으로써 에콰도르 정치의 중심에 완전히 자리 잡게 되었다. 이제 원주민 운동은 단순한 비폭력적 저항운동에서 한걸음 더 나아가 권력 장악을 위한 투쟁의 모습을 보이기 시작했다.

이런 상황에서 2000년 5월 21일 실시된 지방선거에서 파차쿠틱은 CONAIE와의 내부적 갈등에도 불구하고 최고의 정치적 성공을 달성했다. 이 선거에서 파차쿠틱은 22개 주 중에서 5개 주의 주지사직을 획득했고, 13개의 주의원직, 215개 시장직 중 23개, 880개의 시의원석 중 84개를 차지했다. 또한 이 선거에서 파차쿠틱은 동맹 없이 홀로 전국적으로 4.4%의 득표율을 획득했는데 이는 전체 정당들 중에서 6번째로 높은 수치이다. 이를 통해 파차쿠틱은 볼리바르와 같은 주에서는 지배적인 정치 세력으로 부상하는[36] 동시에 도시 지역에서도 의미 있는 지지를 획득했다(Van

---

[36] 볼리바르 주의 원주민 비중은 23.7%로서 적지 않지만 상대적으로 그보다 원주민 비중이 더 높은 주도 적지 않다. 그럼에도 불구하고 특히 볼리바르 주에서 파차쿠틱이 정치적 지배세력으로 부각된 것은 파차쿠틱에 대한 지지가 단순히 원주민 인구의 비중과 직접적으로 관련된 것만은 아님을 알 수 있다. 이런 점은 원주민 정당에 대한 지지가 인구 비중과 매우 밀접하게 관련되어 있는 볼리비아의 상황과는 다소 다른 모습이라고 할 수 있다. 이는 에콰도르의 원주민의 메스티소화가 볼리비아에 비해 훨씬 더 많이 진행됨에 따라 이들 메스티소들이 원주민 운

한편 쿠데타로 인해 마후아드 대통령이 물러나자 부통령인 바나나 재벌 알바로 노보아^{Alvaro Noboa}가 권력을 승계했다. 노보아 정부는 비록 신자유주의를 비판하고 원주민을 위한 정책들을 약속했으나 그에게도 역시 그를 실현하기 위한 물질적 기반은 주어지지 않았다. 결국 그의 약속은 지켜질 수 없었고 그에 실망한 원주민은 쿠데타 1주년 기념일인 2001년 1월에 다시 대중적 봉기를 일으켰다. 노보아 정부의 강경 진압에도 불구하고 원주민 운동은 끝까지 비폭력적 투쟁 수단을 유지함으로써 국내외적 지지를 확보하였고, 결국 정부로 하여금 가솔린과 천연가스의 가격 동결과 중소기업 신용 지원과 같은 20개 조항의 약속을 얻어내게 되었다. 이 사건으로 CONAIE는 여전히 그들이 국가 정책결정의 중심에 있음을 확인시킬 수 있었다.

그럼에도 불구하고 에콰도르의 원주민 운동은 이러한 조건을 선거의 장에서 그대로 반영시키지는 못했다. 2002년 대선을 앞두고 원주민 조직은 후보 지명 문제로 또다시 분열되었다. 많은 사람들이 이번 선거에서 최초의 원주민 대통령 후보를 낼 것이라는 기대에도 불구하고 원주민 조직들은 자신의 대통령 후보를 내는 데 결국 실패했다.

최초의 원주민 대통령 후보가 될 것으로 주목받았던 사람은 CONAIE의 리더이자 2000년 쿠데타를 야기한 시위의 주역이었던 안토니오 바르가스^{Antonio Vargas}와 꼬또까치 시장인 아우키 띠뚜아냐^{Auki Tituaña}였다. 그중 CONAIE의 리더인 바르가스는 원주민 운동의 주요 시위들을 이끌면서 입지를 강화해 왔던 인물로서 파차쿠틱의 정치 노선에는 지속적인 반대 입장을 견지해 왔다. 그는 그의 대선 후보지명이 반대에 부딪히자 원주민 운동 중에 그를 지지하는 세력들인 아마존 원주민 동맹 CONFENIAE와 기독

동과 어떤 관계를 가지느냐에 따라 원주민 정당인 파차쿠틱에 대한 지지도도 달라지는 것으로 보인다.

교 원주민 조직인 FEINE를 기반으로 자신의 정치 운동인 에콰도르 미래 전선Frente Futuro Ecuador, 이하 FFE을 형성하고 자신의 후보 지명을 촉구했다.

한편 파차쿠틱은 띠뚜아냐를 자신이 대선 예비후보로 지명했다. 온건 실용적 이미지를 가진 띠뚜아냐는 단순히 종족적 의제를 넘어 광범위한 사회적 이슈들까지 정치적 의제로 포용할 수 있는 인물로 평가됨에 따라 주로 파차쿠틱 지도부의 지지를 얻고 있었다.

그로 인해 바르가스와 띠뚜아냐 지지자들 사이에는 심각한 수준의 긴장이 야기되었고 이는 결국 원주민 운동 전체에 혼돈을 가져왔다. 그에 따라 CONAIE에 소속된 안데스 지역의 원주민 동맹인 ECUARUNARI가 먼저 어떤 후보도 지지하지 않을 것을 결정했고, 분열을 막기 위해 운동과 조직의 전면적 개편을 요구했다. 그리고 2002년 3월에 결국 CONAIE 정치위원회는 띠뚜아냐를 후보로 하자는 파차쿠틱의 결정을 받아들였다. 그리고 바르가스와 FFE에게 우파와 포퓰리즘 후보를 물리치기 위해 힘을 합칠 것을 촉구했다. 그러나 이러한 통합 노력에도 불구하고 원주민 운동 내부의 긴장은 지속되었다.

그에 따라 원주민 운동의 지도자들은 결국 최종적으로 CONAIE의 통합을 위해 어떤 원주민 후보도 내세우지 않을 것을 결정하게 되었다. 그리고 CONAIE는 파차쿠틱이 이러한 결정에 따를 것을 요청했다. 그러한 요청에 따라 띠뚜아냐는 대통령 후보직을 사퇴했지만 한때 CONAIE의 리더였던 바르가스는 그를 거부하고 독자적인 선거운동을 전개했다. 따라서 바르가스는 파차쿠틱의 후보가 될 수는 없었고 결국 기독교계 원주민 정당인 아마우따 하따리의 후보로 나서게 되었다.

결국 자신의 대통령 후보를 내는 것을 포기한 파차쿠틱과 원주민 운동은 2000년 쿠데타의 주역으로 명성을 획득한 퇴역 군인 루시오 구티에레스Luio Gutiérrez와 그의 새로운 정당인 애국적 사회당Partido Sociedad Patriótica,

^{이하} PSP과의 동맹을 시도했다. PSP-파차쿠틱 동맹은 대통령 선거 1차 투표에서 20.32%를 획득함으로써 13명의 후보 중 1위를 차지했고[37], 2차 투표에서는 54.79%를 차지하면서 결국 대선 승리를 획득했다. 국회의원 선거에서도 PSP-파차쿠틱 동맹은 총 100석 중 14석을 차지했고, 지방선거에서는 주의원 67석 중 14석(그중 파차쿠틱-NP가 독자적으로 획득한 것은 7석), 시의원 677석 중 73석(그중 파차쿠틱-NP가 독자적으로 획득한 것은 54석, 나머지는 PSP 혹은 다른 좌파정당들과의 동맹을 통해)을 획득하는 성과를 거두었다^{TSE 2002; IFES Election Guide}.

선거동맹의 결과 원주민들은 구티에레스 정부에서 주도적 역할을 맡게 되었다. 비록 구티에레스가 외국인 투자가들이나 국내 엘리트들에게는 원주민들이 국가를 운영하도록 두지는 않을 것이라고 확언했음에도 불구하고, 초기에 구티에레스 정부에서 원주민들은 주도적 역할을 수행하는 것처럼 보였다. 한 예로 파차쿠틱의 리더인 미겔 유꼬^{Miguel Lluco}는 구티에레스 정부 내각의 성격을 묻는 질문에 원주민들은 정부의 '부분'이 아니라 정부 '그 자체'임을 강조하면서, 자신들이 공공정책의 결정에 있어 결정적 역할을 할 것이라고 주장했다^{Van Cott, 2005: 136}. 구티에레스 또한 그의 승리가 CONAIE나 원주민 운동의 지원 없이는 불가능했음을 인정하면서, 그의 내각에 2명의 파차쿠틱과 CONAIE 리더들을 지명했다.[38] 뿐만 아니라 파차쿠틱은 관광부, 교육부, 내무부의 고위직에도 각각 자신의 당원들을 임명하게 했다.

그에 따라 구티에레스 정부는 처음에는 원주민의 요구를 반영하는 급진적 포퓰리스트의 입장을 취했다. 그러나 점차 현실적으로 온건화의

---

37) 아마우따 하따리의 후보로 나선 바르가스는 1차 투표에서 0.84%를 득표하는 데 그쳤다.

38) 내각에 들어간 두 명의 원주민 리더는 최초의 인디언이자 여성 외교부 장관이 된 니나 피카리(Nina Picari)와 농업부 장관으로 임명된 루이스 마카스이다.

길을 걷기 시작했고 결국에는 신자유주의의 불가피성을 받아들이게 되었다. 이에 대한 파차쿠틱의 초기 입장은 세계은행의 사회부문에 대한 지원을 받기 위해서는 IMF와의 협상이 불가피함을 인정하면서 그에 따른 긴축정책의 충격을 최대한 완화하는 데 주력하는 것이었다. 그러나 많은 원주민 운동가들에게 있어 파차쿠틱의 이러한 입장은 하나의 배반 행위로 받아들여졌다. 따라서 ECUARUNARI가 먼저 파차쿠틱에 대한 지지를 철회했다. 그러나 CONAIE의 전체 입장은 보다 신중했다. 그들은 비판을 인정하면서도 그로 인해 정부와의 관계를 단절하기보다는 정부의 경제 정책을 수정하는 방향을 요구했다. 그러나 교사와 석유산업 노동자들의 파업으로 PSP와 파차쿠틱이 긴장관계에 돌입하자 다양한 사회운동들은 CONAIE가 정부에 대해 보다 강경한 입장을 취할 것을 요구했다.

하지만 세계은행의 5억 달러 사회 프로그램이 시작되자 원주민 운동과 정부와의 동맹은 일시적이나마 다시 공고화하는 것처럼 보였다. 그러나 PSP가 그 기금을 통해 원주민 사회에 자신의 후원자적 관계를 설립하려는 의도가 엿보임에 따라 정부와 원주민 운동과의 관계는 또다시 금이 가기 시작했다. 심지어 쿠티에레스가 CONAIE의 정치적 영향력의 원천인 원주민어 교육 교사 임명권을 박탈하고 정부가 직접 이들을 임명하기 시작하자 원주민 운동은 쿠티에레스 정부와의 단절을 요구하는 급진적 그룹과 정부와의 관계 지속을 요구하는 아마존 지역 원주민 그룹으로 분열되기 시작했다.

이러한 분열 상황에서 구티에레스 정부의 무기거래 스캔들을 계기로 CONAIE가 호소한 대중봉기가 아마존 원주민들의 반대로 연기되기도 했다. 또 2004년에는 원주민지도자 습격 사건으로 CONAIE가 다시 대중봉기를 선언했으나 역시 아마존 지역 원주민들의 불참으로 실패로 돌아갔다. 이 두 번의 봉기의 실패는 1990년 이래 대중 봉기를 통해 에콰도르 정치에 사실상 거부권을 행사해 왔던 CONAIE에게 결정적 타격을 입혔고, 그로 인해 에콰도르 원주민 운동도 위기를 맞이하게 되었다[Zamosc, 2004: 147-150].

2004년 지방선거에서 원주민 조직의 분열상은 보다 확연히 드러났다. 신자유주의로 변신한 쿠티에레스와의 관계에 있어 확고한 입장을 보여주지 못한 파차쿠틱에 대한 지지도가 감소했다. 파차쿠틱을 지지했던 많은 사람들이 이제 다시 좌파 정당에로 눈을 돌리기 시작했다. FEINE의 정당인 아마우타 유야이[Amauta Yuyay: 아마우따 하따리에서 이름을 바꿈]도 과거 파차쿠틱의 지지 기반을 일부 자기 것으로 만들었다. 원주민 농민 조직인 전국 농민, 원주민, 흑인 조직 연맹[Federación Nacional de Organizaciones Campesinas, Indígenas, y Negras, 이하 FENOCIN]도 파차쿠틱을 지지하지 않고 사회주의당[Partido Socialista, 이하 PS]과 확대전선[Frente Ampio, 이하 FA]의 PS-FA 동맹과 연대를 맺었다.

분열로 인해 원주민 운동은 2005년 구티에레스를 추방하는 거리 시위에서도 과거와 같은 주도적 역할을 수행할 수 없었다. 2005년 시위를 주도한 것은 키토의 중산층이었다. 원주민 운동은 비록 이러한 시위를 지지하기는 했지만 과거와 같이 그의 중심이 되지는 못했다.

5. 코레아와 원주민 운동: 지지의 한계

코레아[Rafael Vicente Correa Delgado]는 구티에레스가 시위로 인해 추방되고 들어선 팔라시오[Palacio] 정부에서 재무장관을 지냈던 인물이다. 그는 짧은 재무장관 재직 시절 빈곤 감소와 경제 주권을 옹호하는 입장에 서면서 일약 인기 정치인으로 부상했다. 그는 미국과의 FTA에 회의적 입장을 가졌고, IMF의 권고안을 받아들이지 않았으며, 라틴아메리카 국가들 간의 협력 필요성을 강조했다. 그로 인해 그는 세계은행과 갈등을 야기했고, 이를 계기로 결국 재무장관직을 사임하게 되었다. 그러나 사임 이후 코레아의 대중적 인기는 치솟았으며, 결국 그를 통해 대통령에까지 이르게 되었다.

그러나 코레아와 원주민의 관계는 애매모호함이 있었다. 코레아의 정치적 성향은 원주민의 이해관계와 맞아떨어졌다. 또 그는 가톨릭 미션으로 꼬또팍시에서 1년간 봉사활동을 했던 경험을 살려 그때 배운 키추아어를 사용하는 등 친 원주민적인 정치적 제스처를 보여주려고 노력했다. 그럼에도 불구하고 원주민들이 그에게 전폭적 지지를 보낸 것은 아니었다. 코레아는 실제로 2006년 대선을 앞두고 파차쿠틱에 부통령직을 제안하며 동맹을 시도하기까지 했었다. 원주민 운동이 그러한 제의를 거부하자 코레아는 심지어 후보 지명을 위한 예비 선거를 제안하기도 했었다Fuentes, 2007.

하지만 원주민 운동은 코레아와의 동맹을 쉽게 받아들일 수 없었다. 비록 코레아가 원주민어를 말하고, 그의 정책이 원주민들의 정치적 성향과 유사하다고는 하지만 그는 실제로 원주민이 아니고 그렇다고 원주민 운동에 소속된 사람도 아니었다. 코레아는 에콰도르의 대표적인 백인과 메스티소 거주지역인 과야킬 출신으로 벨기에와 미국에서 석사와 박사학위를 받은 메스티소 엘리트이다. 따라서 과거 같은 진보적 성향의 구티에레스 정부 시절에 동맹으로 인해 원주민 조직의 분열이라는 쓰라린 경험을 겪어야 했었던 원주민 운동이 코레아의 그러한 제의를 또다시 받아들이는 것은 결코 쉬운 일이 아니었다Becker, 2007: 1059.

원주민 운동가들은 이제 원주민 대통령을 원하고 있었다. 따라서 파차쿠틱은 결국 자신의 후보로 CONAIE의 리더인 루이스 마카스를 내세우게 되었다. 그러나 자신의 후보 루이스 마카스를 내세운 파차쿠틱은

2006년 대선에서 2.19%라는 낮은 득표율을 획득했다. 총선에서도 3.80%를 득표함으로써 전체 의석 100석 중 단지 6석만을 차지하는 데 그쳤다. 이러한 결과는 1996년 대선에서 파차쿠틱이 획득한 20.61%와는 비교도 되지 않는 것이며, 의석수도 2002년 총선에서 획득한 14석의 반에도 미치지 못하는 것이었다. 반면 코레아 후보는 22.84%를 획득함으로써 2위로서 결선투표에 진출하게 되었다[IFES, 2006].

이러한 결과는 에콰도르의 원주민 정당이 독자적인 정치세력을 형성하는 데는 한계가 있음을 보여주는 것이었다. 심지어 마카스는 안데스 원주민 표의 단지 18%를 획득하는 데 그쳤다. 민족주의 진보주의자 코레아의 원주민 마카스에 대한 명백한 승리는 최소한 안데스 원주민들은 종족적 어젠다보다는 신뢰할 만한 민족적 개혁 프로젝트를 더 선호하고 있음을 말해주는 것이다[Schaefer, 2009: 410].

1차 투표에서 실망스러운 득표율을 보여준 파차쿠틱과 원주민 운동은 결선투표에서는 결국 코레아 후보를 지지하게 되었다. 그러나 이미 사회의 다양한 계층으로부터 지지를 확보하고 있었던 코레아 후보의 승리에 있어서 원주민 운동은 2002년 구티에레스의 승리에서 보여 주었던 것과 같은 결정적 역할을 할 수는 없었다.

어쨌든 코레아 정부 초기에 원주민 운동은 그와 갈등관계로 나아가지는 않았다. 그렇다고 원주민 운동이 코레아가 주도하는 운동에 한 부분으로 편입된 것도 아니었다. 코레아 정부 초기에 원주민 운동은 정부에 지지를 보내는 동시에 한편으로 자신의 정체성을 보다 공고히 하고자 했다. 그러나 코레아 후보의 카리스마와 그의 정책에 대한 대중적 지지로 인해 원주민 운동은 사회운동에 있어서 그들이 과거에 누렸던 헤게모니를 상실하게 되었다. 2006년 3월에 있었던 FTA 반대 시위에 있어 원주민은 여전히 자신의 존재를 보여주었지만 과거와 같이 사회운동에 있어 주도적 역할을 수행할 수는 없었다. 에콰도르 사회운동의 주도권은 이미 급진적이고 민족주의적 리더십을 발휘하는 코레아에게로 넘어갔음이 명백해졌다Fuentes, 2007.

특히 2007년 제헌의회 소집을 위한 국민투표에서 코레아가 찬성 81.70%를 획득함으로써 승리하고, 뒤이은 제헌의회 선거에서도 코레아의 PAIS 동맹Alianza Pais: PAIS는 '능동적 주권적 조국'이라는 의미의 'Patria Activa y Soberana'의 머리글자이다이 130석 중 80석이라는 다수의 의석을 차지함에 따라 코레아는 에콰도르의 정치적 변화를 완전히 통제하게 되었다. 그로 인해 원주민 운동과 같은 사회운동은 정치적 변화의 장에서 점차적으로 소외되어 갔다. 따라서 과거 20년 동안 신자유주의 정책에 반대하면서 강력한 사회적 저항운동을 이끌어 왔던 원주민 운동 또한 과거와 같은 주도적 역할을 상실하였다.

선거의 장에서도 원주민 정당은 과거와 같은 지지를 얻지 못했다. 그 결과 2007년 제헌의회 선거에서 파차쿠틱은 전체 유효표의 0.71%를 득표하는 데 그침으로써 전체 130석 중 불과 4석을 차지했다. 그리고 2009년 대선에서 원주민은 자체 후보를 내지도 못했으며, 총선에서는 1.37%를 득표하여 전체 130석 중 여전히 4석만을 차지했을 뿐이다IFES, 2007; IFES, 2009.

그러나 최근 원주민 운동은 코레아 후보에 대한 지지를 철회하고 그와 갈등관계에 돌입했다. 갈등의 계기는 코레아 후보가 2008년부터 추진한 광산 개발법이었다. 원주민 조직들에 의해 주도된 사회 운동은 광산개발법이 새로운 헌법이 제시한 환경규정-특히 맑은 식수 사용권과 건강한 환경에의 접근권-에 어긋난다고 주장하면서 전국적인 시위운동을 전개했다.39) 원주민 운동의 주도 하에 도시 운동, 환경 운동, 아프

---

39) 이러한 시위를 촉발한 가장 큰 요인은 물 사용 권한을 정부가 통제하려는 법안 때문이었다. 정부는 지금까지 원주민 공동체 지역 위원회가 관할하던 물 분배권을 효율성을 내세워 직접 통제하고자 했다. 그러나 안데스의 농민들 특히 원주민들은 이러한 정부의 조치가 물을 농업보다는 광산업을 위해 보다 많이 활용하게 할 것이

리카계 에콰도르인, 인권 그룹들이 참여한 전국적 반대운동은 코레아 정부가 처음으로 맞이하는 대규모의 시위였다.

2009년 1월 광산개발법이 의회를 통과하자 수천 명의 원주민들은 과거와 같이 고속도로를 차단하는 시위를 전개했다. 키토, 쿠엔카, 아마존 그리고 심지어 해안 지역을 포함하는 광범위한 지역에서 전국적 시위가 시작되었다. 그러나 코레아는 광산의 개발 없이 에콰도르 경제의 자립이 어렵다는 점을 주장하면서 광산 개발법에 반대하는 사람들을 '유아적'이고 '우파의 동맹자'라고 비난했다. 코레아의 이러한 대응은 지금까지 그를 지지해 왔던 사회운동과의 갈등관계를 보다 심화시켰다. 그리고 원주민 운동을 포함한 사회운동은 코레아도 역시 신자유주의 정책의 지속성을 대변할 뿐이라는 사실을 새롭게 인식하게 되었다(Dosh and Kligerman, 2009: 23).

그에 반해 코레아는 정부 주도하에 사회운동 조직들의 재조직화를 시도하면서 대응했다. 사회운동과 코레아 정부의 적대감이 날로 증가함에도 불구하고 코레아는 2009년 4월에 실시된 대선 1차 투표에서 51.99%를 득표함으로써 에콰도르 정치사에서 30년 만에 결선투표 없이 대통령에 선출되는 최초의 인물이 되었다.

그럼에도 불구하고 원주민 운동이 주도한 사회운동은 2000년 대통령을 몰아냈을 때와 같은 힘은 부족하지만, 반면 코레아도 시위를 막기 위해서는 경찰력에 의존할 수밖에 없었다. 그리고 최근 코레아는 그의 핵심적 지지기반인 수도 키토의 중산층들의 지지도 잃어가고 있다. 최근 그의 지지도는 40%대로 하락했다.

물론 코레아가 여전히 에콰도르의 정치적 지평에서 주도권을 행사하고 있지만 그렇다고 원주민 운동이 사라지지는 않을 것이다. 원주민 운

고, 나아가 상수도업의 민영화를 가져올 것이라고 비난했다.

동으로서 CONAIE와 그의 정치적 조직인 파차쿠틱은 사실상 1980년대 이래 에콰도르의 다민족성, 천연자원에 대한 주권, 환경 이슈와 같은 의제를 사실상 주도해 왔다. 따라서 원주민 운동은 코레아의 존재에도 불구하고 계속 지속될 것이다. 그리고 코레아가 대중의 지지를 상실하면 원주민 운동은 조직력을 바탕으로 언제든지 과거 사회운동에서 행사했던 주도권을 회복할 수 있을 것이다.

Ⅳ. 결론

국가 공식 통계에 의하면 볼리비아 원주민 인구의 비중이 61.95%인 데 비해 에콰도르의 원주민 인구 비중은 6.5%에 불과하다. 그럼에도 불구하고 에콰도르의 원주민 운동이 라틴아메리카에서 가장 큰 정치적 영향력을 발휘한 것은 무엇보다 그들의 조직화가 가장 잘 이루어져 있기 때문이다. 에콰도르의 원주민 운동은 아마존, 안데스는 물론이고 해안 지역의 원주민 조직들까지 CONAIE라는 하나의 조직을 통해 통합되어 있다. 원주민 운동 조직의 이러한 단일화는 라틴아메리카에서 거의 찾아보기 힘든 사례이다.

이러한 조직화를 바탕으로 에콰도르의 원주민 운동은 1990년부터 시민 봉기를 주도하면서 정치적 영향력을 확대했다. 그리고 그런 과정에서 원주민들은 단순한 종족적 어젠다에서 벗어나 '다민족 정체성'을 추구하면서 정치적 투쟁의 방향을 반신자유주의, 환경 등과 같은 보다 광범위한 이슈들로 확대해 나갔다. 이러한 전략이 비록 원주민 비중이 크지 않음에도 불구하고 에콰도르에서 원주민 운동이 반신자유주의 투쟁의 정치적 주도권을 장악할 수 있었던 주요한 이유라고 할 수 있다.

게다가 원주민 운동은 1994년 선거법 개정 이후 정당을 설립하고 전국적 선거에도 적극적으로 참여하게 되었다. 개정된 선거법이 선거동맹을 허용했기 때문에 일부 지역에서만 지지기반을 가지고 있던 원주민 정당이 이제는 전국적 선거에도 참여할 수 있는 조건이 마련되었다. 선거법 개정은 원주민 운동이 선거에 적극적으로 참여하게 된 가장 중요한 요인이 되었다. 원주민 어젠다를 넘어 사회의 전반적 어젠다로 영역을 확대한 원주민 정당은 선거 동맹을 통해 1996년 대선에서 20% 이상의 득표를 올리면서 중도좌파 정당의 핵심으로 부상한다. 그리고 2002년에는 구티에레스와의 동맹을 통해 정권을 획득하기까지 이르렀다.

그러나 구티에레스와의 동맹은 원주민 운동에게는 승리이자 동시에 자신의 한계가 무엇인가를 명확히 보여주는 계기가 되기도 했다. 동맹에서 원주민 정당은 주도권을 가질 수 없었다. 결국 구티에레스가 신자유주의로 우경화하면서 그를 계속 지지하는 세력과 그에 반대하는 세력으로 원주민 운동은 심각하게 분열되었다.

심지어 이러한 분열 상황에서 반 신자유주의적 성향을 지닌 코레아의 등장은 원주민 운동에 결정적 타격을 가했다. 코레아가 기존의 원주민 어젠다를 모두 자신의 것으로 만들어 버림에 따라 원주민 운동은 기존에 반신자유주의 투쟁에서 가졌던 주도권을 완전히 상실하게 되었다.

그러나 최근 코레아 정부와 원주민의 갈등이 다시 부각되는 것처럼 보인다. 코레아 정부가 여전히 반신자유주의 투쟁의 헤게모니를 장악하고는 있지만 원주민 운동 또한 결코 소멸되지는 않을 것이다. 그리고 코레아 정부가 대중의 신뢰를 잃는 순간 원주민 운동은 언제든지 다시 과거의 반신자유주의 투쟁의 주도권을 회복할 수 있을 것이다.

II부
원주민 비중이 적으나
종족성의 정치가 잘 진전된 사례

3장 콜롬비아와 베네수엘라:
적은 원주민 수에도 불구하고 종족성의 정치가 발전한 사례

I. 서론

콜롬비아와 베네수엘라의 원주민 인구 비중은 전체 인구의 약 2~4% 정도로 볼리비아, 에콰도르, 페루, 과테말라, 멕시코에 비해 훨씬 낮다. 게다가 이들 원주민들은 서로 이질적이고, 거주 지역도 분산되어 있다. 콜롬비아와 베네수엘라 원주민의 대부분은 도시에서 멀리 떨어진 지역—상당수는 국경지역—에서 단일 종족으로 구성된 원주민 공동체에서 산다.

그러나 그들은 1970년대 초반 국가로부터 독립적인 원주민 운동조직을 형성하기 시작했고, 1970년대 후반에는 국제적 원주민 권리 네트워크에 자신들을 연결시켰다. 이들 국가의 원주민 운동은 상대적으로 잘 통합되어 있고 제도화되어 있다. 그리고 원주민 권리를 보장하는 헌법 개혁에 직접 참여하기도 했다. 그 결과 콜롬비아와 베네수엘라는 라틴아메리카에서 원주민의 종족적 권리를 가장 잘 보장하는 헌법을 가지게 되었다. 양국 헌법은 원주민을 위해 예약된 의석을 보장하고 있다. 일부 원주민들이 집중된 선거 구역에서 선거기구를 설립하기 위한 조건도 상대적으로 쉬운 편이다. 게다가 최근 이들 국가에서 전통적 정당들이 쇠퇴하는 경향이 있기 때문에 새로운 도전자들을 위한 정치적 공간도 개방되었다.

특히 콜롬비아의 원주민들은 남미에서 최초로 실효성 있는 정당을 만들었다. 그럼으로 남미에서 종족 정당의 출현을 이해하기 위해서 콜롬비아의 사례는 매우 중요하다. 게다가 비록 인구 비중이 높지 않음에도 불구하고 1990~91년 사이 제헌의회에서 콜롬비아 종족 정당들이 성취한 결과들은 1980년대 볼리비아 종족 정당들의 활약을 무색하게 할 정도이다. 따라서 콜롬비아 종족 정당들의 성공 사례는 다른 나라 원주민 지도자들이 종족성의 정치로 나아가기 위한 방향을 제시하기도 한다. 뿐만 아니라 콜롬비아의 헌법 개혁은 라틴아메리카에서 최초로 원주민들의 집합적 정치 권리를 보장해 주었다. 이 또한 원주민 비중이 높은 다른 라틴아메리카 국가들의 원주민 정책에 하나의 모델이 되고 있다.

한편 베네수엘라는 콜롬비아의 헌법개혁이 있은 지 거의 10년이 지나 원주민의 헌법적 권리를 폭 넓게 보장하는 헌법개혁을 단행했다. 거기에는 역시 원주민의 광범위한 정치적 권리도 포함되어 있다. 베네수엘라는 강력한 좌파 정당이 존재하는 가운데에서도 종족 정당이 성공적으로 형성될 수 있음을 보여주는 사례이기 때문에, 종족 정당이 좌파의 쇠퇴라는 정치적 공백하에서 출현한다는 기존의 상식을 뛰어넘는 것이라 또한 흥미롭다.

이와 같이 콜롬비아와 베네수엘라는 원주민 인구 비중이 작기 때문에 종족 정당의 성공이 어려운 조건에서도 원주민의 종족성 정치가 잘 이루어진 사례들이다. 콜롬비아와 베네수엘라에서 원주민 운동은 제헌의회 소집에 의해 발생한 정치적 개방의 공간을 잘 활용함으로써 수적 열세를 극복할 수 있었고, 솜씨 좋은 협상력과 지속적 로비를 통해 원주민 운동에 공감하는 엘리트들의 지원을 적절히 활용함으로써 원주민의 정치적 대표성을 보장하는 헌법개혁을 이루어냈다. 그 결과 양국의 헌법 개혁은 원주민 권리를 광범위하게 인정했을 뿐만 아니라, 모든 정당들이나 운동들에게 정치 시스템을 개방했다.

물론 콜롬비아와 베네수엘라는 원주민 인구가 상대적으로 적고 원주민들이 주로 변경 지역에 거주하고 있다는 점이(따라서 중앙정치에 덜 위협적일 수 있다) 중부 안데스 국가나 과테말라, 멕시코의 조건과는 다르기는 하다. 그렇지만 그들이 헌법개혁이나 종족성의 정치를 통해 얻은 성과는 다른 나라들에서 종족성의 정치가 나아가야 할 방향을 제시한다는 점에서, 또 종족성의 정치가 궁극적으로 획득할 수 있는 것이 구체적으로 무엇인지를 보여준다는 점에서 의미하는 바가 매우 크다.

II. 원주민 인구

1. 콜롬비아의 원주민 인구와 지역분포

2005년 인구조사 결과에 따르면 콜롬비아의 원주민 인구는 1,392,623명으로 전체의 3.40%를 차지하는 것으로 나타난다. 이는 1993년 조사 때 532,233명(전체의 1.61%)보다 거의 2배 이상 증가한 수치이다. 콜롬비아의 원주민 인구는 독립 직후 1827년 실시된 인구조사에서 8.6%를 기록한 이후 점차 감소하여 1918년에는 158,428명으로서 전체의 2.71%를 차지하는 것으로 나타났었다. 그리고 그 이후에도 인구조사 기준이 다양하게 변했음에도 불구하고 원주민 인구가 한 번도 2%를 넘어선 적이 없었다. 그러나 2005년 인구조사에서 콜롬비아의 원주민 수는 처음으로 100만을 넘어서는 것으로 나타났으며, 비율도 3%를 넘었다[DANE, 2007].

<표 1> 콜롬비아 원주민 인구의 변화 추이

연도	원주민 인구수(명)	%	조사기준
1827	203,835	8.6	—
1835	111,130	6.6	—
1843	184,230	9.4	—
1912	344,198	6.79	인종
1918	158,428	2.71	피부색에 따른 조사자의 판단
1938	100,422	1.15	언어와 거주지에 기초한 조사자의 질문
1951	157,791	1.37	—
1964	119,180	0.68	—
1973	383,629	1.86	거주지
1985	237,759	0.79	거주지에 따른 자기 판단
1993	532,233	1.61	공동체 소속에 따른 자기 판단
2005	1,392,623	3.40	문화적 자기 판단

자료: DANE, 2007

최근 12년 사이에 원주민 인구가 이렇게 갑자기 대폭 증가한 이유로
는 헌법에서 원주민 권리의 인정, 원주민의 정치적 부상과 같은 요인도
있겠지만, 조사 방법의 차이가 가장 큰 영향을 미친 것으로 판단된다.
1993년의 인구조사나 2005년의 인구조사는 모두 종족성과 관련하여 자
기 판단을 기준으로 하고 있지만, 1993년 인구조사의 질문이 "당신은 원
주민 그룹이나 흑인 공동체와 같은 어떤 종족에 속한다고 생각하는가?"
로서 공동체 소속감을 강조했다면, 2005년 인구조사의 질문은 보다 완
화되어 "문화, 거주지, 외모로 볼 때 당신은 원주민이라고 생각하는가?"
로서 엄밀한 소속감이 없어도 제시된 기준 중 어느 것을 통해서라도 문
화적 일체감을 느끼는지를 물었다. 이렇게 라틴아메리카에서는 질문의
뉘앙스만으로도 원주민 인구에 많은 변화가 온다. 콜롬비아도 예외는
아니다.

콜롬비아의 원주민은 적은 수에도 불구하고, 64개의 종족어를 말하는

81개의 각기 다른 원주민 그룹들이 전국에 걸쳐 존재한다. 그리고 전 국토의 24.5%가 원주민 보호구역인 레스구아르도스^{resguardos}로 보호되고 있다. 대략 80% 이상의 원주민이 이런 자치적 보호구역에서 살고 있다.

2005년 인구조사에서 나타나는 콜롬비아 원주민 인구의 지역적 분포의 특징은 그들 대다수가 대서양과 태평양 연안 지역에 집중되어 있다는 점이다. 원주민이 가장 많이 거주하는 주는 대서양 연안의 라구아히라 주(278,212명)과 코르도바 주(151,064명) 그리고 태평양 연안의 카우카 주(248,532명)과 나리뇨 주(155,199명)로서 이들 네 개 주에만 콜롬비아 전체 원주민의 59.8%가 거주한다. 원주민이 많은 나라에서는 대부분 원주민이 산악지역에 거주하고 백인이나 메스티소들이 주로 해안 지역에 거주하는 것에 비해 콜롬비아에서는 원주민들이 주로 해안 지역에 거주하고 백인이나 메스티소가 중부 안데스 지역에 거주한다는 점은 특징적이다.

콜롬비아 원주민들의 절대 다수가 주로 해안 지역에 거주하는 반면, 동남부 아마존이나 오리노코 지역에서는 원주민의 절대적 수가 많지는 않지만 그의 비중은 높다. 특히 아마존 지역의 구아이니아 주, 바우페스 주, 아마조나스 주, 푸투마요 주와 오리노코 지역의 비차다 주와 같이 베네수엘라나 페루와 국경을 접하고 있는 주들에서 원주민의 비율은 각각 순서대로 64.90%, 66.65%, 43.43%, 20.94%, 44.35%로서, 대부분 원주민이 전체 인구의 과반수를 넘어선다.

<표 2> 콜롬비아 원주민의 지역별 분포

지역	주	인구수 (명)	비율 (%)	지역	주	인구수 (명)	비율 (%)
아마존 지역	구아이니아	11,595	64.90	태평양 연안 지역	초코	44,127	12.67
	바우페스	11,587	66.65		바예델카우카	22,313	0.56
	아마조나스	19,000	43.43		카우카	248,532	21.55
	구아비아레	2,117	4.30		나리뇨	155,199	10.79
	카케타	5,026	1.61	중부 안데스 지역	세사르	44,835	5.15
	푸투마요	44,515	20.94		노르테데산탄데르	7,247	0.61
오리 노코 지역	비차다	17,663	44.35		산탄데르	2,389	0.13
	아라우카	3,279	2.24		보야카	5,859	0.49
	카사나레	4,102	1.48		안티오키아	28,914	0.53
	메타	8,988	1.28		쿤디나마르카	7,401	0.34
대서양 연안 및 도서 지역	라구아히라	278,212	44.94		칼다스	38,271	4.30
	마그달레나	9,045	0.81		리사랄다	24,810	2.90
	아틀란티코	27,972	1.33		킨디오	2,145	0.41
	볼리바르	2,066	0.11		톨리마	55,987	4.32
	수크레	82,934	10.96		우일라	10,335	1.05
	코르도바	151,064	10.39		보고타	15,032	0.23
	산안드레스	62	0.10	전체		1,392,623	3.43

자료: DANE, Censo Nacional 2005

2. 베네수엘라의 원주민 인구와 지역분포

2001년 인구조사에 따르면 베네수엘라에는 현재 30개 이상의 토착 언어를 쓰고, 48개의 시에 거주하는 32개의 원주민 종족이 존재한다. 23,054,210명의 전체 인구 중 511,329명이 스스로를 원주민이라고 규정했다. 이는 전체 인구의 2.2%에 해당한다. 따라서 베네수엘라의 원주민 인구의 비중은 1982년 140,562명(전체의 0.96%)과, 1992년 309,933명(1.50%)에서 점차 증가하는 추세에 있다. 이들 중 3분의 1이 조금 더 되는 36%의 원주민들은 전통적 공동체에 거주하고 있으며, 나머지 64.1% 정도는 비전통적인 도시나 농촌 지역에서 거주한다. 후자 중에서 주요 도시에

<표 3> 베네수엘라 원주민 인구 변화 추이

연도	원주민 인구(명)	전체 인구에서 차지하는 비율(%)
1982	140,562	0.96
1992	309,933	1.50
2001	511,329	2.20

자료: Regnault, 2006: 173

<표 4> 베네수엘라 주요 원주민 종족

종족	인구(명)	비율(%)
와이우우	293,777	57.5
와라오	36,028	7.0
페몬	27,157	5.3
카리냐	16,686	3.3
히비	14,750	2.9
피아로아	14,494	2.8
야노마미	12,234	2.4
아뉴	11,205	2.2
푸메	8,222	1.6
육파	7,522	1.5
예쿠아나	6,523	1.3
쿠리파코	4,925	1.0
나머지	57,806	11.3
전체	511,329	100

자료: INE de Venezuela, 2001

거주하는 비율은 25%이며, 비전통적 농촌이나 소규모 도시에 거주하는 비율은 39%이다INE de Venezuela, 2001.

주요 원주민 종족들은 와이우우 족이 전체의 57.5%로 가장 두드러지고, 와라오 족이 그 다음으로 7.0%, 그리고 페몬 족이 5.3%, 카리냐 족이 3.3%, 히비 족이 2.9%, 피아로아 족이 2.8%, 아뉴 족이 2.2%로 그 다음을 차지한다. 나머지 종족들은 각각 전체 원주민 인구의 2% 이하에 머물러 있다.

원주민 인구의 지역별 분포를 살펴보면 전체의 25%인 126,652명이 도시에 거주하는데 그중 90% 정도가 대서양 연안 콜롬비아와 국경에 위치한 술리아^{Zulia} 주의 마라카이보 시와 산프란시스코 시에 거주하고 있다. 그리고 그들의 대부분은 베네수엘라 원주민 중 최대 종족인 와이우우^{Wayúu} 족이다. 도시에 거주하는 원주민들 중 나머지는 수도인 카라카스나, 바르키시메토, 푸에르토 라 크루스, 바르셀로나 등에 거주한다. 이 중 특히 마라카이보와 산프란시스코에 거주하는 와이우우족의 존재가 두드러지는데, 이들은 이 지역 전체 인구의 13%를 차지하고 있다. 이들이 주로 거주하는 술리아 주는 마라카이보 유전을 가지고 있는 지역으로서 풍부한 지하자원에도 불구하고 베네수엘라에서 가장 가난한 주이다. 베네수엘라의 빈곤선 이하 가정의 평균이 27.6%인 데 비해 술리아 주의 수치는 34%에 달한다. 게다가 술리아 주는 내부적으로도 도시와 농촌 간에 불평등이 가장 심한 곳이다.

전통적 공동체에 거주하는 원주민은 183,343명으로 전체의 36%를 차지한다. (알토 오리노코 시에 거주하지만, 주민등록이 불가능한 야노마미 공동체 소속의 5,000명을 제외하면 정식으로 등록된 공동체 소속 원주민의 수는 178,343명이다.) 이들의 지역별 분포를 보면 <표 5>에서 보는 것처럼 대부분이 국경지역이나 국가의 중심에서 멀리 떨어진 술리아, 볼리바르, 아마조나스, 델타 아마쿠로, 아푸레와 같은 주에 원주민들이 몰려 있음을 알 수 있다. 따라서 베네수엘라에서 원주민은 수도를 포함한 25개 주 중 다음 <표 5>에 나타나는 8개 주에만 거주한다. 공동체 거주 원주민의 분포가 전체 원주민 인구의 분포와 크게 다르지 않기 때문에 전체 원주민을 고려하더라도 결과는 유사하다. 게다가 원주민이 거주하는 이들 8개 주에서조차 원주민 인구의 비중은 그다지 높지 않다. 원주민 인구가 50%를 넘는 주는 전체 인구가 70,464명에 불과한 아마조나스 한 주뿐이다. 다음으로 역시 전체 인구가 십만이 되지 않는 델타 아마쿠로 주의 원주민 비율이 20%를 넘는 정도이며, 그 외 원주민 인구

<표 5> 등록된 공동체 소속 원주민 지역별 분포

주	원주민 인구 (명)	전체 인구 중 원주민 인구의 비율(%)
술리아	48,587	1.63
볼리바르	42,631	3.50
아마조나스	38,258	54.29
델타 아마쿠로	26,080	26.61
안소아테기	8,861	0.72
아푸레	8,223	2.18
모나가스	4,025	0.56
수크레	1,678	0.21
전체	178,343	2.20

자료: INE de Venezuela, 2001

가 전체 인구의 1%를 넘는 주도 술리아, 볼리바르, 아푸레 세 개 주에 불과하다. 나머지 주에서는 원주민 인구가 1% 미만이거나, 아예 존재하지 않는다.

특히 원주민과 비원주민들은 주 내에서도 각각 특정 지역에 모여 있기 때문에 아마조나스의 경우 네 개 시 중에 세 개 시의 원주민 비율이 88%에서 97% 수준에 이른다. 델타 아마쿠로 주도 원주민 인구가 전체에서 차지하는 비율은 1992년 기준 19.8%지만 그의 세 개 시 중 두 곳에서는 원주민 인구가 각각 82.9%(안토니오 디아스 시), 40.58%(페드레날레스 시)를 차지한다. 원주민 인구가 주 전체 인구에서 차지하는 비율이 3.36%에 불과한 볼리바르 주에서도 그란 사바나와 수크레 두 개 시의 원주민 인구 비율은 각각 60.83%와 29.14에 달한다[OCEI, 1993].

Ⅲ. 원주민 운동과 기존 정당과의 관계

1. 콜롬비아: 좌파 정당의 미약함으로 인한 정당정치 참여의 부재

콜롬비아에서 현대적 원주민 조직이 출현한 것은 1960년대와 1970년대 카우카 주의 농민 토지운동으로부터이다. 이 지역 원주민들은 아시엔다에 빼앗긴 전통적 토지들을 회복하고 자신들의 문화를 강화하기 위해 1971년 카우카 지역 원주민 위원회Consejo Regional Indigena del Cauca, 이하 CRIC를 설립했다. 그리고 1977년에는 카우카 원주민 중 보다 전통적인 성격의 그룹들이 '진정한 원주민' 정치를 내세우며 콜롬비아 원주민권력Autoridades Indigenas de Colombia, 이하 AICO을 조직했다. AICO는 CRIC에 수많은 '백인' 지도자들이 존재하는 것과 조직의 비문화적 조합적 성격을 비난하면서 원주민 조직이 공동체회의, 노인자문단, 주술적 치료사들과 같은 원주민 전통권력을 중심으로 형성되어야 한다고 주장했다. CRIC과 AICO는 경쟁 관계에 있었는데 나사와 코누코 지역의 원주민들이 CRIC를 통제했다면, 구암비아노 지역의 원주민들은 AICO를 주도했다. 1970년대 카우카 인근 주의 원주민들은 CRIC의 모델을 따라 주 단위의 원주민 조직들을 형성하고 있었다.

원주민 운동의 전국적 조직화는 1980년대에 들어서 이루어졌다. 이때부터 원주민 운동은 정부의 원주민 교육프로그램으로 인해 성장한 교육받은 원주민 리더들에 의해 주도되기 시작했다. 1980년에 CRIC은 정부가 제안한 원주민법에 조직적으로 반대하기 위해 지역원주민 조직들을 전국적 회합에 모이도록 주도했다. 정부가 제안한 원주민법은 원주민의 자치적 통치 단위인 *카빌도*cabildo를 해체하고, 원주민의 공동 소유토지인 *레스구아르도스*resguardos를 민영화하는 것이었다. 이 법에 반대하는 과정에서 지역 단위의 원주민 운동이 연합하고, 결국 전국적 수준의 원주민 운동이 형성되었다. 1980년 톨리마에서 제1회 전국 원주민 회의가 개최되었고, 그를 기반으로 1982년에 보고타 외곽에서 보다 너 큰 규모의 제 1회 전국 원주민대회가 개최되었다.

이를 계기로 2,000여 명의 원주민 대표들과 소수의 원주민 출신 대학생들이 콜롬비아 전국 원주민 기구Organización Nacional Indígena de Colombia, 이하 ONIC를 설립했다. ONIC은 현재 콜롬비아의 조직화된 원주민의 약 90%를 대표한다(www.onic.org.co). 한편 카우카와 구암비아노 지역에 기반을 둔 AICO도 점차적으로 지역적 수준을 넘어 전국적 수준의 조직화를 시도했으나 ONIC만큼 성공적이지는 못했다. 아마존 6개 지역을 묶는 원주민 조직인 콜롬비아 아마존 원주민기구Organización de Pueblos Indígenas de Amazonía Colombiana, 이하 OPIAC는 ONIC에 소속되어 있었지만 독립성을 유지했다(www.opiac.org.co).

1980년대 후반까지 원주민 조직들은 기존 정당들과의 관계를 피했다. 콜롬비아의 두 전통적 정당인 자유당과 보수당은 1980년대까지 콜롬비아의 정치를 사실상 독점적으로 지배해왔다. 선거가 되면 그들은 원주민들에게 현금을 살포하고, 트럭 등 운송수단을 제공해 그들을 투표장으로 동원했다. 원주민 지도자들이 개인적 자격으로 이들 정당과 함께 선거에 참여하기는 했으나 조직적 차원에서 원주민들은 기존정당들과 연결되는 것을 원하지 않았다.

주변국들에서는 원주민 조직들이 좌파 정당들과 밀접한 관계를 가졌지만, 콜롬비아에서는 좌파 정당의 존재가 미약했기 때문에 유효한 정치적 동맹의 대상이 될 수 없었다. 콜롬비아의 좌파 정당은 기존 두 정당에 의한 권력 독점으로 인해 자신의 정치적 활동 영역을 확대할 공간이 없었으며, 또한 무장투쟁 노선에 대한 입장 차이로 내부적으로도 심각하게 분열되어 있었다.

1980년대 말에는 몇몇 좌파 정당들이 지방선거에 참여하기 시작했다. 그중 공산당과 콜롬비아 무장혁명군Fuerza Armada Revolucionaria Colombiana, 이하 FARC과 연합한 애국연합Unión Patriótica, 이하 UP이 가장 두드러졌다. 그러나 UP는 우익 준군사집단paramilitares들의 폭력과 위협으로 인해 1990년대 중반에 거의 소멸되었다.

한편 M-19운동Movimiento M-19, 이하 M-19게릴라는 1980년대 콜롬비아 남서부 지역에서 원주민 운동과 우호적 관계를 형성했다. 실제 그의 전사 중 일부는 원주민이기도 했다. 1990년에 M-19는 무기를 놓고, M-19 민주행동Acción Democrática M-19, 이하 ADM-19이라는 정당으로 변신했다. ADM-19는 지역 원주민 공동체들의 지지를 얻고, 일부 저명한 원주민 지도자들을 당에 끌어들였다. 그럼에도 불구하고 좌파 정당들이 결코 원주민 조직 내부에 침투해서 그들을 완전히 통제할 수는 없었다.

2. 베네수엘라: 정당의 하부조직으로서 원주민 운동

석유로 인한 막대한 수입은 베네수엘라에서 인종차별 문제가 부각되는 것을 막아 왔다. 그러나 1980년대에 유가 하락과 함께 경제위기가 발생하면서 인종문제가 고개를 들기 시작했다. 무엇보다 인종과 경제사회적 차별성의 밀접한 관계가 두드러졌다. 이러한 차별적 사회구조에 저항하여 아프리카계 베네수엘라인들과 원주민들은 스스로를 조직하기 시작했다.

그러나 1999년까지 베네수엘라에서 원주민 조직들은 남동부 저지대인 볼리바르 주와 아마조나스 주 같은 지역에서 거의 지역적 수준의 활동에 머물러 있었다. 베네수엘라의 가장 오래되고 제도화된 지역 원주민 기구는 1973년에 설립된 볼리바르 주 원주민 동맹Federación Indígena del Estado de Bolívar, 이하 FIB이다. FIB는 1989년 베네수엘라 전국 원주민 위원회 Consejo Nacional Indio de Venezuela, 이하 CONIVE를 설립하는 데 주도적 역할을 했다. 그러나 CONIVE는 1999년까지 실제로 거의 아무런 활동도 하지 않았다. CONIVE는 차베스의 등장과 함께 제안된 제헌의회에 참여할 기회를 가지게 됨에 따라 제도적으로 자신을 보다 더 공고히 할 수 있게 되었다. 그 결과 2000년에는 전국적으로 60개의 지부를 거느리는 명실상부한 전국적 조직이 되었다. CONIVE의 목표는 원주민들의 경제사회적 상황을 향상시키고 동시에 그들의 문화적 정체성을 강화하기 위해 원주민 공동체의 참여를 촉진하는 것이다CONIVE, 2000.

연방속지로 남아 있던 아마조나스는 1992년에 독립된 주가 됨에 따라 토지 소유권과 관련된 법에 변화가 야기되었다. 원주민 인구가 전체의 약 반이나 되는 아마조나스 주에서 그러한 법들은 원주민들의 토지 소유권을 위협했다. 그에 따라 원주민들도 방어적 운동을 전개하기 시작했다. 1993년에 이 운동은 아마존 지역 원주민기구Organización Regional de Pueblos Indígenas de Amazonas, 이하 ORPIA를 탄생시켰다. ORPIA는 가톨릭교회 등의 지원을 받아 1993년 제정된 아마조나스 주 헌법에 '다종족, 다문화'의 존재를 인정하는 항목을 삽입하는 데 성공했으며, 토지분할 구도 결정과정에 원주민들의 참여를 법적으로 인정받았다.

한편 가장 많은 원주민이 거주하는 서부 국경지역 술리아 주의 원주민 운동은 아마존 국경 지역의 볼리바르 주와 아마조나스 주의 원주민 운동에 비해 활동이 미약했다. 그 주된 이유는 술리아 주의 원주민 운동이 정당의 개입으로 인해 분열되었기 때문이다. 대규모 원주민 인구를 가진 또 다른 주인 델타 아마쿠로에서는 원주민 그룹들 간의 통합 부재로 인해 2000년까지 단 하나의 통합 원주민 조직도 설립되지 않았다.

중부 안데스 국가들 혹은 콜롬비아와 비교해 볼 때 베네수엘라의 원주민 운동은 제도적 지속성이 매우 약했다. 볼리바르 주의 FIP를 제외하고 나머지 조직들은 대부분 1990년대 이후에 설립되었다. 게다가 비록 아마조나스 주에서 가톨릭교회와의 성공적 동맹의 경험이 있긴 했지만 전반적으로 비원주민 조직들과의 동맹에 있어서도 매우 소극적이었다. 베네수엘라의 원주민 조직들은 종족적 정체성의 차이나 정당과의 연합에 있어서 견해차로 인해 내부적으로도 분열되어 있었다. 이러한 분열주의는 1999년까지 원주민 운동의 전국적 조직화를 공고히 하는 데 장애물이 되었다.

반세기 동안 베네수엘라 정치를 지배해 왔던 민주행동당^{AD}과 기독교민주당^{COPEI}은 원주민 운동과 후견인적 관계를 형성했다. 이런 관계 하에서 일반적으로 원주민 운동의 정치적 의제들은 무시되었고, 원주민 후보들은 항상 거의 당선 가능성이 없는 후보 리스트의 맨 밑줄에 겨우 놓였다. 그럼에도 불구하고 원주민이나 농민들을 하부조직에 두려는 기존정당들의 시도로 인해, 전국적 수준의 독립적 원주민 조직인 CONIVE가 설립된 이후에도 일부 원주민 조직들은 AD나 다른 정당들과의 연합을 지속했다. 일부는 좌파 정당인 급진당^{CR}, 사회주의운동당^{MAS}을 지지하기도 했다. 좌파 정당들은 원주민들에 대한 존중과 그들의 요구를 반영하는 정강들을 채택함으로써 그들의 지지를 어느 정도 확보할 수 있었다. 특히 좌파 정당들의 자체 조직이 없는 변경지역에서 이들의 관계는 보다 더 돈독했다.

Ⅳ. 헌법개혁과 원주민 정당의 형성

1. 콜롬비아의 헌법개혁과 원주민권리 인정

라틴아메리카에서 다문화주의를 인정하는 헌법은 1990년 콜롬비아에서 처음으로 제정되었다. 그해 전국적 원주민 조직인 ONIC과 카우카 지역 기반의 원주민 조직인 AICO는 제헌의회에 원주민들의 지정의석을 요구한 그들의 제안이 거부당하자, 선거에 직접 후보를 배출했다. 물론 원주민 인구의 비중이 적고, 원주민들의 유권자 등록률이 높지 않고, 원주민 후보의 선거를 위한 재원이 부족했기 때문에 이들 원주민 후보가 당선될 가능성은 높지 않았다. 그러나 원주민들은 선거를 통해 제헌의회에서 두 석을 획득하는 놀라운 성과를 올렸다. 그 성과는 원주민 운동 스스로에게도 놀라운 것이었다. 또한 추가로 원주민 게릴라 운동인 킨틴 라메(Quintin Lame, 이하 QL)를 대표할 또 다른 의석(투표권은 없고 발언권만 가짐) 하나가 부여되었다.[40]

ONIC, AICO, QL을 각각 대표하는 3명의 원주민 제헌의회 대표자들은 좌파 정당 ADM–19와 연합하여 효과적 로비 등을 통해 원주민의 광범위한 권리들을 헌법에 반영하는 데 성공했다. 헌법은 전국구 비례대표로 상원에 2개, 하원에 1개의 지정 의석을 원주민에게 부여했다. 게다가 헌법은 사회운동이 선거에 참여하는 것을 허용했고, 정당과 정치적 대

---

40) QL은 1980년대 카우카 지역에서 게릴라, 준군사집단, 마약조직들의 공동체 침범에 대해 자기 방어 수단으로 형성된 무장조직이다. 1980년대 동안 많은 원주민 조직들은 그들의 전통적 토지를 회복하기 위해 대지주들과 투쟁하고 있었다. 이 과정에서 QL은 이 지역에서 대지주들의 보복으로부터 원주민 공동체를 보호함으로써 4만 3,000헥타르 이상의 토지를 회복하는 데 기여했다. 1987년 토지회복의 목표가 대부분 실현되었을 때 이 조직은 재정적으로 고갈되기 시작했다. 약 200명 이하의 조직원들은 폭력적 공격을 더 이상 막을 수 없었고, 많은 수가 살해되었다. 원주민 조직과 공동체들은 모든 게릴라 조직들의 해체를 요구하기 시작했고, 국가와 조합주의적 관계를 설립하기 원했다. 1989년 이후 QL은 비원주민 농민들과 도시 민중조직들에게 손을 뻗쳤고, 그의 지리적 한계를 뛰어넘고자 했다. 그러나 결국 1991년 QL은 제헌의회에서 1석과 상당한 재정적 지원을 받는 조건으로 정부와의 평화협상에 서명했다.

표성을 가지는 사회운동에 국가의 재정 지원은 물론 언론 매체에 무상으로 접근할 수 있는 권한도 부여했다.

2. 베네수엘라의 헌법개혁과 원주민권리 인정

1980년대에 시작된 경제 위기는 베네수엘라 국민의 70%를 빈곤층으로 전락시켰다. 그로 인해 기존의 양당 체제는 붕괴되었고, 1998년 차베스의 정치운동이 부상했다. 볼리바르 혁명을 내세우는 차베스는 소외된 원주민들에게도 많은 혜택을 주었다.[41] 원주민들이 직접 참여하여 만든 새로운 헌법은 국제노동기구ILO의 원주민을 위한 169조 협약에 제안된 원주민의 권리를 대부분 인정했다. 볼리바르 헌법 121조는 원주민들이 종족적 그리고 문화적 독립체로서 그들 고유의 세계관, 가치, 종교 등을 유지하고 발전시켜 나갈 권리를 가지고 있음을 명시한다. 그리고 국가는 그들의 권리를 존중하고 유포하는 것을 지원해야 한다고 규정한다.

구체적으로 선거와 관련된 원주민들의 권리에 있어 차베스는 선거에서 제시했던 원주민들을 위한 3개의 지정의석 부여 공약을 실현했다. 2000년 총선에서 3개의 지정된 국회의석은 막 탄생한 전국적 조직에서 전체 협의를 통해 선출된 CONIVE의 리더들에게 돌아갔다. 게다가 원주민들은 선거를 통해 아마조나스 주와 술리아 주에서 2개의 의석을 추가로 더 확보할 수 있었다. 선출직은 각 지역의 저명한 원주민 활동가들에게 주어졌는데, 그중 술리아 주에서 선출된 와이우우 족 출신 여성인 아

---

41) 차베스는 바리나스 주의 중산층 출신으로 흑인과 원주민의 혼혈인 삼보(sambo)에 가깝다. 이런 인종적 특색으로 인해 차베스의 반대파들은 그에게 인종주의적 공격을 주저하지 않았다. 한 예로 차베스의 추종자들이 그를 'Mi Comandante(나의 사령관님)'이라고 부르는 것을 비하해 'Mico Mandante(원숭이 대통령)'이라고 우화한다. 그에 대해 차베스는 유색인종으로서 자신의 정체성을 분명히 하면서, 그러한 모욕을 긍정적인 정치적 자원으로 변화시켰다. 즉, 차베스의 피부색은 베네수엘라 대중의 피부색을 상징하며, 그는 피부색으로 인해 대중의 진정한 확신으로 여겨질 수 있었다. 실제로 차베스는 인종적 편견이 기회의 불평등을 가져오고 또 그로 인해 인종적 편견이 심화되는 베네수엘라의 사회구조 변화에 새로운 바람을 몰고 왔다(Herrera Salas, 2005: 82-87).

탈라 우리아나 포카테라Atala Uriana Pocaterra는 후에 차베스 정부의 환경부
장관이 되었다. 그리고 또 다른 와이우우 족의 노엘리 포카테라Noeli Pocaterra
는 국회 부의장이 되기도 했다.

CONIVE는 지정 의석을 요구하고, 자신의 소속인 3명의 의원들을 방
어하고, 제헌의회 과정에 대해 조직원들을 교육하고, 헌법의 명시된 원
주민 권리의 실질적 보장을 위해 로비하는 과정에서 전국적 조직으로서
그의 존재를 공고히 했다. NGO나 가톨릭교회뿐만 아니라 차베스 정부
로부터 제공되는 제도적 지원과 재원 덕분에 CONIVE는 베네수엘라에
서 가장 두드러지는 원주민 조직으로 성장했다. 그리고 그들의 로비 결
과, 다음 <표 6>에서 보듯이 베네수엘라는 원주민권리 보장에 있어 라
틴아메리카에서 가장 진보적 헌법을 가지게 되었다Van Cott, 2003.

〈표 6〉 안데스 국가 헌법의 원주민 권리 보장

구분	볼리비아 (1994)	콜롬비아 (1991)	에콰도르 (1998)	페루 (1993)	베네수엘라 (1999)
관습법 인정	○	○	○	○	○
집합적 토지권	○	○	○	○	○
원주민언어 공식인정	×	원주민 지역에서	원주민 지역에서	원주민 지역에서	○
이중언어 교육	○	○	○	○	○
원주민 지정의석	×	상원 2석 하원 1석	×	×	국회의원 3석, 원주민 거주지역의 주 의회와 시 의회 의석

자료: Van Cott, 2003: 64

베네수엘라 헌법이 보장하는 원주민 권리 중 가장 눈에 띄는 것은
165석의 베네수엘라 단원제 의회에서 3석을 원주민에게 지정해준 것이
었다. 뿐만 아니라 원주민이 거주하는 지역의 주 의회나 시 의회에서도
지정 의석이 할당되었다. 전국 단위의 선거에서 가장 많은 득표를 한 두

명의 원주민 후보에게 지정된 상원 의석을 할당하는 콜롬비아의 제도와
달리, 베네수엘라는 원주민 인구가 집중되어 있는 지역을 3개의 중 범위
단위(술리아가 중심이 되는 서부구역; 아마조나스와 아푸레를 포함하는
남부구역; 안소아테키, 볼리바르, 델타 아마쿠로, 모나가스, 수크레 등을
포함하는 동부구역)로 나누고, 각 지역에서 최다득표를 한 원주민 후보
1명에게 지정 의석을 부여한다. 게다가 원주민 인구를 가진 주에서는 주
의회에 원주민을 위한 의석이 하나씩 지정되었고, 원주민 인구가 있는
시에서도 또한 시 의회에 원주민을 위한 의석 1개가 지정되었다. 또한
헌법은 원주민들이 자신의 정당을 형성하거나, 아니면 사회운동으로서
지정된 구역 선거에 참여하는 것을 허용했다.

3. 콜롬비아 원주민 정당의 형성: AICO, ASI, MICO

콜롬비아의 원주민들은 제헌의회에서 원주민을 위한 지정의석 요구
가 거부되자, 그에 참여하기 위해 1990년 제헌의회 선거에 뛰어들었다.
사회운동의 제헌의회 선거참여가 허용되었기 때문에, 운동과 분리하여
정당을 다시 설립할 필요는 없었다. 제헌의회 선거에서 의석을 획득한
두 조직ONIC과 AICO은 선거기구로서의 기능을 지속했다. 비록 콜롬비아
의 원주민 인구가 많지 않고 그들의 선거인단 등록률이 낮음에도 불구
하고, 이들 두 조직은 선거에서 승리할 수 있는 능력을 보여주었다. 따
라서 이들은 그때까지 콜롬비아 정치가 너무 폐쇄적이고 배타적이었기
때문에 선거에 참여하는 것은 의미가 없으며 따라서 운동을 주 전략으
로 삼고 정당과 선거에는 참여하지 않는다는 기존의 입장을 버렸고, 앞
으로는 선거에 적극적으로 참여할 것을 결정했다. 또 토지권과 같이 헌
법에 보장된 권리들이 법률로 구체화되고 실제로 적용되게 하기 위해

서, 또 원주민이 많음에도 불구하고 메스티소들이 지배하는 주 혹은 시 정부에서 원주민들이 정책을 자신의 권리 실현을 위한 방향으로 이끌어 가기 위해서 ONIC과 AICO는 계속해서 선거에 침여할 필요가 있었다.

AICO는 1978년 콜롬비아 남서부 원주민 권력Autoridades Indígenas de Sur Occidente Colombiano, 이하 AISO이라는 지역조직으로 탄생해서, 1987년 현재의 이름으로 바꾸었다. 그리고 제헌의회에 참여하면서 전국적 조직으로 두각을 나타내기 시작했다. AICO는 이름에서도 알 수 있듯이 기존의 원주민 권력 구조를 현재의 것으로 반영하고자 하는 조직으로서 원주민의 역사와 문화적 정체성에 보다 많은 강조를 하고 있다(www.aicocolombia.org).

한편 1991년 제헌의회를 앞두고 톨리마 주에서는 무장 해제한 QL과 지역 단위에서 가장 강력하고 제도화된 원주민 조직 중 하나인 CRIC이 연합하여 원주민 사회적 동맹Alianza Social Indígena, 이하 ASI을 형성했다. 그의 설립 목적은 제헌의회에서 원주민 권리의 획득을 지원하고, 앞으로 원주민 운동의 정치적 대표성을 지속적으로 확보하기 위한 것이었다. 앞서 살펴본 대로 QL은 제헌의회에서 1석을 약속받는 대가로 무장을 해제하고 정당으로 전환했다.[42] 그러나 QL은 정당으로 전환된 다른 게릴라 조직들과는 달리 정당보다는 보다 광범위한 민중운동을 형성하고자 했다. 비록 전 게릴라 조직원들이 정당의 리더십에서 많은 역할을 맡았지만, 그들이 정당의 가장 중요한 후보가 되지는 않았다. 정당의 후보로는 게릴라 출신보다는 원주민 민중 운동의 지도자들이 나섰다. 게다가 게릴라 기반의 정당과 달리 CRIC과 통합된 ASI는 의식적으로 계급적이고 군사적인 구조를 피했고, 분권화된 리더십을 추구하고, 리더와 의제의 선택에 있어 다원적 구도의 설립을 추진했다. ASI는 그들 연합 내에서

---

42) 콜롬비아에는 원주민 게릴라 조직인 QL 외에도 게릴라 조직이 정당화한 사례가 둘 더 있다. 하나는 민중해방군(EPL)이고 다른 하나는 M-19운동이다. 그들은 정당으로 전환한 이후 각각 희망, 평화, 자유(Esperanza, Paz, Libertad, 역시 EPL)과 ADM-19가 되었다. QL의 정당으로의 전환도 바로 이런 사례를 따른 것이다.

사회운동들의 자치적 활동을 우선시 했다. 이렇게 함으로써 M-19와 FPL과 달리 QL은 규모도 적고 군사적으로 크게 성공적이지 못했음에도 불구하고 정치적 전환을 성공적으로 이루어낼 수 있었다.

ASI는 ONIC이 그들의 상원 지정의원 후보로 아마존 출신의 원주민 지도자 가브리엘 무후이 하카나메호이Gabriel Mujuy Jacanamejoy를 선출하자 그에 반대해서 독자적 노선을 걷게 되었다. 그로 인해 ONIC은 심각한 내부 분열에 시달렸다. 선거경쟁이 원주민 운동 내부에 너무 많은 혼란을 야기했기 때문에, ONIC은 이러한 갈등을 해소하고 사회운동의 역할에 충실하기 위해 1993년 선거판을 떠났다. 그로 인해 1991~94년 ONIC의 상원의원을 지낸 무후이는 재선을 위해 새로운 정당을 설립해야 했다. 무후이의 콜롬비아 원주민 운동Movimiento Indigena de Colombia, 이하 MIC은 비원주민 농민들이나 가난한 도시 노동자들과도 연대를 시도했다. 그러나 그의 힘은 주로 서부 저지대 아마존과 오리노코 지역에 거주하는 원주민들로부터 나왔다. ASI가 안데스 지역 원주민들과 보다 밀접한 관계를 가지고 있다면, MIC은 아마존과 오리노코 지역 원주민들을 대표하는 조직이 되었다. 그러나 MIC은 ONIC이 선거판에서 물러난 이후 확고한 조직적 기반이 부족했기 때문에 선거에서 큰 성과를 올릴 수 없었다. 결국 MIC은 1998년 선거에서 패배한 이후 사라졌다.

AICO, ASI, MIC이 1990년대 콜롬비아 종족성 정치의 주요 세력으로 활동하는 동안 이외에도 '종족성'을 반영하는 다양한 정치세력들(예를 들어, 콜롬비아 원주민당, 종족발자취를 가진 시민의 비전)이 상원 지정 의석을 노리고 나타났다가 사라졌다. 그러나 결국 전국적 수준에서 장기적으로 살아남은 조직은 AICO와 ASI뿐이었다.

수적으로 소수인 콜롬비아의 원주민 정치 세력들은 단지 원주민 유권자들에게만 의존할 수 없었다. 따라서 비원주민 유권자들에게 접근하기 위해 이들은 '충분히 원주민적이지만, 지나치게 원주민적이지 않은' 전략들을 개발해야 했다. 이들은 종족적 문화적 차원에서 시작된 그러나 보다 일반적인 정치저 프로젝트를 개발했다. 그들의 성지적 목표는 문화적 다양성과 차이에 대한 존중을 기본으로 하는 국가를 형성하는 것이다. 그들은 그런 기본적 목표를 가지고 원주민들뿐만 아니라 소수이자 약자인 다른 사회세력들에게 보다 많은 정치적 참여공간을 제공하고, 그들의 필요에 일치하는 정책 결정을 이루어 내고자 했다(Laurent, 2008).

콜롬비아의 원주민 정치 조직들은 사회의 다양한 그룹들을 끌어들이기 위해 자신의 종족적, 문화적, 인종적 기반을 넘어 원주민들이 경험한 것과 같은 사회적 소외의 문제를 안고 있는 다른 사회적 그룹들도 대변하고자 했다. 이러한 원주민 정치 조직들의 기반 확대노력은 '원주민의 대의causa' 혹은 '정치를 하는 다른 형태'에 공감하는 도시 중산층, 지식인, 예술가들까지도 끌어들였다. 그래서 원주민 조직들의 정치적 프로그램은 원주민의, 원주민을 위한 목표를 넘어 공동선을 위한 국가질서 구축, 모든 사회 세력들이 소외되지 않는 참여민주주의 강화, 연대에 기반을 둔 경제 모델의 형성, 토지개혁의 권장, 평화와 환경에 호의적인 전략 지원 등의 보다 광범위한 목표들을 포함했다.

따라서 원주민을 대표하는 후보들은 농민조직이나 노조와 같이 종족성보다는 계급적 전망을 가진 그룹들과도 연합을 시도했다. 특히 2000년 지방선거에서 AICO와 ASI가 연합하여 카우카 주지사 선거에서 승리한 이후, 단지 종족적 목표를 넘어 다양한 정치 세력들의 이해관계를 반영하는 보다 포괄적 정책에 대한 요구가 증가했다. 이러한 목적을 실현하기 위해 설립된 다종족적 이질적 조직인 대안적 사회 블록Bloque Social Alternativo은 원주민 조직뿐만 아니라 농민조직, 노동자 조직, 교사 노조, 흑인 조직, 심지어 독립적인 자유주의자들까지 포함했다.

원주민 정치 조직은 비록 시의원이나 주의원과 같이 덜 두드러지는 자리이긴 하지만 원주민 출신뿐만 아니라 다양한 사회조직 출신의 사람들까지도 자신의 후보로 받아들였다. 한 예로 1994년 하원의원 선거에서는 흑인 후보인 술리아 메나^{Zulia Mena}가 ASI의 후보로 나와 선출되었고, 2006년 대선에서는 안타나스 목쿠스^{Antanas Mockus43)}가 ASI의 후보로 대통령에 도전하기도 했다.

4. 베네수엘라 원주민 정당의 형성: PUAMA와 그 밖의 종족 정당들

대학에서 교육받은 원주민들에 의해 주도된 원주민 조직들이 1989년의 지방분권화 개혁에 따라 1990년대 들어 자신들의 정당을 형성하기 시작했다. 아마존 다종족 연합당^{Partido Unido Multiétnico de Amazonas, 이하 PUAMA}은 원주민조직 기반 정당 중 가장 성공적인 사례이다. PUAMA는 1997년 새로 주로 승격된 아마조나스에서 토지 분할을 위한 논쟁이 한창일 때 설립되었다. 아마조나스에서 CONIVE의 하부조직인 ORPIA도 사회운동으로서의 역할을 유지하면서 선거에 참여할 수 있기 위해 정당을 설립하고자 했다. 아마조나스 주 대부분의 시장들과 주지사가 새로운 정착민, 개발업자, 공공시설의 건설 등으로부터 원주민들의 경작지를 보호해 줄 것을 거부했기 때문에 원주민들은 선거를 통해 최소한 자신들이 다수를 차지하는 지역에서 만이라도 그들의 토지권을 보호할 수 있을 것이라 생각했다. PUAMA는 경제적으로 재원이 부족했을 뿐만 아니라, 기존 정당과 주지사의 정당 등록반대라는 장애물과도 부닥쳐야 했다.

---

43) 안타나스 목쿠스는 2006년 대선에 ASI 후보로 나와 146,540표를 얻어 전체의 1.24%를 득표하는 데 그쳤다. 그러나 그러한 득표율은 자유당과 보수당에서 분리된 정당들에 이어 전체 정당 중 4위의 성적이었다. 그 후 목쿠스는 2010년 대선에서 녹색당 후보로 다시 나와 1차 선거에서 21.51%를 득표해 결선 투표에까지 올랐으나 결국 마누엘 산토스에게 패배했다.

기존 정당들은 PUAMA 소속의 원주민 정치인들을 가톨릭교회에 의해 조정되는 '혁명적 게릴라'들이라 부르면서 정당 정치인으로 인정하지 않았다.

1999년 제헌의회 이전에는 정당 형성을 시도하지 않았던 원주민 조직들도 2000년 총선을 앞두고서는 헌법개혁에 의해 보장된 지정의석뿐만 아니라 그 밖의 의석들을 노리고 아마조나스, 볼리바르, 델타 아마쿠로, 술리아에서 정당을 설립했다. 이러한 새로운 정당들의 일부는(술리아 주에서는 그의 모든 정당들이) 비원주민 정당들과 동맹을 맺었다. 그러나 재원도 풍부하지 않았고 또 많은 표도 끌어올 수 없었기 때문에 이러한 동맹에서 원주민 정당들은 좋은 대접을 받을 수 없었다.

V. 원주민 종족 정당의 성과

1. 콜롬비아

1990년대 이전 콜롬비아에서 자유당과 보수당 양당은 전국적 수준의 거의 모든 선거에서 90% 이상을 득표했다. 그러나 1991년 헌법개혁 이후 소규모 정당들을 위한 보다 포용적인 제도적 환경이 조성되고 좌파 정당들이 부상함에 따라 자유당과 보수당 양당의 득표율은 1990년대 총선에서 70%대로 하락했고, 2002년 총선에서는 40%대로 떨어졌으며, 2006년 총선에서는 상하원 각각 양당의 득표율이 35%를 넘지 못했다. 또한 정당 시스템이 분열되면서 수백 개의 새로운 선거조직들이 등장했다. 그 결과 2002년 총선에서는 42개의 정당이 상원에서 의석을 차지했다. 그들 중 30개는 단지 하나의 의석만을 차지한 군소 정당들이다(www.escuel-avirtual.registraduria.gov.co).

특히 1984년 베탕쿠르 정부 아래에서 시작된 평화협상 이후 좌파 정당들의 부상이 두드러진다. 좌파 정당과 운동의 상부 연합 조직으로서 애국연합Unión Patriótica, 이하 UP은 1986년 실시된 대통령 선거에서 지금까지 좌파정당이 차지했던 득표율의 거의 3배에 해당하는 4.5%를 획득했다. 1990년 제헌의회 선거에서는 M-19운동이 정당화한 ADM-19가 자유당에 이어 두 번째로 많은 27%를 득표하는 놀라운 성과를 기록했다. 그러나 이들 두 정당은 그 이후로는 다시 그런 성과를 낼 수 없었다. UP는 1991년 이후 전국 선거에서 2% 이상 득표하지 못했고, 일부 시 단위 선거에서 그나마 이어오던 명맥도 1994년 이후에는 완전히 상실했다. ADM-19도 1994년 이후로는 선거에서 그의 존재를 찾아보기 어렵게 되었다. 그럼으로 좌파 정당들은 1986년에서 1991년 사이 일시적인 성공 이후 반 좌파 폭력과 좌파 리더들의 전략적 실수로 인해 결코 그와 같은 지지를 다시 회복할 수 없었다. 그에 따라 1990년대에 일부 좌파 지도자들은 남서부 지역을 중심으로 이 지역의 좌파와 원주민 운동 간의 전통적 우호관계를 반영하여 원주민 종족 정당인 ASI에 가입하기도 했다. 종족 정당은 좌파 정당의 쇠퇴로 인해 형성된 공간에서 성장할 수 있었다.

제헌의회에서 선출직 대표를 낸 원주민 운동인 AICO와 ONIC은 1991년 총선에서 역시 상원의 지정된 원주민 의석을 각각 하나씩 차지했다. 같은 선거에서 AICO는 하원의석도 한 석을 차지했다. 1994년 선거에서도 AICO는 다시 상원 지정의석을 차지하는 동시에, 카우카에서만 한 명의 주의원과 여섯 명의 시의원을 배출했다. 이 선거에서 AICO가 차지한 시의원은 총 23석이다. 1997년 지방자치 선거에서는 5명의 시장과 35명의 시의원, 1명의 주의원을 당선시켰다. 1998년 선거에서는 계속해서 원주민 지정 상원의원 1석을 획득했다. 2000년 AICO는 여세를 몰아 구암비아노 종족 그룹과 카우카와 나리뇨 주의 남서부로까지 그의 기반을 확대했다. 그해 선거에서 AICO는 안티오키아, 카우카, 나리뇨 주에서 4개의 시장직을 획득했고, 11개 주(칼다스, 카우카, 코르도바, 우일라, 나리뇨, 수크레, 구아히라, 구이이니아, 메타, 푸부마요, 비차다)에서 78명의 시의원과, 안티오키아, 카우카, 비차다 3개 주에서 3명의 주의원을 배출했다. 2002년 선거에서도 AICO는 네 번 연속으로 상원 지정의석을 차지했으며, 원주민과 아프리카계 그리고 해외거주 콜롬비아인들을 위해 지정된 하원의석 하나도 손에 넣었다.

MIC는 1994년 ONIC의 원주민 상원의원이었던 무후이를 다시 원주민 지정 상원의원에 당선시켰다. 그리고 주로 원주민 인구의 비율이 높은 저지대 주에서 4개의 주의원 직과 19개의 시의원 직을 확보했다. 1997년 선거에서는 시장직 하나와 시의원 27석, 주의원 3석을 획득했다. 그러나 MIC은 1998년 선거에서 원주민 지정 상원의석을 확보하는 데 실패함에 따라 존재가 소멸되었다.

〈표 7〉 주요 원주민 정당 득표율

연도	선거	ONIC	AICO	ASI	MIC	전체
1990	제헌의회	1	1	–	–	2
1991	상원	1	1	1(비지정)	–	3
	하원	–	1	0	–	1
	주지사	–	0	–	–	0
1992	시장	–	0	–	–	0
	시의원	4	8	9	–	21
	주의원	0	0	1	–	1
1994	상원	–	1	0	1	2
	하원	–	0	0	0	0
	시장	–	0	8		8
	시의원	–	23	128	19	170
1994	주의원	–	1	6	4	11
	주지사	–	–	–	–	–

1997	시장	–	5	8	1	14
	시의원	–	35	102	27	164
	주의원	–	1	6	3	10
	주지사	–	–	1	–	1
1998	상원	–	1	2(비지정 1석)	–	3
	하원	–	0	2(비지정 1석)	0	2
2000	시장	–	4	11	–	15
	시의원	–	78	171	–	249
	주의원	–	3	8	–	11
	주지사	–		1	–	1
2002	상원	–	1	1(비지정)	–	2
	하원	–	1	0	–	1
2003	시장	–	3	6	–	9
	시의원	–	64	150	–	214
	주의원	–	4	3	–	7
	주지사	–	1	–	–	1
2006	상원	–	1	1	–	2
	하원	–	–	–	–	–
2007	시장	–	3	39	–	42
	시의원	–	87	401	–	488
	주의원	–	2	11	–	13
	주지사	–	–	1	–	1
2010	상원	–	1	1	–	2
	하원	–	–	1	–	1

자료: www.escuelavirtual.registraduria.gov.co

ASI는 그의 경쟁자들보다 앞서 갔다. ASI는 1991년, 1998년 선거에서 원주민을 위해 지정된 상원의석이 아닌 '제3의' 비지정 상원의석을 획득하는 성과를 올렸다. 1992년 선거에서는 그들의 본거지인 카우카를 넘어 다양한 지역에서 9명의 시의원을 배출했다. 또한 안티오키아 주에서는 주의원도 한 명 당선시켰는데 이 주의 원주민 인구 비율이 0.53%에 불과하다는 것을 고려하면 놀라운 결과이다.

그러나 선거에서 나타나는 원주민 종족 정당들의 이러한 성과는 한편으로 후보 선출을 둘러싼 조직 내부의 분열을 야기했다. ASI도 전통적인 정당과 마찬가지로 정치적 야망을 가진 개인들의 이해관계에 의해 오염되었다. 1994년 선거에서는 서로 다른 조직 출신의 지도자가 ASI 상원의원 후보직을 놓고 경쟁하다가 분열됨으로써 둘 모두 상원의원직을 놓치는 결과를 낳기도 하였다. 이러한 경쟁은 원주민 조직의 내부 분열을 야기했고 원주민 표를 분산시켰다. 그럼에도 불구하고 ASI는 1994년 선거에서 카우카에서 7명을 포함한 총 8명의 시장과, 카우카에서 82명을 포함한 총 128명의 시의원, 카우카에서 2명을 포함한 총 6명의 주의원을 당선시켰다. 다른 정당과의 연합을 통해 ASI는 하원에서 아프리카계 콜롬비아인의 지도자인 술리아 메타^{Zulia Meta}를 아프리카계 지정 의석에 당선시키는 데에도 기여했다. 메타의 존재로 인해 ASI는 상원의원직 상실에도 불구하고 정치조직으로서 등록을 유지할 수 있었고, 공공 언론매체에 접근과 재정지원을 계속해서 얻어낼 수 있었다.

1997년 지방 선거에서 ASI는 비록 원주민 태생 후보는 아니지만 종족 정당으로서는 최초로 비차다 주에서 주지사 직을 획득했다. 카우카 주와 바우페스 주에서는 주지사 선거에서 2위를 차지했다. 전체적으로 8명의 시장과 6명의 주의원 그리고 거의 102명의 시의원을 당선시켰다. 1998년 총선에서는 CRIC의 전 리더인 헤수스 피냐쿠에가 ASI의 후보로 나와 다른 진보세력과 연합하여 원주민 지정이 아닌 일반 상원의원 선거에서 300명 이상의 후보 중 15위를 차지하면서 비지정 상원의원 1석을 차지했다. 뿐만 아니라 ASI는 원주민 지정 상원의석 하나도 차지함으로써 총 2석의 상원의석을 확보했다. 또한 원주민 인구의 비율이 높은 아마존의 구아이니아와 바우페스 주에서는 비지정 연방하원의석을 획득하기도 했다. 2000년에 ASI는 카우카 주에서 AICO와 연합하여 최초의 원주민 출신 주지사를 탄생시켰다. 그 해 선거에서 ASI는 카우카, 쿤티나마르카, 초코, 리사랄다 4개 주에서 11명의 시장을 배출했으며, 20개 주에서 171명의 시의원, 5개 주에서 8명의 주의원을 당선시켰다. 2002년 선거에서는 상원의원 피냐쿠에가 ASI의 이름으로 전국에서 12위를 하면서 원주민 비지정 상원의원으로 재선되었다. 반면 원주민 지정상원의석은 1998년 ASI 후보로서 원주민 지정 상원의원에 선출되었던 로하스 비리Rojas Birry가 선거에 앞서 ASI에서 탈퇴해 바예 델 카우카를 기반으로 하는 지역 정당인 시민 발자취 운동Movimiento Huella Ciudadana을 대표하면서 재선됨에 따라 ASI는 원주민 지정 상원의석을 상실했다.

콜롬비아의 원주민 인구의 비율에 비추어 볼 때 ASI와 AICO가 선거에서 거둔 성과는 놀랄만한 것이다. 실제 1991년 헌법개혁 이후 출현한 48개의 군소정당들 중에서 1988년에서 2000년 사이 콜롬비아 전체 1,100개 시 중 2% 이상에서 권력을 획득한 정당은 단지 5개에 불과하다. ASI는 이 5개 정당에 속한다. AICO도 1% 이상에서 권력을 획득한 정당 12개에 속한다. ASI와 AICO는 또한 두 번의 선거에 연이어 자신의 후보를 당선시킨 단지 8개의 정당에 속하기도 한다. 또한 전국 시 2% 이상에서 승리한 5개의 정당 중 ASI를 포함한 2개의 정당만이 1997년 이전에 설립되었다. 결론적으로 ASI는 비전통적 정당 중 가장 지속적이고 전국적인 정당 중 하나라고 할 수 있다. García Sánchez, 2001: 13

콜롬비아 종족 정당들의 선거 성과는 1994년에서 2002년까지 지속적 성장세를 보였으나, 2003년 선거부터는 하락세를 보였다. 2000년 지방선거에 비해 2003년 지방선거의 성적을 보면 시장직은 15석에서 9석으로, 시의원은 249석에서 214석으로, 주의원은 11석에서 7석으로 감소했음을 알 수 있다. 이러한 경향은 2006년 총선까지 지속되었다. 그 원인으로는 준비 부족, 내부 분열, 명확한 정치 프로젝트의 부재 등과 같은 원주민 정당 내부의 문제들을 들 수도 있지만, 2003년 콜롬비아 선거제도의 변화 또한 그의 중요한 요인으로 작용했다. 2003년 선거제도의 변화 중 원주민 정당들에 가장 큰 영향을 준 것은 정당으로서의 등록을 유지하기 위해 최소 득표를 확보해야 한다는 점이었다.

이러한 조건으로 인해 원주민 조직과 리더들의 선거 전략에도 변화가 생겼다. 우선 그들은 최소 득표 요건을 충족시키기 위해 일반 선거구에서의 출마를 포기하고 원주민 지정 특별 선거구에 역량을 집중해야만 했다. 예를 들어 1998년과 2002년 선거에서 ASI의 이름으로 일반 선거구에서 상원의원에 당선되었던 호세 엔리케 피냐쿠에의 경우 2006년 총선에서는 일반선거구 출마를 포기하고 원주민 지정 선거구로 출마해야만 했다.

게다가 많은 유력한 원주민 후보들은 최소 득표율 충족 요건을 우려해 보다 세력이 크고 전국적 규모의 정당들로 옮겨갔다. 예를 들어 AICO의 후보였던 플로로 투누발라Floro Tunubalá와 ASI의 후보였던 프란시스코 로하스 비리Francisco Rojas Birry와 헤라르도 후미Jerardo Jumí는 우리베 정부의 가장 강력한 반대파였던 콜롬비아 대표적 좌파 정당, 대안적 민주주의 축Polo Democrático Alternativo, 이하 Polo의 상원 후보로 나섰다. 한편 아르후아카 종족 출신의 저명한 여성 정치지도자 벨키스 이스키에르도Belkis Izquierdo는 급진적 변화Cambio Radical의 하원 후보로 나왔다. 물론 이들 모두는 낙선했다. 하지만 Polo의 또 다른 와이우우 족 후보인 오르시니아 폴란코Orsinia Polanco는 ASI의 역시 같은 와이우우 족 후보를 누르고 하원의 소수계 지정 의석을 차지했다. 그로 인해 2006년 총선에서 원주민 정당들은 하원 지정 의석 1석을 좌파 정당에게 내주었다.

심지어 우려한 대로 AICO는 2006년 총선에서 최소 득표율을 충족시키지 못해 상원의석도 잃고 정당으로서도 소멸될 위기에 처했다. 그에 대해 AICO는 원주민 지정 선거구에서는 최소 득표율 요건을 폐지해야 한다고 주장했고, 선거위원회와의 오랜 협상 끝에 최종적으로 AICO의 주장이 받아들여짐으로써 원주민 지정 선거구에서의 최소 득표율 요건은 폐지되었다. 그로 인해 AICO는 정치 조직으로서 계속 생존할 수 있었고, 상원 의석도 유지할 수 있었다.

그러나 2007년 지방 선거에서 ASI는 괄목할 만한 성장세를 보인 데 비해, AICO는 그다지 성과를 올리지 못했다. ASI의 놀라운 성과는 새로운 전략에 기인한다. 그것은 첫째, 카우카와 안티오키아처럼 원주민 정당에 호의적인 지역에 역량을 집중하고, 둘째, 아마존 지역과 오리노코 지역 혹은 산탄데르 지역과 같이 지금까지 그의 존재가 크지 않았던 지역을 새로운 전략 지역으로 정복하며, 셋째, 한 시에서 저명하게 된 인사를 다른 시로 '수출'하고, 넷째, 저명한 비원주민 후보들을 영입하는 것이다.

ASI의 상대적으로 높은 성과는 그것이 원주민 정치 조직임에도 불구하고 단순히 원주민적인 것만을 고집하지 않는다는 점에서 기인한다. ASI는 원주민 투쟁을 통해 성장한 정치 조직이기는 하지만 실용적 입장에서 보다 광범위한 사회문제들에까지 관심의 영역을 확대했다. 이러한 행보는 ASI가 원주민 정치 조직으로서 유효한지를 의심하게도 하지만, 일단 그들에게 정치적 성과를 가져다 준 것만은 분명하다.

그 결과 콜롬비아 종족 정당들의 특징 중 하나는 원주민들보다 비원주민들로부터 더 많은 표를 획득한다는 점이다. 따라서 원주민 정당들의 득표가 항상 원주민 인구의 비중과 일치하지는 않는다. 예를 들어 2003년 AICO가 42.4%의 득표로 주지사직을 차지한 구아이니아 주의 원주민 인구 비율은 64.90%로 높지만, 2007년 지방선거에서 ASI가 32.79% 득표로 주지사직을 차지한 아마존 지역 카케타 주의 원주민 인구는 1.61%에 불과하다.

주의원 득표율을 봐도 역시 이런 현상이 나타난다. 원주민 정당이 5위권에 든 주들 중에서 구아이니아, 바우페스, 비차다는 모두 원주민 인구가 40% 이상을 차지하는 주들이지만, 한편 카케타, 카사나레 두 주의 원주민 인구는 각각 1.61%, 1.48%에 불과하다. 그럼에도 불구하고 ASI는 이 두 주에서 각각 9.81%, 9.87%의 득표율을 기록했다. 2003년, 2007년 두 번 연이어 원주민 정당이 5위권 안에 든 카우카 주의 원주민 비율도 불과 21.55%에 지나지 않는다. 그럼에도 불구하고 카우카 주는 콜롬비아 원주민 종족 정치의 본거지로 간주되고 있다. 반면 아마조나스 주나 라구아히라 주는 원주민 인구가 각각 43.43%, 44.94%임에도 불구하고 원주민 정당들의 득표율이 매우 낮다. 이 지역에서는 2003년 선거에서 AICO가 아마조나스 주에서 2.31%를 득표한 것이 전부이다.

〈표 8〉 콜롬비아 각 주의 원주민 득표율(%)

주	2003년 주의원 선거	2007년 주의원 선거
아마조나스	AICO(2.31)	–
안티오키아	ASI(2.29), AICO(0.44)	ASI(2.36), AICO(0.67)
아라우카	–	ASI(0.54)
아틀란티코	–	ASI(0.48)
볼리바르	–	ASI(0.69)
칼다스	–	ASI(0.50)
카케타	–	ASI(9.81 – 4위)
카사나레	–	ASI(9.87 – 5위)
카우카	ASI(8.43 – 2위), AICO(4.47 – 5위)	ASI(9.70 – 3위)
코르도바	–	AICO(0.29)
초코	ASI(1.55)	–
구아이니아	AICO(10.44 – 5위)	ASI(14.35 – 2위)
구아비아레	–	ASI(1.52)
나리뇨	AICO(5.92)	AICO(4.57)
푸투마요	AICO(0.88)	ASI(1.04)
리사랄다	–	ASI(1.31)
산탄데르	–	AICO(2.52)

폴리마	ASI(1.99)	ASI(2.44)
바예	ASI(0.86), AICO(0.26)	ASI(1.60), AICO(0.36)
바우페스	AICO(2.62), ASI(2.06)	ASI(17.28 – 2위), AICO(7.13)
비차다	AICO(15.19 – 2위)	AICO(9.75 – 5위), ASI(9.46)

자료: www.escuelavirtual.registraduria.gov.co

결론적으로 콜롬비아에서 원주민 정당의 득표와 원주민 인구의 비중이 정확히 일치하는 것은 아니다. 원주민 인구의 비중이 높다는 것은 종족성의 정치가 발전할 수 있는 기본적 요건이 갖추어져 있다는 것이지 그것 자체가 충분요건은 아니다. 따라서 종족 정치가 발전하기 위해서는 원주민들의 의식화와 조직화가 발전되어야 한다. 또 한편으로 비록 원주민 인구의 비중이 낮은 지역에서도 종족 정당이 발전할 수 있는 여지가 충분하다는 점을 콜롬비아의 사례는 잘 보여준다.

에콰도르의 파차쿠틱이나 볼리비아의 MAS처럼 ASI도 비원주민 조직들과 그들의 지도자들을 자신의 조직에 끌어들였다. 그 결과 ASI도 정당이 원주민 정체성과 의제들을 강조해야 한다는 사람들과 다종족 동맹으로서의 성격을 강조하고자 하는 사람들 사이에서 발생하는 내부적 긴장을 경험해야만 했다.

그러나 이러한 문제보다 콜롬비아에서 원주민 종족 정당의 발전에 가장 큰 장애물은 원주민 운동 지도자들과 정당원들, 그리고 원주민 공직자들에 대한 폭력의 문제이다. 실제 모든 라틴아메리카 원주민 운동은 정부의 묵인 아래 농촌 엘리트들에 의한 일종의 폭력을 경험한다. 그러나 콜롬비아의 상황은 훨씬 더 심각하고 복잡하다. 콜롬비아의 원주민들은 좌파 게릴라와 우익 준군사집단과 동시에 싸워야 한다. 이들은 AICO와 ASI가 통치하는 지역 대부분에 존재한다. 뿐만 아니라 일부 지역에서는 마약업자들과 정부에 의한 폭력과도 맞서 싸워야 한다. 1990

년대에만 CRIC의 리더와 여러 명의 시장을 비롯해 수백 명의 원주민 지도자들이 살해되었다. 일부는 살해 위협을 받고 정치를 떠나거나 나라를 떠나야 했다. 선출된 원주민 지도자들에 대한 살해와 위협은 거의 일상사가 되었다. 원주민 지도자들에 대한 이런 폭력의 문제 해결은 앞으로 원주민 종족 정당의 지속적 발전을 위해 가장 중요한 과제 중 하나이다 (www.todacolombia.com/etnias/etniasdecolombia.html).

2. 베네수엘라

비록 베네수엘라에도 콜롬비아처럼 원주민 종족 정치를 위한 매우 우호적 조건이 존재한다고는 하지만, 그의 원주민 운동은 비교적 최근에 출현했으며 따라서 경험도 부족하다. 게다가 인구 비율 상 원주민 종족 정당에 유리한 주는 아마조나스 주 한 곳뿐이다. 게다가 원주민 정당이 비원주민의 표를 많이 끌어들이고 있는 콜롬비아와 달리 베네수엘라의 원주민 정당은 주로 원주민 표만을 얻고 있을 뿐이다. 그것은 베네수엘라의 원주민 정당이 비원주민들의 표를 끌어들이려는 노력을 하지 않기 때문이기도 하지만, 실제 가장 중요한 이유는 지역이나 국가 수준에서 원주민들의 이해관계가 비원주민들과 일치하지 않기 때문이다. 따라서 베네수엘라에서 원주민 종족 정당의 발전은 콜롬비아에 비해 뒤떨어졌다.

베네수엘라는 1989년 베를린 장벽 붕괴 이후 1990년대에 좌파 정당들이 성장한 라틴아메리카의 거의 유일한 국가이다. 이러한 현상은 차베스의 등장 이전에 이미 나타나고 있었다. 차베스의 등장 이후 좌파 정당들은 차베스의 선거연합인 애국의 축Polo Patriótico, 이하 PP에 가입했다. PP는 차베스 자신의 정당인 제5공화국 운동Movimiento V República, 이하 MVR, 소규모 중도좌파, 그리고 좌파 정당들로 구성되어 있었다. PP는 1998년 이후 기존의 중도파, 좌파 정당들을 압도하면서 베네수엘라의 선거 정치를 지배했다.

좌파 정당들의 쇠퇴로 인해 발생한 공백에서 원주민 정당들이 성장했던 볼리비아, 에콰도르, 콜롬비아와는 달리 베네수엘라의 종족 정당인 아마존 다종족 연합정당Partido Unido Multiétnico de Amazonas, 이하 PUAMA은 좌파가 지배하는 국가적 정치 상황에서 좌파정당과의 연합을 통해 그의 한 부분으로 성장했다. PUAMA와 전국 원주민 조직인 CONIVE는 차베스 대통령과의 밀접한 관계를 통해 많은 이익을 챙겼다.

그럼에도 불구하고 PUAMA는 2000년 총선 및 지방선거에서 아마조나스 원주민들은 중도좌파인 모두를 위한 조국Patria Para Todos, 이하 PPT44)과 동맹을 맺었다. 2000년 1월에 원주민을 위한 새로운 정치적 권리가 헌법에 보장됨에 따라 ORPIA와 PUAMA와 함께 일했던 아마조나스 가톨릭 교회 인권사무소는 원주민들이 그들의 정치적 권리에 대해 인식하고, 앞으로 선거를 위한 전략을 형성하고, 동맹을 맺을 수 있는 능력을 키울 수 있도록 그들을 교육하기 위한 시 단위 워크숍을 조직했다. 이 워크숍에는 1,000명 이상의 원주민들이 참석했고, 이러한 활동은 제1회 원주민 정치 참여를 위한 주 대회에서 최고조에 이르렀다. 19명의 원주민 대표자들은 2000년 선거에서 PUAMA를 중심으로 뭉칠 것을 결의했다.

이 선거에서 PUAMA는 PPT와의 동맹을 통해 아마조나스 주에서 세 번째로 규모가 큰 정당으로 성장했으며, 마나피아레 시에서는 가장 강력한 정당이 되었다. PUAMA-PPT 동맹은 PUAMA 소속의 주의원이었던 리보리오 구아루야Liborio Guarulla를 아마조나스 주의 주지사로 당선시켰다. PUAMA는 또 아마조나스 주에서 전체 투표자 15,765명 중 1,837표

---

44) PPT는 1997년 급진적 대의(La Causa Radical)에서 분리된 중도좌파 정당이다. 차베스의 PP에 가입했으나 2000년 선거에서는 후보자 선출 문제로 분리되었다가 2002년에 다시 차베스와 동맹을 맺는다.

(11.65%)를 득표(41.5%는 무효표였다)함으로써 원주민 지도자 기예르모 게바라Guillermo Guevara를 국회의원으로 당선시켰다. 게다가 PUAMA-PPT 동맹은 아마조나스 주 의회에서 비지정 의원 한 석을 차지했다(주의원 직은 총 6석인데 그중 한 석은 원주민 지정의석이다. 원주민 지정 의석 은 ORPIA가 차지했다). 뿐만 아니라 PUAMA-PPT 동맹은 아마조나스 주 의 7개 시 중 3개(아우타나, 마나피아레, 리오 네그로)에서 시장직도 손 에 넣었다.

그러나 베네수엘라의 원주민 정당은 콜롬비아의 원주민 정당과는 달리 아마조나스를 벗어난 그 밖의 주에서는 큰 성과를 거두지 못했다. 볼리바 르 주에서 FIB는 2000년 선거에 대비해 새로운 정당 MOPEINDIGENA를 설립했다. 그러나 그들은 선거에서 어떤 승리도 거두지 못했다. 안소아 테기에서는 원주민 전국조직인 CONIVE가 좌파 정당인 MAS와 동맹을 맺어 원주민 국회의원 후보를 냈고, 또 다른 원주민 활동가들은 AD혹은 MVR의 국회의원 리스트에 이름을 올리기도 했다. 그러나 어떤 누구도 의원직을 차지할 수 없었다.

2000년 총선에서 34명의 원주민 후보들이 3석의 국회 원주민 지정의 석을 놓고 경쟁했으나, 3석 모두 CONIVE의 제헌의회 대표들이 차지했 다. 나아가 CONIVE와 그에 소속된 조직들은 국회 원주민 지정의석뿐만 아니라 다양한 수준에서 전국적으로 130명의 후보를 내세웠다. 결과적 으로 CONIVE는 국회 원주민 지정의석 3석은 물론이고, 8명의 주의원과 45명의 시의원을 배출할 수 있었다. 2010년 총선에서도 CONIVE는 1석 의 원주민 지정의석을 차지했다. 그러나 나머지 2석은 다른 원주민 조직 들인 원주민 교육, 통합, 품위를 위한 재단Fundación para la Capacitación e Integración y Dignificación과 술리아 주 원주민 자치 운동Movimiento Indígena Autónomo del estado Zulia에 돌아갔다.

2012년 대선을 앞둔 CONIVE의 공식 입장은 차베스 대통령의 혁명 과정을 방어하기 위해서 차베스의 베네수엘라 연합사회당^{PSUV}가 설립한 풀뿌리 운동인 애국의 축^{Palo Patriótico}에 참여한다는 것이다. 이렇게 차베스라는 강력한 좌파 지도자가 존재하는 상황에서 베네수엘라의 원주민 운동은 독자적 노선을 가기보다 차베스를 지지하는 반향으로 나아가고 있다.

VI. 결론

콜롬비아와 베네수엘라의 원주민 운동은 비록 보다 많은 원주민 인구를 가진 에콰도르, 볼리비아 등의 원주민 운동에 비해 약하지만, 높은 수준의 통합과 자치를 향유하고 있었다. 게다가 보다 우호적인 제도적 환경과 헌법 개혁을 통해 정치에 참여할 수 있는 실질적 기회를 활용할 수도 있었다. 헌법개혁과 전국적 선거에 참여를 통해 종족 정당들은 원주민 지정 의석을 넘어 콜롬비아에서는 일반 하원의석까지도 차지했다. 그리고 양국 모두에서 원주민 종족 정당들은 주지사를 비롯한 수많은 시장과 주의원, 시의원 직을 획득하는 성과를 올렸다.

그러나 이러한 헌법적 권리의 보장과 정치적 의석의 지정 등과 같은 조치에도 불구하고 이들 국가에서 원주민의 삶이 실제로 향상되었는지는 또 다른 문제이다. 최근 이코노미스트의^{The Economist, 2009a} 보고는 차베스 정부가 원주민 권리를 헌법적으로 보장하고 원주민의 복지에 대한 다양한 수사를 하고 있음에도 불구하고 현실은 그와 다르다는 점을 보여준다. 1999년 헌법은 원주민들이 조상 대대로 전통적으로 보유했던 토지에 대한 소유권을 인정한다고 명시했다. 그러나 그것은 실제 전국 토지의 반 이상에 해당된다. 헌법은 이러한 토지의 구획정리를 2002년까지 완수할 것이라고 말했지만 지금까지 이러한 사업은 시작도 되지 않았다. 반면 원주민과 농장주 간의 토지를 둘러싼 갈등만이 야기되고 있다. 원주민들은 자신의 전통적 도지임을 주장하며 농장을 침범하고 있으며, 반면 토지의 소유권을 자신들이 정당하게 획득했다고 주장하는 농장주들은 이를 막기 위해 무력적 대응을 서슴지 않고 있다. 이런 상황에서 차베스 정부는 2008년 10월 12일, '원주민 저항의 날'[45]을 기념하여 당사자인 육파Yukpa 원주민들에게 약간의 토지 소유권을 부여해 주었다. 하지만 부여된 토지는 원주민들이 원하는 규모에 훨씬 미치지 못하는 미미한 수준이었다.

결과적으로 차베스 정부는 원주민의 전통적 토지 소유권을 인정했지만 이를 제대로 실현하기 위한 구체적 행동은 보여주지 않았다. 물론 이런 상황은 베네수엘라뿐만 아니라 원주민의 전통적 토지 소유권을 헌법적으로 인정한 다른 라틴아메리카 국가들에서도 마찬가지이다. 차베스가 비록 "토지소유자와 원주민들 사이에서 선택하라면 정부는 원주민의 편에 설 것이다"라고 말하고는 있지만, 최근 들어서는 원주민 토지 소유권 분쟁에 국가를 분열시키려는 외부의 이해관계가 개입되어 있음을 지적하면서 원주민 토지 소유권을 위한 토지구획 정리의 문제를 뒤로 미루고 있다.

콜롬비아에서도 다문화 사회를 인정하고 원주민의 전통적 토지소유권을 보장하며 원주민의 정치적 쿼터를 부여하는 헌법이 라틴아메리카에서 가장 먼저 제정되었음에도 불구하고, 또 그로 인해 원주민 정치 조직들이 상당한 성과를 이루었음에도 불구하고, 원주민이나 흑인들에 대한 구조적 불평등은 여전하다. 원주민들은 여전히 백인이나 메스티소에

---

45) 이날은 콜럼버스의 '신대륙 발견일'이지만 차베스 정부 아래 베네수엘라에서는 이를 '원주민 저항의 날'이라 부른다.

비해 빈곤율, 유아사망률, 평균 수명, 교육 등에서 확실히 나쁜 수치를 보여주고 있다. 따라서 "콜롬비아에서 인종주의가 존재하지 않는다는 말은 가장 인종차별적 표현이다."The Economist, 2009b라는 주장이 공공연히 제기되고 있다. 그에 따라 최근 인종적 불평등을 조사하기 위해 부통령을 중심으로 설립된 정부위원회는 정치적 쿼터를 넘어 대학이나 정부기관, 군대, 기업 등에서도 원주민들이나 흑인들에게 일정한 쿼터를 제공해주어야 한다는 인종불평등 완화정책을 내세우기도 했다.

이러한 최근의 상황은 원주민 문제가 단지 헌법적 권리의 인정과 정치적 쿼터의 제공만으로 해결될 문제가 아님을 시사한다. 정치적 쿼터의 제공이 일부 원주민 리더들에게 정치적 지위를 부여하고, 또 그들의 주장이 의회에서 언급되는 효과를 가져 올지는 모르지만, 그것이 원주민 전체의 삶을 개선시키는 구체적 정책의 실현으로 나타나지는 않았다. 따라서 원주민의 문제는 단순히 헌법적 권리의 명시를 넘어 다양한 방면에서 인종불평등을 완화할 수 있는 구체적이고도 적극적인 정책들affirmative action의 실현을 필요로 한다.

Ⅲ부
원주민 인구의 비중은 크지만
종족성의 정치로 발전하지 못한 사례

4장 원주민의 나라 페루:

페루에서는 왜 원주민 운동과 종족성의
정치가 발전하지 못했는가?

Ⅰ. 페루의 원주민 인구

라틴아메리카의 많은 나라들이 인구의 종족적 분류를 위해 자기 판단 방식을 택하거나, 아니면 자기 판단과 더불어 현재 사용언어, 태생어 등 다양한 요인에 따른 다양한 형태의 분류 결과를 제시하는 것에 비해 페루는 여전히 단지 태생어lengua materna에 의한 종족 분류 방식만을 고집하고 있다. 그에 따라 페루 통계정보협회Instituto Nacional de Estadística e Informática, 이하 INEI가 2007년 실시한 인구조사에서 **'5세 이상 인구 중 어린 시절에 배운 언어(태생어)가 원주민어인 사람'**, 즉 원주민의 수는 3,913,314명으로 페루 전체 인구 24,700,541명 중 15.9%를 차지하는 것으로 나타났다INEI, 2007.

한편 조사 기관에 따라 페루 원주민 인구는 많게는 전체의 47%, 혹은 38~39%, 혹은 3분의 1에 달한다는 주장도 있다Montoya Rojas, 1993: 105; Deruytterre, 1997; Barie, 2003. 따라서 페루의 원주민 인구는 조사 방법에 따라 매우 큰 차이가 나타남을 일단 전제로 해야 할 것이다. 태생어에 따른 분류에 있어서도 가장의 태생어가 원주민어인가, 자신의 태생어가 원주

<표 1> 태생어에 따른 페루 원주민 인구 비중의 변화 추이

연도	1961	1972	1994	1997	2000	2007
원주민 인구 비중(%)	36	28	17.6	15.8	15.3	15.9

자료: Hall and Patrinos, 2006: 220-221; INEI, 2007

민어인가에 따라서 뚜렷한 차이가 있다. 2000년 인구조사 결과에 따르면 가장의 태생어가 원주민어인 경우는 23.8%인 데 비해 자신의 태생어가 원주민어인 경우는 15.3%로 거의 9% 정도의 차이가 난다. 원주민 인구 비중에서 나타나는 이러한 의미 있는 차이는 페루 원주민 인구의 상당수가 도시로 이주함에 따라 촐로cholo46)화가 대량적으로 진행되었기 때문이다Hall and Patrinos, 2006: 220.

페루 원주민의 이러한 촐로화로 인해 태생어에 따른 페루 원주민 인구의 비중은 1961년 36%에서, 1972년 28%로, 1994년 17.6%로 그리고 2000년에는 15.3%까지 감소하는 추세를 보였다. 그러나 2000년 이후 페루에서도 원주민 운동과 원주민어 교육의 활성화가 추진됨에 따라 최근 2007년 인구조사에서는 원주민 비중이 15.9%로 미약하나마 다시 증가 추세로 들어섰다.

원주민 인구의 지역적 분포를 살펴보면 <표 2>와 같이 페루 25개 주 중에 쿠스코를 중심으로 소위 '안데스 사다리꼴 지대Andean Trapezoid'를 형성하는 아푸리막, 아야쿠초, 쿠스코, 우안카벨리카 그리고 푸노 5개 주에서 원주민 인구의 비중이 각각 71.7%, 64.1%, 53.3%, 64.7%, 66.1%로 다수를 차지하고 있다. 그리고 절대적 수로 보면 푸노에 가장 많은 원주민이 거주하고 있으며, 다음으로 쿠스코와 리마가 그 뒤를 따르고, 그다음으로 아야쿠초와 안카쉬에 많은 수의 원주민들이 거주하고 있다. 특

---

46) 촐로는 페루와 볼리비아 등에서 메스티소를 대신해서 주로 사용되는 용어이다. 그러나 촐로라는 개념에는 단지 메스티소뿐만 아니라 도시화된 원주민들도 포함된다.

히 리마와 앙카쉬는 원주민 인구의 비중이 각각 6.6%와 31.7%에 불과하지만, 절대적 수치에 있어서는 각각 세 번째와 다섯 번째로 많은 수의 원주민이 거주하고 있음을 알 수 있다.

〈표 2〉 페루 원주민의 지역적 분포

주	원주민 인구수(명)	원주민 인구 비중(%)
아마조나스	46,940	14.3
안카쉬	303,806	31.7
아푸리막	256,371	71.7
아레키파	180,615	17.1
아야쿠초	348,720	64.1
카하마르카	6,792	0.5
카야오	40,672	5.1
쿠스코	558,772	53.3
우안카벨리카	259,750	64.7
우아누코	196,855	29.2
이카	31,194	4.9
후닌	148,068	13.5
라 리베르탈	4,792	0.3
람바예케	23,323	2.3
리마	510,385	6.6
로레토	55,077	7.2
마드레 데 디오스	19,771	20.4
모케구아	31,294	21.1
파스코	24,683	9.8
피우라	3,842	0.3
푸노	757,685	66.1
산 마르틴	11,599	1.8
타크나	52,318	19.8
툼베스	463	0.3
우카얄리	45,527	12.1
전체	3,913,314	15.9

자료: INEI, 2007

페루 원주민은 72개의 종족 그룹과 16개의 어족으로 구성되어 있다. 그러나 원주민이 집중되어 있는 안데스 지역의 경우 푸노를 제외하고 대부분의 주에서 원주민의 대다수는 케추아어족에 속한다. 페루 사람들 중에서 케추아어를 말하는 사람의 수는 전체 인구의 약 18%인 4,500,000명에 달하는 것으로 추정된다. 그리고 다음으로 아이마라어를 사용하는 사람의 수가 약 500,000명 정도로서 이들의 대부분은 푸노 주에 거주하고 있다. 아마존 지역에는 65개의 각각 다른 종족에 속하는 약 350,000명의 원주민이 거주한다.

페루의 원주민 인구의 비중은 전체적으로 보나 다수를 차지하는 주의 수로 보나 볼리비아에 비해서 매우 낮지만, 에콰도르와 비교하면 페루의 원주민 인구 비중이 훨씬 더 높다. 에콰도르의 경우에는 원주민 인구가 다수를 차지하는 주가 하나도 없지만 페루에서는 5개 주에서 원주민이 다수를 차지하고 있다. 그럼에도 불구하고 페루에서는 볼리비아나 에콰도르와는 달리 원주민이 다수를 차지하는 주에서 조차도 전통적 의미의 종족 정치의 발전은 이루어지지 않았다. 따라서 이 장에서는 페루 종족 정치의 발전보다 페루에서는 왜 종족 정치가 발전하지 않았는가에 대한 의문에 답하고자 한다.

II. 페루에서 전통적 의미의 원주민 운동과 종족 정치가 발전하지 못한 이유

중부 안데스 지역에 있는 에콰도르, 볼리비아, 페루는 많은 면에서 유사한 역사적, 문화적 배경을 가지고 있다. 무엇보다 이들 3개 국가는 많은 원주민 인구를 가지고 있으며, 정치적으로는 매우 불안정한 다당제 시스템 구조를 공통으로 가지고 있다. 그러나 볼리비아와 에콰도르에서는 원주민 운동과 종족성의 정치가 발전한 것에 비해 페루에서는 정치적으로 배제된 원주민들을 대변하는 운동이나 정당이 아직까지 발전하지 않았다. 그렇다면 그 이유는 무엇인가? 아래에서는 페루에서 원주민 운동과 종족성의 정치가 발전하지 못한 이유를 인디헤니스모, 벨라스코 정부, 센데로 루미노소 게릴라, 푸지모리 정부, 지리적 조건 등의 요인을 통해 먼저 살펴보고자 한다.

1. 인디헤니스모

식민지 시대에 스페인 왕실은 안데스 원주민들을 그들 고유의 아이유 ayllu체제에 기반을 둔 '제한구역'pueblo de reducción으로 묶어서 조직화했다. 그리고 그들에게 공동체 토지 소유권을 인정해 주고, 그 대가로 세금 납부를 의무화 했다. 식민지 당국의 이러한 인종적 분리segregation정책은 원주민들에게 약간의 자치를 허용했지만 한편으로 원주민은 본질적으로 열등하다는 이데올로기를 형성했다.

독립 이후 국가는 '인디오 동화'assimilation정책의 일환으로 헌법에서 '인디오'라는 표현을 삭제하고, 법체계를 단일화했다. 그러나 그러한 정책에 따라 1854년 국가가 원주민 공동체에 대한 세금 부과를 포기하고, 원주민 공동체 소유 토지에 대한 보호를 중단하자, 안데스의 원주민들은 자신의 토지를 잃고 날품팔이 농업 노동자로 전락하게 되었다. 결국 동화정책으로 인해 원주민 공동체는 정치 경제적 기반을 상실했으며, 원주민들은 또한 문맹 등의 이유로 정치의 장에 참여할 수도 없었다. 그에 따라 안데스 원주민들은 한편으로 스페인어를 배워서 정치에 적극적 참여를 시도하면서, 다른 한편으로는 토지회복을 위한 폭력적 수단에도 동시에 호소하게 되었다.

이러한 상황에서 20세기 초반부터 국가는 근대화 과정의 일환으로 원주민들을 시장 경제와 중앙정부의 정치적 통제 아래에 두기 위한 원주민 보호 정책을 실시하게 되었다. 소위 인디헤니스모 정책에 따라 레기아 정부는 1920년 헌법 개정을 통해 원주민 공동체의 토지 공동 소유권을 재인정하였다. 공동체 토지 소유권은 1933년 개정 헌법에서도 계속 유지되었고, 1980년 헌법에서는 '농민공동체 토지'라는 이름으로 변경되긴 했지만 집합적 소유권은 그로 유지되었다.

1940년대 중반 이후부터 전개된 통합정책integrationism은 독립 이후부터 전개된 동화정책을 보다 강력하게 밀어붙이는 역할을 하게 되었다. 통합정책의 주요 목표는 발전주의developmentalist적 시각하에서 원주민들을 시장에 통합하는 것이었다. 즉, 원주민의 문제는 전통적인 봉건적 농촌 경제 구조하의 농노적 생산 관계에 의해 형성된 사회경제적 성격의 것으로 간주되었기 때문에 원주민 문제를 해결하기 위해서는 바로 농촌의 이러한 봉건적 구조를 해체하는 것이 가장 중요한 과제로 간주되었다 Yrigoyen Fajardo, 2002: 160.

그로 인해 통합정책은 농민과 원주민 간의 계급적 연합을 강화하는 결과를 가져오게 되었다. 즉, 국가의 보호 정책 아래에서 원주민은 '농민'으로 간주되었고, 그들의 사회적 요구도 경제적·계급적 목적에 의한 것으로 생각되었다. 그때부터 페루의 인디오들은 '원주민'보다는 일반적으로 '농민'으로 불렸고, 자신의 종족적 정체성보다는 농민으로서의 정체성이 보다 더 강조되었다. 그리고 그러한 경향은 아직까지 큰 변화 없이 이어져오고 있다Remy, 1994: 112.

한편 페루의 비원주민 엘리트나 지방의 메스티소들은 인디헤니스모라는 이름으로 잉카의 문화적 상징들을 그들의 목적을 위해 자기 것으로 만들었다. 1930년대에서 1950년대에 걸쳐 이웃 안데스 국가들이 국가 통합을 촉진하고 원주민들에게 스페인어 교육을 강제했다면, 오히려 페루 국가와 정치적 엘리트들은 원주민들에게 스페인어 교육을 강제하지도, 또 그들의 문화를 파괴하려고도 하지 않았다. 내신에 그들은 원주민 문화와 언어를 다양한 민속 축제 등을 통해 체제 내로 수용하고자 했다. 그런 과정을 통해 페루의 비원주민들은 원주민들이 자신들의 정체성을 형성하기 위해 필요했던 다양한 문화적 도구와 상징들을 자신의 것으로 만들어 버렸다.

대조적으로 메스티소 엘리트나 국가가 원주민 상징들을 자신의 것으로 만들지 않았던 볼리비아에서는 1970년대 원주민 운동이 자신의 정체성을 찾기 위해 원주민 문화의 상징들을 쉽게 활용할 수 있었다. 예를 들어 페루에서는 국가나 메스티소 정치 조직들이 식민지 시대 원주민 반란의 상징적 인물인 투팍 아마루^{Tupac Amaru}를 빈번히 자신의 것으로 활용함으로써 원주민들이 자신의 운동의 고유한 상징으로서 그를 선택하는 데 어려움이 있었던 데 반해, 볼리비아에서는 같은 상징성을 가진 투팍 카타리^{Tupaj Katari}를 국가나 정치 엘리트들이 자신의 상징으로서 이용한 적이 없었기 때문에 원주민 운동이 그를 자신들 고유의 상징으로서 채택하는 데 전혀 어려움이 없었던 것이다.

이러한 사실은 왜 페루의 원주민 정치 활동가들이 그들의 담론과 조직 형성에 있어 종족적 상징들을 선호하지 않는지, 또 왜 안데스의 원주민 조직들이 종족적 문화적 요구들을 강조하지 않는지를 부분적으로 설명해 준다. 그것은 페루에서 종족 문화적 재활성화 담론들이 이미 국가나 비원주민 지식인들의 활동 영역이었기 때문에 원주민 조직이 거기서 특별히 더 활용할 것이 없었기 때문이다^{Van Cott, 2005: 144}.

결과적으로 국가와 정치 엘리트가 주도한 인디헤니스모가 원주민 문화를 축제나 박물관 등의 수준에서 국가 상징으로 부각시킴에 따라, 원주민들은 오히려 그것을 자신의 문화적 상징으로 부각시킬 권리를 박탈당했다. 이는 페루 인디헤니스모, 즉 페루 민족주의의 본질이 '잉카 yes, 인디오 no'Incas sí, indios no임을 잘 말해주는 것이다. 즉, 잉카는 상징적으로 활용하되, 국민적으로는 촐로cholo화를 추구하는 것이 바로 페루 국가와 엘리트가 추구하는 인디헤니스모의 본질이었다.

그 결과 산악지역 원주민들은 비록 케추아어나 아이마라어를 말하고, 전통적 원주민 복장을 하고, 원주민의 문화적 의식을 실행하고는 있지만, 다른 안데스 국가들과는 달리 이들은 원주민의 문화적 권리를 자신들 조직의 정치적 의제로 삼지는 않는다. 따라서 페루 안데스 원주민들의 운동은 원주민의 경제사회적 권리를 요구하지만, 한편 원주민의 문화적 권리를 강조하지는 않는 것이다.

2. 벨라스코(Juan Velasco) 정부의 '농민공동체'

1968년 벨라스코 군사 정부(1968~1975)의 토지개혁을 비롯한 다양한 농민 정책들 또한 원주민들의 종족적 정체성 강조로의 전환을 막았다. 벨라스코 정부는 토지개혁의 효과적인 수행을 위해 후에 '농민공동체' 라는 이름으로 알려지게 되는 원주민 공동체를 법적으로 인정하였다. 벨라스코의 1970년 농민공동체법의 일부 측면들은 그때까지 '인디오'로 조직되어 있던 사람들의 내부적 조직에 강력한 타격을 입혔다.

우선 원주민 공동체라는 이름을 계급적 성격의 '농민공동체comunidades campesinas'라는 이름으로 바꿈에 따라 안데스 지역 농업 부문에 있어 존재했던 원주민의 종족적 정체성을 해체했다.[47] 원주민이라는 이름에 담겨

---

47) 벨라스코 정부는 원주민의 문화적 정체성을 대부분 해체했다. 그러나 원주민 문화에서 유일하게 부각시킨 것이 하나있는데 그것이 바로 소위 '잉카 사회주의'이다. 잉카 제국에서 실현된 다양한 사회복지 정책은 벨라스코 정부의 정책과 상통하는 면이 있었고, 따라서 벨라스코 정부는 원주민 문화의 전반적 해체에도 불구하고

있는 특별한 인종주의적 의미를 제거하려는 의도에서 추진된 벨라스코의 원주민 정책은 원주민어와 같이 원주민의 종족적 정체성을 대변하는 상징들이 사라진 지역에서 새로운 '농민공동체'의 조직화를 적극적으로 추진하였다.

그리고 정부는 이러한 '농민공동체' 조직의 구성과 운영에 적극적으로 개입했다. 토지개혁으로 인해 공동체에 분배된 토지의 수혜자들을 중심으로 국가는 주도적으로 이들을 조합주의 형태의 조직으로 구성했다. 이러한 조합주의 형태의 '농민공동체'에는 원주민뿐만 아니라 비원주민들도 참여했다. 그런데 이들 조직은 스페인 문자 해독이 가능한(스페인어 문자해독 능력은 선거권을 가지기 위해 필요하다) 사람들이 주도했기 때문에 원주민들이 이들 조직에서 주도적 역할을 하기 위해서는 스페인어를 배워야만 했다. 이러한 사실은 농민공동체의 종족적 정체성 상실을 보다 가속화했다.

벨라스코 정부는 농지개혁을 통해 원주민 공동체 토지를 입법화했고, 농민공동체에 대해 자치권을 부여했다. 따라서 벨라스코 정부 아래에서 농민조직들은 토지문제를 해결하고 정치적 자치권을 획득할 수 있게 되었다. 그에 따라 페루 안데스 지역의 원주민들은 정치적·경제적 문제의 해결을 위해 굳이 종족적 정체성을 부각시킬 필요가 없게 되었다. 그로 인해 페루에는 4,500개의 공식적으로 인정된 '농민공동체'가 존재했고, 그 곳에서 그들은 자신의 자원에 대한 법적 권한을 가졌고, 자신의 공동체에서 원주민들의 전통적 관습법을 적용하기도 했지만, 그 어떤 '농민공동체'도 종족에 기반을 둔 원주민 동맹의 조직을 시도하지는 않았다[Gelles, 2002: 247].

그러나 원주민 정체성을 농민 정체성으로 전환하고자 하는 이러한 노

이 사실만은 부각시키고자 했던 것이다.

력은 다른 안데스 국가에서도 마찬가지로 시도되었었다. 그러나 이들 국가에서는 최근 원주민 운동이 다시 부활하고, 종족성의 정치가 발전하고 있다. 따라서 페루 원주민 운동의 부재를 설명하기 위해서는 국가의 인디헤니스모 정책을 넘어 페루에서 원주민 운동의 부활을 막은 또 다른 요인에 관심을 가질 필요가 있다.

3. 센데로 루미노소와 정치적 폭력

1980년대 민주화와 좌파의 쇠퇴라는 현상은 종족성에 기반을 둔 원주민 운동의 발전을 위한 새로운 기회를 제시했다. 그러나 페루에서 그러한 발전의 길은 민주화와 함께 등장한 센데로 루미노소Sendero Luminoso: 빛나는 길 좌익 게릴라에 의해 또다시 차단되었다. 좌익 게릴라와 그에 대한 군부의 억압으로 인해 1990년대까지 페루 농촌 지역은 과도하게 정치화되어 갔다.

센데로는 그들대로 자신의 마오이즘적 계급 노선과 다른 모든 정치세력들을 억압했으며, 정부군 또한 안데스 지역의 정치적 그룹은 모두 게릴라와 연결된 것으로 판단하고 탄압했다. 센데로가 안데스 지역에서 발생했다는 이유로 정부는 안데스 원주민 공동체를 테러리스트와 연결된 것으로 가정했다. 이런 상황에서 안데스 지역에서 종족성에 기반을 둔 그 어떤 조직도 발전할 여지는 없었다. 즉, 페루 농촌 지역의 이런 과도한 정치화는 원주민 운동이 종족적 정체성으로 발전하는 길을 가로막는 결정적 요인이 되었다. 즉, 볼리비아와 에콰도르와 달리 페루의 안데스 지역에는 좌익 게릴라가 지속적으로 존재했기 때문에[48] 페루는 이웃

---

48) 페루에서 좌익게릴라는 1990년대 중반 무지모리에 의해 대대적으로 소탕되기 전까지 페루의 안데스 농촌지역에서 여러 방면에 걸쳐 농민들에게 지대한 영향을 미쳤다.

국가들과 달리 종족성에 기반을 둔 원주민 운동의 부활을 기대할 수 없었던 것이다.

따라서 페루 안데스 지역에 있어 원주민들의 가장 낭면한 문제는 다른 안데스 국가와 달리 문화적 다원주의의 인정이나, 정치적 자치, 공동체 토지소유권의 인정과 같은 것이 아니라, 국가나 좌익게릴라에 의해 자행된 정치적 폭력이었다.

이러한 정치적 폭력은 1980년대 안데스 산악지역인 아야쿠초에서 처음으로 발생했다. 1980년대 초 센데로가 주도한 아야쿠초에서 농민들의 반란은 처음에는 '수세기에 걸친 억압에 대한 원주민들의 보복', '안데스 유토피아의 건립', '파차쿠틱' 등의 구호를 내세우며 원주민들의 '카스트 전쟁'적 성격을 띠고서 시작되었다. 센데로는 신병 모집 언어로서 케추아어를 사용했으며, 그들의 하부 조직원 대부분도 안데스의 원주민들로 구성되었다. 그럼에도 불구하고 센데로는 점차 자신의 투쟁에 있어 원주민 종족적 성격을 배제했고, 자신의 투쟁의 성격을 중국의 마오이즘에 기반을 둔 농민 계급투쟁임을 명확히 했다.

그러나 1980년대 초기에 농민들의 지지를 획득했던 센데로는 벨라스코 정부하에서 이미 토지개혁이 이루어진 농촌에서 농민들에게 더 이상 실질적 혜택을 줄 수 없었다. 따라서 센데로의 유일한 존재 의미는 전통적 지배세력이 사라진 농촌에서 중앙정부의 통제가 효과적으로 이루어지기 전 사법정의의 공백을 메우는 데 있었다. 그들은 공정한 법 집행을 통해 도둑을 처벌하고, 강간범들을 벌했으며, 성실하지 않은 선생들에게는 규율을 가르쳤다. 이러한 엄격한 법집행이 처음에는 농민들의 마음을 사로잡았으나 점차적으로 너무나 가혹하고 엄격한 법 집행에 농민들도 피로를 느끼기 시작했다. 그에 따라 센데로는 이제 농민들에게 점차 공포의 대상이 되었으며, 그에 따라 일부 농민들은 자기 방어 조직을 만들어 센데로와 맞서기 시작했다. 이런 가운데 농촌은 보다 정치화되어 갔고, 안데스 원주민 농민들에게는 종족적 문제보다 정치적 폭력이 당면한 최대의 문제로 부각되었다[49]Remy, 1994: 123-125.

결론적으로 페루는 센데로와 같이 영향력 있는 농민 운동과 그에 대응하기 위한 정부의 개입이 어떻게 원주민들을 비종족적 기준으로 양분했는지, 또 그로 인해 원주민의 종족성 운동이 어떻게 민주화나 경제적 조건의 향상과 같은 요인에도 불구하고 더 이상 진전할 수 없었는가를 보여주는 좋은 사례가 되었다[Eckstein, 2001: 392].

4. 후지모리의 비민주적 정치

에콰도르와 볼리비아에서 원주민 운동이 종족성의 정치로 발전해 가는 1990년대에 페루는 푸리모리라는 또 다른 장벽을 만나게 되었다. 친위쿠데타로 권력을 공고히 한 푸지모리는 센데로 게릴라의 테러에 대한 전쟁이라는 구실로 모든 사회 운동을 억압하는 비민주적 환경을 조성했다. 특히 센데로와의 전쟁이 가장 격렬하게 전개되었던 지역이 원주민이 다수를 차지하는 아마존과 안데스 고지대였기 때문에 이 지역에서는 어떤 형태의 정치적 조직을 위한 공간도 허용되지 않았다.

1990년대에는 에콰도르, 볼리비아를 비롯해 콜롬비아, 베네수엘라, 아르헨티나에서까지 원주민의 집합적 권리를 법으로 보장하는 헌법 개정이 이루어졌지만, 페루에서 푸지모리가 지배하는 제헌의회는 오히려 원주민들의 집합적 토지소유권과 언어 교육권을 후퇴시키는 한편 원주민들을 위한 어떤 새로운 정치적 권리도 새로이 추가하지 않았다. 게다가

---

49) 1980년대 군부와 센데로 게릴라 간의 사실상 내전으로 인해 약 27,000명의 안데스 농민들이 희생되었다. 그리고 수십만이 자신의 고향을 떠나야 했고, 셀 수 없을 정도의 인권 남용이 군부와 게릴라 양쪽에 의해 자행되었다(Gelles, 2002: 248).

다른 국가에서는 1990년대에 원주민들의 자치권을 확대하는 탈중앙집중화가 이루어진 반면, 푸지모리는 정치 시스템의 재중앙집중화를 시도했다.

또한 푸지모리가 임기 말 2002년 지방 선거를 앞두고 원주민의 정치적 대표성을 향상시키기 위해 입법화한 정당 후보 중 원주민 15% 비율 의무 할당 조항은 현실적으로 원주민 정당이 기존 정당과 후보선발을 두고 경쟁해야 하는 구조를 형성함으로써 오히려 원주민 정당의 발전에 걸림돌로 작용했다. 자신의 정당을 형성하기 위해 엄청난 등록 요구조건들을 채우기에는 재원이 부족한 원주민 조직들은 따라서 현실적으로 자신의 정당을 형성하기보다는 기존 정당들과의 동맹을 일시적으로 받아들이지 않을 수 없었다. 그러나 엄격한 계급적 방향성을 가진 페루의 좌파 정당들은 종족적 요구를 쉽게 받아들이지 않고 원주민 어젠다를 공유하지 않음에 따라 원주민조직과 좌파 정당들 간의 동맹은 매우 제한적으로 이루어질 수밖에 없었다.

결국 다른 안데스 국가들에서 원주민 운동이 종족성의 정치로 발전해나간 1990년대에 페루의 원주민 운동은 푸지모리 정부의 반 게릴라 전쟁과 직접민주주의 성격의 네오포퓰리즘 정치의 소용돌이 속에서 자신의 정당을 설립하는 데 실패했음은 물론이고 전반적으로 종족성의 정치를 발전시켜 나갈 수 없었다.

5. 지리적 조건

인디헤니스모 통합정책에도 불구하고 원주민들에 대한 편견과 경제사회적 차별구조는 페루에서 명백히 존재한다. 그럼에도 불구하고 페루 안데스에서 원주민 운동과 종족성의 정치가 발전하지 못한 이유는 분명

앞서 설명한 원주민 운동의 계급화와 정부의 억압적 정책에서 찾을 수 있다. 그러나 이러한 정치적 요인 외에 지리적 문화적 요인도 매우 중요하다고 생각된다. 먼저 여기서는 페루의 지리적 특징에 대해 언급하고자 한다.

볼리비아, 에콰도르와 마찬가지로 페루에서도 안데스 지역과 해안 지역 간의 경제적 문화적 차이는 뚜렷이 드러난다. 그러나 페루의 문화적 지리적 분리 정도는 다른 나라에 비해 훨씬 더 크다. 페루에서 안데스 지역과 해안 지역 간의 차이는 언어, 음악, 의복, 음식, 교육 등 다양한 사회 문화적 영역에서 나타난다. 비록 이들 지역 간에는 지속적이고 동적인 교류가 이루어지기는 하지만, 양쪽의 거주민들은 각각 '코스테뇨' costeño: 해안 지역 거주자라는 의미 혹은 '세라노'serrano: 산악지역 거주자라는 의미로 달리 불릴 정도로 서로 다른 문화를 형성하고 있다.

따라서 '코스테뇨'나 '세라노' 모두 그들의 운동을 자신의 문화적 영역 내에 제한시키는 경향이 있다. 즉, 양쪽의 지리적 문화적 공간은 각각 하나의 거대한 상상의 공동체를 형성하는 것이다. 그러나 둘 중 국가 정치에 있어 항상 중심을 차지하는 것은 스페인어를 말하는 백인들이 중심이 되는 해안 지역의 '코스테뇨' 공동체이다. 반면 안데스의 공동체는 원주민 문화의 상징으로서 비생산성과 후진성을 의미한다Gelles, 2002: 248-250.

페루에서 그러한 분리가 안데스 이웃 국가인 볼리비아와 에콰도르에 비해 더욱 문제가 되는 것은 페루의 수도 리마가 식민지 시대 안데스 지역을 통괄하는 부왕령의 중심지였다는 점, 그리고 에콰도르나 볼리비아의 수도는 원주민들이 집중되어 있는 안데스 지역에 위치해 있는 반면 리마는 백인 중심의 해안 지역에 위치해 있는 점들 때문이다. 이러한 사실은 페루의 원주민들이 에콰도르나 볼리비아에 비해 지리적으로나 문화적으로 국가 정치의 중심에서 항상 멀리 떨어져 있다는 것을 의미한다. 대신 페루에서 해안 지역 백인 중심의 문화는 교육, 언어, 토지 정책 등을 통해 안데스 지역을 지배해 왔다. 이런 조건하에서 종족적 정체성에 기반을 둔 원주민 조직들의 영향력은 보다 축소될 수밖에 없었다. 따라서 이러한 지리적 조건은 페루의 원주민 운동과 종족성 정치의 부재를 설명하는 또 하나의 요인으로 고려될 수 있다.

6. 원주민 정체성의 문제

그러나 페루 사회에서 백인 과두지배층의 배타적 지배의 시대는 급속히 붕괴되어 가고 있다. 따라서 근래에 페루의 정책 결정이나 여론 형성에 있어 촐로가 주된 행위자로 부상하고 있다. 리마를 중심으로 한 해안 지역의 백인 엘리트들이 지배하던 상황은 더 이상 존재하지 않는다. 최근 40~50년에 걸친 원주민들의 도시 이주가 이러한 변화를 가져온 주된 이유 중 하나이다. 페루 원주민들의 도시로 이주는 1950년대에 시작되어서 센데로 루미노소의 테러와 폭력이 가중되던 1980년대에 급증했다. 도시로의 이주 과정을 통해 페루의 원주민들은 자신의 정체성을 포기했고, 더 이상 스스로를 '인디오'라 생각하지 않게 되었다. 그리고 다른 사람들 또한 이제 더 이상 그들을 '인디오'라고 생각하지 않는다. 도시화된 원주민들은 자신의 원주민적 정체성을 찾기보다는 보다 나은 경제사회적 기회를 획득하기 위해 스페인어 교육, 토지 획득, 시장경제에 적극적 참여 등에 더 많은 관심을 가진다[Remy, 1994: 121-122].

다행히 페루는 이웃국가들에 비해 국제화 수준이 높고 관광산업이 잘 발달되어 있기 때문에 원주민들이 스페인어를 배움으로써 직업을 구할 수 있는 기회가 상대적으로 더 많다. 심지어 페루에서는 원주민들이 관광 가이드 등을 목적으로 영어를 배우려는 욕구도 매우 강하다. 이러한 이유로 안데스 지역 페루 원주민들의 종족언어에 대한 교육요구는 안데스 이웃 국가들에 비해 상대적으로 낮다. 따라서 국가가 통합정책의 일환으로 추진한 스페인어 교육의 활성화와 페루가 가지는 지리적 조건 등의 이유로 페루 원주민들은 고유의 언어를 통해 자신의 정체성을 찾기보다는 스페인어와 영어를 배워서 좋은 직업을 얻는 데 보다 더 많은 관심을 가지게 되었다. 이러한 사실은 페루 원주민들의 정체성 상실을 가속화했고, 또 그것이 오늘날 페루에서 원주민의 종족 기반 운동과 정치가 발전하지 못하는 주요한 요인 중 하나가 되었다.

게다가 산악지역에서 '인디오'라는 이름이 가지는 비하적 의미 또한 페루 원주민들이 자신들 조직에서 원주민적 정체성을 부각시키지 않으려는 또 하나의 이유이다. 페루 산악지역에서 '인디오'는 전통적으로 농노와 빈곤의 이미지와 직결된다. 물론 '인디오'라는 이름이 가지는 이러한 부정적 의미는 안데스 다른 국가들에서도 비슷하지만, 특히 페루에서는 1930년대 이후 계급적 의미의 농민들을 탈 인디오화하려는 마르크스주의 혹은 마오이스트 이데올로그들에 의해 보다 더 강화되었다. 따라서 페루에서 대부분의 원주민들은 이름이 주는 이러한 부정적 이미지를 피하기 위해 자신들을 스스로를 '인디오'라 규정하는 것을 꺼리게 되었다.

따라서 시골에 거주하는 인디오들도 스스로 자신을 원주민이라기보다는 일반적으로 '농민'이라고 생각하고 있으며, 도시로 나와 비공식 부문에서 일하거나 소규모의 자영업을 하는 인디오들도 자신을 원주민이라기보다는 흔히 '촐로'라고 생각한다. 이들 촐로는 혈연적 혼혈보다 문화적 혼종이 더 많이 이루어진 메스티소들이다. 이들의 상당수는 비록 인종적으로는 원주민에 가깝지만 문화적으로는 도시 진출 등으로 인한 혼종의 진행으로 메스티소화된 원주민들인 것이다.[50]

---

50) 마리솔 데 라 카데나(Marisol de la Cadena, 2004: 46-51)는 이렇게 메스티소화된 원주민들을 '메스티소 원

한편 흥미로운 것은 메스티사헤[mestizje]로 인한 원주민들의 사회적 통합에도 불구하고 일부 메스티소 지식인들은 오히려 원주민들의 종족적 특수성을 부각시키려는 노력을 하고 있다는 점이다. 이러한 '인디오주의적[indianista]' 담론은 특히 국제적 조직과 연결된 시민사회 조직들에서 강하게 나타난다. 그러나 아직까지 페루에서 그에 대한 원주민들의 반응은 미온적이다. 그것은 국가의 의도라기보다는 국가에 의해 원주민으로 분류되는 사람들 스스로가 자신을 원주민이라 규정하는 것을 꺼리는 경향이 있기 때문이다. 앞서 언급한 대로 도시로 진출한 페루의 원주민들은 자신의 태생어와 정체성을 유지하려고 노력하기보다는 스페인어를 배우는 힘든 과정을 기꺼이 감수하려는 경향이 더 강하다.

이러한 원주민 정체성의 혼돈은 페루의 원주민 운동과 종족성 정치의 부재를 설명하는 가장 근원적 요인이라고 할 수 있다. 그러나 한편으로 가르시아와 루세로[Garcia and Lucero, 2004: 158-161] 같은 사람들은 페루 원주민 정체성에 이러한 측면이 있기 때문에 우리가 원주민 정체성을 조금만 달리 규정한다면 페루에서 결코 원주민 운동의 부재를 말할 수 없다고 주장하기도 한다. 그들은 페루에서 원주민 운동의 '부재' 혹은 '실패'는 모두 그를 규정하는 학자들의 각자의 분석 틀에 따른 것이며, 따라서 원주민 정체성에 대한 정의를 다른 국가들과 다른 방식으로 내린다면 페루에서 원주민 운동은 매우 다양한 방식으로 전개되고 있다고 말한다. 어쨌든 우리는 원주민 정체성에 대한 일반적 정의에 따라 페루 원주민

주민(indigenas mestizos)'이라 부른다. 그녀에 따르면 페루 특히 쿠스코에 거주하는 많은 '메스티소 원주민'들은 메스티소의 일반적 개념으로 이해될 수 없다. 페루에서 메스티사헤는 원주민이 스페인어를 알게 되고, 도시의 삶에 적응해 가는 과정을 말한다. 페루에서 '인디오'는 스페인어를 모르는 원주민이고, 메스티소는 도시에 거주하면서 스페인어를 말할 수 있는 원주민인 것이다. 또한 쿠스코에서 원주민이 메스티소가 된다는 것은 원주민의 빈곤한 삶의 조건에서 벗어난다는 것을 의미한다. 즉 도시의 생활에 적응하지 못한 채 여전히 맨 발이나 야마 가죽으로 만든 신발인 오호타스(ojotas)를 신고 다니는 빈곤한 사람들이 원주민이라면, 소규모 상업 등으로 빈곤에서 벗어나 최소한의 경제적 기반을 마련한 사람들은 메스티소가 되는 것이다. 따라서 쿠스코에서 원주민이냐, 메스티소냐를 규정하는 데 있어서 인종적 측면은 이제 더 이상 중요하지 않다. 대신 교육이나 경제적 수준 등이 원주민과 메스티소를 가르는 중요한 기준이 되고 있다.

운동과 종족성 정치가 '부재'하다는 쪽에 초점을 두고 글을 전개하고자
한다.

Ⅲ. 안데스 지역의 원주민 운동

1. 공산당 주도하의 계급적 농민 운동: CCP

1970년대까지 페루 안데스 지역의 원주민 운동은 볼리비아나 에콰도
르의 원주민 운동과 대체적으로 유사한 과정을 거쳐 왔다. 페루에서 원
주민 문제가 정치적 차원에서 본격적으로 부각된 것은 1920년대 레기아
정부 때부터이다. 레기아 정부는 페루의 국가적 통합을 목표로 친 원주
민 정책을 실시했다. 그럼에도 불구하고 페루 남부 안데스 지역의 원주
민들은 가혹한 노동조건에서 벗어나기 위해 또 경작할 토지를 획득하기
위해 투쟁을 강화했다.

이러한 원주민들의 반란은 정부와 정치 엘리트들에게 가깝게는 볼셰
비키혁명이나 멕시코혁명을, 멀게는 투팍 아마루 반란의 기억을 떠올리
게 하면서 그들을 위협했다. 따라서 도시에 기반을 둔 좌파 정당들인 페
루공산당Partido Comunista Peruana: 이하 PCP과 APRAAlianza Popular Revolucinaria Americana:
아메리카 민중 혁명 동맹는 원주민의 혁명적 잠재력을 인식하고 이들 농촌
원주민 조직들과 동맹을 형성했다. 특히 PCP는 쿠스코 지역의 원주민
아시엔다 노동자들을 농민조합으로 조직화해서 기존의 쿠스코 노동자
동맹Federación de Trabajadores de Cuzco, 이하 FTC에 연결시켰다. 그로 인해 1950년
대까지 안데스 지역의 원주민 운동은 백인과 메스티소가 중심이 된 도
시 기반의 FTC와 PCP에 의해 주도되었다. 그리고 전국적으로는 역시
PCP와 연결된 페루 농민 동맹Confederación Campesina del Perú, 이하 CCP이 주도적

역할을 수행했다.

레기아 정부에서 시작된 인디헤니스모에도 불구하고 농지개혁에 있어 실질적인 진전이 없자 1950년대에 안데스 농민들에 의한 대규모 토지점거 사태가 발생했다. 그리고 토지에의 접근, 아시엔다에서의 의무 노동 폐지, 생산품의 시장 직접 판매 권한, 아시엔다 자산의 장기 임대차 계약 등을 요구하는 농민조직들의 수는 급증했다. 이런 상황에서 1960년 메스티소인 우고 블랑코$^{Hugo\ Blanco}$가 쿠스코에 왔고, 그에 의해 주도된 대중시위들은 지금까지 원주민들의 집합적 자의식에 근본적 변화를 가져왔다. 한때 도시에서 자신의 폰초스^{ponchos}와 케추아어에 대해 부끄러움을 느꼈던 원주민들은 이제 중앙광장으로 몰려나와 케추아어로 소리 높여 자신들의 요구를 주장하기 시작했다. 그로서 케추아어는 단지 민속적 유물에서 급진적 정치적 요구와 연결된 언어로 변화했다. 또한 원주민들에 대한 교육의 확대로 인해 많은 원주민들이 스페인어를 읽게 되었고, 따라서 투표권을 획득하게 되었다. 이러한 사실은 정치인들이 원주민들의 요구에 보다 많은 관심을 기울이지 않을 수 없는 상황을 야기했다.

1960년대 초반 토지점거는 전국에 걸쳐 확대되었다. 헨델만$^{Handelman,\ 1975:}$^{121}에 의하면 1960년대에만 약 300,000명의 농민이 350~400건의 토지점거에 참여했다고 한다. 이러한 운동은 중부 산악지역에서는 APRA와 연결된 메스티소 중심의 운동들에 의해 주도되었다면, 원주민이 다수인 남부 산악지역에서는 도시의 좌파로부터 조직적 지원과 자문을 받는 원주민 중심의 운동들에 의해 주도되었다. 이 지역의 원주민 공동체들은 토지를 획득하기 위해 필요한 재원과 법적 지원을 획득하기 위해 조합을 형성했으며, 서구스타일의 이사회를 조직하고, 그 지역의 노동자 동맹에 가입했다. 그러나 원주민 조직들은 토지 획득을 실현한 다음에는

조합을 해체하고 자신들의 전통적 종족 자치기구인 공동체 위원회juntas comunales로 돌아갔다.

이 시기까지 페루의 원주민 운동을 에콰도르나 볼리비아의 원주민 운동과 비교해 보면 원주민 운동을 좌파가 주도했다는 점에서는 유사하지만 그것의 강도에 있어서는 확연한 차이를 보인다. 원주민의 정치적 활동과 원주민의 정치 이데올로기를 조정하고 지배하는 데 있어서 페루의 좌파는 볼리비아나 에콰도르의 좌파에 비해 훨씬 더 큰 영향력을 발휘해 왔다. 특히 1960년대에 농민혁명을 강조하는 마오이즘은 남부 산악 지역의 급진 좌파나 농민 운동에 있어 지배적 영향력을 행사했다. 그런데 마오이즘은 확고한 계급적 기반에서 장기적인 무장혁명의 필요성을 주장했기 때문에, 농민 운동에 있어 원주민의 종족적 담론들을 철저히 배제했다.

이러한 마오주의 공산당—붉은 깃발Partido Comunista del Perú-Bandera Roja, 이하 PC-Bandera Roja은 1964년 PCP와 연결되어 있던 전국적 농민조직인 CCP를 접수하게 된다. 따라서 페루의 농민 운동은 PC-Bandera Roja의 영향하에서 1960년대와 1970년대에 걸쳐 라틴아메리카에서 가장 급진적인 계급 운동으로 발전하게 되었다Roberts, 1998: 211.

2. 군사 정권과 농민조직: CNA와 Rondas Campesinas

1968년 좌파 성향의 군인 후안 벨라스코 알바라도Juan Velasco Alvarado는 군사 쿠데타로 정권을 잡은 후 페루 원주민들을 위한 호의적 정책들을 실현했다. 먼저 벨라스코는 원주민 공동체를 법적으로 인정했는데, 다만 그의 이름에서 '인디오'라는 표현은 모욕적이라고 판단하여 그의 사용을 법적으로 금지했다. 따라서 벨라스코 정부의 정책에 따라 '원주민 공동체comunidades indigenas'는 '농민공동체comunidades campesinas'라는 이름으로 변경되었다. 또한 벨라스코는 라틴아메리카에서 가장 진보적인 농지개혁을 날성함으로써 쿠스코에서 경작 가능 농지의 약 반을 농민의 손에 넘겨주었다. 그리고 아시엔다의 강제 노동을 실질적으로 폐지했으며, 농민들을 위해 임금을 향상하고 가격을 통제했다. 따라서 벨라스코의 그러한 개혁들은 지방에서 국가가 후원하는 농민조직의 획기적 발전을 가져왔다.

그를 바탕으로 벨라스코 정부는 다양한 민중 그룹들을 조직했고, 그들을 모두 1971년에 설립한 국가 사회운동 지지 시스템Sistema Nacional en Apoyo de la Movilización Social, 이하 SINAMOS이라는 조정기구하에 두고자 했다. 그러나 일부 그룹들은 그에 동조했지만, 상당수의 그룹들이 정부의 그러한 노력에 저항했다. 왜냐하면 비록 벨라스코 정부가 실현한 농지분배가 페루에서 과거에 행해진 그 어떤 토지개혁보다 광범위한 것이었지만, 그럼에도 불구하고 그것은 단지 아시엔다에 수용된 토지에 거주하는 농민들, 즉 전체 농민의 약 10~15% 정도만을 대상으로 하는 것이었다. 날품팔이 농업노동자나 전통적으로 아시엔다로부터 멀리 떨어져 있는 원주민 공동체는 그러한 토지개혁의 혜택을 받을 수 없었다Fernández Fontenoy, 2000: 203.

따라서 SINAMOS로부터 독립적인 다양한 도시와 농민 조직들은 지역 민중전선을 형성하여 벨라스코 정부 말에 대대적 반정부 파업 등을 조직했다. 그럼으로 1968년에서 1980년 사이 페루에서는 과거의 수직적이고 조합주의적인 관계에서 벗어난 반정부적 민중조직들의 연대가 붐을 이루었다. 그러나 이런 가운데서도 원주민 조직들은 여전히 종속적 지위에서 벗어날 수 없었다.

한편 벨라스코 정부가 등장하는 1960년대 후반에 전국적 수준에서

CCP의 영향력은 거의 소멸되었다. 지역 단위에서도 CCP 소속의 농민 동맹들은 매우 약화되어 있었다. 그러나 쿠데타 이후 CCP는 농지개혁에서 소외된 원주민들이 주로 거주하는 안데스 사다리꼴 지대에서 자신들의 기반을 확대했다. 그러나 CCP는 마오이스트 이데올로기를 유지했고, 따라서 이 지역에서 종족적 조직을 형성하려는 노력들을 철저히 차단했다. 이러한 경향은 CCP의 주도 세력이 PC-Bandera Roja에서 마오이스타 혁명 전위대Vanguardia Revolucionaria, 이하 VR로 넘어감에 따라 보다 강화되었다.

한편 벨라스코 정부는 안데스 사다리꼴 지역에서 CCP의 영향력이 확대되는 것에 맞서기 위해 1971년 자신들의 농민 조직인 전국농민동맹 Confederación Nacional Agraria, 이하 CNA을 설립했다. CNA는 농민들에게 정부의 자금과 기술 등 실질적 지원해 주었기 때문에 안데스 지역 농민들로부터 CCP보다 더 많은 지지를 획득할 수 있었다. 그러나 1976년에 군사 정부가 농지개혁을 환원하는 정책을 펼치자 CNA는 군사정부에 반대하는 입장을 취했다. 결국 보수적인 모랄레스 베르무데스Morales Bermúdez 군사 정부가 CNA를 불법 조직으로 선언하자, 1980년 CNA는 정부로부터 독립적인 조직으로 다시 태어났다. 그리고 그를 통해 CNA는 CCP를 능가하는 페루의 가장 중요한 농민조직으로 부상하게 되었다.[51]

군사정권하에서 탄생한 또 하나의 주목할 만한 농민조직은 론다스 캄페시나스Rondas Campesinas이다. 벨라스코의 뒤를 이은 모랄레스 베르무데스 정부가 친농민 정책을 포기하자 페루 안데스 농촌 경제는 다시 악화되었다. 이에 따라 북부 안데스 지역을 중심으로 이웃 간에 가축을 도둑질하거나 강제로 뺏는 등의 상황이 증가하기 시작했다. 그러나 중앙 정부 사법 당국의 영향은 여전히 안데스 산악지역까지 미치지 못했다. 이런

---

51) 2002년 CNA가 전국 24개 주 중 16개 주에서 자신의 조직을 가지고 있는 반면 1990년대에 다소 영향력을 회복한 CCP는 2002년 19개 주에 걸쳐 지역 조직들을 보유하고 있었다. 따라서 CCP는 아직도 여전히 자신들이 페루의 진정한 대표 농민조직임을 주장하고 있다(Van Cott, 2005: 150).

상황에서 카하마르카를 중심으로 한 북부 안데스 지역에서 농민들이 스스로 치안을 유지하기 위해 설립한 조직이 소위 론다스 캄페시나스이다. 따라서 론다스 캄페시나스는 초기에 인데스 지역의 구 아시엔다에서 치안 유지를 위해 존재했던 '론다스Rondas'가 사라진 공백을 메우기 위한 역할을 주로 담당했다.

그러나 론다스 캄페시나스가 치안 유지에 일정한 성과를 거두기 시작하자, 이제는 단순히 치안 문제뿐만 아니라 농촌 지역의 경제 발전, 정치, 중앙정부와의 협상 등 다양한 문제와 갈등에까지 개입하게 되었다. 이런 모든 일들이 농민들 사이의 총회를 통해 결정되고 실행됨에 따라 론다스 캄페시나스는 안데스 농민들의 공동체성을 회복하고 공고히 하는 데 중요한 도구가 되었다.

그 결과 론다스 캄페시나스는 1970년대와 1980년대에 걸쳐 안데스 농촌 전 지역으로 확산되었다. 특히 센데로 루미노소 게릴라가 주로 활동하는 남부 안데스 지역에서도 론다스 캄페시나스는 게릴라의 폭력에 대응하는 자체 방어 조직으로서의 역할을 담당했다. 그 결과 1990년대까지 전국에 걸쳐 약 사십만 개의 론다스 캄페시나스 지역 위원회가 조직되었다Starn, 1998: 18. 따라서 론다스 캄페시나스 운동은 1980년대 페루에서 가장 강력한 농민 운동이었다고 해도 과언이 아니다.

3. 민주화 이후의 안데스 원주민 운동: CONACAMI

민주화 이후 안데스의 원주민 농민들은 주로 좌파 정당들과의 동맹을 추진했다. 그중 마리아테기 연합당Partido Unido Mariateguista, 이하 PUM은 가장 강력한 좌파 정당으로서 안데스 농촌 지역에서 강력한 풀뿌리 네트워크를 형성하였다. 그에 따라 1980년대 초중반까지 PUM은 CCP뿐만 아니라

도시 지역의 노동 운동까지 통제했다.

그러나 1980년대 말부터 PUM에 대한 지지는 감소하고, APRA와 좌파 연합Izquierda Unida, 이하 IU이 안데스 남부 산악지역 원주민 농민들의 지지를 놓고 서로 경쟁하게 되었다. 따라서 안데스 원주민 운동은 좌파 정당들의 이러한 영향력 경쟁으로 인해 내부적으로 분열되고 약화되었다. 게다가 케추아와 아이마라 간에 원주민 리더십을 놓고 벌인 격렬한 종족 간 투쟁은 원주민 조직의 내부적 갈등을 보다 심화시켰다Rénique, 1998: 313-317.

또한 1980년대에 탄생한 두 개의 게릴라 조직인 센데로 루미노소와 투팍 아마루 혁명운동Movimiento Revolucionario Tupac Amaru, 이하 MRTA은 그들의 발생 지역이나 이름에서 느껴지는 종족성에도 불구하고 종족성 문제에 대한 언급은 전혀 하지 않은 채 계급투쟁만을 강조했다. 센데로는 기존의 원주민 농민조직들과 지도자들을 자신의 운동에 대한 경쟁자로서 공격하고 탄압했다. 그들은 안데스에서 종족적 축제를 금지했고, 전통적인 원주민 지도자들을 그들의 위치에서 사임하게 했다. 센데로의 폭력과 정부의 군사적 대응에 따라 안데스는 점차 군사화되어 갔다. 따라서 이 시기 에콰도르와 볼리비아에서는 원주민 운동이 종족성 회복을 통해 원주민 운동과 종족성 정치로 발전을 이루어간 데 비해, 페루에서 원주민들은 정치적 폭력의 희생자가 되었고, 따라서 원주민 농민 운동은 오히려 약화되었다.

그러나 폭력의 심화에도 불구하고 당국이 게릴라에 대해 효과적 방어를 실행했던 지역에서 원주민 농민 운동은 지속되었다. 1980년대에 안데스 남부지역의 농민들도 군부의 지원을 얻어 대 게릴라 자체 방어 조직을 설립하게 되었는데 그의 이름 또한 론다스 캄페시나스이다. 따라서 앞서 언급한대로 론다스 캄페시나스는 1980년대 페루 안데스 전 지역 원주민 농민 운동을 지배하게 되었다.

1990년대 푸지모리의 등장과 함께 페루의 좌파는 급속도로 약화되었다. 그리고 센데로도 푸지모리의 소탕 작전으로 인해 거의 소멸되었다. 따라서 페루 원주민은 좌파 정당에 대한 의존과 센데로의 폭력으로부터 벗어날 수 있었다. 특히 푸지모리의 친위 쿠데타 이후 페루 정당 시스템의 붕괴가 야기한 기존 정당들의 약화로 인해 원주민 조직들이 과거와 같이 기존 정당과 동맹을 맺는 것이 어려워졌다. 이러한 사실은 원주민 조직들에게 보다 큰 정치적 자율의 가능성을 제시해 주었다. 실제로 원주민 조직과 공동체들은 1990년대 초부터 정당시스템이 붕괴됨에 따라 출현한 수많은 독립적 조직들에 가입하기 시작했다.

특히 1999년 10월에 수많은 원주민 공동체들이 '광업에 의해 피해를 본 전국 공동체 조정 위원회Coordinadora Nacional de Comunidades Afectados por la Mineria, 이하 CONACAMI'를 형성함에 따라 페루의 안데스 원주민 운동은 중요한 변곡점을 맞이했다. CONACAMI는 실제 설립된 지 몇 년이 지나지 않아 안데스 원주민 조직들 중 가장 동적인 조직이 되었다.

CONACAMI의 설립 배경에는 푸지모리 정부의 광산업 개발 활성화 정책이 있다. 푸지모리 정부의 도래와 함께 광산업에 대한 투자가 증대됨에 따라 대부분의 원주민들은 환경문제, 보건 문제, 토지 문제, 매춘의 확산 등과 같이 광산업과 관련된 피해들에 노출되게 되었다.[52] 따라서 1990년대 이래 광산업과 관련된 문제는 1960년대의 농지개혁과 같이 원주민들이 직면한 가장 시급한 해결과제가 되었다.

그 결과 2002년 CONACAMI는 16개주에 걸쳐, 1,135개의 공동체를 대표하는 13개의 지역 조직 지부를 가지게 되었다. 또한 CONACAMI는 에

---

52) 푸지모리의 1993년 헌법은 지역공동체의 문화적 정체성과 공동체 자산을 보호하는 항목을 포함하고 있지만, 한편으로 광산업 개발을 위해 필요한 경우 원주민 토지 보호 규정에 예외를 두고 있었다. 그 결과 원주민 공동체에서 광산업으로 인한 토지 분쟁이 1992년 400만 헥타르에서, 법 개정 이후에는 2,500만 헥타르로 증가했다. 즉 페루 전역에 걸쳐 5,660개의 법적으로 인정받은 원주민 공동체 중 3,200개 공동체에서 광산업 개발로 인한 문제 제기가 있었다(Garcia and Lucero, 2004: 173).

콰도르와 볼리비아의 원주민 조직들과도 밀접한 관계를 가지고 있었다 Latinamerica Press, 2001: I-12. 그들은 2002년 7월에는 광산업 활동으로 인해 입은 환경적·사회적·경제적 손실을 보상할 것과, 개발되는 지역의 원주민 토지 소유권을 헌법적으로 인정할 것 등을 요구하는 대규모 시위를 주도하기도 했다.

그러나 CONACAMI가 원주민 운동인가 하는 점에는 이견의 여지가 있다. CONACAMI에 소속된 공동체 구성원들이 대부분 케추아어를 말하고 공동체의 대부분이 케추아 공동체임에도 불구하고, CONACAMI는 자신의 운동을 '원주민적'이거나 '종족적'인 것으로 규정하지는 않았다. 다시 말해 조직의 기반은 종족적이지만 조직의 리더들은 종족성을 나타내지 않는 것이다. 이러한 현상은 이전의 다른 페루 농민 운동들과 유사하며, 반면에 이웃국가들의 원주민 운동과는 다른 점이다. CONACAMI가 케추아 정체성을 드러내지 않은 것은 앞서 설명한 대로 페루 원주민들이 정체성의 문제를 그들이 직면한 가장 큰 문제로 인식하지 않기 때문이다.

그러나 비록 CONACAMI가 스스로 자신의 종족 정체성을 드러내지 않음에도 불구하고, 오히려 외부에서는 CONACAMI를 안데스 지역에서 가장 응집력 있고 영향력 있는 원주민 운동으로 간주하고 있다. 따라서 톨레도 정부의 원주민 정책을 주도한 CONAPA(그에 대해서는 다음 장에서 자세히 설명할 것이다)는 CONACAMI의 중요성을 인정하여 그의 리더인 팔라신Miguel Palacín을 그의 위원회 위원으로 임명했다. 또한 안데스 지역 원주민 조직을 지원하는 가장 큰 국제조직 중 하나인 옥스팜 아메리카Oxfam America도 CONACAMI를 페루 안데스 지역의 대표적 원주민 조직으로 인정하여 재정적 지원뿐만 아니라 에콰도르와 볼리비아의 대표적 원주민 조직인 CONAIE와 CONAMAQ[53])의 리더들과의 교환 프로그램을 제공하기도 했다. 심지어 페루 안데스와 아마존 원주민 조직의 전국적 통합을 시도하는 아마존의 대표적 원주민 조직인 AIDESEP(그에 대해서는 역시 다음 장에 자세히 설명할 것이다)은 함께 통합을 추진할 안데스의 대표적 원주민 조직으로 CONACAMI를 주목했다. 따라서 현재 CONACAMI는 AIDESEP과 함께 페루 최초의 원주민 전국적 통합조직인 COPPIP(그에 대해서도 다음 장에 자세히 설명할 것이다)의 발전을 위해 중요한 역할을 수행하고 있다García and Lucero, 2004: 178-179.

4. 안데스 원주민 운동의 정치적 참여

1990년대 말부터 안데스 지역의 원주민 조직들은 비록 자신의 정당을 설립하지는 않았지만 정치적 리더들과의 일시적 연합을 통해 선거에 참여하기 시작했다. 1998년 선거에서 CCP는 지역적 선거 동맹을 통해 96명의 농민 시장을 배출했다. 그리고 1999년 선거에서 역시 CCP는 처음으로 알레한드로 톨레도Alejandro Toledo의 '페루 가능당Perú Posible'과 전국적 수준의 선거 동맹을 맺었다. 2001년 선거에서 두 명의 CCP 리더 파울리나 아르파시Paulina Arpasi와 로렌소 카파Lorenzo Ccapa가 각각 푸노와 쿠스코에서 Perú Posible의 국회의원 후보로 지명되었다. 물론 또 다른 세 명의 CCP 지도자는 피우라와 모케구아에서 Perú Posible가 아닌 '페루를 위한 연합Unión por el Perú, 이하 UPP'의 후보로 지명되기도 했다.

카파는 쿠스코에서 패배했지만 아이마라인 아르파시는 푸노에서 승리를 거둠으로써 아르파시는 페루 최초의 원주민 여성 의원이 되었다. 그녀의 선출 이전에 소수의 원주민 의원들이 있었으나 이들은 모두 원주민 조직을 통해 선거에 나서지 않았고, 따라서 종족적 이슈를 내세우

---

53) CONAIE와 CONAMAQ에 대해서는 각각 이 책의 에콰도르와 볼리비아 장을 참고.

지도 않았다. 어쨌든 CCP는 아르파시를 통해 자신들의 제안을 의회에 소통시키고자 했지만 곧 그들은 아르파시가 Perú Posible에 의해 흡수되었으며, 계급적 정체성보다 원주민 정체성을 보다 더 강조한다고 비판했다. 물론 아르파시는 원주민의 정책적 의제를 내세우지 않는다고 아마존 원주민들에 의해서는 '충분히 원주민적이지 않다'는 비판을 동시에 받고 있기도 하다[Van Cott, 2005: 155].

CNA 또한 다양한 정당들과의 선거 동맹을 통해 정치에 참여했다. 푸지모리 정부 시기의 정당 시스템의 붕괴 이후 CNA는 지역 차원의 정치적 참여에 있어 가장 중요한 위치를 차지하게 되었다. 그러나 정치 참여과정에서 발생하는 내부적 갈등으로 인해 CNA는 정당과의 동맹에 있어 매우 신중한 태도를 취해야만 했다. 따라서 2002년 선거에서 CNA는 하나의 정당과 배타적 동맹을 맺음으로 인해 야기될 수 있는 내부적 갈등을 피하기 위해 리더들이 각각 다양한 정당들과 개별적으로 동맹을 맺음으로써 내부적 통합을 유지하고자 하였다. 따라서 2002년 선거에서 CCP와 마찬가지로 CNA는 자신의 정당을 설립하지도 않았고, 하나의 정당과도 동맹을 맺지 않은 채 다만 리더들 개개인의 성향에 따라 각각 다양한 정당들과 동맹을 맺고 선거에 참여했다.

이러한 사실은 페루의 케추아가 볼리비아의 아이마라나 에콰도르의 키추아에 비해 응집력이 부족함을 말해준다. 사실 페루의 케추아는 8개의 다른 방언그룹으로 이루어져있고 그들의 문화도 다 다르다. 따라서 케추아는 그들보다 수가 적은 아이마라나 아마존의 종족 그룹들에 비해 하나의 종족성을 나타내지는 않는다. 이러한 상황은 볼리비아의 케추아와 비슷한 면이 있다. 그러나 볼리비아의 케추아는 공동의 정치적 활동을 위한 기반으로 코카 경작이라는 공동의 이해관계를 가지고 있다. 그러나 페루의 케추아인들은 변호사, 교수와 같은 전문가 집단, 도시의 사업가 등 사회의 상류층에 속하는 사람들도 적지 않다. 따라서 이들을 농촌 공동체 사람들과 함께 묶는 것도 쉬운 일은 아니다. 지리적으로나 경제 사회적으로 페루의 케추아는 볼리비아의 게추아와 에콰도르의 키추아에 비해 훨씬 더 복잡한 집단이다.

따라서 페루 안데스 지역 원주민들의 통합 조직의 탄생과 나아가 원주민 종족 정당의 출현은 아직 요원한 것으로 보인다. 그리고 최근에 설립된 CONACAMI는 원주민 정체성보다는 광산업과 관련된 경제사회적 문제에 더 집중하고 있다. 물론 볼리비아의 원주민 운동과 나아가 이들의 정치적 성공도 결국은 코카 재배라는 경제사회적 문제와 관련되어 있는 것이기는 하다. 그러나 코카가 가지는 문화적 상징성으로 인해 볼리비아의 코카재배업자 운동은 문화적 성격을 가지게 되었고, 그를 통해 볼리비아의 케추아인들을 단합시킬 수 있었다. 그러나 이러한 움직임이 페루에서 일어나기를 기대하는 것은 아직은 이른 감이 있다.

IV. 아마존 지역의 원주민 운동

1. 안데스 지역 원주민과 아마존 지역 원주민의 차이

'인디오'는 스페인 식민지 당국이 아메리카에 원래 거주했던 사람들 모두를 하나로 묶어서 부르는 이름이다. 그러나 '인디오'는 실제 하나의 문화를 공유하는 집단이 아니다. 북미의 알래스카에서 남미 칠레 최남단에 이르기까지 넓은 지역에 걸쳐 거주한 '인디오'들은 언어나, 경제나, 사회조직 시스템에 있어 매우 다양한 양상을 띠고 있었기 때문에 그들 간에 '인디오'로서의 어떤 공통적 측면을 찾기는 쉽지 않다. 이러한 사실은 페루라는 한 나라의 '인디오'들 사이에서도 마찬가지이다.

특히 아마존 지역에 거주하는 원주민들과 안데스 산악지역에 거주하는 원주민들 사이의 차이는 매우 큰 것으로, 이러한 차이는 오늘날까지도 이어져 오고 있다. 실제 정복 이후부터 안데스의 거주하는 원주민들은 '인디오indio'라고 불린 반면, 아마존 지역 원주민들은 '미개인salvajes'이라고 불려졌다. 안데스의 '인디오'들은 정복 이전에도 잉카의 타완틴수요Tawantinsuyo: 잉카는 왕조의 이름임으로 실제 잉카제국은 타완틴수요라고 불리는 것이 보다 적합하다의 중앙집권 체제에 포함되어 있었고, 정복 이후에도 식민지 체제에 통합되어 있었던 반면, 아마존의 원주민들은 타완틴수요나 스페인 식민지 당국 등 그 어떤 중앙의 지배구조와 연결된 적이 없었다. 오늘날 아마존의 원주민들을 아무도 '미개인'이라고 부르지 않지만 그래도 그들과 안데스 원주민들 사이에는 뚜렷한 차이가 있다.

그러한 차이로 인해 오늘날 아마존의 '미개인'들은 자신을 기꺼이 '원주민indigenas'이나 자신들의 종족이름으로 부르는 반면, 안데스의 '인디오' 후손들은 자신들이 '원주민'으로 불리는 것도 거부하고 그냥 '페루인' 혹은 '농민'으로 불리는 것을 더 선호한다. 즉, 안데스의 인디오들이 정복 이전부터 지금까지 지속적으로 국가 시스템에 의해 지배되고 통합되어 왔다면, 아마존의 인디오들은 비록 독립적이기는 했지만 국가의 보호를 받지 못하고 소외되거나 소멸되어 왔다.

안데스 지역 원주민과는 대조적으로 국가는 아마존 지역 원주민에 대해서는 매우 수동적인 입장을 취해 왔다. 안데스 지역에서 국가는 원주민들을 적극적으로 조직화하고 그들을 위해 다양한 후원자적 정책을 펼쳤지만, 반대로 아마존 지역에서 국가는 원주민과 관련된 이슈에 있어서 침묵하거나 아니면 국가가 맡아야 할 역할을 민간조직에 떠넘겼다. 따라서 소위 '미개인'으로 간주된 아마존 원주민들을 '문명화'시키는 작업은 가톨릭 선교사들이나 외국인 개척자들의 몫으로 넘겨졌다Remy, 1994: 117.

아마존 원주민들의 문명화 작업이 선교사들에 의해 이루어짐에 따라 아마존 원주민의 문명화는 안데스 지역 원주민들의 근대화와는 다른 모습을 띠게 되었다. 선교사들의 일차적 관심은 국가적 통합보다는 종교적 교리의 전파였기 때문에 아마존의 원주민들에게 교리 전파를 위해 스페인어를 먼저 교육시키기보다는, 보다 손쉬운 방법으로 교리를 원주민으로 번역하여 가르치는 방법을 택했다. 따라서 선교사들에 의한 아마존 원주민의 문명화 작업은 이들에게 비록 종교적 문화적 변화를 가져다주기는 했지만, 정체성 형성에 가장 중요한 언어에 있어서 변화를 야기하지는 않았다. 따라서 안데스 지역에서는 삶의 조건의 향상을 위해 스페인어 교육이 적극적으로 추진된 것에 비해, 아마존 지역에서는 스페인어와 함께 원주민어의 이중 언어 교육이 오히려 장려되었다. 이러한 점들은 안데스 지역과 달리 아마존 지역의 원주민 운동이 보다 종족성을 띠는 이유가 되었다.

2. AIDESEP과 CONAP

아마존 지역에서 원주민 운동은 1969년 미국 평화봉사단의 자원 봉사자가 아무에샤 원주민 약 4,000명을 모아 아무에사 의회Congreso de Amuesha를 조직하면서 시작되었다. 그리고 1979년에 아무에샤의 일부는 야네사 공동체 동맹Federación de Comunidades Yanesa, 이하 FECONAYA을 형성했고, FECONAYA는 페루 노동자 총동맹CGTP의 회원으로 가입했다.

아마존 원주민 운동의 주요 이슈는 토지문제와 이중 언어 교육이었다. 토지 갈등은 1960년대와 1970년대 전통적으로 원주민이 거주하는 아마존 지역 땅에서 개발이 시작됨으로써 발생했다. 원주민 공동체들은 자신이 거주하는 땅에 대한 소유권의 법적 인정을 요구하기 시작했다. 아사닝카

Asháninka, 쉬피보-코니포Shipibo-Conibo, 아구아루나-우암비사Aguaruna-Huambisa 등이 아무에샤의 뒤를 따랐고, 그들도 자신의 종족적 조직을 형성했다. 특히 이들 중 아사닝카의 조직이 회원 수 50,790명으로 가장 컸는데, 이 조직은 아마존 전체 원주민 인구의 약 4분의 1을 포함하고 있었다.

벨라스코 정부의 1974년 '토착민 공동체 법Ley de Comunidades Nativas'은 아마존 지역에서 '토착민nativo' 공동체의 존재를 법적으로 인정하고, 그들에게 정치적·문화적 자치권을 부여해 주었다. '토착민 공동체'라는 개념은 공동의 종족적 기원을 가지고 제한된 지역에 거주하는 원주민공동체를 의미한다. 그러나 이러한 개념은 아마존 지역의 자발적인 조직에 기반을 두지 않고, 안데스 지역 모델에 기반을 두고 정부가 주도하는 조직 형태였다. 따라서 정부 주도의 이러한 조직화는 당시 막 형성되고 있던 언어그룹 수준의 정체성에 기반을 둔 보다 큰 규모의 조직들을 오히려 파편화시킴으로써 같은 시기 볼리비아나 에콰도르에서 탄생한 것과 같은 대규모 원주민 동맹과 같은 조직의 설립을 오히려 지연시켰다.

그럼에도 불구하고 1979년 페루에서도 최초의 아마존 지역 원주민 연합 동맹체인 페루 정글지역 발전을 위한 종족 간 연합Asociación Inter-étnica para el Desarrollo de la Selva Peruana, 이하 AIDESEP이 탄생했다. 그러나 AIDESEP는 종족 간의 주도권 갈등과 관련 NGO와 정당들의 개입으로 분열되었다. 결국 1987년 아무에사 의회는 쉬피보와 야네사 조직들과 함께 AIDESEP을 탈퇴하고, 도시 원주민 지식인들의 조직인 남미 인디언 위원회Consejo Indio de Sud América, 이하 CISA54) 등의 지원을 받아, 새로운 조직인 페루 아마존 민족

---

54) 국내 원주민 운동은 부진하지만 실제로 라틴아메리카 원주민 문제에 대한 국제적 관심의 중심은 페루였다. 1970년대부터 시작된 원주민 문제에 대한 국제적 관심의 결과 1980년 쿠스코에서 국제원주민 회의가 개최되었다. 그리고 참석자들은 국제적으로 원주민들의 목소리를 대변할 기구로서 '남미 인디언 위원회' 즉 CISA를 설립했다. 그러나 CISA는 부패로 소멸되고, 1984년에 다시 각국 아마존 원주민들의 국제조직인 아마존 유역 원주민 조직 조정 위원회(Comisión Coordinadora de Organizaciones Indígenas de la Cuenca Amazónica, 이하 COICA)가 설립되었다. COICA에는 페루의 AIDESEP도 참여했다.

동맹Confederación de Nacionalidades Amazónicas del Perú, 이하 CONAP을 형성했다. 따라서 CONAP은 AIDESEP에 비해 국가나 도시 NGO들과 보다 밀접한 관계를 가지게 되었다.

그러나 1980년대 아마존 원주민 운동을 주도한 것은 여전히 AIDESEP이었다. 또한 아마존 유역 8개국 원주민을 대표하여 1984년에 설립된 COICA의 형성에도 AIDESEP은 적극적으로 기여하는 등 국제적 동맹에서도 CONAP을 앞서갔다. AIDESEP은 국내외 NGO들과 북미 및 유럽 국가들의 지원금에 힘입어 1980년대와 1990년대에 급속한 성장을 이루었다. 그 결과 1990년대까지 AIDESEP는 222개의 아마존 지역 조직들을 통합했고, 2000년에는 아마존 지역 64개 종족 거의 대부분을 포함하는 47개의 아마존 지역 조직 동맹들을 통합했다AIDESEP, 2000. 반면 CONAP은 2002년 11개 주에 걸쳐 약 150,000명의 아마존 인디언을 대표하는 35개의 원주민 동맹들을 통합했지만, AIDESEP에 비해 상대적으로 약했고 국제적 연계도 미약했다.

아마존 지역 원주민 조직들에 대한 국제적 지원 그리고 그들의 사무실과 스태프들의 상존은 AIDESEP의 성격을 변화시켰다. 원주민 공동체들은 AIDESEP를 단순히 재정적 지원의 원천으로 보았고, 그의 성과를 정치적 유효성보다는 돈을 끌어오는 능력으로 판단했다. 따라서 동맹의 리더들은 회원 조직들보다 오히려 기금 지원자들과의 관계를 유지하고 향상하는 데 더 많은 관심을 기울였다. 그럼에도 불구하고 AIDESEP은 정부와 원주민과의 관계에서 중재역할을 하는 데 성공했고, 아마존 원주민공동체 집합적 토지 소유권을 세 배로 늘리는 데도 크게 기여했다Smith, 1996: 91-100.

한편 AIDESEP는 1980년에서 1993년 사이 기존 정당들과의 동맹을 통해 자신의 조직원들을 선거에 참여시켰고, 그 결과 그들이 다수를 차지하는 78개의 아마존 선거 구역에서 14개의 시장직을 획득할 수 있었다.

이들 원주민 시장들은 같은 해 푸지모리가 지방자치 정부들을 해체하기까지 일시적으로 지역의 대표성을 획득했다. 그리고 마침내 AIDESEP은 1996년 드디어 자신의 정당을 설립할 것을 결정했다. 페루에도 종족성 정치 발전을 위한 씨앗을 뿌린 것이다. 여기에 대해서는 다음 장에 자세히 설명하도록 할 것이다.

한편 아마존 지역에도 게릴라 조직들의 침투로 원주민 운동은 심각한 위기에 직면하게 되었다. 1980년대 말 아마존 지역의 불법 코카 무역에서 발생하는 수익에 관심을 가진 센데로와 MRTA는 아쉬닝카와 아마우에샤 공동체를 공격하여 그들의 리더를 죽이고, 원주민들을 음식과 코카잎 생산자, 혹은 첩이나 부대원으로 활용했다Brown and Fernández, 1993: 206.

아마존 지역에서 게릴라들은 안데스 지역에서와 마찬가지로 처음에는 치안을 유지하는 등 긍정적 기능도 없지 않았지만, 결국에는 잔인한 폭력성으로 인해 원주민들을 소외시켰다. 그에 맞서 아마존의 원주민들은 게릴라들에 대해 반란으로 맞서기도 했지만[55], 상당수는 이주 등을 통해 게릴라들의 억압을 피하고자 했다.

결론적으로 아마존 지역의 원주민 운동도 안데스 지역 원주민 운동과 같이 모두를 대변할 수 있는 통합 조직을 가지고 있지는 않다. 다양한 이해그룹들의 개입으로 인해 아직까지 아마존 지역 원주민들을 전체적으로 대변하는 조직은 존재하지 않는다. 그럼에도 불구하고 아마존 원주민 운동은 안데스 지역 원주민 운동과는 달리 자신의 정체성을 농민이 아니라 원주민임을 분명히 하는 점에서는 차이가 있다. 당연히 그들의 요구도 이중 언어 교육의 허용, 종족의 집합적 토지소유권 인정 등과 같은 종족적 성격을 가지는 것들이 많다. 그러나 이들의 조직이 통합되

---

55) 아마존에서 게릴라의 테러에 맞서 원주민들이 자기 방어를 위해 만든 조직 중 하나가 아샤닝카 군(Ejército Asháninka)이다. 이는 안데스 지역에서 론다스 캄페시나스가 한 유사한 역할을 아마존에서 수행했다.

고, 나아가 자신의 정당을 형성하고 발전시키기 위해서는 아직까지 해결해야 할 과제들이 적지 않다.

3. 톨레도 정부 주도하의 원주민 통합 기구: CONAPA와 INDEPA

2001년 중부 아마존 지역의 원주민들이 리마로 기나긴 시위행진을 벌였다. 그들은 광산업 개발로 인해 발생되는 원주민 생활권의 파괴, 원주민들의 토지 소유권 부족, 정치적 폭력 등의 문제를 제기하면서 그의 시정을 요구했다. 그에 따라 당시 푸지모리의 사퇴 이후 임시 대통령이었던 파니아구아Paniagua는 이러한 문제를 다룰 정부 위원회 설립을 약속했다. 그리고 약속에 따라 2001년 개최된 위원회에는 아마존 지역의 대표적 원주민 조직인 AIDESEP과 CONAP이 모두 참여했다. 게다가 파니아구아 대통령은 원주민 권리를 보장하는 헌법 개혁을 위한 영구적 '대화의 장mesa de diálogo'을 마련할 것을 약속했다.

2001년 대통령에 당선된 알레한드로 톨레도Alejandro Toledo는 이런 '대화의 장'을 보다 발전시켜 나갔다. 안데스 원주민 출신인 톨레도는 선거운동 기간에 자신이 안데스 원주민 출신임을 강조함으로써 대통령에 당선되는 데 크게 도움을 받았다. 그리고 그는 안데스 원주민 상징물들을 정치적으로 활용했다. 대표적으로 잉카의 고대 유적지 마추픽추에서 거행된 대통령 취임식에서 톨레도는 스페인어와 케추아어로 연설하는 제스처를 보여주기도 했다. 게다가 그의 부인도 케추아어를 말하는 벨기에 출신의 인류학자였다. 이러한 정치적 배경은 톨레도 정부 아래에서 그동안 게릴라와 푸지모리에 의해 억압되었던 페루의 원주민 운동이 새롭게 발전할 수 있는 계기를 마련해주었다.

그러나 이러한 희망은 곧 실망으로 돌아왔다. 톨레도 정부는 원주민 정책을 부인인 카프Eliane Karp에게 맡겼다. 안데스, 아마존, 아프리카계 페루인들을 위한 전국위원회Comisión Nacional de Pueblos Andinos, Amazónicos y Afroperuanos, 이하 CONAPA의 위원장으로서 페루 원주민 문제를 통합적으로 다루게 된 카프는 원주민 권리를 헌법적으로 보장하기 위해 노력했고, 원주민 리더들과 대통령과의 소통의 장을 마련하는 등 긍정적인 평가를 받기도 했지만, 근본적으로 과거와 같이 정부 주도의 포퓰리즘 형태로 원주민 문제에 접근함에 따라 원주민 운동의 자발적 능력을 상실하게 했다는 비판을 더 크게 받았다56)García and Lucero, 2004: 173-174. 다시 말해 CONAPA 는 정부의 조직이지 원주민을 대표하는 원주민의 자발적 조직은 아니었다.

따라서 2003년 주요 원주민 조직들은 CONAP을 원주민 대표 조직으로서 인정할 것을 거부했다. 그로 인해 카프는 CONAPA의 위원장을 사임하게 되었다. 그러나 그녀의 사임 이후에도 CONAPA에 대한 비판은 계속되었고, 따라서 CONAPA는 원주민 대표 통합기구로서의 역할을 더 이상 유지할 수 없었다. CONAPA가 원주민 리더들의 공격을 받고, 원주민들이 자치적 통합조직인 COPPIP을 통해 CONAPA에 맞서기 시작하자 2004년 톨레도 정부는 원주민 운동에 대한 양보의 제스처로서 새로운 조직인 안데스, 아마존, 아프리카계 페루인을 위한 발전위원회Instituto de Desarrollo para Pueblos Andinos, Amazónicos y Afroperuanos, 이하 INDEPA를 설립했다.

그 후 INDEPA는 CONAPA를 대신해서 정부 차원에서 원주민들의 요구를 접수하는 역할을 맡게 되었다. 원주민 리더들은 이제 INDEPA를 통해 안데스 농민과 아마존 원주민 공동체의 집합적 권리들을 요구하기 시작했다. 그런데 여기서 특히 주목해야 할 사실은 INDEPA에 참여한 안데스와 아마존 원주민 조직들이 2004년 기자회견을 통해 자신들의 정체성

---

56) CONAPA가 원주민 리더들에 의해 비판받은 이유 중에는 카프가 원주민 조직들의 의사와 상관없이 임원들을 일방적으로 임명했다는 점과, 기금 운영의 문제점 등이 포함되어 있다(Greene, 2005: 36).

이 '원주민pueblos indígenas'임을 공개적으로 밝혔다는 점이다Greene, 2005: 37.

이러한 사실은 페루의 원주민 조직들 특히 안데스 농민 조직들마저도 최근에 원주민 정체성을 받아들이기 시작했나는 것을 말해준다. 그러나 INDEPA는 페루의 전통적인 하향식top-down 정치문화를 반영하는 것으로 원주민들의 진정한 자치적 통합운동이라고는 할 수 없다.

4. 원주민 자치적 통합 기구를 향해: COPPIP

1990년대 말 페루에서도 농민조직과 아마존 원주민 조직을 통합하려는 시도가 있었다. 그를 위해 각 조직의 대표들은 1997년 12월 쿠스코에서 개최된 페루 원주민 상설회의Conferencia Permanente de los Pueblos Indígenas del Perú: COPPIP에 참석했다. 그리고 2001년에 개최된 2차 전국대회에서 일부 참석자들은 아마존과 안데스 조직들을 모두 포함하는 보다 영구적인 리더십 기구를 설립할 것을 결정했다. 주로 AIDESEP과 CONACAMI 지도자들로 구성된 이들 그룹은 페루 원주민 상임 조정기구Coordinadora Permanente de los Pueblos Indígenas del Perú, 이하 역시 COPPIP를 형성했다. COPPIP은 2002년 두 번의 대회를 통해 자신의 제도적 기반을 공고히 하고, 원주민 운동의 의제들을 결정했다Servindi, 2002: 2.

벨라스코 정부가 만든 전국 농민동맹인 CNA를 포함하는 초기 COPPIP (상설회의)이 주로 정부가 규정한 공간 내에서 활동하고자 했다면 또 다른 COPPIP(조정기구)은 대체적으로 정부와 갈등적 위치에 섰다. COPPIP (조정기구)의 리더십은 처음에는 아마존 원주민 조직인 AIDESEP이 맡았으나, 2002년부터는 CONACAMI가 지도부를 이끌었다. 각 지역을 대표하는 가장 동적인 이들 두 조직은 점점 더 가까워졌고, 그를 바탕으로 헌법 개혁에 원주민 권리를 포함시키기 위해 공동으로 정부에 압력을 가했다^{Servindi, 2003: 2}.

이러한 공동의 성과에도 불과하고 COPPIP은 에콰도르의 CONAIE나 볼리비아의 CIDOB 혹은 카타리스타 운동과 같이 응집력 있는 전국적 조직으로 발전하지는 못하고 있다. 엄격히 말해 COPPIP는 말 그대로 조정기구이지 그것 자체가 하나의 독립적 조직은 아니다. 즉 COPPIP에 소속된 조직들은 여전히 자신의 자치권을 유지하고 있고, COPPIP은 단지 이들 다양한 조직들이 함께 만나 공동의 이슈와 전략을 토의하는 공간의 역할만 할 뿐이다. 따라서 COPPIP은 전통적인 사회학적 의미에서 '행위자'는 아니다.

그러나 그렇다고 해서 COPPIP이 의미가 없는 것은 아니다. COPPIP은 아마존과 안데스 지역 원주민 조직들이 서로의 프로젝트를 연결할 수 있는 공간을 페루에서 처음으로 마련했다는 점에서 높이 평가될 만하다. 뿐만 아니라 COPPIP은 CONAPA를 통한 정부의 원주민 조직 흡수와 주도 정책에 맞서 독립적인 원주민 운동의 발전을 위해서도 중요한 의미를 지닌다.

무엇보다 흥미로운 사실은 COPPIP이 페루가 원주민 운동의 예외라고 믿고 있는 많은 사람들에게 신선한 충격을 주었다는 점이다. COPPIP은 벨라스코 정부가 '원주민 공동체'라는 명칭을 폐지하고 '농민공동체'라는 명칭을 사용한 정책을 잘못된 것으로 비판하면서, 비록 '원주민'이라는 용어가 페루 안데스 지역에서 복잡한 역사적 의미를 가지고 있기는 하지만, 이 용어가 현재 국제적으로 널리 통용되고 있는 상황을 반영하여, 2001년에는 '원주민'이라는 용어를 공식적으로 다시 사용할 것을 결정했다^{Greene, 2005: 39}.

COPPIP의 이러한 시도는 페루에서도 종족적 정체성에 기반을 둔 원주민 통합 운동이 새롭게 싹트고 있음을 말해주는 것이다. 물론 많은 안데스 공동체에서 '원주민'은 아직까지 '농민'보다 더 흔히 사용되는 용어는 아니다. 그러나 페루 농민들 사이에서도 '원주민'이라는 표현의 사용이 점차 증가하고 있다. 국제적으로 종족성 정치 확산의 영향이 페루의 안데스 농촌에도 서서히 미치고 있는 것이다. 결국 페루 안데스에서도 원주민성 재발견의 가능성이 마침내 엿보이고 있는 것이다.

V. 페루 원주민 종족성의 정치

1. 원주민 정당 설립의 장애물

원주민 정치적 참여 조건의 형성 과정은 페루나 볼리비아, 에콰도르가 서로 다르지 않다. 이들 세 국가에서 공히 문맹자의 투표권 획득이 원주민들의 정치적 참여 확대의 길을 열었다. 페루에서는 1978년 제헌의회 선거에서 최초로 문맹자들에게도 투표권이 주어졌다. 그로 인해 쿠스코에서만 유권자의 수가 26% 증가했으며, 농촌 지역에서는 유권자 수의 증가가 30~45% 수준에 이르렀다.

이러한 조건의 향상에도 불구하고 원주민 정당의 설립은 정당 등록을 위한 복잡한 요구조건들로 인해 벽에 부딪혔다. 1979년 법은 정당으로 등록하기 위해서 최소한 전국적으로 반 이상의 지역에 걸쳐 전체 유권자의 1%인 100,000명 이상의 당원이 가입한 당원 명부가 필요함을 규정하고 있다. 이러한 조건은 지역적으로 집중되어 있는 원주민 조직들의 정당형성을 어렵게 하는 조건이다. 심지어 최소 당원 수의 규정은 1995년 100,000명에서 480,000명으로 증가했다[Van Cott, 2005: 163]. 물론 원주민 정당 설립을 위한 이러한 어려움은 볼리비아와 에콰도르에서도 마찬가지로 존재한다.

푸지모리의 재 중앙집권화는 원주민 정당의 발전에 또 다른 걸림돌이었다. 볼리비아, 에콰도르와 마찬가지로 페루도 민주화와 함께 지방분권화가 강화되어 원주민 정당의 발전에 기반을 마련했다. 그러나 푸지모리는 1993년 헌법 개정을 통해 권력의 중앙집권화를 다시 시도했다. 따라서 에콰도르와 볼리비아에서는 원주민 리더들이 지방 정치에서의 경험을 통해 중앙정치로 나아가는 통로를 확보한 데 반해 페루에서는 푸지모리에 의해 그러한 길이 막혀버렸다.

그러나 페루에서 원주민 정당의 형성에 보다 큰 걸림돌이 된 것은 원주민 운동의 상대적 미성숙과 내부적 분열이다. 두 개의 전국적 농민 조직 사이의 분열, 그리고 선거 정치 참여에 대한 내부적 입장의 차이는 페루 원주민 운동이 종족성의 정치로 나아가는 데 가장 큰 걸림돌이 되었다. 따라서 원주민들의 선거 참여는 주로 지역적 수준에서 다양한 정당들과의 일시적 선거 동맹 차원에 머물렀다. 전국적 차원에서 선거 동맹은 어떤 정당과 동맹을 맺을 것인가, 누구를 후보로 내세울 것인가 등의 문제로 심각한 조직 내부의 분열을 가져왔다. 원주민 자신의 정당을 설립하려는 시도도 원주민들 간의 내부적 분열과 기존 정당들의 개입으로 무산되었다.

그 결과 많은 원주민 농민들이 지역적 수준에서 공직에 선출되었지만, 이들 소속 정당의 다양함으로 인해 원주민들 간의 정치적 응집력은 형성될 수 없었다. 특히 이들 중 상당수는 푸지모리의 선거 조직을 통해 선출되었는데, 이때도 후보 경쟁에서 원주민들 간의 반목이 심화되었다.

2002년 알레한드로 톨레도 대통령은 지방분권화 법을 다시 제정했다. 그리고 그는 시의원이나 주의원 후보로 원주민 15%의 의무 할당제를 규정했다. 콜롬비아나 베네수엘라와 같이 국회에서 원주민 지정 의석의 할당은 원주민 조직들의 요구에도 불구하고 받아들여지지 않았다. 어쨌든 지역 차원에서의 원주민 할당제도 원주민 정당의 설립을 위해서는 실망스러운 결과를 가져왔다. 원주민 15% 후보 할당은 그러한 쿼터 없이도 원주민이 그 정도의 자리를 차지할 수 있는 지역에서만 적용되었다. 따라서 지역 차원에서의 원주민 후보 할당제는 원주민 성당의 활성화를 가셔오기보다는 기존 정당에 원주민 리더들이 흡수되는 효과를 낳았다. 또한 이러한 현상은 원주민 운동의 내부 분열을 보다 심화시켰다 Van Cott, 2005: 166-167.

또한 페루에서는 1990년대 푸지모리 정부 이후 좌파 정당의 급속한 쇠퇴에도 불구하고[57] 에콰도르와 볼리비아에서와는 달리 그것이 원주민 정당들의 부상으로 이어지지 않았다. 그러한 이유는 첫째, 볼리비아나 에콰도르에서는 원주민 조직들이 강력한 투쟁력을 바탕으로 정부의 신자유주의 정책에 대한 유효한 저항 도구로 인식된 것에 비해, 1990년대에 유사한 의미에서 어떤 가시적 성과도 보여주지 못한 페루의 원주민 운동은 좌파 정치인들이나 대중에게 푸지모리 정부의 신자유주의 정책에 맞서는 효과적 투쟁 도구로 인정받지 못했기 때문이다. 둘째, 볼리비아나 에콰도르에 비해 페루의 좌파들은 보다 계급적 성향을 가짐으로써 종족적 이슈나 정체성을 효과적인 정치적 조직의 기준으로 삼지 않았기 때문이다.

2. 페루 원주민 정당(MIAP)의 출현과 미약한 정치적 성과

이런 모든 어려움에도 불구하고 페루에서 원주민 정체성을 내세운 소규모 정당들이 전혀 존재하지 않았던 것은 아니다. 1996년에 케추아어

---

57) 페루 주요 좌파 정당들의 대선 득표율 총합은 1980년 14.4%, 1985년 24.7%, 1990년 13%에 이어 1995년에는 1.2%로 하락했다(Tanaka, 1998).

를 말하는 갈베스 에레라Ciro Gálvez Herrera는 안데스의 재탄생Renacimiento Andino, 이하 RA이라는 정당을 설립했고, 역시 케추아의 후손으로 토지 소유자이자 기업가로서 상원의장까지 지낸 산 로만Maximo San Roman은 자긍심을 가지고 함께 통합하는 세력Fuerza de Integración Juntos con Orgullo, 이하 FIJO을 설립했다.

특히 FIJO는 다문화 민주주의의 발전과 다문화의 제도화, 아마존 원주민 자치권과 토지권 보장, 원주민 농민의 경제적 요구 등을 정당의 주요 의제로 내세움으로써 자신들이 종족 정당임을 명확히 하고자 했다. 그러나 산 로만이 그러한 목적을 가지고서 자신의 케추아 정체성을 강조하고, 원주민 회담 등에도 적극적으로 참여했지만 농민들은 그를 그들의 대표로 받아들이지 않았다. FIJO나 RA 둘 모두 종족 정당을 표방함에도 불구하고, 그들의 도시 지도자와 그들이 대표하고자 하는 지방 농민들 사이에 일체감의 부족으로 이들 정당의 종족성에는 의문의 여지가 많았다. 이들 정당에서는 당을 주도하는 지식인 리더들과 그의 기반이 되는 원주민 농민공동체 간의 관계가 사실 매우 미약했다.[58]

안데스 지역에서 원주민 종족 정당 형성 노력에 비해 아마존 지역에서 원주민 종족 정당의 설립 시도는 보다 많은 진전이 있었다. 1996년 AIDESEP의 전국 대회에서 참석자들은 자신들의 선거기구인 페루 아마존 원주민 운동Movimiento Indigena de la Amazonía Peruana, 이하 MIAP을 설립할 것을 결정했다. 그리고 1998년 아샤닝카 원주민들은 1998년 페레네Perene 구역의 지방선거 참여를 위한 정당 등록을 하기 위해 리마로 갔다. 그러나 MIAP의 지도자들은 결국 당원 수와 재원 부족이라는 한계를 극복할 수

---

58) 페루에서 케추아어를 말하는 것이 원주민 종족성을 대변하지는 않는다. 안데스 지역에서는 많은 비 원주민 엘리트들이 리마 출신 엘리트들과 자신을 구별 짓기 위해 케추아어를 배우고 잉카 문화를 옹호하는 태도를 보여 준다. 따라서 페루에서 단순히 케추아어를 말할 수 있다고 해서 그들을 원주민 정체성과 동일시하는 것은 적절한 인식 방법은 아니다.

없었고, 따라서 기존 정당과의 동맹이 필요함을 인정하지 않을 수 없었다.

페루 아마존 지역에서 종족 정당의 성과가 미약한 이유는 무엇보다 아마존 원주민들이 자신의 종족 정당 설립에 별 관심이 없었기 때문이다. AIDESEP과 CONAP에서 일하는 인류학자들의 주장에 따르면 아마존의 원주민들은 자신의 정당을 설립하는 것이 시급한 과제가 아니라고 생각한다. 그들은 여전히 자신의 전통적 방식인 원주민 회의와 같은 방식을 통해 정치에 참여하고자 한다. 그들은 아직까지 정당을 설립하고 그를 통해 자신의 정치적 대표를 뽑아 정치에 참여하는 방식보다는 자신의 조직을 통한 로비에 의해 이익을 실현하는 방법을 더 선호하고 있다는 것이다. 아마존 원주민들은 또한 선거 후보 경쟁으로 인해 내부적 분열이 일어나는 것도 바라지 않는다고 한다. 물론 이러한 시각은 아마존 원주민들의 선거 참여가 그들의 문화를 파괴할 수도 있음을 우려하는 지식인들의 입장을 반영하고는 있지만, 그럼에도 불구하고 전반적으로 아마존 원주민들이 자신의 정당 설립을 그들의 가장 시급한 과제로 생각하고 있지 않음은 분명한 사실이다[Van Cott, 2005: 171].

다시 말해 아마존 지역에서 종족 정당의 설립에 있어 가장 큰 걸림돌은 정당 등록을 위한 복잡한 요구조건 외에도 이들에게 재정적 지원을 하는 다양한 NGO들의 반대와 안데스 지역에서와 같은 아마존 원주민 운동의 내부 분열을 들 수 있다. 특히 AIDESEP과 CONAP으로 분열된 페루 아마존의 원주민 운동은 볼리비아나 에콰도르에서와 같이 운동의 응집력과 투쟁력을 발휘할 수 없었고, 나아가 단일한 아마존 원주민 정당으로 발전할 수도 없었다.

MIAP가 페루에서 가장 성숙된 원주민 조직인 AIDESEP의 지지를 받고 있다고는 하지만, 아마존 지역 원주민 조직들의 분열과 NGO와 같은 지원 그룹들의 선거 참여 반대 등의 어려움을 극복하고 정당 등록을 유지하기 위해 필요한 5%의 전국적 득표를 충족하는 것은 너무도 큰 도전이었다. 특히 2002년 원주민 후보 할당제가 입법화된 이후 보다 크고 자금이 풍부한 정당들과 후보자 선출을 놓고 경쟁을 벌이게 되자 MIAP는 보다 어려운 상황에 처하게 되었다.

게다가 아마존 원주민들이 투표권을 획득하기 위해 필요한 신분증(ID 카드)의 미소지[59], 많게는 3~4일이 걸리는 투표소와의 거리, 복잡한 투표과정과 원주민 투표지의 빈번한 무효화, 심지어 아마존 지역에서 정치 엘리트들에 의해 자행되는 불법선거 등이 아마존 지역 원주민 정당의 발전에 또 다른 장애물로 작용했다.

이런 이유들로 인해 원주민 정당의 성과는 매우 제한적일 수밖에 없었다. MIAP는 다른 정당과의 연합을 통해 1998년 지방선거에서 13명의 원주민 시장을 탄생시켰다. 그러나 MIAP는 정당 등록을 위해 필요한 50,000명의 서명을 모을 수조차 없었기 때문에 지속적으로 선거에 참여하기 위해서는 다른 등록된 정당들과의 동맹이 불가피했다.

2000년 선거에서 MIAP는 우리는 페루당Somos Peru과 동맹하여 처음으로 총선에 참여했다. 이 선거에서 Somos Peru는 MIAP에 세 명의 국회의원 후보를 배당해 주었지만 모두 의석을 차지하지 못했다. 2001년 선거에서 MIAP는 톨레도의 페루 가능당Peru Posible과 동맹을 맺고 한 명의 의원 후보를 내지만 역시 의회 진출에는 실패한다. 2002년 지방 선거에서 MIAP는 아마조나스 주의 콘도르칸키 지방에서 유일하게 정당으로 등록할 수 있었다. 그러나 콘도르칸키를 벗어나서 MIAP는 등록된 정당들−주로 Peru Posible−과 동맹을 형성하지 않을 수 없었다. 이러한 동맹을 통해 MIAP는 부지사, 주 의회, 시 의회, 시장 후보 등으로 총 24명을 내세

---

59) 주권 방어 위원회(Defensoría del Pueblo)의 조사에 의하면 아마존의 성인 유권자의 3분의 1이 아직 신분증을 가지고 있지 않다고 한다(Defensoría del Pueblo, 2000: 25).

웠다. 이 선거에서 MIAP는 스스로는 어떤 승리도 할 수 없었으나, 동맹을 통해서는 주로 아마존 지역에서 총 14명의 원주민 시장을 배출할 수 있었다.

결론적으로 페루도 볼리비아나 에콰도르처럼 높은 원수민 인구 비중, 원주민 인구의 지역적 집중, 좌파 정당의 쇠퇴 등등 종족 정당이 발전할 수 있는 조건들을 공유하고 있다. 그러나 페루는 지방분권화가 푸지모리에 의해 중단되었고, 푸지모리가 반대파 운동을 억압했으며, 게릴라가 독립적 원주민 운동의 발전을 저해한 것과 같은 특별한 조건을 가지고 있다. 이런 억압적 환경 아래에서 전통적으로 분열된 원주민 운동이 이웃국가들과 같이 자신의 종족 정당을 설립하고 발전시키는 것은 쉽지 않았다.

그러나 2000년 이후 민주주의의 확대, 게릴라의 사실상 소멸과 같은 우호적 환경이 조성됨에 따라 페루에서도 볼리비아와 에콰도르와 같은 종족 정당의 출현을 기대할 수도 있게 되었다. 그러나 아마존 지역의 원주민들은 종족 정당의 설립에 보다 적극적인 데 비해 안데스 지역의 원주민들은 여전히 자신의 종족 정당 설립에는 큰 관심이 없는 것처럼 보인다. 또한 원주민들은 전반적으로 몇 명의 대표를 국회에 보내는 것보다는 운동을 통해 정부에 압력을 가하는 것이 자신들의 이익을 실현하기 위해 보다 효과적이라고 판단하고 있다. 따라서 선거의 참여도 자신들이 직접 영향력을 미칠 수 있는 지역선거에만 집중하고, 전국적 선거에는 크게 관심을 가지지 않는다.

그러나 원주민 통합 조직으로서 COPPIP이 내부적 갈등을 제대로 통제하면서 원주민 권리와 경제사회적 이슈에서 응집력 있고 효과적인 정치적 운동을 전개하고, 나아가 다른 대중 운동들과 공동의 전선을 형성할 수 있게 된다면, 그를 통해 탄생한 원주민과 대중적 동맹은 페루와 같이 정당 시스템이 약하고, 유권자의 정당 충성도가 낮은 나라에서 엄청난 돌풍을 야기할 수도 있을 것이다.

VI. 결론

페루의 원주민 인구 비중은 볼리비아나 에콰도르에 비해 결코 작다고 할 수 없다. 그럼에도 불구하고 페루는 볼리비아나 에콰도르와 달리 원주민 운동이나 종족성의 정치가 발전하지 못했다. 따라서 지금까지 페루 원주민에 대한 거의 대부분의 연구들은 페루 원주민 운동의 '부재' 혹은 '실패'에 초점을 맞추고 있다.

페루에서 원주민 운동이 발전하지 못한 데는 다양한 요인이 있다. 무엇보다 20세기 초 인디헤니스모와 원주민들의 도시 이주의 결과 많은 원주민들의 정체성이 '촐로'화되었기 때문이다. 페루에서 원주민의 촐로화는 단순히 인종적 혼혈의 결과만은 아니다. 그것은 정체성을 규정하는 문화가 변화한 데 따른 것이다. '원주민 메스티소'라는 표현은 그래서 탄생한 것이다. 원주민들이 원주민 정체성을 찾지 않는다는 것은 원주민 운동이 발전할 수 없는 가장 근원적 이유라고 할 수 있다. 벨라스코 정부의 계급적 원주민 정책, 원주민 공동체에 기반을 둔 센데로 루미노소 게릴라의 엄격한 계급노선, 후지모리의 사회운동 억압정책 등도 페루에서 원주민 운동이 발전하는데 걸림돌이 되었다.

따라서 CCP나 CNA 그리고 최근 CONACAMI 등 안데스 지역 공동체에서 발생한 조직들은 모두 원주민 정체성보다는 농민 정체성을 내세운다. 그러나 최근의 경향은 페루에도 원주민 종족성의 운동이 싹틀 수 있음을 보여주고 있다. 광산업으로 인해 피해를 본 원주민 공동체들의 조직인 CONACAMI는 최근 자신들의 정체성이 원주민임을 받아들였으며,

아마존 원주민 운동을 사실상 주도하고 있는 AIDESEP이 원주민 통합조직을 형성하기 위해 CONACAMI와 함께 설립한 COPPIP도 공식적으로 자신들의 정체성이 원주민임을 인정하고 있다.

물론 이러한 조직이 내부적으로 응집력이 부족하고, 그들의 원주민 정체성 인정의 진정성도 아직까지는 의심스러운 측면이 없진 않다. 하지만 페루에서도 세계적 추세에 따라 원주민 정체성 운동과 종족성 정치의 발전이 싹트고 있음은 분명해 보인다.

5장 멕시코의 원주민 운동:

인디헤니스모(indigenismo)에서
사파티스모(zapatismo)로

I. 멕시코의 원주민 인구

라틴아메리카 대부분의 국가들이 최근 들어 인구조사에서 원주민을 정의하기 위해 자기결정autoidentificación 기준을 적용하는 것에 비해 멕시코는 사용 언어lengua 기준을 여전히 사용하고 있다. 언어는 실제 원주민을 구분하는 가장 객관적이고 신뢰할 만한 방법임은 틀림없다. 게다가 과거부터 적용해왔던 방식임으로 원주민 인구의 역사적 변화 과정을 살펴볼 수 있는 장점도 있다.

16세기 초 스페인의 정복이 시작될 당시 멕시코 원주민 인구는 최소 천만이 넘었던 것으로 추정된다. 그러나 정복, 전염병, 고된 노동, 혼혈 등으로 인해 원주민의 수는 백여 년이 지난 17세기 중반에는 10분의 1에 불과한 약 백만 정도로 감소되었다. 그러한 감소 추세는 현재까지 지속되어 다음 <그림 1>에서 보는 것처럼 1895년 전체 인구의 16.1%를 차지했던 원주민 인구의 비중은 2005년 6.7%까지 하락했다.

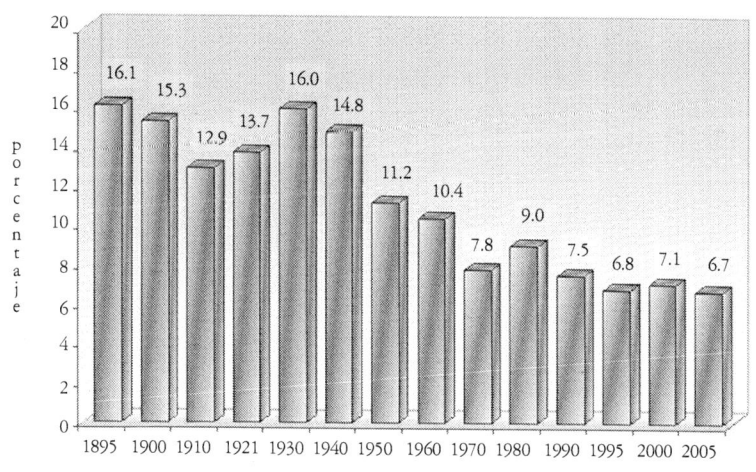

〈그림 1〉 멕시코 원주민 인구 변화 추이(1895~2005)
(5세 이상 원주민 언어 사용자 기준)

그럼에도 불구하고 1970년 7.8%였던 원주민 인구의 비중은 1995년 6.8% 정도로 가볍게 감소했으나 2000년에는 7.1%로 약간 상승하는 모습을 보여주기도 했다. 물론 2005년 다시 6.7%로 조금 감소하긴 했지만 전반적으로 멕시코의 원주민 인구의 비중은 1970년대 이래 7% 수준에서 안정세를 유지하고 있다. 게다가 전체 인구수의 증가로 인해 원주민의 절대적 수는 1970년 3,111,415명에서 2005년 6,011,202명으로 오히려 거의 2배나 증가했다.

2000년 기준으로 멕시코의 원주민이 전체 인구에서 차지하는 비중은 7.1%로서 비중으로만 보면 볼리비아, 페루와 같은 안데스 국가들이나 과테말라 심지어 파나마에 비해서도 상대적으로 낮다. 그럼에도 불구하고 멕시코의 전체 인구가 이들 국가에 비해 월등히 많기 때문에 멕시코 원주민 인구의 절대적 수는 여전히 라틴아메리카에서 가장 많다. 다음 <표 1>에서 보는 것처럼 2000년 인구조사 결과 멕시코의 원주민 인구는

〈표 1〉 라틴아메리카 11개국의 총인구 및 원주민 인구수(인구조사연도)

국가 및 인구조사연도	인구조사 결과[a]		
	총인구(명)	원주민 인구(명)	원주민 인구 비중(%)
멕시코(2000)	85,134,465	6,044,547	7.1
볼리비아(2001)	8,090,732	5,358,107	66.2
과테말라(2002)	11,237,196	4,433,218	39.5
페루(2007)	24,649,774	3,913,314	15.9
에콰도르(2001)	12,156,608	830,418	6.8
브라질(2000)	169,872,856	734,127	0.4
칠레(2002)	15,116,435	692,192	4.6
온두라스(2001)	6,076,885	440,313	7.2
파나마(2000)	2,839,177	285,231	10.0
파라과이(2002)	5,183,074	87,568	1.7
코스타리카(2000)	3,810,179	65,548	1.7

a: CEPAL, 2006. 자료에서 각국 인구조사 자료에 따라 일부 수정
자료: CEPAL, 2006. 각국 인구조사 자료

6,044,547명으로서, 원주민 인구 비중이 66.2%나 되는 볼리비아의 총원
주민 인구수 5,358,107명보다 약 70만 명 정도 더 많다.

멕시코 원주민들을 언어에 따라 구분하면 나우아뜰^{náhuatl}족이 22.9%
로 가장 많고, 다음이 마야^{maya}족으로서 12.6%를 차지한다. 그 뒤를 믹스
떼까^{mixteca}족 7.0%, 사포떼까^{zapoteca}족 6.8%, 첼딸^{zeltal}족 6.2%, 초찔^{tzotzil}족
5.5%, 오또미^{otontí}족 4.0% 등이 따른다. 이외에 만 명 이상이 사용하는 원
주민 언어로는 또또나까^{totonaca}, 마사떼꼬^{mazateco}, 촐^{chol}, 우아스떼꼬^{huasteco},
치난떼까스^{chinantecas}, 믹세^{mixe}, 마사우아^{mazahua}, 뿌레뻬차^{purépecha}, 뜰라빠네
꼬^{tlapaneco}, 따라우마라^{tarahumara}, 소께^{zoque}, 아무스고^{amuzgo}, 또호라발^{tojolabal},
차띠노^{chatino}, 촌딸^{chontal}, 뽀뽈루까^{popoluca}, 우이촐^{huichol}, 마요^{mayo}, 떼뻬우아
노^{tepehuano}, 꼬라^{cora}, 우아베^{huave}, 야끼^{yaqui}, 꾸이까떼꼬^{cuicateco}가 있다. 따라
서 멕시코에서 만 명 이상의 원주민이 사용하는 언어에 따른 원주민 종
족의 수는 총 30이나 된다. 그 외 만 명 이하가 사용하는 언어의 종족들

에 속하는 원주민 수도 2005년 인구조사 기준으로 총 278,685명으로서 전체 원주민의 4.6%를 차지한다.

<표 2> 원주민의 지역별 분포(2005년 인구조사 기준)

지역	주	원주민 인구 (명)	원주민 인구 비중 (%)	주요 원주민 종족
남부	캄페체	89,084	13.3	마야
	치아파스	957,255	26.1	체딸, 초찔, 맘, 사뽀떼꼬, 소께, 마야, 또호라발, 촐
	게레로	383,427	14.2	나우아, 믹스떼꼬, 뜰라빠네꼬, 아무스고
	이달고	320,029	15.5	나우아, 오또미
	오아하카	1,091,502	35.3	사뽀떼꼬, 마사떼꼬, 믹세, 치난떼꼬, 구이까떼꼬, 나우아, 아우베, 초초, 차띠노, 뜨리끼, 소께, 찬딸, 믹스떼꼬, 아무스고
	푸에블라	548,723	11.7	나우아, 또또나꼬, 초초, 믹스떼꼬, 오또미
	킨타나루	170,982	19.3	마야
	타바스코	52,139	3.0	촐, 촌딸
	뜰락스칼라	23,807	2.5	나우아, 오또미
	베라크루스	605,135	9.5	나우아, 우아스떼꼬, 뽀뽈루까, 또또나꼬, 사뽀떼까, 마사떼꼬, 떼뻬우아노, 치난떼꼬
	유카탄	538,355	33.5	마야
중부	아구아스칼리엔테스	2,713	0.3	따라스꼬
	콜리마	2,889	0.6	나우아, 따라스꼬, 사뽀떼꼬, 우이촐
	멕시코시	118,424	1.5	나우아
	구아나후아토	10,347	0.2	오또미, 빰
	할리스코	42,372	0.7	우이촐
	멕시코	312,319	2.6	마사우아, 오또미, 나우아, 믹스떼꼬
	미초아칸	113,166	3.3	따라스꼬, 마사우아, 나우아, 오또미, 마야
	모렐로스	24,757	1.8	나우아
	나야릿	41,689	5.0	꼬라, 우이촐, 떼뻬우안, 마야
	케레타로	23,363	1.7	오또미, 빰
	산루이스포토시	234,815	11.1	나우아, 빰, 우아스떼꼬
	시나로아	30,459	1.3	마요, 따라우마라
	사카테카스	3,949	0.3	마야, 우이촐, 나우아

	바하칼리포니아	33,604	1.4	따라스꼬
	바하칼리포니아수르	7,095	1.6	믹스떼꼬
	코아우일라	5,842	0.3	나우아, 사뽀떼꼬, 마야
	치와와	93,709	3.4	따라우마라, 삐마
북부	두랑고	27,792	2.1	떼뻬우아노
	누에보레온	29,538	0.8	나우아, 오또미, 따라스꼬
	소노라	51,701	2.5	마요, 빠빠고, 삐마, 야끼, 꼬라, 세리, 오또미, 따라우마라
	타마울리파스	20,221	0.8	나우아
멕시코 전체		6,011,202	6.7	

자료: INEGI México. II Conteo de Población y Vivienda 2005

원주민의 지역별 분포를 보면 앞의 <표 2>에서 보는 바와 같이 원주민 인구의 약 80%가 남부지역에 집중되어 있음을 알 수 있다. 따라서이 지역에 위치하는 주들 중에서는 타바스코, 틀락스칼라, 베라크루스주를 제외한 나머지 주에서 원주민 인구의 비중은 10%를 넘어선다. 특히 오아하카 주와 유카탄 주의 원주민 비중은 30%를 넘어서고, 치아파스도 그 비중이 26%에 달한다. 반면 중부지역과 북부지역에서는 산루이스포토시와 나야릿을 제외하고 원주민 인구의 비중이 5%를 넘어서는주는 하나도 없다.

이처럼 원주민 인구가 남부지역에 집중되어 있다는 사실은 멕시코 전체인구에서 원주민이 차지하는 비중이 7% 이하임에도 불구하고, 이들지역에서 원주민 문제는 정치사회적 핵심 어젠다가 될 수밖에 없음을말해준다. 최근에 나타나는 멕시코의 지역 간 정치적 지지도의 확연한차이도 바로 이런 지역 간 종족별 분포의 차이에서 기인했다고 해도 과언이 아니다.

II. 인디헤니스모의 출현과 위기

1. 원주민 통합정책과 농민화

멕시코에서 최초의 원주민 운동은 스페인의 침략에 대한 저항으로부터 시작되었다. 원주민 문화를 파괴하고 그들의 노동력을 착취하는 스페인 정복자들에 맞서 원주민들은 집합적 희생제물이 되는 것과 같은 극단적 방법을 취하기도 했다. 그것은 특별한 저항 수단이 없었던 원주민들이 스페인의 지배와 그에 따른 자유의 상실에 저항하기 위해 취할 수 있었던 유일하게 가능한 수단이었다. 어쨌든 식민지 시대 동안 백인 지배층이 실시한 인종분리 정책은 오히려 미약하나마 원주민 공동체가 자신의 종족적 전통을 유지할 수 있게 했다.

스페인으로부터 독립도 멕시코 원주민들의 권리회복을 가져다주지는 않았다. 오히려 독립 이후 멕시코 원주민들의 삶은 보다 더 어려워졌고, 민족국가 형성과 근대화 시도로 인해 원주민 공동체는 생존의 위협을 받기 시작했다. 사포떼까 원주민 출신인 베니토 후아레스^{Benito Juárez}나 역시 원주민의 피가 섞인 포르피리오 디아스^{Porfirio Díaz}와 같은 대통령들이 19세기 중반 이후 20세기 초까지 멕시코 정치에서 가장 중요한 영향력을 행사했지만, 그들의 정책은 원주민 권익 옹호와는 전혀 무관한 것이었다. 이들은 피부색만 원주민이지 그 밖에 그들이 원주민과 관련된 것은 아무것도 없었다. 그들의 자유주의적 정책은 명백히 자본주의적 경제 원칙에 기반을 두고 있었다. 원주민은 근대화를 위한 장애물로 인식되었고, 원주민의 공동체 소유의 토지권은 박탈되었다. 그리고 약탈된 토지들은 당연히 그러한 권리를 박탈하는 법을 만든 백인 권력자들의 손으로 들어갔다. 토지 사유화 정책 등으로 전통적인 토지를 상실한 원주민들의 삶은 식민지 시대보다 더 어려워졌다.

1910년에 발생한 멕시코 혁명도 원주민들의 삶에 변화를 가져다주지는 못했다. 원주민들은 혁명에 적극적으로 가담했음에도 불구하고(원주민들이 많이 거주하는 주들의 혁명 참가율이 다른 주들에 비해 상대적으로 높았다), 그들에게 돌아온 실질적 혜택은 거의 없었다. 헌법에서 원주민들의 존재는 여전히 무시되었고, 토지소유권 회복도 구체화되지 않았다. 국가는 종족적 혹은 종교적 정체성에 기반을 둔 어떤 그룹에도 법적인 지위를 보장해 주지 않았다. 원주민 조직들은 혁명정부가 설립한 농민조직으로 변화해야 했고, 그들의 이익도 농민으로서의 요구를 통해 실현될 수밖에 없었다.

원주민의 농민화 정책은 교육을 통한 동화정책에 의해 강화되었다. 1921년 교육부 산하에 '원주민교육과 문화 담당과'의 설립, 그리고 1925년 '원주민의 문화적 통합을 위한 농촌 학교 담당과'의 설립은 혁명 후 멕시코 정부의 원주민 정책의 기본 틀이 교육을 통해 원주민들을 문화적으로 통합하는 데 있었음을 잘 말해준다. 국가는 원주민 공동체가 정치적으로 조직화되는 것을 금지했다. 원주민 공동체의 토지회복도 제한적으로 이루어졌다. 그리고 국가는 원주민들의 종족적 정체성을 인정하지 않았고, 원주민들이 교육을 통해 문화적으로 비원주민 사회에 통합되도록 유도했다.

혁명 후 도시 지식인들로 구성된 '청년 아테네 그룹Ateneo de la Juventud'은 유럽 중심적이고 배타적인 크리오요 민족주의에 기반을 둔 독립 직후 엘리트들의 민족 형성 프로젝트를 거부하고, 원주민과 유럽인 그리고 크리오요적 요소로 구성된 새로운 멕시코 민족 통합 담론을 제시했다. 그에 따라 지금까지 사실상 분리된 '스페인공화국'과 '인디오공화국' 간의 불륜적 혼혈의 결과로만 인식되어 왔던 메스티소가 더 이상 '도덕적

타락의 산물'이 아닌 새로운 '조화로운 인종$^{\text{cosmic race}}$'으로 간주되기 시작
했다.

이러한 사상적 전환은 1920년대 동안 세노화 과정을 통해 원주민 동
화정책의 이데올로기로서 공식화되었다. 이러한 사상의 중심인물인 호
세 바스콘셀로스$^{\text{José Vasconcelos}}$는 1921년 교육부 장관으로 임명되었다. 그
를 통해 원주민들은 메스티소 민족 국가의 프로젝트에 통합되도록 교육
받아야만 했다. 즉, 메스티사헤 이데올로기는 원주민 통합정책의 사상
적 기반이 되었다.

2. 인디헤니스모의 출현과 한계

라사로 카르데나스$^{\text{Lázaro Cárdenas, 1934~1940}}$ 대통령은 원주민 정책에 새로
운 변화를 가져 왔다. 그는 원주민들을 농민으로부터 분리하고, 그들 자
신의 조직 형성을 지원했다. 카르데나스는 원주민의 존재를 인정하고,
그들을 조직화함으로써 원주민 조직을 자신의 정치적 프로젝트에 포함
시키고자 했다. 그를 위해 국가는 '원주민을 위한 지역의회'를 구성했고,
원주민 관계 업무를 맡아보는 정부 관료 기구도 창설했다. 그리고 1940년
에는 '제1회 미주 인디오 의회'도 조직했다. 한편 전국농민연합^{Confederación}
$^{\text{Nacional Campesina, 이하 CNC}}$도 카르데나스 정부 아래에서 설립되었다.

인디헤니스모는 멕시코에 거주하는 원주민과 원주민 공동체에 대한
멕시코 국가의 공식 정책이었다. 인디헤니스모는 메스티사헤 통합 정책
의 한계를 극복하고자 원주민공동체를 대상으로 개발된 보다 세련된 민
족통합 정책이다. '원주민의 멕시코화'$^{\text{Cardenas 1978[1940]}}$를 목표로 하는 인
디헤니스모는 원주민들을 계획적 문화변용과 시장경제로의 강압적 편
입을 통해 사회적·문화적·종족적으로 멕시코 사회에 통합하는 것이

주목적이다. 그것은 주로 원주민에 대한 스페인어 교육, 농업생산 방식의 근대화와 같은 교육프로그램, 그리고 경제 발전 정책 등을 통해 이루어졌다.

이러한 인디헤니스모는 1940년대 이래 마누엘 가미오$^{Manuel\ Gamio}$의 사상적 영향과 그의 노력의 구체적 산물인 전국 인디헤니스타 협회^{Instituto} $^{Nacional\ Indigenista,}$ 이하 INI의 설립을 통해 본격적으로 실현되었다. 원주민 관련 업무를 담당하는 정부의 공식 기구인 INI는 3,000개 이상의 원주민 하부 조직들을 통제했고, 그들의 정책을 다양한 관련 정부 부처들과 협조를 통해 실현시켰다. 이런 과정을 통해 INI는 멕시코 원주민들의 정치적 참여를 지원하는 가장 중요한 기관으로 자리매김했다. 하지만 한편으로 INI가 원주민들의 국가에 대한 의존을 심화시키는 역할을 한 것도 부정할 수 없다. 실제 카르데나스 정부 이후 INI의 활동이 본격화됨에 따라 원주민 조직들은 보다 약화되었다.

카르데나스 정부하에서 원주민들은 하나의 정치세력으로 자리 잡게 되었지만, 그렇다고 카르데나스의 원주민 정책이 원주민의 종족 정체성 회복을 위한 것은 아니었다. 카르데나스 정부의 인디헤니스모 또한 결국은 '멕시코 민족'의 메스티소적 통합을 공고화하기 위한 것이었다. 원주민들은 '농민'의 틀에서 벗어나 자신의 존재를 인정받았지만, 그것은 최종적으로 원주민을 '멕시코인'이라는 보다 더 큰 틀 속으로 통합하기 위한 방편에 불과했다. 즉 원주민의 농민화가 '원주민의 멕시코화'로 대체된 것이다. 카르데나스는 원주민의 존재를 인정하고 그들의 조직화를 지원했지만, 그것은 결국 인디헤니스모라는 또 다른 통합정책의 큰 틀 내에서 이루어졌다.

카르데나스의 가장 큰 업적 중 하나인 토지개혁 또한 원래 원주민 공동체 소유 토지의 반환이라는 형태가 아니라, 국가 주도 아래 국가 소유의 토지를 에히도^{ejido}라는 이름으로 원주민 공동체에 양도하는 방식을 취했다. 따라서 원주민 공동체가 에히도를 양도받으려면 정부 산하 농민조직인 CNC의 지역 하부조직인 농민동맹$^{Liga\ Agraria}$에 가입해야만 했다. 이렇게 원주민들은 에히도를 통해서도 국가의 지배구조에 수직적으로 통합되었다.

3. 인디헤니스모의 위기

1970년대에는 농업위기와 민중저항운동의 확산으로 원주민 운동도 함께 강화되었다. 국가의 인디헤니스모 정책에 반대하는 농민과 원주민의 조직적 대응은 CNC를 약화시켰고, 그로 인해 원주민 운동이 독립적으로 성장할 수 있는 조건이 성숙되었다. 그에 대해 정부는 전국원주민협의회$^{Consejo\ Nacional\ de\ Pueblos\ Indigenas,\ 이하\ CNPI}$의 설립을 통해 원주민 운동을 통제하고자 했으나 CNPI조차 정부의 뜻대로 움직이지 않았다. CNPI는 원주민 공동체에서 지명된 대표자와 INI나 교육부^{SEP}에서 파견된 대표자들 사이의 분열로 인해 제대로 된 기능을 수행할 수 없었다. 이 시기에 국가 주도의 인디헤니스모의 위기와 독립적 원주민 운동들의 움직임이 명백히 드러나기 시작했다.

이와 관련하여 엑토르 디아스 폴란코$^{Diaz-Polanco,\ 1992:\ 152}$는 다음과 같이 언급하고 있다. "전통적인 인디헤니스모가 멕시코의 종족 그룹들을 통제하기에 적절하지 않음이 드러났다. 게다가 그의 후견인적, 권위적 행태는 원주민 공동체의 불만과 분노를 자아냈다. 이런 상황에서 원주민 운동은 국가 공식기구의 통제를 벗어나 성장하고 있다. 특히 지역적 수준에서 이러한 경향은 보다 강하게 나타난다. 독립적 원주민 조직들은 토지와 천연자원에 대한 권리, 그들 자신의 사회적 조직과 관습에 대한 존중과 같은 공동체의 요구를 반영한다."

　이런 상황에 직면하여 로페스 포르티요López Portillo 정부는 일부 비판적
인류학자들을 행정부에 포용co-optation하고, 젊은 원주민 지식인들을 INI
와 정부의 원주민 교육프로그램에 진출시키고, 원주민어와 스페인어를
동시에 말하는 전문가 전국동맹Alianza Nacional de Profesionales Bilingües A.C., 이하
ANPIBAC을 설립하면서 인디헤니스모를 지속하고자 했다. 그러나 설립
초기부터 ANPIBAC은 인디헤니스모 프로젝트의 문화적 중개자인 양 언
어사용 교사들의 로비 조직으로 전락했다. ANPIBAC은 INI나 교육부에
서 보다 높은 지위를 차지한 원주민 지식인들을 위한 노조 역할을 수행
했을 뿐이다. 따라서 ANPIBAC도 원주민들의 광범위한 지지를 획득할
수 없었다Dietz, 2004: 44-45.

　1980년대 들어 멕시코는 외채위기를 겪으면서 국가의 역할을 재정의
하기 시작했다. 국가의 정책이 과거의 개입주의에서 신자유주의로 전환
됨에 따라 원주민 운동에도 획기적 계기가 마련되었다. 1980년대와
1990년대에 멕시코 정부는 '참여적 인디헤니스모'를 주장했다. 그것은
원주민들에게 자신의 미래를 만들 수 있는 기회를 제공하는 데에만 정
부의 역할을 제한하는 자유주의 원칙에 기반을 둔 정책이었다.

　살리나스 행정부는 신자유주의 원칙에 따라 멕시코의 경제와 금융구
조를 국제 시장의 요구에 맞게 고쳤다. 그와 함께 헌법의 개정도 이루어
졌는데 원주민과 관련하여 특히 4조와 27조의 개정은 매우 중요한 의미
를 지닌다. 1990년에 개정된 4조는 라틴아메리카에서 최초로 다문화사
회를 헌법적으로 인정했다. 원주민 개인의 권리에 관해 헌법 4조는 "멕
시코 민족은 본래 그의 원주민들에 기반을 둔 다문화 사회이다. 법은 그
들의 언어와, 문화, 의식, 관습, 자원 그리고 그들의 특별한 조직 행태 등
을 보호하고 촉진해야 한다. 그리고 국가 사법권에 원주민들의 효율적

접근을 보장해야 한다. 재판이나 토지 소유권 처리에 있어 원주민들의 법적 실천이나 관습들이 법에 의해 설립된 것처럼 고려되어야 한다."

그러니 살리나스 행정부가 멕시코의 다문화적 성격을 법적으로 인정했음에도 불구하고 법적 수사를 넘어서면 그것은 명백한 한계가 드러난다. 무엇보다 원주민 권리의 법적 인정은 경제적·사회적·정치적 권리를 배제한 채 기본적으로 문화적 권리만 강조하고 있다. 이런 점은 지금까지 멕시코 정부의 공식 원주민 정책인 인디헤니스모 이데올로기에 충실한 것이다. 특히 UN이 공식적으로 인정한 원주민 자치권에 대한 어떤 언급도 없다는 점은 살리나스 정부 다문화주의의 명백한 한계를 보여준다.

그에 대해 트레시에라[Tresierra, 1995: 202]는 원주민 권리와 관련된 개정 헌법 4조는 국제적 경향과 비교해 볼 때 원주민의 현실을 충분히 반영하기보다는 단순한 화장에 불과하다고 비판한다. 심지어 디아스 폴란코[Diaz-Polanco, 1992: 170]는 그러한 개혁을 원주민에 대한 새로운 통제와 지배 메커니즘의 전주곡이라고 판단했다.

보다 심각한 문제는 1992년 헌법 27조 에히도 제도의 개정으로 드러났다. 원주민 공동소유, 공동경작지인 에히도의 낮은 생산성을 문제 삼은 살리나스 행정부는 멕시코 혁명의 산물인 에히도를 폐지하는 급격한 조치를 단행했다. 이러한 정책은 산업과 금융의 민영화라는 신자유주의의 포괄적 틀의 한 부분으로 다루어졌다. 농업의 근대화라는 명분에 따라 단행된 이러한 조치는 원주민 경제에 파괴적 효과를 가져왔다. 대규모 상업적 농업이 지배하는 상황에서 소규모 농업 생산자로 전환된 원주민들이 설 자리는 거의 없었다.

살리나스 행정부의 원주민 정책이 다문화주의를 법적으로 인정했음에도 불구하고, 원주민들을 멕시코 민족국가에 통합시키고자 하는 인디헤니스모의 기본 목적이 변화하지는 않았다. 다만 통합의 목적이 국가의 경제적 전략과 보다 밀접하게 관련되어 있다는 점이 과거와 차이라면 차이라고 할 수 있다. 외채위기 이후 국가는 원주민 노동력과 그들이 통제하는 토지, 숲, 지하자원과 같은 천연자원들을 국가 경제 프로젝트에 따라 적극적으로 활용할 필요가 있었다. 따라서 원주민들이 종족 정체성을 회복하고, 자신의 지역에서 자치권을 행사하는 것은 국가의 총체적 경제 전략과 충돌한다고 판단했다. 살리나스 행정부의 원주민 통합 정책도 기본적으로 이런 경제적 판단에 따라 이루어졌다.

보다 심각한 문제는 원주민을 통합하고 통제하고자 하는 인디헤니스모 정책이 효과를 거두지 못할 경우 폭력이 빈번하게 사용되었다는 점이다. 디아스-폴란코[Diaz-Polanco, 1992: 155]는 1982년에서 1989년까지 멕시코 농촌 지역에서 총 870건의 정치적 살인이 발생했다고 증언한다. 그리고 그의 희생자 대부분은 원주민들이었다. 대부분의 폭력은 오아하카, 치아파스, 푸에블라, 이달고, 베라크루스, 게레로, 에스타도데메히코와 같이 원주민 인구가 많은 주들에서 발생했다. 원주민 교사, 정치 지도자, 사회적 지도자들에 대한 영장 없는 체포 등의 기본적 인권유린은 농촌 지역에서 아주 흔히 발생하는 일이었다.

보다 심각한 문제는 농촌에서 원주민 공동체와 그들의 지도자들에 대한 폭력이 점차 제도화되어 간다는 점이다. 폭력은 주로 원주민들의 요구로 인해 자신의 이익이 위협받는, 특히 토지 등의 이해관계와 밀접하게 연결된 이익그룹들과 그들의 이익을 대변하는 준군사집단들에 의해 이루어졌는데, 그에 대한 행정당국이나 군의 대응은 너무 무능하거나 아니면 의도적 방관이었다.

따라서 트레시에라[Tresierra, 1995: 204]는 원주민에 대한 폭력과 억압을 인디헤니스모와 모순되는 것으로 보지 않고, 그것 자체가 인디헤니스모의 또 다른 하나의 카드로 보고 있다. 정치 경제 사회적 측면에서 나타나는 인디헤니스모의 한계는 필연적으로 원주민들의 반발을 야기할 수밖에 없었다. 그에 대해 국가기구는 다문화주의 담론의 수사와 함께 일부 불만세력들을 포용함으로써 그러한 반발을 잠재우려 했나. 하지만 그것이 통하지 않을 경우 국가는 스스로 폭력적 억압을 행사하거나, 아니면 이익집단들이 그렇게 하는 것을 눈감아 주는 것이다.

4. 원주민 비판 세력의 등장: CIP 대 FRENAPI

인디헤니스모에도 불구하고 1970년대 이전에 이미 일부 원주민 운동의 급진화 현상이 나타났다. 인디헤니스모가 주로 교육을 강조하는 문화 정책이었다면, 그에 대응해 토지와 자치 같은 정치경제적 요구를 내세우는 보다 급진적인 원주민 운동이 등장했다. 전국 원주민조직연합Unión Nacional de Organizaciones Indigenas, 이하 UNOI, 전국 원주민청년 동맹Confederación Nacional de Jóvenes Indigenas, 이하 CNJI, 원주민청년과 공동체 전국동맹Confederación Nacional de Jóvenes y Comunidades Indigenas, 이하 CNJYCI, 멕시코 원주민 전문가 지식인 연합Asociación Mexicana de Profesionistas e Intelectuales Indigenas, 이하 AMPII, 원주민 공동체 전국동맹Confederación Nacional de Comunidades Indigenas, 이하 CNCI 등은 이러한 경향을 대표하는 조직들이다. 그중 1968년에 설립된 AMPII는 정부의 원주민 정책에 있어 원주민들의 보다 많은 직접적 참여를 요구했으며, CNCI는 원주민의 자치권을 운동의 강령으로 내세웠다. 원주민들은 이러한 자발적인 전국적 조직들을 통해 국가의 후원 체제와 운동의 지역적 한계를 극복하고자 했다.

로페스 포르티요 정부의 원주민 리더 포용정책에도 불구하고 일부 원주민들의 입장은 보다 급진적으로 변해갔다. CNPI는 정부의 의도와는 달리 인디헤니스모와 정부의 농업정책을 날카롭게 비판했고, INI의 해체를 요구했으며, 원주민에 대한 정부의 권력 남용과 억압을 비판하면서 점차 독립적 방향으로 나아갔다. 인디헤니스모의 대표적 조직으로서 CNPI와 ANPIBAC의 원주민 대표성 확보 실패는 독립적 원주민 조직의 탄생으로 이어졌다. CNPI가 국가에 의해 약화되자, 1979년 정부의 인디헤니스모에 반대하는 비판적 원주민들은 멕시코시 주변의 밀파 알타Milpa Alta에서 제1회 독립적 농민조직 전국회의Asamblea Nacional de Organizaciones de los Campesinos Independientes를 개최하고, 비판적 원주민 운동Indianismo의 새로운 조직적 기초로서 아얄라 플랜 전국 조정기구Coordinadora Nacional Plan de Ayala, 이하 CNPA를 설립하기에 이르렀다.

특히 1980년대 말부터 살리나스 정부가 신자유주의 정책에 따라 국가의 원주민공동체에 대한 후견인 역할을 포기함에 따라, 대부분의 원주민 공동체들은 국가의 후견 조직에서 벗어나 독립적 조직화를 시도했다. 이런 과정에서 국제적 NGO나, 가톨릭교회, 환경단체들의 지원이 큰 역할을 했다. 인디헤니스모에 비판적인 독립적 원주민 조직들은 단순히 문화적 언어적 권리 회복을 넘어 토지와 생산에 필요한 신용과 판매와 같은 실질적 문제들을 제시했으며, 정치적으로는 원주민 공동체의 자치권을 요구했다.

그에 대해 살리나스 정부는 원주민 운동에 대한 리더십을 유지하기 위해 1990년 농업상임위원회Consejo Agrario Permanente, 이하 CAP와 인디오상임위원회Consejo Indio Permanente, 이하 CIP와 같은 조직들을 적극적으로 설립했다. 그러나 CIP 또한 원주민들의 진정한 대표성을 확보할 수는 없었다.

1989년 독립적 원주민 조직들은 NGO, 농민, 노동자, 대중조직들과 함께 오아하카에서 제1회 원주민 인권 국제포럼을 개최했다. 이 포럼은 정부의 공식적 원주민 운동에 대한 대안으로서 최초의 독립적 원주민 운동의 출발을 알리는 신호탄 역할을 했다. 독립적이고 대안적인 조직을 찾는 노력은 다음 해 7월 멕시코 원주민과 민중 500년 저항 위원회Consejo Mexicano 500 Años de Resistencia Indigena y Popular, 이하 CM-500의 결성으로 나타났다. CM-500은 23개의 인권 NGO, 학문기관, 원주민과 민중 조직들로 구성되었다. CM-500은 1990년 멕시코시티 인근의 밀파 알타에서 제1회 원주민 조직과 원주민 전국대회[60]를 소집했고, 그를 계기로 독립적 원주민 연합조직인 인디오 전국전선Frente Nacional de Pueblos Indios, 이하 FRENAPI을 결성했다. FRENAPI의 결성으로 사파티스타가 등장할 때까지 전국적 수준에서 원주민 운동은 정부가 주도하는 CIP와 독립적인 FRENAPI로 나뉘었다.

III. 사파티스모의 등장

1. 왜 치아파스인가?

실제 멕시코의 원주민 문제를 제대로 이해하려면 그것을 단순히 사파티스타만의 문제로 보아서는 안 되며, 전국에 걸쳐 존재하는 모든 원주민들의 다양한 조건들을 인식해야만 한다. 즉, 치아파스에서의 무장 반란을 멕시코 원주민 전체의 공통 상황으로 인식하는 것은 무리가 있다. 그럼에도 불구하고 사파티스타의 투쟁은 멕시코 원주민 운동의 선도적 역할을 한다는 점에서 매우 중요한 의미를 가진다.

어쨌든 사파티스타의 문제는 멕시코 원주민 전체의 문제라기보다 치아파스 원주민의 문제라는 인식이 우선이다. 그럼으로 사파티스타를 이해하기 위해서 우선 치아파스라는 특수 상황을 살펴보아야 한다. 즉,

---

60) 1979년 같은 밀파 알타에서 개최된 '독립적 농민조직 전국회의'가 비판적 원주민들의 참여에도 불구하고 기본적으로 농민조직 연합이라는 틀을 벗어나지 못했던 것에 비해, 1990년 대회는 원주민이라는 명칭을 전면에 드러내고 있다는 점이 이전의 것과 뚜렷한 차이를 보인다.

'왜 사파티스타가 치아파스에서 출현하게 되었는가?'라는 물음에 먼저 답해야 한다.

우선 치아파스의 높은 원주민 인구 비중(26.1%)을 생각해 볼 수 있다. 그러나 오아하카(35.3%)와 유카탄(33.5%)의 원주민 인구 비중은 치아파스보다 더 높다. 따라서 단순히 높은 원주민 인구 비중만으로 치아파스에서 원주민 반란이 일어난 원인을 다 설명할 수는 없다. 또 다른 이유는 치아파스가 과테말라와 긴 국경을 맞대고 있다는 점이다. 과테말라는 게릴라 운동에 의한 오랜 내전의 경험을 가지고 있으며, 1987년부터 범마야주의 운동과 같이 주목할 만한 원주민 운동이 활발한 지역이다. 따라서 그러한 과테말라와의 인접성이 치아파스에서 원주민 무장 투쟁이 발생한 중요한 요인이라는 점은 어느 정도 설득력이 있다. 그러나 과테말라 요인이 치아파스에서 사파티스타의 출현의 하나의 이유는 될 수 있겠지만 그것이 결정적 요인은 아니다.

다음으로 치아파스가 멕시코에서 가장 빈곤하고 낙후된 지역이라는 사실이 주된 요인으로 꼽힐 수 있다. 하지만 사실 치아파스 주는 천연자원이 매우 풍부한 지역이다. 풍부한 유전이나 가스전은 말할 것도 없고, 이 지역 그리할바 강의 댐들은 멕시코 전체 수력발전의 54% 이상을 담당한다. 게다가 국가 전체 커피의 35%가 치아파스에서 생산된다. 목재 자원도 풍부하며, 벌채로 인해 발생된 목초지에서의 목축업 또한 증가했다. 따라서 소고기는 커피에 이어 치아파스의 가장 중요한 수출품이 되었다.

그러나 풍요로운 땅에서 원주민들의 삶은 매우 열악하다. 치아파스 주는 오아하카 주와 함께 멕시코 모든 주에서 유아사망률과 문맹률이 가장 높고, 상수도와 전기보급률은 가장 낮다. 게다가 전국적으로 토지 문제와 관련된 소송의 3분의 1이 치아파스에서 일어나고 있다. 치아파스 인구의 60%는 빈곤선 이하의 삶을 살고 있으며, 특히 40%는 극빈선 이하에 머물고 있다. 풍부한 자원에도 불구하고 그곳에 거주하는 원주민들의 삶은 매우 열악하다[Rus, 1995: 71].

라칸돈 정글의 원주민들은 1930년대 시작된 디아스포라의 후예들이다. 카르데나스의 토지개혁 정책에 따라 주 당국자들은 대지주의 땅을 분배하지 않으면서 원주민들의 에히도를 건설하기 위해 그들을 그때까지 사람들이 거주하지 않았던 라칸돈 정글로 보냈다. 그에 따라 토지가 전혀 없고, 빚에 시달리던 가장 가난한 원주민 수천 명이 정글로 들어가기 시작했다. 특히 1960년대부터는 목재상들이 들어와 길을 내고, 벌목하고, 목재를 실어가면, 그 뒤를 따라 또 원주민 이주자들이 들어와 토지를 개척했다. 그로 인해 숲의 거의 4분의 3이 밭[milpa]이나 목축지로 개간되었다. 근래에는 석유와 가스 탐사로 인해 또 수천 평방킬로미터가 개발되었다. 최근 라칸돈 정글의 거주민은 30만 명 수준으로 증가했다. 그런데 문제는 원주민들이 개간해서 살고 있는 곳에 목장주들이나 석유개발업자들이 따라 들어와 원주민들의 에히도를 점령해서 빼앗고, 원주민들을 더 깊은 정글 속으로 쫓아낸다는 점이다. 이렇게 해서 치아파스의 정글에서 원주민과 목장주들 간의 토지분쟁이 시작되었다.

이러한 빈곤과 불평등 상황 그리고 그로 인한 정치적 불안을 의식하여 살리나스 정부는 자신의 사회복지 프로그램인 '연대를 위한 협약[Pacto de Solidaridad]' 예산을 다른 어떤 주보다 치아파스에 더 많이 배정했다. 그러나 그러한 기금은 일시적 처방에 불과했으며, 심지어 가장 빈곤한 원주민들에게는 오히려 그 혜택이 조금도 돌아가지 않았다[Nigh, 1994: 9-11].

정치적 지배구조도 치아파스 원주민 반란의 주요한 요인 중 하나이다. 치아파스는 식민지 시대부터 대중의 저항이나 반란이 가장 활발했던 지역 중 하나이다. 이 지역에서 원주민과 라디노[ladino: 비원주민 들을 말한다들의 관계는 수세기 동안 긴장을 유지해 왔다. 원주민의 토지와 노동력의 착취가 모든 인종적 갈등의 가장 큰 이유였다. 치아파스 고지대 원주민들은 전통적으로 종족적 경계선을 강화하면서 자신의 공동체를 방어해 왔다. 원주민의 지속적 반란에 대응해 지역 엘리트들은 대결국면으로 나아가기보다는 원주민들의 전통적인 통제 형태를 활용해 자신의 지배력을 확장하는 전략을 취했다. 식민지 시대 이래로 민간-종교 연합으로 마을을 통치하는 위계질서인 카르고cargo 시스템에서 주요 위치에 있는 사람들을 포용함으로써 20세기 중반까지 PRI와 지역엘리트들은 지역 지배구조를 공고히 할 수 있었다. 지역엘리트들에 의해 포섭된 이들 원주민 지도자들은 스스로가 원주민의 까시께cacique: 지역이나 마을의 권력자, 부정적 의미가 강하다가 되어, 지역 엘리트와 PRI의 후원 하에 자신의 개인적 이익을 챙기는 데에만 급급했다. 이러한 권력구조도 치아파스 사파티스타 원주민 저항의 주된 요인 중 하나이다.

2. EZLN의 맹아

멕시코에서 무장 혁명그룹의 출현은 1968년 뜰라뗄롤꼬 대학살 사건으로부터 시작되었다. 제도혁명당 헤게모니 지배에 대한 최초의 의미 있는 저항이었던 뜰라뗄롤꼬 삼문화광장의 학생시위가 300명 이상(정부 공식 발표는 27명)의 사망자를 낸 대학살로 이어지자, 일단의 대학생 그룹은 1969년 혁명단체인 민족해방군FLN을 설립한다. 사회주의 체제의 건설을 목표로 북부 산업도시 몬테레이에서 조직된 이 무장그룹은 1980년대 중반부터 일련의 도시 게릴라 활동을 접고 자신의 거점을 치아파스의 라칸돈 정글에 두기로 결정했다. 그들은 이 지역이 엄청난 혁명적 잠재력을 가지고 있다고 판단했다.

한편 1970년대와 1980년대에 치아파스에도 수많은 농민조직들과 함께 소규모 무장그룹들이 출현하고 있었다. 그런데 당시 치아파스 원주민들에게 사무엘 루이스Samuel Ruiz 주교를 비롯한 가톨릭교회는 강력한 영향력을 행사하고 있었다. 해방신학 계열의 사무엘 루이스 주교는 '가난한 사람 우선' 원칙에 따라 원주민 문화를 이해하고 그들의 삶 속에 뛰어들어 기독교 교리에 따라 원주민들에게 보다 나은 미래에 대한 희망을 안겨주었다. 그로 인해 점차 주교와 주교 관구의 끈질긴 노력, 지도와 지원으로 고립되어 있던 원주민 공동체들은 새로운 정체성을 형성하고, 그들을 하나로 연결하는 네트워크를 형성하기 시작했다. 에히도 연합 끼삑딸레꿉떼살Unión de Ejidos Quipic Ta Lecubtezal: 첼딸어의 의미로 "우리는 진보하기 위해 힘을 합친다"이다, 이하 Quipic은 당시 라칸돈 정글에서 형성된 이러한 조직 중 가장 대표적이다. Quipic은 원주민들의 토지, 보건, 교육, 여성참여 등의 권익 회복을 투쟁 목표로 했는데, 교회는 이들의 투쟁에 정당성을 부여해 주었다.

1984년 라칸돈 정글에 들어온 FLN 출신의 소규모 무장 세력들은 본래 레닌주의, 마르크스주의, 게바라주의 등 고전적 좌파 정치이데올로기를 가진 사람들이었다. 그러나 라칸돈에 들어온 이후 이들은 여기서 뿌리를 내리기 위해서는 모든 것을 처음부터 다시 시작해야 한다는 것을 알게 되었다. 마르코스를 비롯한 소규모 혁명가 집단들은 무엇보다 라칸돈 정글에서는 원주민 공동체의 지지 없이는 아무 것도 할 수 없음을 깨달았다. 그리고 사무엘 루이스 주교와 교회가 원주민 공동체와 깊은 관계에 있음도 알게 되었다.

정부의 폭력적 탄압에도 불구하고 1980년대 무장 세력의 활동은 은밀하게 지속되었다. FLN는 EZLN로 이름을 바꾸고, 가톨릭교회와 협력하면서 또 원주민들의 의사결정구조를 최대한 반영하면서 원주민 저항운동을 조직화했다. 따라서 소수의 게릴라 그룹으로 시작한 EZLN는 몇 년 지나지 않아 치아파스 지역의 많은 원주민 공동체의 지지를 획득했고, 수천 명의 원주민 전사를 거느린 군대로 발전할 수 있었다.

EZLN는 공동체와 에히도 토지를 위협하는 외부 침입자들에 반대해 스스로를 방어하기 위한 다양한 원주민 공동체들의 자기방어 조직들을 훈련하고 조정하는 그룹으로 탄생했다. 정부의 토지 민영화 정책에 힘입어 확장을 시도하는 축산이나 커피 농장주들이 양성한 준군사집단인 *구아르디아스 블란카스*guardias blancas: 백색경비단는 원주민들에게 심각한 위협으로 다가왔다. 따라서 이들 세력에 맞서기 위한 공동 저항 노력들이 1980년대 이래 공동체 방어단이나 작고 분리된 소규모 게릴라 그룹들로 나타났다. 그에 따라 EZLN는 본래의 전위적 접근을 포기하고, 원주민 방어단의 군사훈련 조직으로 자신의 역할을 새로이 설정했다. 부사령관 마르코스와 같은 초기 EZLN의 외부 세력들은 이런 과정을 통해 오히려 원주민 공동체의 이미 존재했던 비공식적 정치구조 속으로 통합되었다.

1988년 Quipic이 또 다른 원주민 조직인 ARIC과 합병하자 사파티스타는 이 조직에 침투하여 통제권을 확보했다. 그러나 ARIC의 지도부가 합법적 투쟁을 선호하면서 혁명적 분파를 억압하자 사파티스타는 라이벌 조직인 에밀리아노 사파타 원주민농민 전국 협의회Asociación Nacional de Campesinos Indígenas Emiliano Zapata, 이하 ANCIEZ를 설립했다. ANCIEZ가 바로 후에 등장하는 EZLN의 정치적 전위가 된다.

1992년 살리나스 정부가 에히도를 폐지하자 라칸돈의 분위기는 급격하게 변했다. 젊은 병사들은 반란을 선동하기 시작했고, 공동체 지도자들은 이 문제를 마을 사람들과 논의하기 시작했다. 공동체 대다수의 사람들이 전쟁에 찬성함에 따라, 1992년 ANCIEZ는 국가와 전쟁에 돌입할 것을 결정하고, 메스티소 지식인으로서 후에 부사령관이자 대변인으로 등장하는 마르코스에게 전쟁에 필요한 준비를 하도록 권한을 위임했다. 그리고 그해 10월에 ANCIEZ는 '두 세계의 만남'(신대륙 발견) 500주년 기념을 비판하는 시위를 주도하면서 자신의 모습을 공개적으로 드러냈다. 활과 화살 등으로 무장한 수천 명의 원주민들은 산크리토발데라스카사스 중앙광장으로 대형을 이루어 행진한 이후, 이 도시를 세운 스페인 지배자 디에고 데 마사리에고스의 조각상을 부수고는 홀연히 사라졌다. 이 시위는 15개월 후 무장봉기를 위한 시뮬레이션의 성격을 가지는 것이었다.

3. 사파티스타의 출현

1994년 1월 1일 북미자유무역협정NAFTA이 발효되는 그날 검은 옷을 입고, 얼굴에 마스크를 하고, 손에는 총을 든 마야 원주민들은 치아파스의 원주민 지역 중심 도시 산크리스토발 데 라스카사스를 비롯하여 6개 시를 무력으로 점령하고, 주지사를 인질로 잡는 무장 봉기를 단행했다. 사파티스타 민족해방군Ejército Zapatista de Liberación Nacional: 이하 EZLN이라는 이름을 가진 마야인과 토지 없는 농민으로 구성된 반란군들은 존엄·토지·정의·소외된 정치 과정에의 참여 등을 요구하면서 세계화된 멕시코에서 소외된 원주민들에 대한 관심을 불러일으켰다. 하룻밤 사이에 치아파스의 몇 개 작은 도시에서 일어난 지역적 분쟁이 멕시코의 인종차별주의와 민주주의에 대한 전국적 토론에 불을 붙였던 것이다.

그에 대해 정부는 합법적 수단으로 돌아갈 것을 요청했지만, EZLN 조직의 최상층부인 원주민 비밀 혁명위원회 총사령부Comité Clandestino Revolucionario Indígena-Comandancia General: 이하 CCRI-CG는 1월 2일 "오늘 우리는 '이제 그만!'이라고 외친다"Hoy decimos Basta!라는 제목의 라칸돈 정글 1차 선언문을 발표하고, 무장 투쟁 만이 변화를 위한 '최후의', '정당한' 대안임을 주장했다EZLN, 1995a: 33-35.

선언은 자신들의 투쟁을 '500년에 걸친 투쟁의 산물'이라고 규정하면서, 자신들이 역사적 변혁의 맥을 잇고 있음을 강조한다. 그리고 그들은 교육, 주거, 토지, 일자리, 보건, 식량, 정치적 자유, 주권 등의 부재 상황을 더 이상 참을 수 없기 때문에 들고 일어났으며, 제도혁명당의 70년 장기 독재로부터 국민 주권을 회복하기 위해서 전쟁을 선포한다고 말한다. 전쟁은 그들에게 최후의 수단이자, 정당한 수단임으로 멕시코 국민들은 자신들의 투쟁에 참여와 지지를 보내 줄 것을 요청했다.

그에 대해 정부는 강력하게 대응했고, 그 후 EZLN와 정부군 사이의 전투에서 사파티스타는 최소 수백 명의 목숨을 잃었다. 정부의 강력한 탄압에 반대해 멕시코 사회는 사파티스타에 동정을 보내기 시작했다. 전국에서 평화를 요구하는 시위가 발생했고, 정부는 갈등을 정치적으로 해결하라는 국민의 압력에 굴복하여 일방적으로 종전을 선언했다. EZLN도 그에 긍정적으로 화답함으로써 전쟁은 일단 소강 국면에 접어들었다.

4. '포스트 모던' 게릴라: 시민사회 운동으로 전환

같은 해 2월 21일 산크리스토발 데 라스 카사스 대성당에서 정부와 사파티스타 간의 최초 평화회담이 시작되었다. CCRI-CG 소속의 20명의 원주민 사령관들이 스키마스크를 하고 부사령관 마르코스와 함께 나타났다. 그들은 이 회담을 통해 자신들은 방어의 수단으로 무기를 들었으며, 소외와 배제와 가난을 극복하기 위해 투쟁하고 있음을 명백히 밝혔다. 이 회담을 통해 사파티스타는 정부가 주장하는 것처럼 자신들이 '폭력 전문가'도 아니며, 외국의 세력에 의해 조종받지도 않는 순수한 멕시코 원주민들의 투쟁 조직임을 주장했다.

정부 또한 초기의 음모론을 버리고 그들의 순수성을 인정함에 따라 정부와 사파티스타 간에는 새로운 관계가 형성되기 시작했다. 따라서 EZLN는 민주주의와 정의라는 자신들의 요구를 관철하기 위해 무장투쟁 노선을 단념하기 시작했으며, 투쟁의 장소로 시민사회를 강조하기 시작했다.

그러나 그 후 일련의 정치적 사건들을 거치면서 정부와 사파티스타 간에는 다시 불신이 늘어갔고, 치아파스의 군사화도 강화되었다. 그에 따라 같은 해 6월 10일 사파티스타는 "오늘 '우리는 굴복하지 않을 것!' 이라고 말한다"Hoy decimos: no nos rendiremos!라는 제목의 제2차 라칸돈 정글 선언을 발표했다.EZLN, 1995a: 269-278

이 선언에서 사파티스타는 멕시코 전체의 민주주의 이행이 실현되지 않으면 치아파스 원주민 문제의 진정한 해결도 없다는 점을 지적하면서, 시민사회가 스스로를 조직해서 민주주의로의 이행을 위해 현 정치체제를 종식시키고 과도정부를 구성할 것을 제의했다. 그리고 그를 위해 전국 민주주의대표자 회의 소집을 요청했다. 전국 민주주의대표자 회의와 과도정부는 새로운 헌법을 제정하고, 새로운 헌법에 따라 새로운 선거를 실시해야 하며, 그때까지 사파티스타 운동은 어떤 압력이나 공격에도 굴복하지 않고 저항할 것임을 강조했다.

정글 속에서 연방군에 의해 포위된 상태에서 사파티스타는 초기에 정부의 평화적 접근을 이끌어 냈던 시민사회의 힘에 다시 한 번 더 의존하지 않을 수 없었다. 이런 상황에서 사파티스타는 그해 8월 제2차 라칸돈 선언에서 제의했던 전국민주주의 대표자 회의Convención Nacional Democrática, 이하 CND를 조직했다. 라칸돈 정글 중심에 있는 구아달루뻬 떼뻬약에서 5일 동안 열린 이 집회에는 약 7천 명의 다양한 부류의 사람들이 참석했다. 이 집회에는 1914년 멕시코혁명 당시 아구아스칼리엔테스에 모인 혁명 참가자들을 상기하기 위해 '아구아스칼리엔테스 집회'라는 명칭이 붙여졌다. 이 집회를 통해 사파티스타는 멕시코 민주화의 길이 라칸돈 정글을 통해 나아가고 있음을 보여주었다.

2차례에 걸친 선언에서 나타나는 EZLN의 요구를 정리하면 현실적으로 두 가지로 요약된다. 하나는 라칸돈 원주민들을 위한 토지, 가옥, 보건, 교육 등 기본적 필요를 충족하기 위해 필요한 하부구조의 설립이고, 다른 하나는 멕시코의 민주화이다. 물론 전자를 실현하기 위해서 우선 후자의 해결이 전제된다는 점에서 이들 요구는 서로 밀접히 연결되어 있다. 즉 원주민의 권익을 방어하는 것은 멕시코 전체의 정치적·법적 민주화와 일치한다. 따라서 EZLN의 대변인들은 항상 그들 자신의 요구는 단지 보다 광범위한 시민권 요구의 한 부분이라고 주장한다. 따라서 자신들의 운동은 농촌뿐만 아니라 도시의 시민운동과 결합함으로써 보다 활성화되어야 한다고 강조한다. 앞선 시기의 다른 라틴아메리카 게릴라 그룹들과 비교하여 뚜렷이 구별되는 EZLN의 이런 다원주의적 접근은 다양한 사회운동가 그룹들이 참여한 CND에서 그 정점에 도달했다 Dietz, 2004: 59.

CND와 그해 12월에 EZLN, 인권 NGO, 해방신학 그룹들에 의해 다원적으로 설립된 치아파스 원주민 '반란 과도정부'와 같은 사례들은 EZLN 이 20세기 후반 쿠바나 중미 게릴라들의 '역사적 전위' 개념과는 완전히 다른 독특한 성격을 가지고 있음을 보여주었다. 게다가 사파티스타가 시민사회와의 적극적 소통을 위해 인터넷 등 다양한 최신 매체를 적극적으로 활용한 점, 사파티스타 운동 최고지도부인 CCRI-CG를 운동에 참여하는 각 종족 그룹에서 한 명씩 보낸 대표자로 구성함으로써 원주민이 주체가 되는 집단지도 체제와 집단 의사결정 구조를 형성한 점 등은

EZLN가 과거 게릴라 운동과는 다른 새로운 성격의 운동임을 보다 뚜렷이 보여주었다.

1995년 1월 1일에 "사파티스타 봉기 1주년에 우리는 말한다"A un año del alzamiento zapatista, hoy decimos라는 제목으로 발표된 제3차 라칸돈 정글 선언은 2차 선언에 이어 EZLN가 무장 투쟁에 대한 강조에서 시민사회 조직에 대한 노력으로 방향을 선회했음을 다시 한 번 보여주었다. 3차 선언은 민주주의로 이전의 중요한 장애물로서 나쁜 정부에 반대해 무기를 들고 봉기할 것을 여전히 요구하고 있지만, 실제로는 그보다는 CND를 통한 시민의 평화적 노력에 보다 무게를 두었다. 그를 위해 CND를 포함하여 종교적 신념, 인종, 정치적 이데올로기의 구별 없이 국가 정당 시스템에 반대하는 모든 세력들이 민족해방운동을 형성할 것을 주장했다. 민족해방운동은 현 국가정당 시스템을 붕괴시키고, 과도정부를 설립하며, 새로운 헌법제정을 목적으로 한다. 그를 위해 CND와 야당 대통령 후보인 쿠아우테목 카르데나스가 반대파 연합전선으로서 민족해방운동을 주도해 줄 것을 요구했다EZLN, 1995b: 187-193.

EZLN의 평화노선 추구에도 불구하고, 새로 선출된 세디요 정부는 사파티스타 문제를 우선 군사적으로 해결하려는 모습을 취했다. 1995년 2월 9일 세디요 대통령은 사파티스타와의 전쟁을 선포하고 사파티스타에 대한 공격을 감행했다. 그러나 정부의 강력한 공격에도 불구하고, 사파티스타는 약화되지 않았다. 정부는 원주민 공동체를 황폐화시키고, 부사령관이자 대변인인 마르코스의 신분을 밝힌 것 말고는 아무런 성과도 얻을 수 없었다. 그리고 세디요 정부는 3월에 다시 대화와 협상 카드를 제시했다.

시민사회 운동으로 전환하려는 EZLN의 노력은 1996년 1월 1일에 "오늘 우리는 말한다: 우리는 여전히 여기에 있다! 우리는 존엄한 반란군이

자, 조국의 양심이다!Hoy decimos: Aquí estamos! Somos la dignidad rebelde, el corazón de la patria!"라는 제목으로 발표된 제4차 라칸돈 선언에서도 확인된다EZLN, 1996. 여기서 사파티스타는 선거직을 노리지도 않고, 정부 관직을 원하지도 않고, 권력 쟁취를 목적으로 하지도 않는 비당파적 시민사회 정치세력을 형성할 것을 촉구했다. 그를 위해 노동자, 농민, 원주민, 소작인, 교사, 학생, 양심적 예술가와 지식인, 뜻을 같이하는 종교인, 권력이 아닌 민주주의와 정의와 자유를 원하는 모든 멕시코인들이 참여하는 새로운 전국적 정치세력인 사파티스타 민족해방전선Frente Zapatista de Liberación Nacional, 이하 FZLN을 구축할 것을 호소했다.

한편 그해 게레로주에서 출현한 새로운 게릴라 그룹인 인민혁명군Ejército Popular Revolucionario, 이하 EPR도 EZLN의 시민사회 노선을 강화하는 계기가 되었다. 민주화를 위한 방법으로서 이미 무력 투쟁을 포기하고 있었던 사파티스타는 EPR 측의 연대 표명에도 불구하고 그들의 실천과 군사화 논리를 불법적인 것으로 규정하고 받아들이지 않았다. 그에 대해 정부는 사파티스타는 대화의 상대로 인정하면서도 EPR에게는 강력한 군사적 대응으로 맞섰다. 어쨌든 EPR과 EZLN의 관계는 사파티스타가 무장투쟁 노선을 완전히 단념했음을 명백히 보여주었다.

시민사회 운동화하려는 사파티스타 운동에 대해 페트라스Petras, 1997는 EZLN를 라틴아메리카 좌파 '제3의 물결'로 규정한다. 그에 따르면 '제1의 물결'은 과거와 같은 형태의 게릴라 운동이고, '제2의 물결'은 신자유주의 지향적인 선거좌파이며, '제3의 물결'은 농민과 원주민들이 주도가 된 사회운동들이다. 라틴아메리카 좌파 '제3의 물결'은 앞선 두 좌파의 기회주의적 태도를 비판하면서, 수평적 조직 구조를 가지고, 정치 정당들과 거리를 두며, '합법적' 혹은 '직접적 행동' 전술을 뒤섞으면서 선거좌파들이 포기한 정치 공간을 채우고, 민주주의, 토지, 문화의 회복과 같은 요구를 한다. 따라서 페트라스는 사파티스타가 브라질의 무토지농민 운동, 볼리비아의 코카재배업자와 원주민 운동 등등과 같이 라틴아메리카 좌파 '제3의 물결'과 같은 성격을 지닌 운동으로 이해되어야 한다고 한다.

사파티스타 운동은 게릴라식 무장 투쟁으로 시작되었으나 궁극적으로 권력 장악을 목표로 하지 않는 시민운동으로 전환했다. 또한 과거와 같이 전위적 좌파 지식인들이 주도하고 원주민들이 수동적으로 추종하는 식의 게릴라 운동이 아니라 원주민들 스스로가 운동의 리더이자 주체가 되었다. 부사령관 마르코스가 상사인 원주민 사령관들을 대변하는 모습은 과거의 게릴라 운동들과는 완전히 다른 새로운 모습이다. 게다가 앞으로 살펴보겠지만 원주민 권익 옹호를 위해 사파티스타는 원주민의 삶을 위협하는 근대화 개발 프로젝트에 반대한다. 이런 모습을 통해 고대 마야문명의 후손들은 가장 첨단의 '포스트모던' 혁명을 탄생시키게 되었다(애너 캐리건, 2002: 701-703).

5. 산안드레스 협약과 원주민 권리회복

사파티스타의 시민사회 운동 전환과 평화적 전략에 대한 정부의 대응은 평화협상과 함께 저강도 전쟁으로 맞서는 것이었다. 정부는 공식적 차원에서 EZLN에 대한 언급을 회피하면서, 치아파스 지역의 준군사그룹들에 의한 폭력행사를 사실상 눈감아 주었다. 정부는 원주민 공동체에 대한 저강도 전쟁을 벌임과 동시에 치아파스에서 활동하는 외국인 활동가들에 대해서도 공격과 방해 공작을 펼쳤다. 공동체를 분열시키기 위한 공작도 동시에 진행되었다.

그러나 한편으로는 평화협상을 위해서 '화합과 평화를 위한 의회 위원회Comisión Parlametaria de Concordia y Pacificación, 이하 COCOPA'를 구성해 원주민 문제를 다루기 시작했다. COCOPA는 원주민의 권익과 문화와 관련된 의제들을 다루기 위해 세디요 정부의 위임을 받아 각 정당 의원들로 구성된 위원회이다. COCOPA는 원주민 대표자들과 1년에 걸친 협상을 통해 1996년 2월 16일 '원주민 권리와 문화에 대한 산안드레스 협약Los Acuerdos de San Anrès sobre Derechos y Cultura Indigena'이라는 제안을 제출했다.

네 개의 각각 다른 문서로 구성되어 있는 이 협약은 정부와 원주민의 관계가 원주민의 권리, 문화적 자치, 토지개혁, 정치적 참여에 기반을 둔 새로운 전제 아래 재설정될 필요가 있다는 사실을 반영한다. 비록 정부가 그의 입법화를 수용하지는 않았지만 COCOPA는 그 협약의 일부 항목들을 헌법에 반영하기 위한 입법안을 제출했다. 그에 대해 세디요 정부도 자신의 대체 법안을 역시 의회에 제출했다.

COCOPA와 정부 제출 법안의 차이는 국민, 마을, 공동체 등 다양한 의미를 가지는 '푸에블로스pueblos'라는 단어에 대한 각각 다른 의미 부여로 인한 것이다. 국민이라는 의미에서 '푸에블로스'는 국제법상 당연히 자결권을 가진다. 따라서 산안드레스 협정에서 언급하고 있는 '푸에블로스 인디헤나스pueblos indigenas'도 당연히 자결권을 가져야 한다. 따라서 정부의 법안에는 그 대신 보다 제한적 의미를 가지는 '원주민 공동체comunidades indigenas'라는 표현을 사용한다. 정부의 이러한 조심스러운 태도는 산안드레스 협정의 비준이 국가를 분열시킬 수도 있다는 두려움 때문이다. 그러나 실제 원주민이 원하는 자치는 완전한 분리나 자유방임적 자치가 아닌 헌법적 틀 내의 정치적 문화적 자치를 의미한다. 자치를 통해 원주민들이 원하는 것은 분리가 아니라 오히려 소외를 줄이는 것이다.

따라서 사파티스타를 비롯한 대부분의 원주민 운동이 요구하는 자치라는 대의가 변화를 지향하는 다양한 스펙트럼의 멕시코 시민사회의 광범위한 지지를 획득할 수 있었던 것이다. 사실 에콰도르를 제외하고 원주민 운동이 이렇게 대중적 지지를 획득한 깃은 멕시코가 유일하다.

2000년 11월 72년간의 제도혁명당 장기집권이 막을 내리고 우파인 국민행동당PAN의 비센테 폭스가 대통령에 당선되었다. 그는 대통령에 당선되면 치아파스 문제를 '15분 내에' 해결하겠다고 공언했다. 하지만 EZLN는 정부와 대화를 재개하는 조건으로 산안드레스 협약을 이행하고, COCOPA의 제안을 법률로 제정하며, 사파티스타 관련 수감자들을 즉시 석방하고, 치아파스를 비군사화할 것을 요구했다. 그리고 그러한 요구를 관철하기 위해 CCRI−CG의 24명 원주민 대표단을 멕시코시티에 파견할 것을 선언했다.

그에 따라 2001년 2월과 3월에 걸쳐 '사파티스타의 행진'이 이루어졌다. 이를 통해 EZLN는 다시 사회에 모습을 드러냈고, 원주민의 권리를 국가적 의제로 설정하는 성과를 거두었다. 네 명의 사령관이 상원에서 연설할 기회를 얻었는데 그들은 각각 차아파스에서 평화의 필요성, 산안드레스 협약의 중요성, 법률의 부정의성, 원주민 전통의 의미와 COCOPA 제안의 법률화에 대해서 언급했다.

4월 25일 원주민 권리와 문화를 위한 COCOPA 법안이 의회에서 통과되었다. 하지만 그것은 최초의 제안이 상당히 수정된 것으로 사파티스타가 원했던 것과는 상당한 차이가 있었다. 무엇보다 ILO169조가 인정하는 원주민의 토지권이 법적 기준이나 절차로 명시되지 않았다. "새로운 헌법에서 원주민 공동체는 '공적 권리의 실체'로서가 아니라 오히려 '공적 이해관계의 실체'로 인정(인식)되었다는 것이다. 이것은 원주민들이 공적정책들의 수용자가 될 수 있다는 것이지 '권리의 주체', 즉 국가조직의 참여자가 될 수는 없다는 것을 의미했다. 자율, 원주민 문화와 권리 등등에 관한 이슈들은 새로운 헌법에서 심각한 수준으로 제한되었으며, 수많은 조건들에 종속되었다."(미할리스 멘티니스, 2009: 91) 그에 대해 EZLN는 그러한 헌법 개정을 거부하며 COCOPA 법안이 헌법에 원안대로 승인되기까지 정부와의 대화를 재개하지 않을 것을 선언했다.

한편 정부는 멕시코 푸에블라에서 파나마에까지 이르는 가스관건설 등의 개발계획이 포함된 푸에블라−파나마 계획^{Plan Puebla−Panamá, 이하 PPP}을 발표했다. PPP는 치아파스를 통과하는 거대 개발 프로젝트로서 이 지역 원주민들과 농민들의 삶의 터전을 뺏고, 그들의 자원을 착취하고, 환경을 오염시키며, 나아가 삶 자체를 파괴할 수 있는 개발 계획이다. 사파티스타는 다국적 기업들에 이 지역 천연자원 개발을 허용하는 정부의 계획에 대해 강력한 반대 입장을 표명했다. 앞으로 사파티스타의 저항은 지속될 것이다. 그러나 그들의 원주민 권익 투쟁은 이제 새로운 국면에 접어들게 되었다.

6. 다른 원주민 운동들과의 관계

치아파스의 사파티스타가 주목을 받으면서 1990년대 이래 멕시코 다른 지역들에서 발생하고 있었던 또 다른 원주민 투쟁들은 잘 알려지지 않게 되었다. 멕시코 혁명의 한 원인이 되었던 저항으로 잘 알려진 소노라주 북부의 야끼족들은 최근 자치를 요구하고 있다. 게레로와 오아하카 주에서도 원주민들의 자치를 위한 투쟁이 전개되고 있다. 나야릿과 할리스코 주의 우이촐족은 목장주들에 의한 그들의 토지 착취를 고발하면서 산안드레스 협약을 지지했다. 또한 게레로의 산악지역에서는 EPR라는 또 다른 원주민 무장반란 조직이 탄생했다.

사실 사파티스타 운동의 정치적 구조도 1991년 이래 멕시코의 일부 지역에서 나타나기 시작한 새로운 형태의 원주민 운동으로부터 발전했다. 정부의 에히도 폐지와 같은 정책에 대한 공동체들의 대응은 몇몇 지역에서 과거의 문제점을 극복하면서 혁신적 성격을 띠기 시작했다. 공동체들은 과거와 같은 정치적 고립을 피하기 위해 운동의 지역적 연합을 시도했다. 그러한 계획은 공동체의 이해관계를 대변하는 각 마을 집회의 위임을 받은 각 지역 원주민 지식인들과 경험 있는 마을 지도자들에 의해 추진되었다. 그들은 각기 다른 공동체 공통 이해관계의 '연합'을 위해 지역의 비공식적 네트워크 설립을 원했다. 정기적인 지역적 수준의 회합을 통해 각 공동체의 지도자들과 그들의 대외적 대변인들은 자신들의 문제와 요구를 토론하고 가능한 해결책을 찾는 초기 지역 연합 네트워크를 형성했다.

물론 미초아칸, 오아하카, 베라크루스 같은 지역에서는 공동체 간의 오래된 갈등이 사라지지 않았다. 젊은 교사 그룹과 같은 그룹들은 각 마을의 특징을 경시하고 지역의 공통적 문제를 강조하고 싶었지만 나이든 마을 지도자들은 그들의 소지역주의와 다른 공동체와의 차이를 더 강조했다. 따라서 타협안으로서 초기의 원주민 지역 네트워크들은 정부나 개발 기구, NGO들에 대응하기 위한 공동의 문제와 요구에만 활동 영역을 제한했다. 이러한 형태의 지역적 집회들은 멕시코에 새로운 성격의 종족적-지역적 연합조직들의 출현을 가능하게 했다.

이러한 새로운 형태의 조직들로는 미초아칸주의 뿌르헤뻬차 종족Nación Purhépecha, 게레로주의 알또 발사스 나우아족 위원회Consejo de Pueblos Nahuas del Alto Balsas, 오아하카주의 믹세스 지도자 회의Asamblea de Autoridades Mixes와 뜨리끼 투쟁연합 운동Movimiento de Unificación de la Lucha Triqui 등이 있다. 이들은 공동체의 자기 결정권의 관습적 실천을 위협하는 중앙정부에 맞서 자신의 주권을 선언하는 공동체들의 비공식적 연합으로부터 탄생했다.

이와 같은 종족적-지역적 연합체들이 멕시코의 다양한 원주민 거주 지역에서 1992년 이후 출현했지만 원주민의 지역 자치나 헌법개혁과 같은 주제를 본격적으로 논의하게 된 것은 결국 1994년 EZLN의 등장한 이후부터이다. 1992년에도 '신대륙발견' 500주년 기념에 반대하는 선언적 제안들이 있었지만 그것은 공동체 단위, 지역 단위 원주민 운동들의 참여를 기반으로 하지 않았다. 그러나 EZLN의 등장 이후 원주민 권리 회복을 위한 정부와 EZLN 간의 협상은 이러한 종족적-지역적 연합들을 전국적으로 급속히 하나로 모으는 과정으로 이끌어갔다.

치아파스 무장 반란 직후 치아파스 원주민과 농민 조직 주 위원회Consejo Estatal de Organizaciones Indigenas y Campesinas de Chiapas, 이하 CEOIC가 지금까지 멕시코 헌법 4조의 개혁을 위한 투쟁을 전개해 왔던 상부조직 원주민 독립 전선Frente Independiente de Pueblos Indios, 이하 FIPI의 후원 아래 설립되었다. FIPI 나 또 새롭게 설립된 자치를 위한 다원적 원주민 전국회의Asamblea Nacional Indigena Plural por la Autonomia, 이하 ANIPA는 치아파스의 사파티스타 지역에서 이미 설립된 것과 같은 지역 단위의 원주민 자치정부를 합법화할 헌법 수정을 위해 상세한 제안들을 만들기 시작했다.

그럼에도 불구하고 새로운 종족적-지역적 연합 운동과 거의 직접 접촉 없이 야당인 민주혁명당PRD 소속으로 전국적 정치의 장에 이미 가입한 원주민 지식인들이나 학자들이 이러한 조직 주도의 전국적 이니셔티브에 있어 오히려 장애물이 되었다. 그러나 이러한 어려움도 산안드레스에서 EZLN와 정부 간의 원주민 권리와 문화에 대한 협약이 진행됨에 따라 극복되었다. 이 회담을 위해 사파티스타 협상가들은 새로운 원주민 조직, 지식인, 학자 등 원주민 운동의 전체 스펙트럼을 모두 협상팀의 한 부분으로 끌어모으는 데 성공했다.

멕시코에는 56개의 원주민 그룹이 존재한다. 이들은 소외라는 공통점을 제외하면 정치·경제·문화적으로 각각 다양한 특징과 문제점들을 가지고 있다. 사파티스타도 그들의 운동이 결코 천만 명에 달하는 이들 원주민들을 모두 하나의 틀 속에 집어넣고, 이들을 위한 하나의 해결책을 제시할 수 없음을 잘 알고 있다. 멕시코 원주민들이 종족적 특징이 정착 지역의 형태, 생존전략, 정치조직, 사회구조, 종교, 역사, 종족 간의 관계 등에 따라 매우 다양하기 때문에, 이를 인식한 사파티스타는 1994년 봉기 이후 원주민 전체를 위한 어떤 특별한 이데올로기를 규정하기보다는 각각의 목소리를 듣고 이해하기 위해 노력해왔다.

원주민 권리 인정을 위한 산안드레스 협상의 계속되는 라운드들을 준비하기 위해 1994년 12월에 게레로의 산악지역인 뜰라빠Tlapa에서 제1회 전국원주민집회Convención Nacional Indígena, 이하 CNI가 개최되었다. 그리고 그 후 몇 번에 걸친 전국대회를 거치면서 전국원주민의회Congreso Nacional Indígena, 역시 CNI는 현재 멕시코 원주민 조직의 가장 대표적 포럼으로 자리 잡았다. 다양한 원주민 그룹의 통합체로서 CNI는 종족 간의 다양성에도 불구하고 서로의 차이를 인정하고, 모든 의사결정을 만장일치는 아니라도 민주적 방식에 따라 수행했기 때문에 최소한의 통합을 유지할 수 있었다.

1994년부터 EZLN과 함께 성장한 원주민 운동의 특징은 그의 문화적·이데올로기적·정치적 다양성이다. 이러한 다양성은 다양한 경험과 투쟁 전략을 공유할 수 있는 장점도 있지만 동시에 자치에 대한 다른 개념, 다른 방식의 조직 역사와 형태, 서로 반대되는 정치적 동맹 등으로 인해 공동의 정치적 의제를 설립하기 어렵다는 단점도 있다.

실제로 2005년 대선을 앞두고 '다른 선거전La Otra Campaña'을 전개하기 위해 EZLN에 의해 소집된 CNI에는 정치적 차이로 인해 참여하지 않은 원주민 조직들이 적지 않았다. 그들 중에는 멕시코 원주민 자치 운동의 선구적 역할을 했던 조직인 ANIPA도 들어 있다. 그의 부재는 전국적 원주민 운동이 직면하게 된 가장 중요한 도전이 원주민 운동의 내부적 분열, 그리고 지역 프로젝트와 전국 정치적 의제 간의 갈등임을 다시 한 번 말해 주었다. 사파티스타 운동이 멕시코 원주민들에게 새로운 세상을 열어줄 것인지, 아니면 창조와 파괴의 또 다른 한 사이클로 끝날지는 아직까지 결론지을 수 없다. 그러나 확실한 것은 원주민들이 멕시코 정치에서 중요한 역할을 맡게 된 것은 분명하다. 지금까지 정치적으로 철저히 소외되었던 원주민들이 정부의 고위 관료들과 테이블에 마주 앉아서 협상을 벌이고 의회에서 연설을 하는 것만으로도 충분히 새로운 변화라고 할 수 있다.

그러나 그것만으로 원주민 운동의 목적이 달성된 것은 아니다. 앞으로 멕시코 원주민 운동의 성공 여부는 상당 부분 원주민 운동의 전국적 통합 강화 여부에 달려 있다. 멕시코의 원주민 종족들은 다양한 지역에 걸쳐 다양한 삶의 조건과 상이한 문화를 가지고 있다. 따라서 이들 모두의 이해관계를 하나로 결집하는 것은 결코 쉬운 일이 아니다. 그럼에도 불구하고 이들은 토지의 약탈, 정치적 소외라는 공통의 문제를 동시에 안고 있다. 따라서 원주민 운동의 통합과 공동의 의제 개발은 어렵지만 결코 불가능한 일만은 아닐 것이다.

IV. 원주민 운동과 정당정치

2005년 8월 사파티스타 자치시 체딸 공동체인 하비에르 에르난데스에 전국 51개 원주민 조직의 회원들이 EZLN의 소집 요청에 따라 국가의 공식적 대통령 선거전에 맞서는 대안적 운동을 계획하기 위해 모였다. 그 결과 나온 '다른 선거전'이라는 제목의 제6차 라칸돈 정글선언은 현재 진행되고 있는 대선이 세금을 낭비하는 행위에 불과함으로 무엇보다 먼저 반자본주의 투쟁을 위한 전국적 프로그램을 고안하고, 나아가 반물신적이고 성직하고 다른 사람에게 기여하는 정치의 길을 설립하기 위해 원주민과 더불어 농민, 학생, 교사, 도시와 농촌의 노동자들이 확대전선을 형성해야 한다고 주장했다. 최종적으로 '다른 캠페인'은 새로운 헌법을 만들기 위한 제헌의회를 소집할 것을 제안했다EZLN, 2005.

'다른 캠페인'은 아이디어의 풍요로움에 비해 물질적 기반이 부족하다는 점에서 당파적 선거 운동과 대조된다. 정당들의 대선 캠페인을 위한 연방정부의 예산이 10억 달러를 초과하는 데 비해 라칸돈의 원주민 대표자 모임은 모든 것이 자비에 의해 실현되었다. 대선 캠페인이 후보자들 간의 상호 비방에 의해 점철되었다면, '다른 캠페인'은 농촌-환경조합, 인권센터, 농민조직, 지역주민연합 등에서 다양한 원주민 조직들이 전개해 왔던 풍부한 경험들을 서로 나누는 장이 되었다. 정치적 견해 차이로 비록 회의 소집에 멕시코의 모든 원주민 조직들이 다 참여한 것은 아니지만, '다른 캠페인' 선언은 EZLN가 주도하는 원주민 운동의 정당정치와의 관계를 분명히 했다는 점에서 흥미롭다.

'다른 캠페인'에서 언론의 주목을 가장 많이 받은 부분은 마르코스의 민주혁명당PRD과 그의 대통령 후보인 안드레스 마누엘 로페스 오브라도르Andrés Manuel López Obrador, 이하 AMLO에 대한 비판이었다. 마르코스는 PRD와 AMLO가 기업적 이익과 협력하면서 좌파정당으로서의 정체성을 상실했으며, 당원들의 부패를 묵인함으로써 도덕성도 상실했다고 비판했다. 물론 마르코스가 PRD만을 비판한 것은 아니었다. 그는 PRI와 여당인 PAN도 멕시코 '신자유주의 악몽'의 책임자로서 강력히 비판했다. 실제 사파티스타의 비판은 멕시코의 모든 당파적 정치 기구들과 오늘날 멕시코에서 실현되고 있는 선거민주주의 구조 그 자체를 겨냥하고 있다. 게다가 사파티스타와 PRD의 거리감이 이미 수년 전부터 있어 왔던 일임에도 불구하고, 이번 '다른 캠페인' 선언이 대선을 앞두고 이 두 조직에 함께했던 지지자들의 분열을 의미한다는 점에서, 그리고 사파티스타의 제도적 좌파에 대한 최초의 강력한 공식적 비판이었다는 점에서 주목을 받았다.

하지만 이런 일들이 원주민들의 진정한 관심사는 아니다. 그들의 관심은 자치, 지속가능한 발전, 원주민 관습법과 정의 등의 지역적 프로젝트와 그러한 관심을 포함하는 전국적 정치 의제의 설립에 있다. PRD의 최근 우경화나 부패 스캔들과는 별도로 실제 멕시코 원주민 운동의 정당정치에 대한 회의는 아주 오래된 일이다. 원주민과 정당정치와의 관계는 항상 매우 미약했다. 그것은 잘해야 특별한 투쟁에서 동맹을 강화하는 데 도움을 주는 정도였고, 대부분의 경우에는 정당의 지지를 등에 업고 자신의 정치적 경제적 이권만을 챙기려는 원주민 까시케cacique를 만들고 정당화하는 데 기여했을 뿐이다.

8월 모임에 참여한 오아하카 원주민 인권 조직Organizaciones Indias por los Derechos Humanos en Oaxaca, 이하 OIDHO은 원주민 그룹과 정당과의 관계에 대해 다음과 같이 언급하고 있다. "어떤 정당도 원주민들을 이해하고 존중하지 않는다. PRI는 우리를 이용했고, PAN은 가난한 사람들이 어떻게 사는지 모르는 데다 인종주의자들이고, PRD는 실현시키지도 못할 기대만을 부풀려 놓았다. 심지어 우리의 주와 우리의 지역에서 PRD는 원주민을 자신의 의도대로 이용할 수 없을 때 권력자들과 연합해 우리의 데모 행진이나 투쟁의 힘을 잃게 만드는 역할을 했다." Hernández Castillo and Furio, 2006: 117-118

물론 원주민들이 선거민주주의를 받아들이거나 혹은 거부하는 정도는 지역에 따라 또 지역의 정치적 조직적 역사에 따라 매우 다르다. 그러나 많은 원주민 지역에서 자유 비밀선거는 공동체 집회의 토론과 합의를 통한 지도자의 선출이라는 전통적 방식과 대조된다. 따라서 선거 방식은 때때로 전통적 통치 방식을 위협하는 외부적 강요로 이해된다. 비록 공동체 집회가 일부를 소외시키고 지역 엘리트만을 생산하는 점도 있지만, 그러한 형태의 전통적인 정치적 실천이 공동체의 응집력을 유지하는 데에는 중요한 역할을 했다고 믿는다.

물론 원주민들이 독립적 공동체를 조직해서 선거에 참여하고, 전국 정당과 독립적 지위를 유지한 채 연합하는 등의 방식을 통해 선거정치와 전통시스템을 조화할 가능성이 없는 것은 아니다. 그러나 원주민 조직들과 정당의 독립적 연합이 가능하기 위해서는 우선 원주민들의 특별한 요구 사항들이 정당의 주요 의제로 채택되어야 하고, 나아가 정당의 원주민들에 대한 수직적 후견인 관계가 변화해야 할 필요가 있다.

그러나 멕시코의 기존 정당에서 원주민들의 구체적 요구가 그들의 중요한 의제가 된 적은 한 번도 없다. 70년 이상 멕시코를 지배했던 정당인 PRI나 우파 정당인 PAN은 말할 것도 없고 소위 좌파 정당이라는 PRD도 원주민들의 그러한 요구에 무관심하거나 심지어 원주민과 농민 조직에 대한 대면 혹은 억압의 오랜 역사를 가지고 있다. 비록 PRD가 1993년부터 자신들의 정당 강령에 원주민 권리와 자치의 문제를 포함하고 있기는 하지만 그것이 원주민에게 영향을 주는 법제정과 관련된 PRD의 상원과 하원의원들의 입장에 반영되지는 않았다. 뿐만 아니라 그러한 강령은 PRD 주지사들의 행동에도 전혀 영향을 주지 않았다. 지방선거나 전국 선거에서 '좌파' 후보의 승리는 대게 불행히도 원주민들을 위한 변화를 의미하지는 않았다. 최악의 경우에 그것은 오히려 원주민 운동의 리더들을 국가 인디헤니스모 기구로 끌어감으로써 독립적 원주민 조직을 오히려 붕괴시키는 결과를 가져오기도 했다.^{Hernández Castillo and Furio, 2006: 118-119.}

치아파스 주의 경우 독립적 원주민 운동과 PRD의 긴장은 최근 PRD 시정부와 사파티스타 지역 지지자들 사이에 폭력적 양상으로까지 전개되었다. 2004년 상수도에 대한 접근을 요구하는 평화적 시위를 시당국이 무장 공격함으로써 35명을 크게 다치게 했다. 이 사건은 치아파스의 PRD와 사파티스타 운동을 결정적으로 분열시키는 계기가 되었다. 게레로 주에서도 PRD 주정부는 수력발전소 건설에 반대하는 독립적 원주민 조직들을 탄압했다.

멕시코의 독립적 원주민 운동이 정당들과 거리감을 두고자 하는 것은 보다 더 뿌리 깊은 역사에서 기인한다. 기본적으로 멕시코 정치계는 원주민에 대해 인종주의적, 배타적 시각을 가지고 있다. 그들은 원주민들을 국가의 진보에 대한 장애물 혹은 프롤레타리아 의식에 대한 방해물로 보았다. 기껏해야 원주민들은 선거 때 그들에게 표를 줄 수 있는 농민의 일원으로 간주될 뿐이었다.

1930년대 중반 PRI는 그의 전신인 멕시코혁명당[PRM] 시절부터 원주민들을 정부의 조합주의 정책에 따라 국가에 종속된 존재로 만들고자 했다. PRI는 70년 이상의 통치 기간에 인디헤니스모를 통해 원주민의 문화적 차이를 인정하는 수사를 채택했지만, 기본적으로 그런 정책들은 원주민에 대한 자신의 영향력 확대를 위한 도구에 불과했다.

PRI가 인디헤니스모를 통해 원주민의 존재를 인정하는 동안, 좌파 정당들은 원주민 문제를 여전히 경제적 착취와 정치적 배제의 문제로만 인식했다. 그러나 1980년대부터 PRD도 원주민 자치에 대한 논의를 시작했다. 이런 노력에도 불구하고 원주민의 정치적 문화적 요구는 PRD의 주요 정치 의제에서 여전히 배제되고 있다.

최근 PRD 국회의원들은 원주민 자치권을 제한하는 법의 통과를 승인했다. 2001년 상원에서 PRD를 포함한 주요 3당 대표들은 원주민 자치 요구를 빠뜨린 헌법 개혁을 허용했다. EZLN와 독립적인 원주민 운동들은 이 법을 산안드레스 협약에 대한 배신으로 간주했다. 그에 대해 PRD 하원 의원들은 '전술적 실수'라고 잘못을 인정했으나, 많은 원주민 조직들은 그로 인해 PRD에서 멀어졌다.

비록 새로운 법이 과거와 같이 메스티사헤를 통한 단일 문화와 국가적 통합만을 강조하는 것이 아니라 원주민의 문화적 다양성의 존재를 인정하고는 있지만, 그러한 문화적 차원의 강조가 원주민 문제에 대한 정치적 경제적 차원의 접근을 제한하는 것 또한 사실이다. 다시 말해 그것은 다양성을 인정했지만 다양한 존재들에게 어떤 권리나 힘을 부여해 주지는 않았다. 결과적으로 그것은 원주민들에게 정의를 의미하는 어떤 실질적 변화도 만들어내지 못했다Hernández Castillo et al., 2004. 따라서 헤일은 폭스 정부의 이러한 정책을 '신자유주의적 다문화주의multiculturalismo neoliberal'라고 정의하기도 한다Hale, 2002.

정당과 원주민 사이의 이러한 갈등의 역사는 왜 EZLN가 제도적 좌파와 정당을 그렇게 비판하고 불신하는지, 그리고 왜 원주민 조직들이 선거전에 참여하는 데 무관심한지를 이해하게 한다. 그 결과 사파티스타는 최근 '다른 캠페인'을 통해 정당정치와 선거와의 단절을 선언하고 공동체 자치와 같은 새로운 형태의 정치를 모색하게 되었다.

따라서 정당들이 원주민들을 끌어들이기 위해서는 무엇보다 원주민의 요구를 자신의 주요 의제로 설정하고, 원주민과 정당 엘리트들 간의 후견인적 관계를 극복하고 수평적 관계를 설정해야 한다. 이런 조건들이 성립되지 않는다면 멕시코에서 볼리비아나 에콰도르와 같은 원주민 정당정치의 활성화를 보기는 힘들 것이다.

6장 과테말라의 마야 원주민 운동:
폭력의 희생자를 넘어

I. 서론

과테말라는 원주민 인구의 비중이 거의 반을 넘어서는 라틴아메리카의 몇 안 되는 나라 중 하나이다. 그리고 과테말라 사회의 극단적 양극화는 종족적 차별과 밀접히 관련되어 있다. 게다가 원주민 인구의 다수는 서부고지대에 집중되어 있다. 따라서 과테말라는 원주민 인구의 비중으로 보나 그들의 사회적·지리적 조건으로 보나 원주민 운동이 발전할 수 있는 최적의 조건을 가지고 있다고 할 수 있다.

그러나 한편으로 과테말라는 36년에 걸쳐 약 2십만 명의 사상자와 실종자를 낸 라틴아메리카에서 가장 길고 피비린내 나는 내전을 경험한 나라이기도 하다. 이런 환경 아래에서 과테말라의 원주민 운동과 종족성 정치는 안데스 지역 국가들처럼 발전할 수 없었다. 따라서 과테말라에서는 원주민 운동을 말하기보다 오히려 원주민은 정치적 폭력의 희생자로서 다루어진다. 종족적 정체성을 내세우는 운동도 말 그대로 운동이라기보다는 오히려 문화 활동의 수준에 머무르고 있다. 이런 점들을 고려하면서 과테말라 원주민 운동이 지금까지 전개되어 온 전반적 상황과 문제점들을 파악하고자 한다.

이를 위해서 우선 과테말라의 원주민 인구의 비중과 그들의 지리적·사회적 조건들을 살펴보고, 다음으로 민중—좌파운동으로서의 원주민 운동과 군부의 억압, 그리고 국가 주도하의 원주민 조직화를 분석하고, 나아가 이런 상황 아래에서 전개되는 문화 활동으로서의 원주민 운동도 살펴볼 것이다. 마지막으로 과테말라에서 원주민의 종족성 정치의 한계와 가능성에 대해서도 분석할 것이다.

Ⅱ. 과테말라의 원주민 비중

과테말라의 원주민은 2002년 인구조사 통계에 따르면 4,610,440명으로 전체 인구 11,237,196명 중 41%를 차지한다. 원주민 인구의 이러한 비중은 라틴아메리카에서 볼리비아(62%) 다음으로 높은 것이다INE, 2002.

특히 과테말라의 원주민 인구 비중은 18세기 말 이후 전반적으로 지속적 하락세를 이어온 것에 비해 최근 오히려 약간 증가하는 현상을 보여주고 있어 흥미롭다. 1778년 과테말라의 원주민 인구 비중은 90%를 넘었다. 그러나 독립 이후 지속적 하락세를 거쳐 1989년에는 40% 이하인 37.12%까지 떨어졌다. 그러나 1990년대에 들어서면서 원주민 인구의 비중은 다시 조금 늘어나 1994년 인구조사에서는 42.80%까지 올랐다. 그리고 2002년에는 다시 약간 감소했으나 1989년보다 높은 41% 수준을 유지하고 있다.

물론 이러한 변화는 정체성을 측정하는 방법에 따라 약간의 영향을 받는다고 생각된다. 1981년까지 과테말라 인구조사에서 원주민이라는 정체성은 조사자의 판단에 따라 결정되었다. 그러나 1989년부터 과테말라의 원주민 인구를 측정하는 기준은 자기 판단이 되었다. 1989년 이후

<表 1> 과테말라 원주민 인구수와 비중의 변화(1778~2002)

연도	원주민 수(명)	원주민 비중(%)
1778	387,951	90.04
1880	844,744	68.98
1893	882,733	64.68
1921	1,299,927	64.84
1950	1,491,725	53.45
1964	1,808,942	42.19
1973	2,260,024	43.80
1981	2,536,523	41.90
1989	3,215,848	37.12
1994	3,476,684	42.80
2002	4,610,440	41.00

자료: Adams, 1994: 156; CEPAL, 2006: 97; INE, 2002

과테말라 통계청INE은 "당신은 원주민입니까?¿Es indígena?"라는 매우 단순한 질문을 통해 정체성을 파악하고 있다. 이러한 자기 판단 기준은 아무래도 정치사회적 상황에 의해 영향을 받는다. 따라서 1990년대에 원주민 인구 비중의 증가도 국제적 환경과 국내의 민주화와 평화협상이라는 요인에 의해 영향을 받았을 것이다. 어쨌든 자기 판단 기준에 따른 원주민 인구의 비중은 거의 모든 나라에서 태생어에 따른 비중보다 높게 나타난다. 그것은 과테말라에서도 예외는 아니다.[61] 하지만 자기 판단 기준으로서 "당신은 원주민입니까?"라는 다소 직설적이고 단순한 질문은 원주민 인구의 과소평가를 가져올 수도 있을 것이다[62]Hall and Patrinos, 2006: 39.

---

[61] 2002년 원주민이라고 스스로 규정한 41% 중 태생어가 원주민어인 사람들은 78%이다. 자기 판단 기준에 따르면 전체 인구 중 주요 종족인 키체는 11.3%, 켁치는 7.6%, 칵치켈은 7.4%, 맘은 5.5.%를 각각 차지하지만, 태생어에 따르면 이들의 비중은 각각 8.7%, 7.0%, 4.3%, 4.6%로 줄어든다(INE, 2002).

[62] 1970년대 말에서 1980년대 중반까지 정부는 대 게릴라정책의 일환으로 원주민이 주로 거주하는 우에우에테낭고, 키체, 치말테낭고, 알타베라파스 주에서 원주민 마을들을 소각하는 정책을 실시했다. 일부 지역에서 원주민들에 대한 정부의 이러한 공격적 태도는 1996년 게릴라와 정부군 사이에 평화협정이 체결될 때까지 지속되었다. 따라서 당시 북서부 고지대에서 '원주민'으로 규정되는 것은 자신과 자신이 속한 공동체에 심각한 위협이 될 수도 있었다. 1989년 이후 인구조사부터 자기 판단 기준이 적용됨에 따라 이러한 조건들이 얼마나 정체성의 규정에 영향을 미쳤는지 정확히 알 수는 없다. 그러나 이런 이유들로 인해 자기 판단 기준에도 불구

과테말라 원주민 인구의 대부분은 전체 인구 중 0.2%를 차지하는 신카스족[Xincas63]을 제외하면 나머지는 모두 광범위하게 마야[Maya]족에 속한다. 번 마야족에는 21개의 개별 종족들이 존재하는네 이들 중 키체[Kiche]가 28.81%, 켁치[Qeqchi]가 19.31%, 칵치켈[kaqchikel]이 18.88%, 맘[Mam]이 13.99%로서 이들 4개 종족이 전체 마야족의 80.99%를 차지한다. 나머지 17개 종족들 중에서 전체 비중이 4%를 넘는 종족은 없다[CEPAL, 2006: 99].

<표 2> 지역별 원주민 언어, 원주민 수, 원주민 비중, 빈곤층(2002)

지역	주 (departamento)	언어	원주민 수 (명)	원주민 비중 (%)	빈곤층 비율 (%)
수도	과테말라시	다언어	343,154	13.5	28.99
중부와 서부 고지대	사카테페케스	칵치켈	104,802	42.3	33.88
	치말테낭고	칵치켈	352,903	79.1	55.99
	솔롤라	칵치켈, 추투힐, 키체	296,710	96.4	70.47
	토토니카판	키체	333,481	98.3	88.23
	케찰테낭고	키체	338,055	54.1	70.94
	산마르코스	맘	248,639	31.3	90.46
	우에우에테낭고	맘, 폽티, 아카테코, 추호, 칸호발	551,295	65.1	79.06
	키체	키체, 아와케테코, 익실, 사카풀테코, 우스판테코	581,996	88.8	85.3
중동부지역	알타베라파스	켁치, 포콤치	720,741	92.8	76.99
	바하베라파스	아치	127,061	58.8	81.38
	엘프로그레소	스페인어	1,250	0.9	58.79
	할라파	스페인어	46,766	19.3	85.04
	사카파	스페인어	1,574	0.8	50.07
	치키물라	초르티	50,427	16.7	59.85
	이사벨	가리푸나, 켁치	73,151	23.3	51.48
페텐지역	엘페텐	켁치	113,462	30.9	63.96

하고 원주민 인구가 여전히 전반적으로 과소평가되고 있음은 사실이다(Adams, 1994: 183).

63) 신카스족은 과테말라 남부, 즉 엘살바도르 국경 지역의 산타로사, 후티아파, 하라파 주에 주로 거주하는 종족으로서 그들의 총 수는 16,000명에 불과하다. 그런데 흥미로운 것은 신카스어가 스페인의 바스크어처럼 고립된 언어로서 과테말라에서 유일하게 마야어족에 속하지 않는다는 점이다.

	레탈울레우	다언어	54,811	22.7	59.43
	수치테페케스	추투힐	208,200	51.5	54.63
태평양연안지역	에스쿠인틀라	스페인어	40,297	7.5	36.53
	산타로사	신카	8,373	2.8	58.43
	후티아파	스페인어	13,292	3.4	70.20
총			4,610,440	41.0	

자료: INE, 2002; CEPAL, 2006: 106

　<표 2>에서 볼 수 있듯이 과테말라 원주민의 전체 비중은 41.0%이지만 원주민들이 대부분 중부와 서부 고지대, 중동부 지역의 알타베라파스와 바하베라파스 주에 집중되어 있기 때문에 과테말라의 22개 주 중 9개 주에서 원주민 인구가 과반수를 넘는다. 특히 중부와 서부 고지대의 솔롤라와 토토니카판 그리고 중동부지역의 알타베라파스 3개주의 원주민 비중은 90%를 넘는다. 원주민 인구의 이러한 집중은 과테말라에 종족성의 정치가 발전할 수 있는 좋은 조건임에 틀림없다.

　한편 원주민 인구의 비중과 빈곤층의 비중은 직접적 관련성이 없는 것처럼 보인다. 빈곤층의 비율은 원주민 인구의 비중보다는 그 지역의 도시화 정도에 따라 보다 큰 차이가 난다. 예를 들어 맘족이 주로 거주하는 산마르코스 주는 원주민의 비중이 31.3%임에도 불구하고, 이 지역이 수도에서 멀리 떨어진 멕시코 국경지역으로서 도시화가 전혀 이루어지지 않았기 때문에 이 주의 빈곤층 비율은 90.46%에 달한다. 하지만 원주민들이 대부분 농촌지역에 거주하고 있기 때문에 원주민 비중이 높은 주는 거의 예외 없이 빈곤층 비율도 높다. 원주민들의 이러한 경제사회적 조건 또한 종족성 정치의 발전을 위한 중요한 요인이 될 수 있다.

III. 원주민 민중 - 좌파 운동

과테말라의 원주민 운동을 하나의 '운동movement'으로 규정하는 데는 아직 무리가 있다. 여기에는 아직 통합된 리더십도 없고, 운동의 방향도 일정하지 않다. 마야 원주민 운동은 다양한 소지역에서, 다양한 문제들을 다루는, 다양한 소조직들로 이루어져 있다. 대부분의 조직들은 지속적이지도 않다. 기존의 많은 조직들이 활동을 사실상 중단하고, 또 그 자리에 새로운 조직들이 탄생한다. 따라서 과테말라 마야 원주민 운동을 명실상부 하나의 '운동'이라고 규정하기에는 아직 부족한 점이 많다.

그럼에도 불구하고 과테말라의 원주민 운동은 크게 두 가지 형태로 분류될 수 있다. 안데스 지역 국가들의 원주민 운동이 주로 지역에 따라 안데스 지역 원주민 운동과 아마존 지역 원주민 운동으로 나누어지는 것에 비해, 과테말라의 원주민 운동은 그의 성향에 따라 '원주민 민중 - 좌파' 운동과 '범마야 문화 활동Pan Maya Activism'으로 나눌 수 있다. 전자는 문화적이기보다는 계급적 성격을 지닌 것으로 엄격한 의미에서 원주민 종족 운동으로 볼 수는 없다. 그것은 안데스 국가들의 계급에 기반을 둔 농민 운동과 일면 유사한 점이 있다. 그럼에도 불구하고 안데스 국가들에서 나타나는 것처럼 이들 운동의 참여자들이 대부분 원주민들이라는 점에서 일단 그에 대해 간결하게나마 살펴보고 가야 할 것이다.

1. CUC과 CONIC

19세기 초 스페인으로부터 독립 이후 원주민에 대한 헌법적 지위는 상실되었다. 라디노ladino64) 지배 엘리트들은 인구의 대부분이 원주민인

---

64) 원래는 스페인계 백인과 원주민 사이에서 태어난 혼혈인, 즉 메스티소를 의미하나, 현재 과테말라에서는 원주

상황에서 그들에게 특별한 법적 지위를 부여할 이유는 없으며, 따라서 그렇게 하는 것 자체가 인종차별적이라고 주장했다[Adams, 1994: 157]. 따라서 1944년 알벤스 정부 때까지 과테말라의 원주민은 철저히 무시되었다.

1944년의 혁명은 원주민이 대부분인 가난한 농촌 지역의 문제에 국가가 더 많은 관심을 가지는 계기가 되었다. 뿐만 아니라 1944년 혁명은 정치적으로도 원주민들에게 보다 많은 자유를 부여했다. 원주민들은 토지나 노동 문제와 관련하여 스스로를 방어할 수 있는 능력을 조금씩 갖추기 시작했다. 그럼에도 불구하고 그때까지도 원주민 문제에 대한 국가의 관심은 전반적으로 매우 미약했다. 1960년대 초부터 시작된 게릴라 운동은 진보적 좌파 라디노들의 일이지 원주민과 직접적 관련이 없는 것으로 간주되었다. 그것은 실제 1960년대의 게릴라 운동이 마야원주민보다 라디노들이 지역 농민의 다수를 차지하는 동부지역에 집중되어 있었기 때문이기도 하다. 어쨌든 이 시기에 군부는 게릴라의 민간인 지지기반을 소멸한다는 전략에 따라 8,000명의 민간인을 살해했으며, 라틴아메리카에서 최초로 '하얀 손[mano blanca]'과 같은 우익 민간 폭력집단을 설립하기도 했다[Jonas, 2002: 260-261].

원주민에 국가, 즉 군부의 직접적 억압이 본격화된 것은 1970년대부터이다. 1960년대와 1970년대의 경제적 성장과 정치적 위기는 고지대의 마야인들을 도시나 해안 지역으로 이주하게 했다. 도시로 이주함에 따라 점차 라디노화된 마야 원주민들 특히 지식인들은 원주민 정체성 탐구를 통해 '원주민이 되는 새로운 길'을 찾기 시작했다. 따라서 도시로 진출한 마야 원주민들의 이러한 문화운동은 1970년대 이래 과테말라에

민을 제외한 모든 백인과 메스티소를 전부 라디노라 부르는 경향이 있다. 오랜 혼혈의 결과 순수한 백인, 순수한 원주민이 거의 존재하지 않는 현실에서 인구의 구분은 피부색에 따른 인종보다 문화적 차원에서 이루어지는 것이 일반적이다. 따라서 라디노는 백인과 메스티소 외에도 도시에 나와 메스티소화된 원주민들까지도 포함하는 포괄적 개념이다.

서 가장 의미 있는 원주민 운동으로 부상하게 되었다.

한편 원주민이 다수인 서부 고지대 농촌 지역에서 농민들은 농업의 위기로 인해 토지를 상실하고 점차적으로 플랜테이션 농장에서 열악한 조건의 날품팔이 농업 노동자로 전락하기 시작했다. 이러한 상황은 점점 더 많은 마야 원주민들을 급진화시켰다. 공식적으로 1978년에 설립된 농민연합위원회Comité de Unidad Campesina, 이하 CUC는 이러한 조건에서 탄생했다.

물론 CUC 설립에 대한 논의는 1970년대 초에 이미 시작되었다. 1974년 대통령 선거에서 드러난 부정으로 인한 고지대 농민들의 급진화는 그들의 조직화를 보다 자극했다. 초기에 마야 키체족이 중심이 되어 시작한 농민 조직은 점차 대부분의 마야인들과 가난한 라디노 농민들까지 포함하는 조직으로 성장했다. 따라서 CUC은 가난한 농민들-주로 대부분이 원주민-의 정치 경제적 권리를 방어하는 과테말라 최초이자 가장 활동적인 조직으로 발전했다.

특히 CUC은 1978년 알타베라파스 주의 판소스Panzós와 1980년 스페인 대사관에서 각각 자행된 대량학살 사건으로 인해 국제적 주목을 받기 시작했다. 특히 1980년 스페인 대사관 대량학살에서 군부는 약 30여 명의 원주민 시위자들을 산 채로 불태웠는데 여기서 희생된 사람들 중에는 1992년 노벨 평화상을 수상한 리고베르타 멘추Rogoberta Menchú65)의 아버지인 비센테 멘추Vicente Menchú도 포함되어 있다. 리고베르타의 아버지

---

65) 리고베르타 멘추는 과테말라 원주민 운동가들 중에 국제적으로 가장 알려진 인물이다. 1980년대 초에 그의 자서전을 출판함으로써 국내외적으로 주목받기 시작한 멘추는 단순히 원주민으로서가 아니라 일반적으로 과테말라 빈곤층을 대표하는 인물로 성장했다. 그녀는 순수하게 종족적 이슈에는 반대하는 입장을 취했으며, 따라서 계급 기반의 조직, 즉 CUC과 밀접한 관계를 유지했다. 게다가 좌파 URNG 게릴라의 입장에도 명백한 지지 입장을 취했다. 따라서 군부는 멘추를 게릴라와 같은 '반란자'의 범주에 포함시켰다. 그럼에도 불구하고 1992년 그녀의 노벨 평화상 수상은 마야 원주민의 상징으로서 멘추의 위치를 확립해 주었다. 노벨상 수상과 함께 과테말라 원주민의 대변자로서 그녀의 국제적 활동은 증가했다. 그러나 국내 정치에 있어 그녀는 자신의 선언과 달리 그를 실현하기 위한 구체적 노력을 하지 않는 것으로 평가받고 있다. 따라서 국내 정치에 있어 그녀의 영향력은 여전히 별로 크지 않다.

는 CUC의 초기 멤버였고, 리고베르타도 CUC과 밀접한 관계를 가졌다.

　1980년 2월 CUC은 남부 해안의 사탕수수와 면화 플렌테이션 농장에서 농업노동자들의 대대적 파업을 주도함으로써 지주와 군부에 악몽을 가져다주었다. 그 후 CUC은 게릴라 운동이 심화되자 그들의 일부로 포함되었다. 그에 따라 군부는 CUC을 '반란' 세력으로 간주하기 시작했다.

　CUC은 마야 키체족이 중심이 되어 시작했고, 그의 지지기반의 대부분도 마야 원주민들이다. 그러나 CUC은 근본적으로 자신들이 처한 문제를 종족적 이슈로 보기보다는 계급적 문제로 간주하고 있다. 따라서 CUC은 원주민들에 의해 원주민의 문제를 다루고 있음에도 불구하고 진정한 의미의 원주민 종족운동이라고 보기는 어렵다.

　그로 인해 CUC은 1992년 보다 종족적 입장을 취하는 세력들에 의해 분열되었다. 그리고 이들은 새로운 조직인 전국 원주민과 농민 조정기구(Coordinadora Nacional Indigena y Campesina, 이하 CONIC를 설립하게 되었다. 따라서 CONIC은 민중적 계급적 이슈보다는 상대적으로 종족적 이슈에 보다 많은 관심을 기울였다. 그에 따라 CONIC은 마야 지역 공동체의 이슈에 보다 많은 개입을 하게 되었는데 그의 가장 두드러진 사례가 산 호르헤 라라구나 공동체에 대한 지원이었다. CONIC의 지역 공동체 개입에 대해 중앙집권화된 정치적 조직이 지역공동체 운동을 기회주의적으로 조정한다는 비판이 있었지만, 실제로 CONIC의 개입에 대해 지역 공동체는 전혀 반감을 가지지 않았으며 지역공동체의 활동도 여전히 자치적으로 운영되었다.

　CUC이나 CONIC 그리고 앞으로 보게 될 인권운동 조직이 대부분 도시에 본부를 두고 있다면, 공동체 운동은 농촌 지역의 진정한 자발적 운동이라고 할 수 있다. 과테말라에서 원주민 조직들의 대부분이 도시에 본부를 둔 원주민 엘리트 주도의 운동이라면, 지역 공동체 운동이야말로 진정 원주민의 자발적 운동이라고 할 수 있다. 그러나 과테말라에서 이러한 공동체 운동의 역사는 뿌리가 깊지 않다. 따라서 과테말라 원주민 운동의 앞으로 과제도 바로 도시에 본부를 둔 원주민 운동이 지역 공동체에 어떻게 뿌리를 내릴 수 있을까 하는 문제가 될 것이다.

2. 폭력 희생자들의 인권운동

상호 지원 조직Grupo de Apoyo Mutuo, 이하 GAM은 1984년 군부에 의해 실종된 학생들의 부인들에 의해 설립되었다. GAM은 실종자 문제와 관련하여 정부에 도전하는 과테말라의 가장 대표적 인권조직이다. 비록 초기에는 구성원의 대부분이 라디노들이었지만 점차적으로 원주민들의 참여 비중이 높아져서, 1989년에는 회원의 3분의 2가 마야 여성으로 구성되었다. 그럼에도 불구하고 GAM의 조직 원칙이나 운동의 방향은 여전히 사회정의, 연대, 투명성과 같은 것으로 종족성을 대변할 만한 내용은 없다(www.gam.org.gt 참조). 따라서 GAM은 회원의 다수가 원주민임에도 불구하고 원주민 운동조직으로 보기에는 무리가 있다.

반면 과테말라 미망인 전국 조정위원회Coordinadora Nacional de Viudas de Guatemala, 이하 CONAVIGUA는 GAM보다 훨씬 원주민 조직으로서의 성격이 강하다. CONAVIGUA는 원주민들이 다수를 차지하는 키체, 솔롤라, 치말테낭고의 마야 원주민 미망인들이 주축이 되어 설립되었다. 그리고 곧 이웃 마야 지역으로 확산되었고, 1990년대 초에는 원주민 수가 상대적으로 적은 태평양 연안 지역과 페텐 지역을 제외한 과테말라 전 지역으로 퍼져 회원 수가 만 명을 넘어섰다. 그리고 1993년에는 원주민 청년들의 강제 징집에 반대하는 법 개정을 위해 33,000명의 서명을 모으는 등 활발한 활동을 벌였다. 그로 인해 CONAVIGUA는 과테말라에서 마야 원주민 여성 문제를 다루는 가장 대표적 조직으로 성장했다(www.conavigua.org.gt 참조).

과테말라 난민 전국 위원회Consejo Nacional de Desplazados de Guatemala, 이하 CONDEG 는 1970년대와 1980년대에 폭력을 피해 거주지를 떠나야 했던 농촌 지역 사람들을─대부분 마야인들─대변하는 조직이다. 가톨릭교회의 지원을 받고 있는 CONDEG는 1990년대에 회원 수가 7,000명까지 이르렀다.

루누헬 후남 종족 공동체 위원회Consejo de Entidades Etnicas Runujel Junam, 이하 CERJ는 1980년대 후반 군부가 설립한 원주민 민간 자위 순찰대Patrullas de Autodefensa Civil, 이하 PAC에 저항하고, 마야 지역에서 군부와 민간 정부의 지속적인 인권 남용에 맞서 살아남은 마야 공동체를 대변하기 위해 설립되었다. 1990년대 초 CERJ의 회원은 키체와 알타베라파스 주에 걸쳐 약 20,000명에 달하는 것으로 평가되었다.

언급된 기구들은 정치적 폭력의 희생자로서 마야 원주민들을 대변하는 대표적 인권 기구이다. 그러나 이외에도 과테말라에는 수많은 인권 조직들이 더 존재한다. 그러나 이들 모두를 여기서 언급하는 것은 불가능하고 의미도 없다.

3. 문화적 정체성으로의 접근: Majawil Qij

과테말라의 원주민 민중운동은 기본적으로 계급노선을 따랐다. 따라서 후에 언급할 문화적 정체성에 기반을 둔 문화 활동 위주의 마야주의자 그룹들과는 명백한 이데올로기적 차이를 보였다. 그러나 1990년대 중반 이후 많은 민중운동 그룹들이 마야의 문화적 상징들을 받아들이기 시작했고, 마야주의자들의 문화적 정체성 회복 요구를 그들의 의제에 포함하기 시작했다. 따라서 원주민들의 마야인으로서 문화적 요구와 농민으로서 계급적 요구를 포괄하고자 하는 새로운 그룹들이 탄생하기 시작했다. 이들 중 가장 중요한 것이 바로 마야의 새로운 부활을 위한 조정기구Coordinadora Maya Majawil Qij, 이하 Majawil Qij이다.

Majawil Qij는 콜럼버스 항해 500주년을 원주민의 입장에서 재정의하고자 하는 노력을 통해 활동을 시작했다. 과테말라뿐만 아니라 전 아메리카에 대륙에 걸쳐 실행된 그러한 노력은 1987년 에콰도르 키토 모임에서 시작해 1991년 과테말라에서 개최된 마지막 회의까지 이어졌다. Majawil Qij는 과테말라 회의를 앞두고 과테말라의 관련된 조직들을 조정하는 역할을 수행하기 위해 탄생했다.

안데스 국가들에서도 대부분의 원주민 운동은 처음에 계급적 운동에서 시작해서 종족성 운동으로 발전했다. 따라서 과테말라에서도 이들 원주민 민중 운동 그룹들이 종족성 운동으로 발전해 나간다면 그들이 가지고 있는 정치적 영향력을 바탕으로 강력한 원주민 운동을 전개했을 수도 있었을 것이다.

그러나 과테말라에서 원주민 운동은 일찍부터 계급적 운동과 종족성 운동으로 나뉘어 있었다. 종족성 운동으로서 마야주의자 그룹들은 정치적 영향력은 미약했지만 원주민 운동의 종족성을 일찍부터 확보하고 있었다. 따라서 마야주의자 그룹들의 이러한 기득권으로 인해 원주민 계급 운동이 종족성 운동으로 전환하고자 할 경우 원주민 운동의 주도권을 확보하기가 쉽지 않았을 것이다. 과테말라의 원주민 종족성 운동은 도시에 기반을 둔 마야 지식인들의 영역이기 때문이다. 따라서 과테말라 원주민 운동의 이러한 이중적 성격은 과테말라 원주민 종족성 운동의 발전 장애물 중 하나가 되었다.

Ⅳ. 군부의 억압과 원주민 조직화

1. 원주민의 게릴라 운동 참여와 군부의 억압

과테말라에서 원주민 문제는 주로 국가에 의해 다루어졌고 그들의 조직도 국가에 의해 형성된 것이 적지 않다. 1944년 혁명 이후 국가는 '전국 원주민 위원회'IIN를 설립하여 원주민 문제를 다루었다. IIN은 비록 비효율성을 드러내긴 했지만 1980년대까지 원주민 문제와 관련한 활동을 지속했다. 그리고 세레소Cerezo 대통령의 기독교민주당 정부는 1986년 새롭게 '원주민 공동체 대표 위원회'를 설립해 원주민 문제를 다루었다. 난민과 관련하여서도 국가는 '피난민과 귀국자들을 위한 특별위원회'CEAR를 설립했으며, 1984년에는 정부가 이중 언어 교육에도 개입하기 시작함으로써 그를 실행할 기구로 '전국 이중 언어 교육 프로그램'PRONEBI이라는 기구를 설립하기도 했다.

그러나 국가의 개입이 원주민의 삶에 결정적 영향을 미친 것은 대게릴라전을 수행하기 위한 전략에 따라 행해진 일련의 조치들 때문이다. 따라서 그러한 개입을 이해하기 위해서는 과테말라의 게릴라 운동에 대해 잠시 살펴볼 필요가 있다. 1960년대 포코주의에 따라 주로 라디노들이 주축이 되어 활동을 전개했던 게릴라 운동은 1968년 패배 이후 새로운 전략을 탐색하게 되었다. 그들은 실패의 원인을 게릴라 운동이 대중적 뿌리를 내리지 못한 것에서 찾았다. 1960년대의 라디노 게릴라 지도자들은 그들이 뿌리를 내려야 할 농촌 지역에서 그의 거주민인 원주민들을 과거에 심지어 무시하기까지 했던 자신들의 행동을 자아비판하면서 1970년대 다시 무장활동을 재개할 때까지 원주민들을 중심으로 하는 정치적 지지기반을 확고히 하기 위해 수년간 노력을 쏟아부었다.

그 결과 1970년대 게릴라들이 무장활동을 재개했을 때 실제 서부 고지대 지역의 많은 마야 공동체들은 이미 게릴라 운동의 핵심 참가자로 변화되어 있었다. 1970년대 말에서 1980년대 초 게릴라와 정부군과의 내전이 본격화되었을 때 게릴라 운동에 참여한 원주민의 수는 약 500,000명에 달했던 것으로 평가된다. 원주민들의 게릴라 운동에 대한 이러한 참여 정도는 과테말라는 물론이고 라틴아메리카 전체를 통틀어 봐도 유례가 없는 놀라운 사실이었다. 이러한 현실은 군부에 의해 100년 이상 이어져 온 과테말라 농촌의 지배구조가 실제로 위협받는 사실상 혁명적 위기를 의미하는 것이었다[Jonas, 2002: 263].

그에 대해 군부는 게릴라의 근거인 원주민 공동체를 뿌리 뽑기 위해 원주민 공동체 초토화 작전을 수행했다. 고지대에서 군부는 원주민 공동체에 대해 대학살 작전을 전개했다. 1981년 중반부터 시작되어 1983년까지 지속된 군부의 원주민 공동체 대학살 작전으로 인해 440개의 원주민 마을이 불타서 사라졌고, 십오만 명 이상의 민간인이 사살되거나 '실종'되었다. 그리고 백만 명 이상의 원주민들이 자신의 공동체를 떠나 피란을 가야 했다. 이들 중 대부분은 국내의 다른 지역에 머물렀지만, 약 이십만 명 정도는 국경을 넘어 멕시코로 가기도 했다. 이러한 대학살 작전의 목표는 단순히 게릴라의 대중적 근거지를 소탕하는 것뿐만 아니라 마야 문화와 정체성 그리고 공동체 구조 자체를 붕괴시키고자 하는 것이었다[Jonas, 2002: 264].

2. PAC과 PD

혁명적 위기가 어느 정도 가라앉음에 따라 1983년부터 군부는 고지대 원주민 거주 지역을 안정시키기 위한 2단계 작전에 들어갔다. 그것은 마야 원주민들이 게릴라 운동에 참여하는 것을 사전에 막고 그들에 대한 군사적 통제를 공고히 하기 위해 탄압을 제도화하는 것이었다. 그를 위해 군부는 PAC과 발전의 축Polos de Desarrollo, 이하 PD이라 불리는 두 개의 기구를 설립했다.

무엇보다 원주민 공동체에 정치적으로나 사회적으로 가장 큰 영향을 준 것은 앞서 언급한 PAC의 설립이다. 원주민 공동체에서 게릴라 조직과 그들의 활동을 찾아내기 위해 설립된 PAC은 원주민 공동체의 15세에서 60세까지의 성년 남자 모두를 징집하여 정기적으로 24시간씩 순찰을 도는 것을 의무화했다. 그로 인해 한때 과테말라 성인 인구의 4분의 1에 해당하는 약 백만의 농민이 PAC에 소속되었다. 이는 농촌 인구만을 따지면 그의 반을 넘는 수준이다Jonas, 2002: 264.

PAC은 기본적으로 원주민들에게 새로운 사역을 부과하는 것이었다. 또 각 지역의 PAC은 군부가 신뢰하는 지역리더가 책임을 맡았는데 그로 인한 권력의 남용은 또 다른 인권 문제를 야기하기도 했다. 게다가 PAC으로 인해 혜택을 보는 그룹들이 생겨났고 이들은 전반적으로 농촌 공동체를 보수화하는 역할을 했다.

PD는 군부의 후원하에 난민을 위한 새로운 정착촌으로 계획되었다. 여기에 정착하는 사람들은 자신의 여행에 대해 매번 보고해야 했고, 그들 자신의 땅에서 일하기 위해 정착촌을 떠날 때도 허가를 받아야 했다. 그러한 지속적 감시 아래에서 원주민들은 게릴라 활동에 참여하는 것은 고사하고 작은 도움조차 줄 수 없었다. PD 아래에서 사람들의 삶은 모두 군부의 직접적 통제하에 놓이게 되었다.

3. '구속된 마야인'으로서의 정체성 형성

이런 과정을 통해 군부는 농촌 공동체 지역에서 원주빈이 다른 원주민을 감시하고, 서로를 상대로 대결하는 구조를 만들었다. 과테말라 군부의 이러한 전략은 식민지 시대 정복자들의 전략과 유사한 것이다. 그러나 실제 독립 이후 다른 라틴아메리카의 어떤 군부도 이와 같이 원주민 대 원주민의 갈등 구조를 만들고, 폭력의 희생자를 동시에 폭력의 공범자로 만드는 전략을 과테말라처럼 대규모로 실시한 경우는 없었다 Schirmer, 2002: 52.

과테말라의 군부는 원주민들을 대게릴라전의 자원으로 활용함으로써 그들을 군부에 의해 자행되는 원주민 공동체 인권 유린의 공범으로 만들었고, 또 그를 통해 원주민 공동체를 분열시키고 나아가 원주민의 종족성을 파괴했다. 군부는 마야인들의 정체성을 자기중심적으로 파악했다. 그들은 마야인들을 '신화적인 민족적 영웅이거나 아니면 국가의 적, 따라서 존중받거나 아니면 제거되어야 할 대상'이라는 상호 모순적 성격으로 파악했다. 따라서 군부는 마야인들을 신화화하거나 아니면 '좋은 군인'으로 만들기 위해 '문명화'시켜야 할 대상으로 생각했다. 이렇게 군부가 마야인들을 군부에 충성하게 하고, 인권유린에 있어 공범으로 만드는 과정에서 마야인들의 정체성은 '구속된 마야인Sanctioned Maya'으로 형성되어 갔다Schirmer, 2002: 52.

이런 '구속된 마야인'으로서의 정체성 형성으로 인해 마야인들은 과거 폭력의 역사에 대한 기억들을 상실하고 침묵하게 되었다. 그리고 이들 마야인들은 '정치적으로 올바른' 마야인으로 재탄생했다. 즉, 군부의 폭력에 가담했던 원주민들은 그러한 행동을 통해 자신의 의식에까지 변화를 가져오게 되었다. 그리고 다수 원주민들의 이러한 의식 변화는 현재 농촌 지역 원주민의 정치적 성향에서 강하게 나타나는 보수성의 중요한 이유가 되기도 했다.

V. 마야주의 그룹(Mayanist groups)

1. 문화 활동으로서의 마야주의

1980년대까지 마야주의 그룹들은 주로 문화 활동에 전념했다. 마야주의 그룹들은 마야 문화 회복을 활동의 기본 목표로 한다는 점에서, 원주민의 정치사회적 문제를 주로 다루는 민중운동과는 크게 대조된다. 원주민 민중 운동이 마야인들을 폭력의 희생자로만 다루었다면, 마야주의 그룹은 마야인들의 정체성 회복을 위한 문화 활동으로 시작해 사회변혁을 추구하는 정치운동으로 발전했다.

마야주의 그룹들의 초기 문화 활동 전략은 내전의 상황 속에서 그룹의 리더들이 극좌나 극우에 치우치지 않고 살아남기 위해서 매우 효과적인 활동 방법이었다. 폭력적 투쟁의 상황 아래에서 마야주의자들은 과테말라의 질병을 치유하기 위한 제3의 대안으로 비폭력적, 문화적 해결 방안을 제시했다. 따라서 이러한 마야 문화 활동이 정치 전반에 미치는 역할은 비록 민중운동에 비해 상대적으로 미약했지만, 마야 정체성의 회복을 강조한다는 점에서 민중운동보다 더 종족성을 가졌던 것은 사실이다.

마야주의 그룹이 문화 활동에 주목한 데는 앞서 언급한 이유 외에도 또 다른 원인이 있다. 그것은 전통적으로 과테말라에서 원주민의 문제가 정치사회적 문제가 아닌 문화적 문제로 간주되었다는 사실과 관계가 있다. 과테말라의 원주민 관련 문제의 특수성 중 하나는 원주민 문제가 농업부가 아닌 교육부에서 주로 다루어졌다는 점이다. 원주민 인구가 많은 다른 나라들에서 원주민 문제는 대부분 토지 분배와 같은 정치사회적 문제로 인식되있기 때문에 이들 국가에서 원주민 문제는 주로 농업부 등에서 다루어진 것에 비해, 과테말라에서 원주민 문제는 주로 문화적 차원으로 간주되었기 때문에 그에 대한 관리도 교육부를 중심으로 이루어졌다.

즉, 과테말라에서 원주민 문제는 토지분배와 같은 사회적 관점보다는 교육을 통한 통합과 같은 문화적 차원에서 다루어져왔다. 즉, 교육이 원주민을 탈문맹화시키고, 이러한 원주민의 문명화가 사회적 통합을 가져온다는 생각이 과테말라 원주민 문제를 다루는 정책의 기본 구조였다. 따라서 이러한 접근 방식은 원주민 전통 문화에 대한 위협이 되었다.

과테말라의 도시 원주민 운동이 주로 문화적 차원에서 마야어를 보존하고, 전통문화를 회복하고, 나아가 마야 정체성을 찾는 활동으로 전개된 것도 바로 이러한 배경이 작용했기 때문이다.

2. 주요 문화 활동 그룹들: ALMG, Cholsamaj, COMG

마야주의 문화 활동은 수많은 소규모 그룹들과 개인의 활동으로 이루어졌다. 이러한 문화 활동 중 가장 중요한 것이 마야어 회복운동이었다. 그중 대표적인 것이 과테말라 마야어 아카데미Academia de Lenguas Mayas de Guatemala, 이하 ALMG이다. ALMG는 비록 1990년 의회에 의해 정식 등록 기구로 승인되었지만, 그의 기원은 1949년에 개최된 제1차 과테말라 전국 언어학대회와 하계 언어학회로 거슬러 올라간다. 당시 원주민 문제를 전담한 교육부는 이런 학회와 학술대회를 통해 과테말라의 주요 4개 마야어를 표기할 표준안을 마련하고자 했다. 이러한 프로젝트는 1984년

제2차 언어학 대회를 거쳐 1990년에 의회에 정식으로 제출되어 승인을 받았다. 그러나 새로운 마야어 알파벳이 법적으로 인정되었지만 마야어 자체가 스페인어처럼 국가 공식 언어의 지위를 획득하지는 못했다. 그와 함께 ALMG는 교육부의 지원을 받아 21개 언어를 각각 대표할 수 있는 21개의 마야 학교를 설립하기도 했다.

마야 문화와 관련된 출판을 주도하는 Cholsamaj나 마야문화와 관련된 자료를 수집하고 연구하는 마야 자료와 연구센터^{Centro de Documentación e Investigació} n Maya, 이하 CEDIM도 마야 문화 활동을 대표하는 조직이다. Cholsamaj는 가능한 모든 방법을 통해 마야 문화를 알리기 위해 1988년에 설립된 기구이다. 국제 조직들의 지원에 의존하는 비영리 출판사로서 Cholsamaj는 신문, 잡지, 그 외 다른 출판 매체들을 통해 마야 문화를 알리는 데 크게 기여했다. 게다가 Cholsamaj는 과테말라 출판 작업에 컴퓨터를 도입하는 데도 선구적 역할을 했으며, 마야 상형문자를 빠르고 쉽게 타이핑할 수 있는 소프트웨어도 개발했다. 한편 CEDIM은 대학원 이상의 교육을 받은 마야 지식인들을 중심으로 설립되었다. 보다 새로운 기구로서 CEDIM의 기본 설립 목적은 마야인들의 문화적·사회적·경제적 발전을 촉구하는 것이었다. 하지만 그의 구체적 활동은 주로 마야에 대한 정보를 제공하고, 그와 관련된 이슈에 대한 연구를 활성화하는 데 있었다.

최근 마야의 문화 활동 조직 중 가장 잘 알려져 있고 가장 활동적인 조직은 아마 과테말라 마야 조직 위원회^{Consejo de Organizaciones Mayas de Guatemala,} 이하 COMG일 것이다. 다양한 소규모 마야주의 문화 활동들의 사실상 조정자 역할을 해왔던 ALMG는 기존 정치와 보다 밀접한 관계를 가지게 됨에 따라 그의 도덕적 권위를 상실했다. 따라서 ALMG가 아닌, 보다 독립적 조정기구를 원하는 마야주의 그룹들이 COMG를 설립하게 되었다. COMG는 정부로부터 독립적으로 다양한 마야 문화 활동을 조정할 목적으로 탄생했고, 현재 산하에 15개의 개별 조직들을 거느리고 있다. 이미 1980년대 초반에 마야 문화 활동들을 조정할 필요가 제기되었을 때 그 역할을 ALMG가 실제로 맡았었다면, 이제는 COMG가 그의 역할을 대신 하게 된 것이다. COMG의 활동 중 가장 대표적인 것은 당시 진행되고 있던 게릴라와 정부 간의 평화 협상에서 마야인들의 목소리를 대변하는 것이었다. COMG는 이 협상에서 마야인들이 배제되고 있음을 지적하면 서 평화협상의 의제로 마야인들의 정체성과 인권의 문제가 반드시 포함 되어야 함을 주장했다.

지역 공동체 수준에서 마야 문화 활동은 마야학교의 형태로 나타났 다. 공교육에서는 마야문화의 가치가 배제되고, 마야어도 가르치지 않 기 때문에 많은 마야 공동체들은 자신의 학교를 설립하기 시작했다. 마 야학교의 수는 급격히 증가하여 1993년에는 약 90개에 이르렀다. 스페 인어와 마야어의 이중 언어교육을 실시하는 마야학교는 재정적으로도 완전히 지역 마야인들의 손에 의해 운영되었다[Adams, 1994, 168-169].

이와 같은 사실은 마야 문화 활동이 도시를 넘어 공동체 수준에서도 보다 광범위하게 받아들여지고 있음을 말해준다. 그럼으로 우리는 여기 서 도시 지식인 중심의 문화 활동이 공동체 수준에서 활용될 수 있는 거 대한 잠재력을 발견할 수 있다. 그럼에도 불구하고 대부분의 마야 문화 활동 리더들은 여전히 조상 전래의 종족적 전통을 어떻게 보존하고 재 탄생시킬 수 있을 것인가 하는 문화적 이슈에만 관심을 가지고 있다. 따 라서 마야문화 활동가들의 정치적 투쟁 잠재력에 대해서는 의문의 여 지가 없지 않다.

3. 정치세력으로 영역 확대: IUCM, COPMAGUA

1980년대 중반까지 마야주의 그룹들의 활동이 마야어 보존과 마야 민속의 부활과 같은 비정치적 즉 문화적 이슈에만 집중되었었다면 1990년대 들어 마야주의 운동은 새로운 면모를 갖추면서 획기적 비약을 이루었다. 마야주의 그룹들, 즉 마야주의 NGO들은 1990년대 들어 급속하게 증가했다. 마야어 보존과 같은 문화적 이슈를 넘어 원주민 종교, 정치, 경제 분야에 걸쳐 새로운 원주민 NGO들이 탄생함으로써 2000년경 마야주의 NGO의 수는 거의 수백 개에 달했다.

1990년대에 마야주의 리더들은 과테말라 사회 내부에서 종족 간의 평등을 촉구하는 정치적 개혁을 요구하면서 그의 범위나 내용에 있어서 보다 대담해지기 시작했다. 몇 년 전만 해도 그러한 요구는 죽음의 위험을 무릅써야 했다. 이전에는 사적인 대화에서만 오가던 내용들이 이제는 공식적으로 제시되기 시작했다. COMG를 중심으로 한 마야주의 그룹들은 이제 공공연히 마야의 현대식 제단과 같은 문화적 공간의 법적 인정, 원주민 고유법 전통의 공식 인정과 국가 사법 체계로의 편입, 그리고 보다 급진적으로 종족 언어에 기반을 둔 지역들의 정치적 자치, 그리고 인구수에 비례하는 대표성의 확보 등을 요구하기 시작했다. 이는 마야주의 그룹들이 과거와 같이 단순 문화적 활동만을 하던 것에서 벗어나 정치적 활동에까지 영역을 확대하고 있음을 말해 주는 것이다.

1990년대에 들어 원주민 NGO들이 이렇게 획기적 발전을 할 수 있었던 데에는 이 시기 원주민 인권에 대한 국제적 관심 증가의 영향이 매우 컸다. UN은 1990년대를 원주민의 해로 정했다. 그리고 1992년에는 과테말라 키체족 출신의 리고베르타 멘추가 노벨 평화상을 수상했다. 그에 따라 그녀는 곧 라틴아메리카의 모든 억압받고 빈곤에 시달리는 원주민의 상징으로 부각되었다. UN을 비롯하여 미국, 유럽 특히 스칸디나비아의 국가들이 원주민NGO에 대한 지원을 대폭 증가했다. 이런 상황에서 원주민들은 이제 단순히 폭력의 희생자가 아닌 새로운 대안을 제시하는 하나의 정치세력으로 부상했다.

게다가 한때 갈등 관계에 있던 원주민 민중운동 그룹들과 문화운동 그룹들의 관계도 1990년대에 들어 개선되기 시작했다. 배타적으로 계급노선을 지향하던 CUC이나 CONAVIGUA가 1990년대 들어 종족 이슈를 받아들이기 시작했다. 그러나 마야주의자들에게 민중운동 그룹의 이러한 노력은 조직의 자금을 위한 국제적 지원을 확보하기 위해 실시하는 위장전술로밖에 보이지 않았다.

그럼에도 불구하고 원주민 민중그룹들과 마야주의자 그룹 간의 통합은 시도되었고 그로 인해 포괄적 조정 기구로 탄생한 조직이 바로 마야 통합과 합의의 장Instancia de Unidad y Consenso Maya, 이하 IUCM이다. IUCM에는 전통적인 좌파 마야 계급운동인 CUC을 비롯하여 보다 문화적인 성향을 가진 민중운동인 Majawil Qij, 그리고 테사긱이 이끄는 정치 그룹인 익심 공동체 등이 참여했다.

마야주의 그룹들의 정치적 영향력이 증가함에 따라 마야주의 조직들은 평화협상에도 참여할 수 있었다. 협상 테이블에서 원주민의 이익을 대변하기 위해 마야주의 그룹들은 1994년 과테말라 마야인 조직 조정위원회Coordinación de Organizaciones del Pueblo Maya de Guatemala, 이하 COPMAGUA; 마야어 Saqb'ichil로도 알려져 있다를 설립했다. COPMAGUA는 처음에는 단지 COMG나 ALMG와 같은 마야주의 문화 활동 그룹들만을 포함하고 있었다. 그러나 곧 민중/문화 혼성 그룹인 마야인 의회Asamblea de Pueblos Mayas, 이하 APM의 대표자들도 그에 참여하기 시작했다. 그를 통해 COPMAGUA는 평화협상에서 마야인의 권리와 정체성의 요구를 성공적으로 반영하는 데 기여할 수 있었다.

4. 마야주의 그룹의 과제: 마야 대중과의 소통과 '메스티사헤'의 극복

1996년 평화협상에서 마야주의 그룹들이 요구한 내용의 핵심은 다음과 같다. 첫째, 교육부를 통해 마야어 교육을 정식으로 실현하라. 둘째, 마야인들에게 인구수에 비례하는 공직을 할당하라. 셋째, 기존 사법 체계 내에서 통역과 같이 원주민을 위한 배려를 제도화하라. 넷째, 기존 정치 시스템 내에서 마야인들의 인구수에 비례하는 정치적 대표성을 보장하라.

그러나 이러한 요구가 평화협상에 반영되었다고 해서 그것이 현실적으로 실현되는 것은 아니다. 그의 실현은 협상과는 또 다른 일이다. 1999년 평화협상에서 제안된 원주민 의제들을 실현하기 위해 실시된 국민투표는 실패로 끝났다. 비록 정부가 그의 실현을 위해 지속적으로 노력할 것을 약속하였지만 이러한 실패는 마야주의 그룹들에게는 큰 좌절을 안겨주었다.

원주민 민중운동이 원주민이 다수인 농촌에 기반을 두고 있지만 농민 계급운동으로서 또 게릴라와의 관련성 등으로 인해 정부의 강력한 탄압을 받아 성장할 수 없었다면, 도시에 기반을 둔 마야 지식인 엘리트들의 활동으로서 마야주의 그룹들은 문화적 이슈에 초점을 맞추면서 정부의 억압을 피할 수는 있었지만 아직까지 대부분 농촌에 거주하는 마야 대중의 실질적 지지를 확보하는 데에는 한계를 드러냈다. 즉, 마야주의 운동은 볼리비아나 에콰도르의 원주민 운동과 달리 대중적 지지기반이 매우 취약했다. 따라서 그들은 시위나 투표 등에서 원주민들의 지지를 확고히 끌어낼 수가 없었다. 즉, 과테말라의 마야주의자 그룹들은 국제적 지원을 얻어내고 또 그를 통해 국가개혁을 위한 외부적 압력을 행사하게 하는 데는 매우 효과적이었으나 개혁을 위한 국내의 대중적 지지를 확보하는 데에는 명백한 한계를 드러냈다Fischer, 2004: 92.

따라서 마야주의 그룹들이 정치적으로 발전하기 위해서는 다음과 같은 문제점들을 극복해야 한다. 우선 마야주의 그룹들의 활동이 주로 개인적 혹은 소그룹 차원에서 이루어지고 있기 때문에 전체로서 하나의 목소리를 내지 못한다는 점이다. 마야주의 그룹에는 카리스마 있는 지도자가 아직까지 없었다. 그것은 부분적으로 마야의 전통적 의사 결정 방식과 권력 구도가 합의 도출 형태이고, 또 권위의 일차적 원천이 나이와 경험에 대한 전통적 존중에 있기 때문이기도 하다. 게다가 마야의 지도자가 된다는 것은 죽음을 무릅써야 한다는 과테말라의 정치적 현실도 또한 지도자 부재의 중요한 요인이다. 따라서 마야주의 그룹을 통합하고 강력한 운동으로 이끌어 갈 수 있는 지도자의 탄생을 기대하는 것은 이런 상황에서 어찌 보면 무리라고 할 수도 있다. 물론 최근에 이들의 활동을 조정하는 차원에서 통합 노력들이 시도되고 있지만 그 결과 역시 긍정적이지 않다Fischer, 2004: 98.

다음으로 마야주의 그룹이 누구를 대변하는지가 명확하지 않다. 마야인들이 정치적·경제적 영향력을 확보하고 나아가 과테말라 사회를 종족적으로 보다 평등한 사회로 만들기 위해서는 무엇보다 과테말라 인구의 약 반에 해당하는 5백만 명의 마야인들이 문화적 차원에서 하나로 단합할 필요성이 있다고 마야주의 그룹들은 주장한다. 모든 것을 파괴하는 내전이 끝난 시점에 마야주의 그룹들은 비폭력적인 제3의 길을 주장하면서 새로운 민주적 정치 공간에서 자신의 영역을 확대하고 동시에 국제적 지지를 끌어 모으고 있다.

그러나 비판가들은 마야주의 그룹들의 이러한 시도가 자신들의 이익에 기여하는 기회주의적 행동이라고 비난한다. 실제로 앞서 살펴본 대로 마야주의 그룹들은 대중적 지지기반이 매우 취약하다. 마야주의 그룹의 리더들은 대부분 농촌의 마야 공동체 출신들이다. 그러나 그들의 대부분은 일찍부터 교육의 기회를 잡기 위해서, 또는 폭력이 난무하는 농촌을 떠나기 위해서 수도인 과테말라시로 일찍이 이주했고, 거기서 학자로서 사업가로서 혹은 문화 활동가로서 일정한 성공을 거둔 전문가들이다. 마야주의 그룹의 리더들은 대부분 대학 학력 이상을 가지고 있으며 완전히 도시적이고 상대적으로 부유한 사람들이다.

그러나 이러한 마야 지식인들이나 중산층 마야인들은 과거와 같이 라디노가 되지 않고 오히려 그들의 마야 정체성을 강화하고 있다. 이러한 현상은 과거 계급에 따라 종족성이 결정되던 것과는 달라진 모습이다. 따라서 마야주의자의 다수는 그들의 라디노 동료와 복잡한 관계를 가지는 도시와 농촌의 중산층들로 구성되어 있다. 따라서 마야주의자들은 계급과 종족 간의 조화를 위한 매개 역할을 맡고자 한다. 그러나 마야주의자들은 같은 계급으로서 라디노 중산층들과 연합하기보다는 마야어를 사용하는 고지대의 마야 중산층 혹은 농민들과 계급 간의 동맹을 맺고자 시도한다. 즉, 마야주의자들이 추구하는 것은 마야문화를 중심으로 한 계급 간의 연합이다[Warren, 1998: 202].

마야주의 그룹이 마야인들의 수적 비중에 어울리는 정치적 영향력을 확보하기 위해서는 무엇보다 마야인들이 종족적 정체성을 자각하고 문화적으로 하나로 단합할 필요가 있다고 마야주의자들은 주장한다. 그들은 자신들의 문화 활동이 바로 마야인들의 이런 종족 의식을 깨우치는 데 기여할 것으로 생각한다. 마야 상형문자의 가치를 깨우치고, 그를 조직의 상징으로 사용하고, 마야의 수 체계와 역법을 연구하고, 또 그를 실제 책 등에서 활용하고, 마야의 이름으로 개명하고, 자식의 이름을 마야 영웅의 이름으로 짓고, 마야의 의복을 입는 등 다양한 문화적 실천을 통해 마야 정체성 의식을 고취하고, 또 그를 대중에게 전파함으로써 마야 대중의 정체성을 회복하는 것이 바로 그들의 목표이다.

그러나 마야인들의 이러한 계급 간의 연합은 아직까지 그 결실을 맺지 못하고 있다. 도시의 마야 지식인들은 비록 마야인이기는 하지만 일반적 마야 대중과는 완전히 다른 조건에 있는 사람들이다. 따라서 이러한 마야주의 그룹의 리더들과 농촌 지역의 마야 대중 사이에는 여전히 소통의 문제가 발생하고 있다Fischer, 2004: 98.

특히 마야주의 그룹 지식인들과 마야 대중과의 이러한 거리감과 소통의 부재라는 현실적 조건에는 마야 대중의 높은 문맹률이 자리 잡고 있다. 따라서 이러한 장벽의 극복 없이 마야주의 운동이 대중적 뿌리를 내리는 것은 결코 쉽지 않을 것이다. 현재 농촌 지역에서 마야주의 그룹의 지지기반이 미약한 주요한 원인이 이러한 소통의 부재에 있다. 따라서 농촌에 거주하는 문맹의 마야 대중과, 도시에 거주하는 마야주의자 지식인들 사이의 소통의 문제는 마야주의 그룹이 안고 있는 최대의 과제인 것이다.

마야주의 그룹들이 발전하는 데 있어 또 하나의 가장 큰 걸림돌은 과테말라 라디노들의 원주민에 대한 편견과 두려움이다. 중산층 라디노들이 마야인들을 과거와 같이 비하하는 의미에서 '우리의 인디오들nuestros indios'로 보지 않게 될 날이 언제 올 지 아무도 알 수 없다. 이러한 문화적 편견이 사라지는 것은 결코 하루아침에 이루어지지 않는다. 그런 맥락에서 마야어에 대한 존중과 그의 공식적 사용을 인정받는 일도 결코 쉽지만은 않을 것이다. 게다가 원주민들에 대한 두려움 또한 라디노들에게 매우 뿌리 깊게 남아 있다. 비록 게릴라들에 의한 내전이 종식되었지만 수적으로 우세한 원주민들이 정체성 회복을 통해 단합하고 나아가

현 라디노 지배체제를 흔들 수도 있다는 두려움은 항상 존재한다. 따라서 라디노들은 원주민들이 종족 정체성을 회복하는 것 자체가 체제에 위협이라고 간주하고 있다. 그리고 그러한 위협은 지금까지 그 어떤 계급적 투쟁보다 더 큰 파문을 일으킬 수도 있다고 믿는다. 즉, 원주민들이 종족 정체성을 회복하는 것은 인종 갈등을 야기함으로써 과테말라를 '유고슬라비아화'할 수도 있다고 생각한다Morales, 1993: 10.

마야주의 그룹들의 정체성 회복 움직임에 맞서 과테말라의 라디노 지식인들과 정치 엘리트들은 여전히 사회적 통합을 강조하고 있다. 이러한 주장을 대표하는 인물로서 로베르토 모랄레스는 사회 통합을 위한 '메스티사헤'66)의 필요성을 강조한다Morales, 2009: 221-251.

그러나 과테말라 마야 원주민이 처해 있는 경제사회적 차별구조를 생각한다면Hall and Patrinos, 2006; CEPAL, 2006 이러한 메스티사헤 주장은 현실적이지 않다. 따라서 원주민들의 권리 회복을 위한 운동은 지속되어야 하며, 그를 위해서는 원주민들의 정체성 회복이 무엇보다 중요하다. 그러나 마야주의 그룹들의 정체성 회복과 마야인들의 권리 회복 운동이 폭력적 과정 없이, 즉 발칸이나 남아프리카와 같이 되지 않고 정치적 다원주의하에서 평화롭게 진전되기 위해서 과테말라가 극복해야 할 과제는 너무나 많다.

VI. 원주민 종족성 정치의 한계와 가능성

1. 원주민 정당의 한계

과테말라에서 종족성의 정치는 아직 매우 미약하다. 그렇다고 종족성

---

66) '메스티사헤(mestizaje)'는 인종적 혼혈(miscegenation)과 문화적 혼종(hybrid)을 결합한 개념이다.

에 기반을 둔 정당의 사례가 전혀 없었던 것은 아니다. 예를 들어 1972년 케찰테낭고 주변에 거주하는 키체 전문가 그룹들은 셀후^{Xel-hú, 케찰테낭고} ^{의 키체어 명칭}라는 정당을 형성했다. 그리고 1976년 그들의 후보는 산 후안 오스투칼코 시 최초의 원주민 시장이 되었다. Xel-hu는 내선 시기 동안 정치적 활동을 그만두었지만 1990년대에 활동을 재개했다. 그에 따라 1995년 그의 후보인 리고베르토 케메^{Rigoberto Quemé}는 과테말라 두 번째 도시인 케찰테낭고 시의 시장 선거에서 마침내 승리하게 되었다.

케메의 승리는 그가 시장으로서 행한 진보적 개혁을 위해서도 중요하지만 그보다 과테말라 전역의 마야인들에게 정치적 성공의 가능성을 보여줬다는 점에서 의의가 크다. 케메는 마야 풀뿌리 정치 조직들이 존재하는 법적 틀 내에서도 정치적으로 성공할 수 있다는 가능성을 보여준 것이다. 물론 그의 승리가 아무런 문제를 야기하지 않은 것은 아니다. 그가 시장직을 맡은 이후 그의 정책이 인종주의적이라고 비난하는 일련의 항의들이 있었다. 그러나 그는 1999년 선거에서 재선됨으로써 원주민 출신 시장으로서의 가능성을 다시 한 번 확인했다.

한편 칵치켈 지역인 코말라파와 텍판에서도 원주민들은 유사한 정치적 성공을 보여주었다. 1974년 선거에서 이 두 지역의 원주민 후보는 국회의원 선거에서 승리를 거두었다. 그중 텍판에서 원주민 그룹인 파티나밋^{Patinamit}은 비록 자신의 정당이 아닌 혁명당^{Partido Revolucionario, 이하 PR}과의 선거 연합을 통해서이긴 하지만 자신의 후보인 페르난도 테사긱 토혼^{Fernando Tezaguic Tohón}을 국회의원에 당선시켰다.

그 후 테사긱은 1976년 원주민 정당을 설립했고, 그를 통해 원주민들의 최고 지도자로 부각했다. 그러나 언론과 의회 등에서 인종주의와 계급 갈등을 조장한다는 적대적 비난을 받은 이후 테사긱은 그의 정당에 비인종주의적, 민족통합적 포장을 새롭게 해야만 했다. 따라서 그는 정당의 명칭에서 원주민이라는 이름을 배제하고, 대신 민족통합전선Frente para la Integración Nacional이라는 이름을 붙였다. 그리고 그는 소수 문화 활동가의 수준을 넘어 자신의 지지기반을 확대하기 위해서 다른 정당과의 연합이 필요했고, 그에 따라 기존의 원주민적 의제들도 수정을 가해야만 했다. 그리고 1978년에는 지지기반 확대를 위해 루카스 가르시아Lucas García 장군을 대통령 후보로 내세운 우익 동맹과도 연합했으나 아무런 실질적 소득을 얻지 못했다.

내전의 시기를 지나 1994년 테사구익은 자신의 원주민 정당을 형성할 생각을 가지고 정치활동을 재개했다. 그가 설립한 그룹인 익심 공동체 정당 형성 위원회Comité Proformación del Partido Político Sociedad Ixim는 1994년 선거에서 온건좌파 정당인 과테말라 개혁당Partido Reformador Guatemalteco, 이하 PRG과 연합하였고, 그를 통해 그와 그의 원주민 동료 1명이 국회의원 후보로 지명되었다. 익심 공동체는 '옥수수 인간이 국가를 위기로부터 구한다Hombres de Maíz al Rescate del País'라는 구호를 내걸고 친원주민적 노선을 제시했다. 그러나 이들 후보는 모두 선거에서 패배했다. 이러한 사실은 결과적으로 원주민 종족성에 기반을 둔 그와 같은 정치적 시도가 과테말라에서는 아직까지 성공할 수 없음을 다시 한 번 보여주었다Fischer, 2004: 87-88.

최근에 멘추의 실험은 이러한 한계를 또 다시 한 번 보여주는 사례였다. 2007년 대선에서 리고베르타 멘추는 과테말라 정치사상 처음으로 원주민으로서 대통령 후보로 나섰다. 원주민 조직인 Winaq의 후보였지만 법적 등록을 위해 과테말라를 위한 만남Encuentro por Guatemala, 이하 EG과 선거동맹을 맺었다. EG는 과테말라를 구성하는 네 종족, 즉 마야, 가리푸나Garifunas67), 신카Xincas68) 그리고 라디노가 하나로 만남을 상징으로 내

---

67) 과테말라를 비롯하여 중미지역에 거주하는 흑인들로서 과테말라 전체 인구에서 가리푸나가 차지하는 비중은 2% 정도이다.

걸고 있는 정당이다. 2007년에 설립된 EG는 리고베르타 멘추를 대통령 후보로 내세워 대선에서 3.09%를 득표했고, 총선에서는 모두 6.17%를 득표함으로써 국회의원 의석 4석을 획보하는 동시에 전체 정당 중에서도 5번째 정당으로 올라섰다.

노벨 평화상 수상자로서 3.09%라는 참담한 득표에도 불구하고 멘추가 대통령 후보로 나선 것은 인종적 편견과 사회적 차별이 심각한 과테말라 정치에 하나의 상징적 의미를 주는 사건이었다. 왜냐하면 5년 전만해도 멘추와 같은 인물이 대통령 후보로 나서는 것은 과테말라 정치에서 상상도 할 수 없는 일이었기 때문이다. 그러나 한편으로 그것은 과테말라의 원주민이 원주민 후보를 위해 투표하지 않는다는 현실을 다시한 번 일깨워 주는 사례이기도 했다. 실제로 멘추는 원주민이 90%가 넘는 94개 시에서조차 4.4% 이상의 득표율을 올리지 못했다. 이것은 다시말해 원주민들이 원주민 후보인 멘추를 거부했다는 것을 의미한다. 그녀의 행정 경험 부족을 군이 언급하지 않더라도 일부는 그녀가 과거 좌파 과테말라 민족 혁명 연합Unidad Revolucionaria Nacional Guatemalteca, 이하 URNG 게릴라와 밀접한 관계가 있다고 비난했으며, 또 일부는 그녀가 보수적인 베르헤르Berger 정부와 가깝게 지냈다고 비판했다. 그러나 이유야 어쨌든 멘추와 같은 원주민 후보가 분열된 원주민들의 단합된 지지를 얻어내지 못했음은 명백해 보인다.

원주민들이 원주민 정당과 후보에 지지를 보내지 않는 반면 일부 원주민들은 좌파 정당을 지지하고 그에 참여했다. 평화 협상 과정을 통해 과테말라 게릴라 운동을 통합하는 URNG는 선거에 참여를 결정한다. 선거 참여를 위해 URNG는 라디노 민중 조직과 원주민 좌파 조직의 선거

---

68) 과테말라 남부 엘살바도르 국경 지역에 거주하는 원주민들로서 스페인의 바스크처럼 과테말라에서 유일하게 범마야족에 속하지 않는 원주민들이다. 총 인구는 약 16,000명 정도로 전체 인구에서 차지하는 비중은 0.5%에도 미치지 않는다.

연합인 새로운 과테말라를 위한 민주전선Frente Democrático para una Nueva Guatemala, 이하 FDNG 설립을 요청한다. 그리고 1995년 총선에서 FDNG는 국회의원 6석을 차지하는 기대 이상의 성과를 올렸다. 한편 농촌 지역에서 FDNG 는 지역적 기반을 가지고 있는 원주민 '시민 위원회comité cívico'와 연합하여 케찰테낭고를 포함한 몇몇 시에서 시장직을 획득하게 된다.

평화협상으로 인해 합법적 지위를 획득한 URNG는 1999년 총선과 대선에서 다른 진보세력과 연합하여 좌파연합인 신 민족동맹Alianza Nueva Nación, 이하 ANN 혹은 Alianza을 설립한다. 그리고 Alianza는 총선에서 전국적으로 13%를 득표하고, 국회에서 9석을 차지함으로써 제3의 정당으로 부상하는, 역시 기대 이상의 성공을 거두었다.

원주민의 정치적 종족성 부재, 일부 원주민의 좌파와의 연합 혹은 좌파 정당 지지, 그리고 군부의 제도적 개입으로 인한 많은 원주민들의 우경화라는 현실은 과테말라에서 원주민 독자적 정당의 발전을 매우 어렵게 만들었다. 따라서 과테말라에서는 원주민이 다수임에도 불구하고 원주민들의 독자적 정당 정치는 여전히 한계에 직면해 있다.

이러한 사실은 왜 마야주의자들이 한편으로는 대통령 후보선출을 위한 토론회를 개최하고, 마야인 시장과 국회의원 선출에 환호하고, 원주민 지역 후보들을 촉구하기 위한 민간 위원회를 형성하면서도, 다른 한편으로는 정치적으로 스스로를 조직하는 데 극단적으로 조심스러운 태도를 취하는가를 이해하는 데 많은 도움을 준다Warren, 1998: 195.

마야주의자들이 정치적 조직화를 피하는 또 다른 이유는 두려움의 문화 때문이다. 그들은 자신의 조직 참여자들에 '운동가'나, 자신의 조직에 '정치적'이라는 용어가 붙는 것을 피하고자 했다. 그들은 대중시위를 통해 자신의 힘을 보여주기보다는 모든 종류의 콘퍼런스, 회의, 워크숍, 교육프로그램, 출판 캠페인 등을 통해 활동하는 것을 선호했다. 이러한 노력의 목적은 새로운 마야 전문가들, 마야 초등학교 교사, 마야 노동자들을 모두 자신들의 담론적 공동체에 포함시키는 것이다. 마야주의자들이 이렇게 문화적 활동에 주목하는 것은 과테말라 사회의 인종주의적 성격과 국가의 폭력성에 대한 우려 때문이다. 특히 19/0년대와 1980년대 반 게릴라 전쟁 동안 모든 정치적 활동들이 엄격하게 탄압되었던 상황은 마야주의자들을 정치보다는 문화적 활동에 전념하게 만들었다.

2. 다른 정당과의 동맹을 통한 정치적 참여

그에 따라 과테말라에서는 볼리비아와 에콰도르와 같이 영향력 있는 원주민 정당의 출현을 기대하기는 아직 이른 감이 있다. 대신 마야주의자들은 다른 정당과의 동맹을 통해 시장이나 국회의원에 나오는 것에는 아주 관심이 많다. 그 결과 여러 정당들을 통한 원주민의 국회 진출은 꾸준히 증가하고 있다. <표 3>에서 보듯이 1985년 8% 수준이었던 원주민 의원의 비중은 2000년 12% 수준으로 증가하고 있다. 게다가 1995년에 키체족 로베르토 쿠메 차이Robert Cume Chay는 과테말라에서 두 번째로 큰 도시인 케살테낭고에서 최초의 원주민 시장으로 선출되기도 했다.

〈표 3〉 국회의원 중 원주민 출신의 비중(1985~2000)

구 분	총 국회의원 수	원주민 출신 의원 수	원주민 출신 의원의 비중(%)
1985	110	8	8.0
1990	116	6	5.2
1995	80	8	10.0
2000	113	14	12.4

자료: Hall and Patrinos, 2006: 5

그렇지만 전체 인구에서 마야인들이 차지하는 비중 40%와 비교하면 원주민 국회의원의 비중 12%는 여전히 낮은 수치이다. 게다가 이들 모두는 라디노 정당의 후보로서 국회의원에 당선되었다. 따라서 이들 원주민 국회의원이 원주민의 배타적 권리를 의회에서 요구하기를 기대하는 것은 무리이다.

3. 원주민 대중의 정치적 성향: 종족성의 부재

과테말라에서 원주민의 종족성 정치가 발전하지 못하는 가장 큰 이유는 무엇보다 다수 원주민들의 정치적 성향이 원주민의 종족성을 반영하지 못하기 때문이다. 최근 이러한 원주민의 정치적 성향이 가장 명백하게 드러난 것이 1999년 국민투표이다. 1999년 국민투표의 결과는 마야주의자들에게 큰 실망을 안겨주었다. 평화협정에서 인정된 원주민의 권리를 헌법에 명시하기 위한 국민투표에서 원주민들의 투표 성향은 개혁을 적극적으로 지지하지 않는 것으로 나타났다. 비록 유권자의 단지 18.5%가 투표했다고는 하지만 어쨌든 59.60%가 개혁에 반대하는 표를 던졌다.

원주민의 정치적 성향을 파악하기 위해 국민투표에서의 득표율을 지역별로 살펴보면 다음 <표 4>와 같다. 진하게 표시된 지역은 원주민 인구가 50%를 넘는 지역이다. 이들 지역 중 수치테페케스와 케찰테낭고는 전국 평균인 40.4%보다 낮은 찬성률을 보였으며, 바하베라파스, 토토니카판, 치말테낭고의 찬성표도 50%를 넘지 않았다. 오직 우에우에테낭고, 엘키체, 알타베라파스, 솔롤라 4개 주에서만 찬성표가 50%를 넘었다. 비록 원주민들이 다수인 지역의 찬성표가 다른 지역에 비해 전반적으로 높다고는 하지만, 그렇다고 이들 주에서조차 원주민들의 권익을 보장하는 내용을 가진 개혁 헌법이 절대적 지지를 획득하지는 못했다는 것은 놀라운 사실이다. 이는 과테말라 원주민들의 성향이 아직까지 여전히 종족성과는 큰 관련성이 없음을 말해준다.

이와 같은 사실에 비추어 볼 때 과테말라 원주민의 정치적 성향이 원주민 정당과 원주민의 종족적 이해관계에 결코 우호적이지 않음을 알 수 있다. 2007년 선거를 분석한 토레스-리바스Torres-Rivas, 2008: 1-26의 보고서도 원주민의 이러한 정치적 성향을 잘 보여주고 있다. 그에 따르면 원주민들은 메스티소보다 높은 투표율을 보인다고 한다. 2007년 대통령 선거 1차 투표에서 원주민이 90%가 넘는 11개 주의 94개 시 중 77개 시의 투표 참가율이 전국 평균인 60%를 넘어선 사실은 이를 잘 보여준다.

그러나 이런 높은 투표율이 원주민 후보에게 결코 유리한 결과를 가져오는 것은 아니다. 2007년 선거에서 등록된 총 845명의 원주민 출신 후보 중 단지 129명(15.2%)만이 원주민 지지의 혜택을 볼 수 있었다. 국회의원 선거에서는 총 158명 중 18명(11.3%)의 원주민이 당선됨으로써 2000년에 비해 수적으로는 4명이 늘었지만, 비율 면에서는 오히려 1.1%

〈표 4〉 1999년 원주민 인권 관련 국민투표 지역별 득표율

지역	전체 항목 평균 찬성률(%)	기권율 (%)	지역	전체 항목 평균 찬성률(%)	기권율 (%)
과테말라주	24.51	80.09	할라파	44.80	89.39
엘프로그레소	27.44	84.57	산마르코스	47.14	82.99
사카타페케스	28.40	79.21	바하베라파스	47.77	81.88
사카파	28.76	80.93	토토니카판	48.68	78.80
산타로사	30.95	87.16	치말테낭고	48.85	74.87
에스쿠인틀라	35.41	84.28	우에우에테낭고	55.64	80.16
수치테페케스	36.08	81.66	엘키체	60.86	80.77
후티아파	36.75	91.68	알타베라파스	62.75	73.76
레탈울레우	37.66	82.98	솔롤라	67.03	70.01
케찰테낭고	37.89	79.41	엘페텐	71.16	86.66
치키물라	40.11	85.01	과테말라시티	22.36	78.78
이사발	43.07	83.35	전국	40.40	81.45

자료: Warren, 2002: 161

감소했다.Torres-Rivas, 2008: 22.

이러한 현상은 앞서 언급한 대로 원주민의 정치적 성향이 종족성을 반영하지 않음을 다시 한 번 입증해주었다. 토레스-리바스가 설문 조사를 통해 얻어낸 앞의 <그림 1>은 원주민들의 정치적 성향이 라디노와 마찬가지로 거의 보수화되어 있음을 보여준다. <그림 1>은 1에 가까울수록 좌파 성향, 10에 가까울수록 우파 성향임을 나타낸다. 그에 따르면 좌파에서 중도파까지는 원주민의 비율이 좀 더 높게 나오고 중도파에서 우파의 공간에서는 비원주민, 즉 라디노의 비중이 조금 높게 나온다. 그러나 이러한 차이가 생각처럼 커지는 않다. 반면 5와 6의 공간, 즉 중도파 혹은 중도 우파 정도의 위치에 원주민의 거의 50% 이상이 위치하고 있으며, 7~10의 공간에 위치하는 원주민 우파적 성향의 원주민들도 약 25% 이상이나 된다. 따라서 중도 혹은 중도 우파적 성향의 원주민이 전체 원주민의 3분의 2 이상임을 알 수 있다.

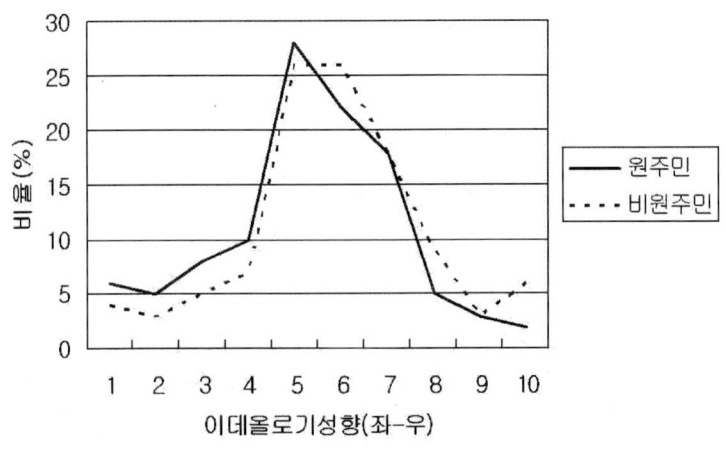

〈그림 1〉 원주민과 비원주민의 정치적 성향

따라서 원주민의 정치적 성향은 크게 보면 민중－좌파 운동과 관련된 좌파 지지세력, 군부에 의해 조직된 기구와 관련된 우파 세력, 그리고 아직은 정치적으로 무관한 다수의 마야 내중으로 나눌 수 있다. 따라서 앞으로 과테말라 원주민 종족성 정치의 미래는 바로 이런 정치적으로 무관심한 다수의 원주민들이 어떻게 종족적 정체성을 회복하고, 따라서 정치적으로 어떻게 종족성이 확보될 수 있는가에 달려 있다.

IV부
원주민 인구도 적고,
종족성의 정치도 발전하지 못한 사례

7장 코노 수르(Cono Sur) 지역:

소수 종족 원주민에 대한 정부정책과 원주민의 저항

I. 원주민 인구

1. 칠레의 원주민

2002년 인구조사 결과에 따르면 칠레 전체 인구 15,116,435명 중 4.6% 인 692,192명이 원주민 종족 그룹에 속한다. 원주민의 비율은 1992년 인 구조사 때보다 약간 감소했다. 원주민 인구의 종족별·지역별 분포를 살펴보면, 우선 칠레에 존재하는 8개 원주민 종족 그룹 중 마푸체^{Mapuche} 족이 604,349명으로 전체 원주민 인구의 87.31%를 차지하면서 압도적으 로 많다. 그다음으로는 아이마라족이 48,501명으로 전체의 7.01%, 아타 카메뇨족이 21,015명으로 3.04%를 차지하고 있다. 그리고 나머지 5개 종 족은 모두 1% 미만에 불과하다. 따라서 칠레에서 원주민 운동과 종족 정치를 말할 때는 주로 마푸체족에 대해 언급하게 될 것이다.

지역별로 보면 원주민이 가장 많이 거주하는 지역은 IX지역인 아라우 카니아^{Araucania}이다. 이 지역 전체 인구에서 차지하는 원주민 인구의 비 율은 24%로서 칠레 전체 13개 지역⁶⁹⁾ 중 가장 높다. 이 지역에 거주하는 원주민의 99% 이상은 마푸체 족이다. 마푸체 족의 34%가 이 지역에 거주한다. 다음으로 원주민이 많은 지역은 XIII지역인 산티아고 대도시 지역^{RM}이다. 이 지역 원주민의 수는 191,362명이고, 그들이 전체에서 차지하는 비율은 3.17%이다. 여기서도 마푸체 족이 전체 원주민의 95.5% 이상을 차지한다. 그다음은 101,733명의 원주민이 거주하는 X지역 로스 라고스^{Los Lagos}로 이 지역 전체 인구에서 원주민이 차지하는 비율은 9.54%이다.

결론적으로 칠레 전체 원주민은 살기 좋은 중부 지역에서 밀려나 삶의 조건이 보다 열악한 남부지역에서 주로 거주하게 되었다. 따라서 원주민의 45.3%가 남부 지역에 집중되어 있다. 그러나 원주민들이 새로운 삶을 찾아 대도시로 이주한 결과 현재 마푸체 원주민의 27.7%는 수도 산티아고 지역에도 거주하고 있다. 그럼으로 칠레 전체 원주민의 73%는 남부와 수도 산티아고 지역에 거주한다고 볼 수 있다. 물론 이들 대부분은 마푸체 족이다. 그 외 최북부인 I 지역에는 아이마라 족이, II지역에는 아타카메뇨 족과 케추아 족이, III지역에는 코야 족이, 그리고 V지역에는 라파누이 족 등 소수 종족들이 거주하고 있다.

---

69) 2002년 인구조사 당시 칠레 전체 지역의 수는 제 XIII지역으로 간주되는 산티아고 대도시 지역(Región Metropolitana de Santiago, 이하 RM)을 포함해 모두 13개였다. 그러나 현재는 2007년 I지역에서 분리된 XV지역(Arica y Parinacota)과, X지역에서 분리된 XIV지역(Los Rios)을 포함해 모두 15개이다. 15개 지역을 지리적으로 나누면 건조한 최북부(Norte Grande)에 위로부터 XV, I(Tarapacá), II(Antofagasta), III(Atacama)가 있고; 준 사막 지역인 북부(Norte Chico)에 IV(Coquimbo)가 있으며, 온대지역이자 가장 많은 인구가 거주하는 중부(Zona Central)에 V(Valparaíso), XIII(RM), VI(O'Higgins), VII(Maule), VIII(Biobio)가 있으며; 강수량이 많고 호수와 강이 많은 남부(Zona Sur)에는 IX(Araucaría), XIV, X(Los Lagos), XI(Aisén)이 포함되고, 마지막으로 산이 많고 침엽 수림이 우거진 따라서 사람이 살기 쉽지 않은 최남단(Zona Austral)에는 XII(Magallanes)가 있다.

<표 1> 칠레 원주민 그룹의 지역별 분포

지역	전체 인구	원주민 인구 (%)ᵃ	종족 그룹(%)ᵇ							
			알라칼루페	아타카메뇨	아이마라	코야	마푸체	케추아	라파누이	야마나
국가 전체	15,116,435	692,192 (4.6)	2,622 (0.38)	21,015 (3.04)	48,501 (7.01)	3,198 (0.46)	604,349 (87.31)	6,175 (0.89)	4,647 (0.67)	1,685 (0.24)
I	424,484	48,665 (11.46)	66	1,061	40,700	275	5,372	1.025	86	80
II	481,931	22,808 (4.73)	48	13,855	2,468	182	4,117	2,308	42	58
III	253,205	7,407 (2.93)	32	3,074	380	1,738	2,057	50	58	18
IV	603,133	5,177 (0.86)	37	668	467	324	3,514	56	63	48
V	1,530,841	18,708 (1.22)	128	419	567	72	14,594	144	2,671	113
RM	6,045,192	191,362 (3.17)	669	1,379	2,743	292	182,963	1,599	1,169	548
VI	775,883	9,958 (1.28)	58	97	105	47	9,485	57	54	55
VII	905,401	8,157 (0.90)	56	55	107	15	7,756	48	47	73
VIII	1,859,546	54,078 (2.91)	120	141	211	44	53,104	159	126	173
IX	867,351	204,195 (23.54)	111	61	94	88	203,221	456	102	62
X	1,066,310	101,733 (9.54)	434	86	178	62	100,327	308	158	180
XI	89,986	8,063 (8.96)	281	36	44	1	7,546	56	27	72
XII	147,533	9,544 (6.47)	563	25	52	24	8,621	45	25	189

a: 전체 인구에서 차지하는 비율
b: 전체 원주민 인구에서 차지하는 비율
자료: INE de Chile, 2003

2. 파라과이 원주민

2002년에 실시된 제2차 전국 원주민 인구조사DGEEC Paraguay, II Censo Nacional Indigena 2002 결과에 따르면, 파라과이 원주민 인구는 총 87,099명(비원주민이지만 원주민으로 자기 정체성을 밝힌 559명 포함)으로 전체 인구의 1.7%를 차지하는 것으로 나타났다. 파라과이의 원주민 인구는 1981년 38,703명, 1992년 49,487명이었다. 따라서 1981년에서 2002년까지 21년 동안 원주민 인구의 성장률은 3.9%이다. 이는 전국적 인구 성장률인 2.7%보다 높은 수치이다. 그러나 이러한 성장은 원주민 인구의 실질적 증가를 반영한다기보다는 거주지 기준에서 자기 판단 기준으로 달라진 조사 방법에 따른 결과이다.

파라과이의 주요 원주민 종족으로는 다음 <표 2>에서 보듯이 우선 전체 원주민의 53.4%를 차지하는 구아라니 어족이 가장 두드러진다. 그 중에서도 므브야, 아바 구아라니, 파이 타비테라 종족이 각각 전체 원주민의 15% 이상을 차지함으로써 가장 중요한 종족 그룹으로 나타난다.구아라니 어족이 아닌 다른 어족 중에 전체 원주민에서 차지하는 비중이 10%를 넘는 종족은 마타코 마타구아요 어족의 니바클레 종족뿐이다. 그 외 전체 비율이 5%를 넘는 종족으로는 마스코이 어족의 에닐헷 노르테와 엔셋 수르 종족이 있다. 그 외 나머지 종족들은 모두 전체 원주민에서 차지하는 비율이 5% 이하이다.

원주민의 지역별 분포를 볼 때 2002년 인구조사에서 가장 두드러지는 현상은 처음으로 동부지역Paraneña의 원주민 인구가 43,849명(50.7%)으로서, 서부지역Chaco의 원주민 인구 42,691명(49.3%)을 초과했다는 점이다. 서부 차코 지역은 전통적 원주민 집중 거주 지역으로서 1981년 인구조사에서는 전체 원주민의 67.2%가, 1992년 조사에서는 55.8%가 거주한

<표 2> 파라과이 주요 원주민

어 족	종 족	총 인구 (명)	비율 (%)	어족 소계 (%)
전 체		86,540	100	100
구아라니	구아라니 옥시덴탈	2,115	2.4	53.4
	아체	1,190	1.4	
	아바 구아라니	13,430	15.5	
	므브야	14,324	16.6	
	파이 타비테라	13,132	15.2	
	구아라니 냔데바	1,984	2.3	
마스코이어족	토바 마스코이	756	0.9	24.9
	에널헷 노르테	7,221	8.3	
	엔셋 수르	5,844	6.8	
	사나파나	2,271	2.6	
	토바	1,474	1.7	
	안가이테	3,694	4.3	
	구아나	242	0.3	
마타코 마타구아요	니바클레	12,028	13.9	15.9
	마카	1,282	1.5	
	만주이	452	0.5	
사무코	아요레오	2,016	2.3	4.1
	이비토소	1,468	1.7	
	토마랴오	103	0.1	
구아이쿠루	토바콤	1,474	1.7	1.7

자료: DGEEC Paraguay, Ⅱ Censo Nacional Indigena 2002

것으로 나타났었다. 그에 비해 2002년 조사에서 그의 비중은 49.3%로 하락했다. 이러한 변화는 서부 지역의 원주민 인구가 감소했기 때문이라기보다는 2002년 조사에서 동부지역 원주민 공동체에 대한 조사가 보다 면밀히 이루어졌기 때문이다[Salvador Barrios, 2006: 372].

그럼에도 불구하고 파라과이 전체 인구의 95%가 동부 지역에 집중되어 있기 때문에 원주민 인구의 비중은 서부지역에서 여전히 높게 나타난다. 특히 보케론 주에선 원주민 인구의 비율은 전체 인구의 43.3%에 달한다. 차코 나머지 두 주에서도 원주민 인구의 비율은 20%를 넘는다. 그러나 동부 지역에서는 아맘바이와 카닌데유 주를 제외하면 원주민 인구 비율이 2%를 넘는 주는 하나도 없다. 특히 수도인 아순시온과 수도를 둘러싸고 있는 센트랄 주의 원주민 인구 비율은 각각 0.01%, 0.05%에 불과하다. 게다가 수도와 센트랄 주 인근의 코르디예라 주와 파라구아리 주, 그리고 보다 남쪽의 미시오네스 주와 네엠부쿠 주에는 원주민이 한 명도 거주하지 않는 것으로 조사되었다.

〈표 3〉 파라과이 원주민 지역별 분포

지역	주[a]	원주민 인구 (명)	전체 인구에서 차지하는 비율 (%)	소계	소계 비율 (%)
전 체		86,540	1.7		
동부 (파라네냐) 지역	아순시온	90	0.01	43,849	50.7
	콘셉시온	2,670	1.5		
	산페드로	2,736	0.9		
	구아이라	1,056	0.6		
	카아구아수	6,884	1.5		
	카아사파	2,528	1.8		
	이타푸아	2,102	0.5		
	알토 파라나	4,697	0.7		
	센트랄	1,038	0.05		
	아맘바이	10,519	8.5		
	카닌데유	9,529	6.8		
서부 (차코) 지역	프레시덴테 아예스	19,751	24.1	42,691	49.3
	보케론	19,754	43.3		
	알토 파라과이	3,186	21.2		

a: 원주민이 없는 주는 제외
자료: DGEEC Paraguay, Ⅱ Censo Nacional Indigena 2002

3. 브라질의 원주민

2000년 인구조사 결과에 따르면 브라질의 원주민 인구는 총 734,127
명으로 전체 인구 169,872,856명 중 0.43%를 차지하는 것으로 나타났다.
절대적 기준으로 보면 브라질의 원주민 수는 멕시코, 볼리비아, 과테말
라, 페루, 에콰도르 다음으로 많지만, 전체 인구에서 차지하는 비중은 매
우 낮다. 브라질에는 원주민의 피를 일부나마 가진 사람들이 약 6천만
정도로 추정되지만 전체 인구 중 단지 0.4% 정도만이 자신을 원주민으
로 규정하고 있다. 그것은 원주민이 단순한 인종적 개념이 아니라 현재
살아가는 삶의 방식, 즉 문화적 개념과 보다 더 밀접히 관련되어 있기
때문이다. 미국에서는 흑인의 피가 조금이라도 섞이면 자신의 정체성을
흑인으로 규정하는 것이 일반적이지만 브라질에서는 백인의 피가 조금
만 섞여도 자신을 백인으로 규정하고자 한다.

어쨌든 원주민 인구는 1991년 인구조사 시 294,131명(전체 인구의 0.2%)
에서 10.8% 증가했다. 이는 다른 인종들의 성장률[70]에 비해 매우 높다.
그것은 앞서 언급한 대로 원주민 인구가 10년 사이에 다른 인종에 비해
보다 급격히 증가했기보다는 자기판단에 따른 인구조사 방법에 따라
2000년 인구조사 시 보다 많은 사람들이 자신을 혼혈인[parda]보다는 원주
민으로 정체성을 밝혔기 때문이다.

브라질의 원주민 종족은 약 220개 정도이며, 20개 어족에 170개의 개
별 언어가 존재한다.[71] 대표적인 원주민 어족은 투피[Tupi]어족, 과라니

---

70) 1991년에서 2000년 사이 각 인종의 평균 인구 성장률은 백인(Branca)이 2.1%, 흑인(Preta)이 4.2%, 아시아계
   (Amarela)가 2.1%, 혼혈인(Parda)가 0.5%이다.(IBGE, 2005)

71) 약 220개의 종족 중에서 인구가 10,000명을 넘는 종족으로는 구아하라라스(Guajajaras, 투피구아라니 어족으로
   북동부 마라냐오 주에 주로 거주하며, 추정 인구는 약 13,100명), 구아라니스(Guaranis, 투피구아라니 어족으
   로서 남부와 남동부 각 주에 넓게 분포하며, 추정 인구는 약 34,000명), 카인가구에스(Caingagues, 제 어족으
   로서 남부와 남동부 각 주에 고루 분포하며, 추정 인구는 약 25,000명), 마쿠시스(Macuxis, 카립 어족으로 북
   부의 로라이마 주에 거주하며, 추정 인구는 약 16,500명), 티쿠나스(Ticunas, 티쿠나 어족으로 북부 아마조나

Guarani어족, 제Jê어족이다. 현재 원주민 언어를 말하는 사람들은 약 15만 명 정도이며, 나머지는 대부분 포르투갈어를 사용하고 있다. 2007년 FUNAI^{Fundação} Nacional do Indio, 2007의 조사에 따르면 67개의 부족은 아직도 문명과 비접촉 상태로 살아가고 있는 것으로 확인되었다.

원주민의 상당수는 아직도 원주민보호구역^{Terras Indígenas}에서 살아가고 있다. 브라질에는 주로 북부 아마존 지역과 중서부 마토그로스 주, 북동부 마라냐오 주에 걸쳐 전체 면적의 약 12.5%에 해당하는 106,359,281헥타르(약 백만 km²)의 땅에 604개의 원주민 보호구역이 존재한다. 구체적으로 원주민 보호구역은 북부 지역에 49.3%, 북동부에 14.7%, 중서부에 17.8%가 집중되어 있다.

원주민의 지역별 거주 분포를 보면 아마존 유역인 북부 지역에 29.1%, 볼리비아, 파라과이와 국경을 접하고 있는 중서부 지역에 14.2%, 마라냐오 주를 중심으로 북동부 지역에 23.2%가 주로 거주하고 있다. 하지만 원주민들의 도시 이주가 증가함에 따라, 전통적으로 백인들이 거주해 왔던 산업화된 남동부와 남부 지역에도 각각 전체 원주민의 22.0%, 11.5%가 거주하고 있다. 북부 지역에 거주하는 원주민의 78%인 167,140명이 농촌지역에 거주하는 반면, 남동부 지역 원주민의 87%인 140,644명은 도시지역에 거주하고 있다.

원주민의 지역별 분포를 주별로 보다 구체적으로 살펴보면, 북부 아마조나스 주에 가장 많은 113, 391명(전체 원주민의 15.4%)이 거주하고, 그다음 많은 순서대로 북동부의 바이아 주에 64,240명(8.8%), 남동부 상파울루 주에 63,789명(8.7%), 중서부 마토그로소도수르 주에 53,900명 (7.3%), 남동부 미나스제라이스 주에 48,720명(6.6%)이 거주한다.

스 주에 주로 거주하며, 추정 인구는 약 32,613명), 이아노마미스(Ianomamis, 아노마미 어족으로 북부 로라이마와 아마조나스 주에 주로 거주하며, 추정 인구는 약 11,700명)가 있다.

<표 4> 브라질 원주민의 지역별 분포

구 분	북부	북동부	중서부	남부	남동부	전체
원주민 인구(명)	213,443	170,389	104,360	84,747	161,189	734,127
전체 원주민 중 비율(%)	29.1	23.2	14.2	11.5	22.0	100

자료: IBGE Brasil, 2005

4. 아르헨티나의 원주민

2004~2005년 아르헨티나의 인구조사와 통계협회Instituto Nacional de Estadi sticas y Censo, 이하 INDEC가 정기 인구조사에 대한 보완 작업으로 행한 원주 민 관련 통계 자료에 따르면 아르헨티나에서 원주민에 소속된다고 생각 하거나 부모가 원주민인 사람의 수는 총 600,329명으로 전체 인구의 약 1.5%인 것으로 나타난다INDEC, 2005.

이들은 약 30개의 주요 종족과 16개의 기타 종족으로 나누어진다. 30 개의 주요 종족 중에서 마푸체Mapuche, 코야Kolla, 토바Toba, 위치Wichi, 디아 기타 칼차키Diaguita Calchaqui 족이 가장 중요한 종족들이다. 이들은 각각 순 서대로 113,680명(전체 원주민 인구의 18.9%), 70,505명(11.7%), 69,452명 (11.6%), 40,036명(6.7%), 31,753명(5.3%)으로서 이들 다섯 종족이 전체 원 주민의 54.2%를 차지한다. 다음으로는 구아라니 종족들로서 구아라니 Guarani가 22,059명으로 전체 원주민의 3.7%, 아바 구아라니Ava Guarani가 21,807 명으로 3.6%, 그리고 투피 구아라니Tupi Guarani가 16,365명으로 2.7%를 차 지한다. 이들 중 0.6%인 3,864명은 30개 주요 종족이 아닌 소수 종족에 속한다고 대답했다. 그리고 15.5%인 92,876명은 원주민임에도 불구하고 어떤 종족에도 소속되지 않는다고 답변했다.

원주민들은 지역적으로 매우 넓게 분포되어 있다. 마푸체 족은 추부 트, 네우켄, 리오 네그로, 티에라 델 푸에고 등 주로 남부 지역에 거주하고 있으며, 코야 족은 북서부 칠레와 볼리비아 국경 지역인 후후이 주와 살타 주에 주로 거주하며, 토바 족과 위치 족은 북동부 파라과이와 국경을 맞대고 있는 포르모사 주와 그 아래의 차코와 산타페 주 그리고 북부의 살타 주에 거주한다. 아바 구아라니, 구아라니, 투피 구아라니도 마찬가지로 북부의 후후이와 살타 주에 거주하고 있다. 그러나 아르헨티나의 원주민들이 남부 지역과 북부지역에만 제한적으로 거주하는 것은 아니다. 1950년 대와 1960년대에 원주민들은 도시로 대규모 이주함에 따라 부에노스아이레스 시와 부에노스아이레스 주에도 현재 많은 원주민들이 거주한다.

원주민들의 도시 이주의 결과 현재 원주민 공동체에 소속된 사람들은 179,501명으로서 전체 원주민의 29.9%에 불과하다. 나머지 70.1%는 원주민 공동체를 벗어나 도시의 빈민촌 등에 거주한다. 실제로 2004~2005년의 인구조사에서도 원주민의 75% 정도가 도시에 거주하는 것으로 나타났다. 그에 따라 5세 이상 원주민 540,567명 중 원주민어를 말하거나 이해할 수 있는 사람은 146,017명으로 전체의 27%에 불과하고, 나머지 73%는 원주민어를 말하거나 이해하지 못한다.[INDEC, 2005] 이런 통계는 아르헨티나의 원주민들이 상당히 도시화되어 있으며, 따라서 언어를 통한 정체성을 상당부분 상실했음을 말해준다.

도시에 거주하는 이들 원주민은 대부분 빈민촌에서 극빈층 생활을 하고 있는데 아마 라틴아메리카 원주민들 중에서 가장 열악한 삶의 조건 아래에 있다고 해도 과언이 아닐 것이다. 노벨 평화상을 수상한 과테말라 원주민 리고베르타 멘추도 아르헨티나를 방문한 후에 다음과 같이 언급했다. "내가 지금까지 세상에서 본 어떤 곳도 여기보다 더 비인간적인 삶의 조건을 가진 곳은 없다. 게다가 여기서는 이러한 상황을 변화시킬 어떤 운동조차 존재하지 않는다."[Ortega, 1996: 12] 원주민의 도시화에 따른 이런 열악한 상황은 볼리비아 라파스 엘알토 지역의 아이마라 원주

<표 5> 아르헨티나 주요 원주민 종족과 거주 지역

원주민 종족	인구(명)	주요 거주 지역
마푸체	113,680	추부트, 네우켄, 리오 네그로, 티에라 델 푸에고(남부지역)
코야	70,505	후후이, 살타(북서부 지역)
토바	69,452	차코, 포르모사, 산타페(북동부 지역); 부에노스아이레스 시와 부에노스아이레스 주(대도시 지역)
위치	40,036	차코, 포르모사, 살타(북부 지역)
아바구아라니, 구아라니, 투피 구아라니	60,231	후후이, 살타(북서부 지역); 부에노스아이레스 시와 부에노스아이레스 주(대도시 지역)
디아기타 칼차키	31,753	후후이, 살타, 투쿠만(북서부 지역)
우아르페	14,633	멘도사, 산후안, 산루이스(중서부 지역)

자료: INDEC, 2005; www.iwgia.org

민들과 비견할 만하다.

다음 <표 6>은 코노 수르 4개국의 원주민 인구와 전체에서 차지하는 비율을 통합적으로 보여준다. <표 6>에 따르면 코노 수르 국가 중 원주민 인구가 가장 많은 나라는 브라질이다. 그러나 브라질은 총인구가 많기 때문에 원주민 인구가 전체에서 차지하는 비중은 0.43%에 불과하다. 반면 파라과이는 원주민 인구가 87,099명에 불과하지만 그들이 전체에서 차지하는 비중은 1.7%로 브라질에 비해 높다. 전반적으로 안데스 지역이나 멕시코를 포함한 중미 지역에 비해 원주민 인구의 비율이 낮은 코노 수르 지역에서 그나마 가장 원주민 인구의 비중이 높은 나라는 그의 비율이 4.6%인 칠레이다.

<표 6> 코노 수르 4개국 원주민 인구와 비중(인구조사 연도)

국가	원주민 인구(명)	전체 인구에서 차지하는 비율(%)
칠레(2002)	692,192	4.6
파라과이(2002)	87,099	1.7
아르헨티나(2004~05)	600,329	1.5
브라질(2000)	734,127	0.43

자료: INE de Chile, 2003; DGEEC Paraguay, II Censo Nacional Indigena 2002; INDEC Argentina, 2005; IBGE, 2005

Ⅱ. 칠레의 원주민 운동

1. 식민지 시대의 마푸체

마푸체Mapuche의 mapu는 땅을 의미하고, che는 사람을 의미한다. 따라서 마푸체는 땅의 사람들이라는 뜻이다. 그런데 스페인 정복자들은 이들을 아라우카노스Araucanos, 즉 콘셉시온 남쪽 지역인 아라우코Arauco의 사람들이라 불렀다. 어쨌든 마푸체는 칠레 전체 원주민 중 87% 이상을 차지한다. 따라서 칠레에서 원주민 운동을 언급할 때는 대게 마푸체에 대해서 이야기하게 된다.

스페인 정복 이전에 마푸체는 수렵채집생활을 주로 하는, 계급이 없는 가족단위의 부족사회였다. 그럼에도 불구하고 이들은 스페인의 침략에 맞서 아메리카 대륙의 그 어떤 원주민들보다 더 강력하게 저항했다. 마푸체는 처음 스페인정복자들이 그들의 땅에 들어온 이후 90년 이상 저항을 지속했다. 양자 간의 경계선을 설정하는 평화협상 이후에도 갈등은 지속되었다. 칠레의 스페인 식민지 260년 동안 마푸체는 스페인 식민자들과 전쟁과 협상을 반복하면서 그들 자신의 땅에서 독립적으로 살아남을 수 있었다. 그동안 마푸체 사회는 수렵채집에서 목축업과 농업 중심 사회로 변모했다.

식민지 시기 동안 당국은 원주민 반란자들을 야만인으로 규정했었다면, 독립 직후 마푸체는 반 스페인 저항의 상징 혹은 '길들여지지 않는 아라우카노'로 다소 이상화되기도 했다. 그러나 1819년 이후 왕당파 성직자들의 영향을 받은 대다수 마푸체가 새로 탄생한 칠레 공화국에 반대해 스페인의 편에 섬에 따라, 마푸체는 정치 현실에 따라 공화국 편에 선 소수의 마푸체와 다수의 왕당파 마푸체로 분열되기도 했다.

2. 독립 이후의 마푸체

공화국 시대에 마푸체와 칠레인들 사이의 대면은 마푸체 지역 북부의 석탄 개발로 인해 다시 심화되었다. 그로 인해 마푸체는 보다 남쪽으로 밀려나야 했다. 마푸체의 존재는 민족 통합의 걸림돌로 간주되었고, 칠레와 아르헨티나의 국경을 확정하는 데에도 방해물로 인식되었다. 마푸체의 이미지는 다시 극단적으로 부정적인 것이 되었다. 마푸체와의 대면을 앞두고 아루우카니아 정복의 정당성을 주장하는 선전물에서 칠레 당국은 수백 년 동안 스페인에 맞서 영웅적으로 저항해온 마푸체를, 용감하기보다는 잔인하고, 게다가 게으르고, 술주정뱅이에다가 나태한 야만인이라고까지 비난했다. 마푸체에 대한 이런 이미지는 일부 아직까지도 남아 있다.

19세기 동안 마푸체와 칠레 간의 토지 경계선은 점차 붕괴되었다. 1860년대에 아루우카니아에 대한 정복이 다시 논의되었다. 그의 기본적 목표는 원주민의 땅으로 진출해서, 군사적 요새를 건설하고, 점령된 토지를 국가의 소유로 만들고, 그 땅에 칠레인들과 해외 이주민들을 정착시킴으로써 식민화를 완수하는 것이었다. 1869년의 군사적 정복과 1881년과 1883년 사이 마푸체의 반란으로 야기된 두 차례의 극단적 폭력 사태 이후 칠레는 남부 지역에 칠레 공화국의 주권을 사실상 확립했다. 반면 마푸체는 그들 조상 전래의 땅에 대한 지배력을 상실했다.

그 후 마푸체는 원주민 보호구역에 거주하게 되었다. 1884년부터 1919년까지 칠레 정부는 약 4,800㎢에 해당하는 3,078건의 토지소유권을 77,751명의 원주민들이 포함되어 있는 마푸체 공동체에 부여했다. 그러나 백인 식민자들에게 부여한 토지가 일인당 약 5㎢였던 것에 비해 마푸체 일인에 할당한 토지는 약 0.07㎢에 불과했다[Mariqueo, 1979: 20]. 1907년 인구조사에 따르면 칠레 남부의 마푸체 인구는 약 107,000명 정도였으므로, 토지가 77,751명에게 부여되었다면 약 40,000명(전체의 약 37%) 정도의 마푸체는 토지 없이 남게 되었다Bengoa, 1991: 356-357. 게다가 원주민에게 토지를 할당하는 과정은 1929년에 폐지되었다.

목축업을 주로 하는 마푸체들에게 할당된 땅은 너무 협소했으며 최고의 목초지도 아니었다. 따라서 마푸체는 점차 빈곤해져 갔다. 게다가 공동체 토지의 분할로 인해 대가족이 해체되었고, 상당수가 마을을 떠나 도시로 이주해 감에 따라 종족 정체성을 상실했다. 그로 인해 마푸체의 가장 큰 우려는 칠레사회로의 통합, 즉 자신의 종족 정체성을 완전히 상실하는 것이 되었다. 이런 과정은 마푸체를 원주민에서 농민campesino으로 만들어 갔다. 마푸체 사회는 내부적으로 강력한 연결고리가 없는 삼 천 개 이상의 작은 단위로 분산되었다.

그럼에도 불구하고 마푸체는 나름대로 사회문화적 정체성을 유지했다. 토지 약탈과 원주민에 대한 폭력에 대응하여 1911년 테무코 시에서 최초의 원주민 조직인 아루우카니아 카우폴리칸 방어협회Sociedad Caupolicán Defensora de la Araucanía가 설립되었다. 이것은 칠레 시민사회의 틀 내에서 마푸체의 존재를 명백히 확인하는 사건이었다. 이 조직의 목표는 마푸체 종족의 보존과 교육이었다. 이 운동은 마푸체인의 칠레사회로의 진정한 통합은 교육을 통해서만 이루어질 수 있다고 믿는 마푸체족 출신 교사들에 의해 주도되었다. 그리고 이 조직의 회원 중 한 명은 1924년 민주당Partido Demócrata 후보로 나와 하원의원으로 당선되기도 했다. 이러한 마푸체의 정치사회적 참여는 일부 그룹이 현실과 직면하여 선택한 하나의 방식이었다.

한편 1910년에서 1930년 사이 토지 강탈 과정에서 마푸체와 칠레 정부의 관계는 폭력적으로 변해 갔다. 마푸체의 급진적 세력들은 칠레 사회와의 어떤 형태의 통합에도 반대했다. 그들은 마푸체의 종족적 정체성을 재확인했고, 마푸체의 최대한 자치를 추구했다. 1914년에 설립된 마푸체 상호보호 협회Sociedad Mapuche de Protección Mutua는 정부에 토지 약탈의 중단을 요구했고, 원주민의 이익을 위한 법을 새로 제정할 것을 촉구했다. 그들은 정치극 그룹인 아루우카노 극단Compañía Araucana을 조직해 마을에서 마을로 돌아다니면서 마푸체의 노래와 춤 등을 연주하고, 정치적 교훈이 담긴 연극들을 공연하면서 마푸체 문화의 확산과 보존을 시도했다. 그리고 1920년에는 또 아라우카노 연맹Federación Araucana을 조직하여 1939년까지 매년 마푸체 각 부족 리더들의 회합을 주도했다. 이러한 운동은 칠레 정부가 마푸체의 요구를 받아들이도록 매우 적극적으로 압력을 가했다. 한편 그들은 아르투로 알레산드리 대통령을 지지하면서 그를 몰아낸 군부에 반대하고, 1932년에는 단명의 사회주의 공화국을 지지하는 등 주로 개혁파와 좌파에 기우는 경향을 보여주었다.

20세기 동안 대부분의 칠레 정부는 마푸체를 칠레 사회에 통합하는 정책을 펼쳤다. 혁명좌파들조차 원주민들을 프롤레타리아화하였으며, 사회주의 혁명을 통해 그들의 문제를 해결하고자 했다. 이러한 방향에 있어서 아옌데 정부도 예외는 아니었다. 아옌데 정부는 마푸체의 문제를 토지개혁을 통해 해결하고자 했다. 따라서 1971년의 토지개혁법에 따라 마푸체에게 약 700km²의 약탈된 땅을 반환해 주었다. 아옌데 정부는 또한 1972년 원주민법Ley Indígena의 제정과 그를 실현할 기구인 원주민 발전 기관Instituto de Desarrollo Indígena을 통해 마푸체 삶의 어려움을 완화시키고자 했다. 마푸체 원주민 리더들의 적극적 참여를 통해 만들어진 이 원주민 법은 토지개혁과 함께 마푸체의 종족적 발전을 조화할 것을 목표로 삼았다. 그러나 이러한 개혁은 원주민법이 제정된 지 1년도 채 되지 않아 피토체트가 주도한 군사 쿠데타에 의해 무산되고 말았다.

3. 피노체트 정권과 마푸체

피노체트 정권이 아옌데 정부가 제정한 토지개혁법과 원주민법을 폐지함에 따라 마푸체의 토지상실과 빈곤화는 다시 가속화되었다. 게다가 군부정권의 억압으로 인해 마푸체의 조직도 새롭게 편성되어야 했다. 칠레 사회의 비정치화로 인해 조직적 측면에서는 마푸체 농민들과 수공예업자들의 소규모 조합 정도만이 허용되었다. 그리고 1979년 피노체트 정부는 마푸체에게 나머지 국민들과 똑같은 권리와 의무를 부과하는, 따라서 마푸체를 칠레 사회에 확실하게 통합하고자 하는 법령 2,568호를 제정했다.

이 법은 마푸체의 상황을 보다 어렵게 만들었다. 피노체트 군사정부는 자유주의 시장경제의 원칙에 따라 마푸체의 공동체 토지 소유제를 폐지하고, 대신 토지의 개인 소유권을 부여했다. 법령 2,568호는 원주민의 공동체 토지를 개인 소유권으로 분할하고, 마푸체 거주 땅에서 0.8㎢의 토지소유 상한선을 폐지하고, 마푸체 지역에 기업의 설립을 허용하는 내용을 담고 있다. 그로 인해 마푸체의 땅에서도 현대식 라티푼디오의 설립이 가능하게 되었다. 전통적인 마푸체의 땅이 상업적 기반을 가진 비 마푸체의 새로운 진출에 개방된 것이다. 마푸체의 땅이 주로 산악지역에 자리 잡고 있었기 때문에, 그러한 법의 변화는 이 지역의 아주 오래된 숲 개발을 노리는 목재회사들의 관심을 불러왔다. 게다가 새로운 법령 2,568호에는 과거 원주민법에 존재했던 마푸체 교육, 전문가 훈련, 기술교육, 수공예 센터 설립, 마푸체 학생들을 위한 입학 우대정책 등이 사라졌다.

토지 분배 과정에 있어서도 관료적 조작으로 인해 마푸체는 많은 불이익을 감수해야만 했다. 마푸체의 공동체 토지소유제는 붕괴되었으며,

결국 마푸체는 토지를 상실하고 궁핍화의 길을 걷게 되었다. 공동체 토지의 붕괴는 급속히 진행되어서, 1983년에는 공동체 단위로 조직된 원주민 보호구역이 300개 이하로 감소했다. 정부의 동성과 지지를 상실한 마푸체는 자유시장의 원칙에 따른 경쟁 사회에 스스로 생존하도록 내던져졌다. 마푸체는 경제적 권력이나, 높은 교육수준, 기업가 마인드 등이 부족했기 때문에 그러한 경쟁사회에서 성공할 수 있는 가능성은 매우 희박했다Sznajder, 2003: 26.

이러한 어려움에도 불구하고 1980년대 초까지 전국적 수준의 어떤 마푸체 조직도 설립되지 않았다. 그러나 1980년대 중반 군사정권의 원주민 토지권에 대한 무시에 대응해서 3개의 전국적 마푸체 조직이 출현했다. 그중 가장 두드러지는 조직은 마푸체 소규모 농민과 수공예업자 조합Asociación Gremial de Pequeños Agricultores y Artesanos, 이하 AD-MAPU이다. AD-MAPU는 무엇보다 법령 2,568호를 폐지할 것을 시도했으나 큰 성과를 거둘 수는 없었다. 그들은 군부정권의 토지분할 정책에 대해 미지근한 저항을 했을 뿐이다. 1980년대 불법화되었던 정치세력들을 합법화하는 정치적 자유화가 단행되었을 때 AD-MAPU는 좌파정당들과 연합했다. 또 다른 마푸체 조직인 Newen Mapu는 중도파인 기독교민주당과 연합했다.

사회운동을 통해 전통적 토지 소유권을 회복하려는 운동에 있어 가장 전투적이었던 AD-MAPU는 좌파정치세력들에 의해 지배되었다. 그에 따라 AD-MAPU에 반대하는 또 다른 마푸체 조직들이 등장했다. 그로 인해 1980년대 피노체트 군사정권 아래서 마푸체 운동은 군사정권에 맞서서 농촌, 광산, 도시의 빈곤층을 대변하는 좌파세력들과 연합을 강화하고자 하는 세력과, 좌파 등 급진세력과 거리를 두고 마푸체의 정체성 회복을 추구하는 그룹으로 분열되었다. 후자는 AD-MAPU 설립 이전에 존재했었던 마푸체 문화센터를 재설립하려고 노력했다. 이러한 그룹들은 사회경제적 급진주의, 정치적 좌파와의 연결, 토지분배 요구 등이 군부정권에 의한 가혹한 탄압을 자초했다고 믿으면서, 그러한 정치적 급진주의가 마푸체 정체성의 상실을 가져왔다고 주장했다.

그러나 군부의 통합적 민족주의 아래서 마푸체의 정체성 회복 운동은 한계를 가질 수밖에 없었다. 군부정권은 마푸체의 문화적 전통과 가치가 한 민족으로서 칠레의 통합에 모순되지 않는 범위 안에서만 그를 허용했다. 군부정권의 칠레 민족주의 원칙 아래서 마푸체는 인종적 혼혈을 통해 오늘의 칠레를 형성하는 데 한 부분을 담당했음을 인정받았다. 그러나 군부정권은 칠레 민족이 본질적으로 서구 기독교 문명의 문화적 가치 위에서 형성되었다고 보았다. 그러므로 마푸체의 문화적 가치는 용감한 전사로서의 이미지 정도만이 받아들여졌다. 즉, 강인한 전사로서 마푸체는 또 다른 전투적 인종인 유럽의 고트족과 북부 스페인족들과 융합되어 19세기 주변 국가들과의 전쟁에서 승리를 거둔 투지 있는 민족 칠레를 만드는 데 기여했다는 것이다.

4. 민주화 이후의 마푸체

마푸체의 문제는 민주화 과정에서 다시 부각되었다. 마푸체와 민주정부 사이의 갈등은 주로 토지소유권과 개발의 문제로 인해 야기되었다. 개발과 관련하여 목재회사와 마푸체의 한 그룹인 페우엔체[Pehuenche72] 간에는 이미 오래전부터 분쟁이 계속되어 왔다. 목재회사가 진출한 지역에 거주하는 마푸체들은 그들의 공동체 토지에 대한 목재회사의 침투에

---

72) 마푸체는 3개의 주요 그룹으로 나누어진다. 마푸체 집중 거주 지역의 북쪽 지역인 아라우코, 비오비오, 마예코 지역에 거주하는 사람들은 피쿤체스(Picunches-북쪽의 사람들이라는 의미)라 불리며; 안데스의 카우틴(Caufin) 계곡 지역에 거주하는 사람들은 페우엔체스(Pehuenches-칠레 숲의 상징인 삼나무 Pehuen의 사람들)라 불리고; 발디비아, 오소르노, 안키우 지역에 거주하는 사람들은 우이리체스(Huiliches-남쪽의 사람들이라는 뜻)라 불린다.

맞서 저항했다. 목재회사와 마푸체 간의 갈등에 있어서 정부의 입장은 민간소유와 법원의 결정이라는 기본 원칙을 존중한다는 것이었다. 칠레 대법원이 이미 그 땅의 합법적 소유자로서 목재회사들의 손을 들어주었기 때문에 페우엔체의 상황은 매우 취약했고, 정부의 개입 여지도 제한되어 있었다.

그러나 민주화 정부는 마푸체 문제에 대해 법의 결정만을 내세우면서 무관심할 수만은 없었다. 수많은 마푸체가 군사정권 아래서 처형당하고 박해받았다. 1970년대 말 마푸체는 그들의 공동체 소유 토지를 방어하기 위해 군사정부에 맞서는 첫 번째 사회세력이 되었다. 그것은 후에 사회개혁과 정치적 반대를 위한 칠레 민중운동의 선례가 되었다. 마푸체는 군사정권의 정치적 권위주의와 경제적 신자유주의의 가장 극단적 희생자였다. 따라서 민주화 이후 민간 정부는 마푸체의 어려움에 대해 민감할 수밖에 없었다.

따라서 1991년 민주화 정부는 킨첸 지역을 국립보존림으로 선언하고, 정부 기관의 허가 없이 이 지역에서 숲을 상업적으로 개발할 수 없게 했다. 그리고 정부는 목재회사들 소유의 땅을 구입해 페우엔체 공동체에 돌려주는 정책을 실현했다. 그를 통해 1992년 정부는 300㎢에 해당하는 땅을 615만 달러에 목재회사로부터 구입해서 마푸체 공동체에 분배해 주었다Sznajder, 2003: 27-28.

민주화 이후 정부의 이러한 노력은 마푸체 공동체의 해체라는 역사적 흐름을 역전시키는 역할을 했다. 비록 토지의 강제 수용이나, 칠레 법정의 결정에 대한 도전, 마푸체 지역의 자치, 칠레 민족주의 정체성에 대한 도전과 같은 문제를 적극적으로 다루지 않았고, 기본적으로 신자유주의 발전모델이라는 틀 내에서 이루어지는 제한적 정책이었지만 민주 정부의 원주민에 대한 관심은 결코 작지만은 않았다.

좌파와 중도파 연합으로 정권을 획득한 화합Concertación의 아일윈Aylwin 대통령은 1989년 선거전에서 민주정부의 선거 공약에 마푸체의 요구를 포함할 것을 약속했다. 그리고 1990년 아일윈 정부는 칠레 원주민 문제를 다룰 특별위원회인 원주민 특별위원회Comisión Especial de Pueblos Indigenas, 이하 CEPI를 설립했다. 그리고 그의 위원장으로 마푸체 출신의 사회인류학자이자 역사가인 호세 벵고아José Bengoa를 임명했다. 이 위원회는 원주민 운동가들과 다양한 분야의 원주민 전문가들을 포함했다. 그럼으로 CEPI는 그러한 조직이 대게 정부에 의해 조종되고, 따라서 사회저항운동의 성격이 완화되는 일반적 경향을 극복할 수 있었다. 반대로 CEPI는 칠레 국가에 대해 원주민의 권리를 방어하는 기구의 역할을 충실히 수행했다 Sznajder, 2003: 28.

1990년에는 특별 원주민법Ley de Indigenas을 제정하기 위한 준비가 착수되었다. CEPI의 협조와 함께 수천 번의 원주민 회의를 통해 이 법의 초안이 마련되었다. 1991년 3백 명의 원주민 대표자들이 모인 전국 원주민 대회에서 이 법은 항목별로 투표에 부쳐졌다. 그리고 1989년 AD-MAPU의 붕괴에 뒤이어, 1990년에 그를 대신하는 조직으로 모든 땅의 위원회 Consejo de Todas las Tierras, 마푸체어로는 Aukin Wallmapu Ngulam, 이하 AWNg가 설립되었다. 좌파 정치세력에 의해 주도되었던 AD-MAPU와 달리, AWNg는 마푸체의 철학과 문화에 기반을 두고, 또 마푸체의 현실에 바탕을 둔 조직이었다. 이 위원회의 회원과 지지자들은 원주민의 자치와 원주민 권리의 국가적 국제적 인정을 반복적으로 요구했다. 마푸체 권리의 헌법적 인정은 그들의 가장 기본적 요구사항이었다. 또한 자치를 위한 그들의 요구는 언어와 문화의 영역에만 제한되지 않았다. 그들은 비오비오강 남쪽 땅에서 마푸체의 토지소유권과 자원에 대한 지배권을 요구했다.

그러나 원주민 권리의 헌법적 인정은 민주화 이후에도 여전히 영향력을 행사하는 군부의 거부로 실현될 수 없었다. 대신 정부는 원주민 조직들의 요구에 실용적으로 응답하는 일련의 법을 제정했다. 1993년 아일윈 대통령은 원주민을 위한 법 19,253호에 서명했다. 그로 인해 아일윈 정부가 선거 공약에서 약속한 원주민 권리를 위한 조치들이 이 법에 포함되었다. 마푸체도 아일윈 정부의 원주민 관련 법 제정에 지지를 보냈다.

19,253호 법은 국가의 의무가 원주민뿐만 아니라 그들의 땅과 수자원도 존중하고, 증진하고, 보호해야 하는 것이라고 규정한다. 또한 이 법에 따라 마푸체의 심장부인 테무코 시에 원주민발전을 위한 전국 자치단체 Corporacíon Nacional de Desarrollo Indigena, 이하 CONADI가 설립되었다. 행정부의 한 기관으로서 CONADI의 설립 목적은 원주민 그룹과 개인의 발전을 위한 국가의 활동을 집행하고 조정하는 것이다. 또한 새로운 법은 같은 종족 안에서 발생하는 법적 충돌에 있어 원주민의 관습적 실천들을 유효한 것으로 인정했다. 뿐만 아니라 원주민의 이중 언어 교육 촉진과 다른 원주민 그룹들의 고고학적, 문화적 유산들을 보호하는 목표도 설정했다. 새로운 법 19,253호와 원주민의 자치단체인 CONADI는 다양한 영역에서 민주화된 정부의 원주민 정책을 이끌었다. 이들이 마푸체와 다른 원주민 그룹들의 다양한 요구를 만족시키기 위해 많은 일을 한 것은 부정할 수 없다.

5. 마푸체의 계속되는 투쟁

민주화 정부의 마푸체를 달래기 위한 조치들에도 불구하고 정부나 목재회사와 맞서는 마푸체의 갈등은 지속되었다. 이러한 갈등의 주요한 요인은 앞서 언급한 대로 토지소유권과 개발의 문제이다. 특히 1990년대 초 남부의 비오-비오 강 유역에 건설된 7개의 수력 댐은 이 지역 마푸체인 페우엔체스 공동체의 권리와 전통적 삶을 파괴했다. 그중 스페인 소유의 전기회사 Endesa가 건설하는 가장 큰 랄코^{Ralco}댐은 이 지역에 거주하는 마푸체 92가족의 이주를 강요했다. 환경영향 평가에 따라 CONADI가 그 프로젝트를 거부했으나, 정부는 CONADI에서 두 명의 마푸체 출신 국장을 해고하고 프로젝트에 호의적인 비원주민 출신 국장을 대신 임명했다. 그 후 CONADI는 원주민들의 참여 없이 그 프로젝트를 허용했다. 정부는 한쪽으로는 대화를 말하면서도 다른 쪽으로는 댐건설을 허용하고, 그것을 힘으로 밀어붙였다. 따라서 정부와 원주민과의 협상은 중단되었고, 분노한 원주민들은 정부가 법에서 정한 원주민 안건에 있어서 원주민의 적절한 참여 규정을 위반했다고 주장했다.

숲은 마푸체 경제적 삶의 가장 중요한 요소이다. 그러나 목재회사의 급속한 성장으로 이들은 단기간에 마푸체 삶의 영역 깊숙이 파고들었다. 1970년대와 1980년대에 전국산림조합은 Miminco, Forestal Arauco, Crecex와 같은 국내목재회사에 마푸체 지역의 땅을 경매를 통해 넘겨주었다. 칠레 목재회사들의 뒤에는 또한 Celulosa del Pacífico S.A.와 같은 다국적 기업들이 자리 잡고 있었다. 1990년대에 들어 이들의 개발 확대로 인해 목재회사와 마푸체 간의 갈등이 심화됨에도 불구하고 콘세르타시온 정부는 마푸체의 기본적 자원을 보호하려는 어떤 현실적 대안도 제시하지 않았다.

대신 정부는 이 지역의 호수, 산, 강, 온천 등을 활용한 지역 관광산업의 발전을 목표로 하는 민간투자 촉진 정책을 제시했다. 그를 통해 정부는 마푸체들이 소위 에코투어리즘에 진보적으로 참여함으로써 그들의 소득 증가를 꾀할 수 있을 것이라고 설득했다. 그러나 이런 투자들은 마푸체의 삶에 실질적 진전을 가져올 수 없었다. 마푸체 공동체는 전통적으로 그들 자신의 집합적 경제활동의 특수한 형태에 익숙해 있다. 그들은 공동으로 집을 짓고, 공동으로 농사짓고, 공동으로 음식을 만드는 데 익숙하다. 정부는 이러한 마푸체의 전통적 경제활동 방식에 대해서 어떤 고려도 하지 않았다. 정부가 촉진하는 목재산업, 에코투어리즘, 댐건설 등에서 마푸체는 기껏해야 임시노동자로서 일시적 일자리를 얻을 수 있을 뿐이다. 결과적으로 마푸체 지역에서 개발은 이 땅에서 전통적 삶을 유지해 오던 마푸체의 프롤레타리아화를 촉진할 뿐이었다.

정부가 지원하는 원주민 자치기관인 CONADI의 역할도 점차 실망만을 안겨주었다. 앞서 언급한 마푸체 지도자의 추방 이후 CONADI는 정부의 꼭두각시 기관으로 변모했다. CONADI는 원주민공동체의 시각을 대변하기보다는 민간기업과 국가의 특별한 이익을 지지하기 시작했다. 과거에 약탈된 공동체 토지회복을 목표로 하는 풀뿌리 운동에 직면하여 CONADI는 땅을 재구매해서 분배하는 역할에만 그의 활동을 제한했다. 심지어 그런 과정에서 CONADI 관리들은 불법적 토지 판매, 부패, 자금의 불법 운영 등과 같은 일을 저지름으로써 마푸체 공동체와의 갈등이 심화되었다Millaman, 2001: 11-12.

그에 따라 AWNg는 자치와 토지권과 같은 원주민 권리의 헌법적 인정을 요구하는 동시에 불법적으로 토지를 점령하기 시작했다. 처음에는 남부 칠레에서 목재회사가 소유하는 토지를 점령했다. 그에 대해 정부는 초기에는 목재회사 소유의 토지를 구매해 원주민에게 분배하는 등 마푸체를 달래려는 조치를 취했다.

그러나 1994년 멕시코에서 사파티스타 운동이 출현함에 따라 마푸체의 '불법적 행위'에 대한 칠레정부의 태도는 보다 강경하게 전환되었다. 그때부터 정부는 급진적 마푸체 운동을 체제 위협적 요소로 간주하기 시작했다. 정부가 국내 안보를 최우선으로 고려하게 됨에 따라 마푸체와의 관계도 급속히 멀어졌다. 정부의 그러한 태도 변화로 1996년에는

140명의 마푸체 지도자가 투옥되었다[Campos Muñoz, 2003: 34].

그에 대해 마푸체의 대응도 과격해졌다. 1997년 루마코[Lumaco]마을에서 마푸체 활동가들은 이 마을에 진출한 목재회사의 트럭을 불태웠다. 이 폭력적 사건은 아라우코와 마예코 지역에서 목재생산과 그로 인한 마푸체 삶의 기반 파괴에 저항하는 마푸체의 과격한 공격의 출발을 알리는 신호탄이었다. 이러한 불법적 행동에 대해 민주정부의 대응도 강경해졌다. 정부의 폭력적 억압에 대응하여 마푸체의 투쟁도 점점 폭력적이고 급진적으로 변해갔다.

마침내 콘세르타시온 정부는 급진적이고 폭력적인 마푸체 활동가들에게 '테러리스트'라는 딱지를 붙였다. 그리고 '불법적' 행위를 막기 위해 군, 경찰 심지어 정보기관을 동원했다. 정부는 그를 통해 자신들이 갈등을 통제하기 위해 뭔가 하고 있음을 보여주고자 했다. 그들은 원주민들의 자기결정을 위한 합법적 요구를 반란 성격의 일반 범죄행위로 만들었다. 그로 인해 많은 마푸체 활동가들이 '불법 집회나 테러리스트'라는 죄목으로 기소되고 또 투옥되었다.

투옥된 마푸체 정치포로의 대부분은 160개 마푸체 원주민 공동체로 구성된 조직인 아라우코-마예코 조정위원회[Coordinadora Arauco Malleco, 이하 CAM] 소속 회원들이다. 많은 마푸체 정치 그룹 중에서 가장 급진화된 조직인 CAM은 경찰에 의해 조직적 공격을 받았으며 정부와의 협상도 거부당했다. 정부는 군부 독재정권이 합법적으로 반대파를 탄압하기 위해 만들었던 권위적 법인 국내 보안법을 이용해 마푸체 활동가들을 체포하고 투옥했다.

콘세르타시온의 사회당 출신 라고스[Lagos] 정부가 들어선 후에도 마푸체 운동은 점점 더 과격해졌다. 라고스 정부는 마푸체의 갈등을 해소하기 위해 2002년 16개 항목의 계획을 발표했다. 그럼에도 불구하고 마푸체 운동에 대한 정부의 기본적 방향은 체계적이고 조직적인 억압이었다. 라고스 정부는 목재회사들과 지주계층의 특별한 경제적 이익을 우선시했기 때문에 마푸체의 운동은 어떤 희생을 치르고서라도 종식시켜야 했다.

반면 마푸체도 비록 하나의 통합된 조직을 가지고 있지는 않았지만 그들의 힘이 결코 만만치 않으며, 따라서 그들의 요구가 무시될 수만은 없음을 보여주는 데 성공했다. 대규모 농장의 갑작스러운 접수, 목재회사 트럭의 방화 등의 사건은 일반적으로 칠레 사회 일각에 불안정한 느낌을 주었다. 그로 인해 일부는 이를 두고 '칠레의 치아파스화'의 전조라고 말하는 사람도 있었다Campos Muñoz, 2003: 35.

이런 상황에 직면하여 콘세르타시온의 또 다른 사회당 출신 바첼렛Bachelet 정부는 시위자들에게 테러리즘이나 보안법의 적용을 금지할 것과 ILO 169조 원주민 권리 조항을 인정하고 나아가 원주민 권리의 헌법적 인정을 실현할 것을 약속했다. 그리고 실제 2008년에 ILO의 원주민 권리 조항이 법적으로 인정되었다.

그러나 마푸체에 대한 유화적 제스처에도 불구하고 바첼렛 정부는 죄수들의 단식 투쟁과 인권그룹들의 지속적 압력에 맞서 여전히 '인종주의와 국가 테러리즘'을 실행하고 있다는 비판을 받고 있다. 한 예로 농촌 원주민 여성 전국연합Asociación Nacional de Mujeres Rurales e Indígenas, 이하 ANAMURI의 한 운동가는 바첼렛 정부 아래서 마푸체의 땅에서는 독재시기보다 더한 전쟁의 분위기가 조성되고 있다고 비난한다ANAMURI, 2008. 2008년 22세의 마푸체 학생 마티아스 카트릴레오Matías Catrileo를 경찰이 살해한 사건은 정부가 마푸체를 대하는 기본 태도에 변함이 없음을 보여준다. 실제 정부는 마푸체에 대해 테러리스트법을 적용함으로써 마푸체 그룹들을 해체하는 데 성공을 거두었을 뿐만 아니라, 한때 마푸체들이 누렸던 도덕적 위신과 사회적 동정마저도 사라지게 했다.

그러나 2008년의 마푸체 학생 살인사건은 또다시 마푸체에 대한 다양한 사회세력들의 지지네트워크를 형성하게 했다. 그의 죽음에 대한 분노는 마푸체의 땅을 넘어서 칠레 사회 전체로 퍼져나갔다. 따라서 그 후 마푸체 운동은 가톨릭이나 신교 교회, 전국노조, 여성운동, 인권 그룹, 마을 그룹, 역사가와 인류학자 그룹, 학생 심지어 일부 국회의원 등 다양한 사회세력의 지지를 획득할 수 있었다Carruthers and Rodriguez, 2009: 755-756.

최근 마푸체 운동에 나타나는 한 가지 흥미로운 현상은 다양한 사회세력과의 연계이다. 비오비오강 댐건설과 목재회사로 인한 환경파괴에 저항하는 마푸체 운동은 다양한 환경운동의 지원을 받았다. 대표적으로 랄코댐 건설 반대 투쟁에는 비오비오 행동그룹Grupo de Acción Bio Bío, 이하 GABB 과 같은 NGO가 마푸체를 지원했다. 팡게Pangue 투쟁 동안 GABB는 칠레의 환경 원주민 그룹과 국제적 관련그룹 간의 연결 역할을 맡았다. GABB이 랄코댐 건설과 환경과 원주민 삶의 파괴 문제를 국제적으로 이슈화한 덕에 1990년대 말 국제적 환경운동의 관심을 칠레 마푸체로 끌어오는 데 기여했다. 그로 인해 칠레의 마푸체 운동은 국제적 환경 운동과 원주민 운동의 지지와 연대를 받을 수 있었다.

그러나 그런 국제적 지원과 연대에도 불구하고 칠레 정부와 기업들의 개발의지를 막을 수는 없었다. 그에 따라 2001년에는 마푸체와 환경운동과의 연계가 붕괴되기도 했다. GABB과 원주민 운동의 동맹은 해체되었고, 게다가 GABB은 갑자기 폐쇄되었다. 환경운동가들이 사적인 이익을 취했다는 루머가 번지면서 일부 원주민들은 그들에게 냉소적 반응을 보였다. 환경운동 그룹과의 연대를 둘러싼 마푸체 내부의 분열은 새로운 환경그룹과의 연대를 어렵게 만들었다.

그럼에도 불구하고 마푸체 운동은 환경 그룹들과의 지속적 연대를 통해 자신의 정치적 의제에 환경문제를 부각시킴으로써 운동을 보다 활성화하는데 기여했다. 한편 마푸체는 새로운 정치적 전략도 시도하고 있다. 정치적 과정에의 참여와 정당과의 연합 실패 경험으로 인해 일부 공동체와 지역 지도자들은 그들의 역사적 경험에 기반을 둔 정치적 전략을 추구하기 시작했다. 중앙정치보다 시정부와 같은 지역 권력의 장악을 전통적 권리와 관습을 재설립할 수 있는 보다 효과적 형태로 간주했다. 따라서 2000년대 초반부터 마푸체는 시장과 시의원 등의 선거에 참여했고, 많은 마푸체 후보가 시의원으로 당선되었다. 그들은 시 권력의 장악이야말로 자신의 공동체와 그에 속하는 자원을 통제하기 위해 가장 효과적 수단이라고 이해했다.

최근 마푸체 운동의 또 다른 특징 중 하나는 '진정한' 자신의 정체성에 기반을 둔 운동을 추구한다는 점이다. 그들은 마푸체의 전통적인 '정체성 지역'에 기반을 둔 지역운동을 강조하면서 AWNg의 깃발을 다시 들고 나왔다. 원주민 공동체와 그들의 지역 지도자들은 기존의 경제사회적 요구를 지속하는 동시에 마푸체 정체성에 기반을 둔 정치를 강조하기 시작했다. 그들은 예전에 마푸체 운동에 영향을 주었던 계급적 구조를 제거하기 위해 전통적 조직과 정치적 실천들을 재건할 방식을 찾는다. 그들은 공동체의 현실과 조화되는 정치적 담론들을 발전시켜 나가고 있다.

그럼에도 불구하고 이들 '진정한' 정체성에 기반을 둔 운동이 진정 마푸체의 현실과 일치하는가 하는 문제는 마지막으로 짚어볼 필요가 있다. 즉, 대부분의 마푸체가 자기 정체성을 상당 부분 상실한 상황에서 그들의 투쟁을 종족 갈등이라고 할 수 있는가 하는 문제이다. 실제 많은 마푸체들이 그들 고유의 언어를 상실했고, 그들의 자식에게도 단지 스페인어만을 가르치며, 성도 칠레식으로 바꾸었고, 전통적 종교도 거부하고 있다. 그들은 대부분은 자신이 마푸체임을 인정하지 않는다. 그들은 칠레사회 속으로 동화되기를 원한다. 게다가 사회적 신분 상승을 달성한 마푸체는 자신의 정체성을 거부할 뿐만 아니라, 심지어 다른 마푸체들을 차별하기도 한다. 이러한 마푸체들은 자신의 종족적 배경을 부끄럽게 생각한다.

그러나 또 다른 마푸체들은 마푸체에 대한 부정적인 사회적 통념을 버리고 새로운 마푸체 종족 이미지를 창출하고자 한다. 그들은 칠레사회에 '사생아적으로 동화'되기보다는 '사회적 창조성'을 발휘하고자 한다. 따라서 이런 두 가지 전략 중 선택은 마푸체 각자의 몫이다. 즉 그들의 사회적 신분 상승이 가능하다고 믿는 마푸체들은 '사생아적 동화' 전략을 취한다. 그러나 칠레사회에 마푸체에 대한 차별과 배제가 존재한다고 믿는 사람들은 '진정한' 마푸체 정체성 회복운동을 벌인다. 그들은 가치전환을 통해 마푸체의 이미지를 긍정적으로 전환시킨다. 예를 들어 마푸체는 이제 더 이상 게으르고 야만적인 사람들이 아니라, 자연과 조화를 이루어 살아가는 사람들로서 신자유주의 물질문명의 대안으로 매력적 삶을 유지하는 사람들이다.

그러나 문제는 그런 창조된 이미지가 현실과 일치하는가 하는 점이다. '진정한' 마푸체 운동을 주도하는 리더들은 사실 농민도 아니고 농사를 짓지도 않는다. 게다가 마푸체어인 마푸수군Mapuzugun을 말할 줄도 모른다. '진정한' 마푸체 정체성 운동은 농촌의 마푸체 공동체보다 도시에서 오히려 더 강하다. 따라서 도시에서 '진정한' 마푸체 정체성 운동을 하는 활동가들은 그 '진정한' 이미지에 도달하는 것이 쉽지 않기 때문에 최근에는 '21세기 마푸체'라는 새로운 정체성을 창조하고자 한다. 그들은 도시에 거주하며, 마푸수군을 말하지 않으며, 칠레 친구 혹은 칠레 엄마를 가진 마푸체들이다. 따라서 그들은 부정적 이미지의 마푸체와 이상적 마푸체 모두를 넘어 보다 유연한 마푸체의 종족적 이미지를 창출하고자 한다Terwindt, 2009: 250.

결론적으로 최근 도시를 중심으로 한 마푸체 운동은 그의 주도세력들의 실제 정체성으로 볼 때 마푸체 종족운동이라고 부르기에 약간의 부적절함이 있는 것은 사실이다. 그러나 이들 도시화된 마푸체들도 가치전환을 통해 '진정한' 마푸체 정체성을 추구하는 것은 분명하다. 게다가 최근에 그들은 현실과 적합한 새로운 마푸체 정체성을 창조하려는 노력을 기울이고 있다. 따라서 이들의 운동을 마푸체 종족 운동에 포함하더라도 큰 무리는 없다고 생각된다.

Ⅲ. 아르헨티나, 파라과이, 브라질의 원주민 운동과 원주민 정책

1. 아르헨티나의 원주민 운동

칠레와 마찬가지로 아르헨티나 원주민도 상당히 도시화되었다. 아르헨티나 원주민의 반 이상이 도시에 거주한다. 따라서 원주민 운동도 서로 연결되지 않는 지역 단위의 농촌 원주민 운동과 이들과 거의 연결고리가 없는 도시 원주민 지식인 운동으로 나뉜다. 아르헨티나의 원주민은 지리적으로 분산되어 있고, 종족도 주된 종족 없이 매우 다양함으로 원주민 운동도 전국적 통합 조직 없이 매우 파편화되어 있다. 각 지역 원주민의 삶의 형태도 다르고, 문화변용의 정도도 다양하고, 도시 지식인 원주민과 농촌 원주민 공동체의 요구도 각각 다르기 때문에 하나의 통일된 원주민 조직과 운동의 목표가 형성되기 매우 어려운 상황이다.

아르헨티나 원주민의 삶에 최초의 변화를 가져온 사람은 후안 페론 Juan Perón이다. 페론은 비록 원주민들에게 토지를 돌려주겠다는 약속을 지키지는 않았으나 노예와 같은 원주민들의 삶의 조건을 향상시키는 데에는 크게 기여했다. 그는 농촌 원주민 노동자의 임금을 올려주었으며 원주민에 대한 아시엔다 소유주들의 권위적 통제를 감소시켰다. 게다가 페론은 소수의 도시 거주 원주민 지식인들을 패트런적 관계^{patronage}를 통해 포용했다. 따라서 그 후 몇 년 동안 원주민들은 페론당^{공식명칭은 Partido Justicialista: 정의당}에 충성을 바쳤다.

원주민들의 도시 이주는 대학에서 교육받은 원주민 중산층 전문가와 기술자들을 탄생시켰다. 도시에서 코야 족과 마푸체 족 지식인들은 최초의 원주민 조직이라 할 수 있는 부에노스아이레스 원주민 센터^{Centro Indigena de Buenos Aires}를 건립했다. 그것은 1970년에 아르헨티나 원주민 기관 조정위원회^{Comisión Coordinadora de Instituciones Indígenas de la República Argentina, 이하} CCIIRA로 발전했다.

한편 농촌에서는 1960년대부터 진보적 크리스천 조직들이 농촌의 원주민 공동체와 함께 일하면서 근대적 원주민 사회운동을 조직하는 데 기여했다. 그로 인해 농촌에도 보다 정치적으로 독립적인 원주민 지도자들이 생겨났다. 그들은 주정부나 중앙정부에 포용된 교육받은 원주민 관료들과는 자주 충돌을 일으켰다. 게다가 지주들과 군부는 독립적 원주민 운동들을 통제하기 위한 자신들의 어용 원주민 조직을 만들었다 Serbin, 1981: 417-422.

아르헨티나에서 처음으로 발생한 독립적 원주민 운동이 정점에 이르렀던 1975년에 부에노스아이레스에서는 원주민 출신 대학생들과 전문가들 중심의 아르헨티나 원주민 연합^{Asociación Indígena de la República Argentina, 이하 AIRA}이 설립되었다. AIRA도 CCIIRA와 마찬가지로 농촌의 지역 원주민 조직과 유기적 관계는 없었다. 1975년 이사벨 페론 정부가 붕괴되자 원주민들의 이러한 활동마저 중단되었다. 독립적 원주민 운동은 진압되었으며, 그들의 지도자들은 투옥되었고, 조직은 붕괴되었다. 이러한 상황에서 살아남기 위해 AIRA는 문화적 권리를 강조했고, 국제적 조직이나 다국적 원주민인권 운동과의 연계를 강화했다.

1983년 민주화 이후 많은 원주민 조직들이 새롭게 탄생했다. 이들 대부분은 국제원주민조직이나 진보적 종교조직들로부터 재정적·기술적·정치적 지원을 받았다. 국제적 조직과 종교조직들은 아르헨티나의 원주민 지도자들을 훈련하고, 원주민들의 경제발전 프로그램을 지원하고, 원주민 문화를 재활성화하는 데 많은 도움을 주었다. 원주민 조직들을 연합하여 1985년에는 아르헨티나에서 처음으로 원주민 권리를 인정하는 법 23,302조의 제정을 위해 노력했다. 그러나 그 법이 실행되기 위해서는 여러 해가 걸렸고, 그 법에서 구상되었던 전국 원주민 기관Instituto Nacional de Asuntos Indigenas, 이하 INAI도 충분한 기금을 마련할 수 없었다. INAI 는 1996년에 가서야 비로소 제대로 운영되기 시작했다Balazote and Radovich, 1999: 159-160.

한편 아르헨티나의 원주민 조직들은 1970년대부터 정당과 국가와 동맹을 맺기 시작했다. 이러한 전략은 소수의 지도자들을 기존 정당이나 국가에 포용되게 했지만, 풀뿌리 사회운동 조직으로서 원주민 운동의 발전에 기여하지는 못했다. 그로 인해 포용되었거나 친정부 성향인 원주민 지도자들과 보다 독립적이고 급진적인 원주민 리더와 조직들 사이에 지속적 긴장이 야기되었다.

아르헨티나의 원주민 조직들은 기본적으로 지역적 차원에서의 활동을 추구했다. 왜냐하면 시정부나 주정부가 그들의 가장 중요한 문제들을 해결할 권한을 가진 가장 유효한 정치적 공간이라고 판단했기 때문이다. 그의 성과는 지방 권력의 형태와 정당들의 원주민 표에 대한 중요성 인식 정도에 따라 지역마다 다양하게 나타났다. 예를 들어 남부의 네우켄 주에서 지역 정당인 민족민중운동Movimiento Popular Nacional, 이하 MPN은 이 지역에 주로 거주하는 마푸체족을 적극적으로 포용하고자 했다. 그에 따라 몇 명의 마푸체 지도자들이 정당에 가입했고 선출직이나 임명직을 획득할 수 있었다. MPN은 지역 원주민 조직인 네우켄 마푸체 동맹Confederación Mapuche Neuquina에 영향력을 획득했고, 그로 인해 원주민 조직은 공식적 정치과정에 참여하는 문제를 놓고 내부 분열을 겪었다.

페론당이나 급진당Unión Cívica Nacional, 이하 UCR과 같은 전국 정당은 내부에 다양한 사회세력들을 포용하고 있었다. 따라서 원주민들은 이러한 정당들 내부에서 자신의 그룹을 형성하기도 했다. 특히 원주민들이 집중적으로 거주하는 차코, 네우켄, 살타, 후후이 주의 선거 후보자 명단에는 원주민들이 포함되었다. 전국적 수준에서는 1995년 선거에서 티에라델푸에고의 오나Ona족 원주민 지도자인 에르멜린다 아말리아 구디뇨Ermelinda Amalia Gudiño가 페론당 후보로 나와 원주민 출신으로서는 최초로 국회의원이 되었다.

아르헨티나 원주민 운동과 정당들의 관계는 원주민 운동 내부, 심지어 개별 조직, 지방, 종족에 따라 다양하게 나타난다. 예를 들어 마푸체 조직 조정기구Coordinación de Organizaciones Mapuche와 같은 그룹들은 정당과의 연합을 지양하는 반면, 다른 그룹들은 그들 공동체의 삶에 영향을 주는 정책 결정에 있어서 원주민 대표들이 목소리를 낼 수 있는 유일한 길은 권력을 획득할 수 있는 정당에의 참여라고 믿었다. 또한 대부분의 원주민 유권자들은 봉건적 주종(패트런-클라이언티)관계를 유지함으로써 국가의 재원과 필요한 사회서비스 프로그램에 계속해서 접근할 수 있다고 생각했다. 결과적으로 지역 수준의 원주민 그룹들은 기존 정당들에 의해 거의 지배되었다. 이러한 현상은 아르헨티나에서 독립적 원주민 운동과 정당의 출현을 어렵게 만들었다.

이러한 어려움에도 불구하고 아르헨티나의 원주민들은 그들 자신의 지역정당을 설립할 시도를 전혀 하지 않은 것은 아니다. 위치 족과 후후이 주의 코야족은 그러한 시도의 가장 대표적 사례이다. 포르모사 주의 남콤Nam-Qom시 변두리에 주로 거주하는 토바 족은 민중협회Fraternidad Popular 라 불리는 지역 정당을 형성하기도 했다. 그럼에도 불구하고 전반적으로 아르헨티나 원주민의 요구는 국가 혹은 정당과의 주종관계를 통해 필요한 사회적 서비스를 획득하는 데 제한되었다.

2. 민주화와 파라과이 정부의 원주민 정책

1989년 34년간 지속된 알프레도 스트로에스너Alfredo Stroessner 장군의 독재가 종식되었다. 그러나 소수 인종인 파라과이 원주민들의 독재정권 붕괴와 민주화에 대한 입장은 이중적이었다. 그들은 한편으로 정치적 변화를 원하면서도, 또 다른 한편으로는 정치적 변화를 두려워했다. 사실 스트로에스너 집권 동안 파라과이 원주민들은 소수 종족으로서 보호를 받아왔다. 따라서 민주화는 까우디요caudillo: 무력을 통해 권력투쟁을 하는 사람들 정치인들에 의해 주어졌던 후견인적 보호의 상실을 의미한다. 민주적 변화는 사회의 모든 세력들에게 정치적 참여의 확대와 권력에의 접근 가능성을 약속하지만, 소수종족인 파라과이 원주민들이 민주주의라는 정치적 경쟁 구도 아래서 자신의 대표성을 확보하는 것이 쉽지 않기 때문에 파라과이 원주민들에게 민주화는 희망보다 더 많은 우려를 낳은 것이 사실이다.

사실 원주민들에게 권위주의 시스템은 축복인 동시에 저주였다. 한편으로 그것은 국가 관료나 국가 재원에 직접적 접근을 허용하는 후견인 관계를 만들었지만, 다른 한편으로 그러한 관계로 인해 다양한 종족그룹들이 함께 뭉칠 수단이나 동기는 사라졌다. 실제 국가는 원주민들에게 개별적 혜택만을 부여함으로써 그들이 자신의 집합적 권리를 찾기 위해 하나의 종족그룹으로 연대하는 것을 방해했다.

스트로에스너 집권 동안 원주민 문제는 국방부 산하 원주민 사무국Departamento de Asuntos Indigenas, 이하 DAI을 통해 다루어졌다. 원주민 공동체들은 토지, 보건, 교육 등의 개별적 요구를 하기 위해 국방부로 가야 했다. 이 사무국을 통해 원주민 공동체에 도로가 건설되었고, 공동체 토지들이 보호되었다. 물론 그 대가로 원주민들은 독재 정부에 충성을 받쳐야 했고, 게다가 원주민 지역의 삼림이나 토지가 개발되는 것을 감수해야만 했다.

스트로에스너 정부 초기에 원주민들은 큰 관심을 불러일으키지 않았다. 국가는 조용히 동화정책을 채택했다. 스트로에스너는 차코에서 영국 성공회나 메노파교도들의 미션 사업을 이 지역 원주민들의 '문명화' 과정으로 생각했다. 동부 지역에 거주하는 과라니 원주민들은 자신의 문화적 정체성을 포기하고 담배나 면화를 생산하는 농민으로의 전환이 요구되었다.

후견인 시스템이 원주민들의 요구를 일부 들어주었지만, 그들의 기본적 문제를 해결할 수는 없었다. 상업적 농업과 목축업이 점점 확대됨에 따라 원주민 공동체들의 자급자족 기반이 점차 붕괴되어갔다. 비록 공동체의 개별적 요구에 따라 소규모 토지를 부여받을 수는 있었지만, 원주민 그룹들의 전체적 문제를 다루기 위한 법이나 사회공공기반시설은 전혀 마련되어 있지 않았다. 원주민들은 동화되기보다 오히려 그들의 삶의 수준이 가난한 농민보다 더 못한 수준으로 떨어지는 것을 경험했다.

1970년대에 도시와 농촌의 원주민들은 보다 나은 삶의 조건을 위한 요구들을 들고 나왔다. 원주민 그룹들 사이에서 이러한 움직임은 '마란

두 프로젝트^{Proyecto Marandu}'라 불리는 최초의 범 원주민 운동이자 비정부 기구의 설립을 가져 왔다. 그 프로젝트는 원주민들의 보건, 교육, 토지에 대한 권리를 주장했다. 마란두는 처음에 원수민의 문화와 권리를 옹호하는 작은 원주민 기구로서 시작했다. 그러나 그것은 농민활동가들로부터 그리고 관련된 국제기관들로부터 지원을 획득함으로써 획기적으로 발전할 수 있었다. 따라서 '마란두 프로젝트'는 원주민 공동체를 돕기 위한 다양한 노력들을 하는 정치적 중심지 역할을 하게 되었다.

이러한 사회운동의 확산은 당연히 스토르에스너 정부의 억압을 불러 왔다. 따라서 마란두의 활동가들도 투옥되었다. 정부의 억압이 국제적 관심을 끌게 됨에 따라 원주민들의 역경이 정부 폭력의 상징이 되었다. 국제적 평판을 회복하기 위해 스트로에스너 정부는 원주민 공동체에게 보호구역 지위 부여를 위한 원주민, 원주민주의자, 인류학자들의 요구에 응답했다. 스트로에스너는 대토지 소유제에 맞서서 원주민 공동체를 방어하려고 시도하지는 않았지만, 국가 소유의 땅을 원주민 보전지역으로 만드는 데 주저하지 않았다.

따라서 1978년까지 파라과이 동부 지역에서 약 80%의 원주민 공동체 토지가 보호구역으로 법의 보호를 받게 되었다. 그 무렵 원주민 관계의 중심센터는 전국 원주민협회^{Instituto Nacional del Indígena, 이하 INDI}가 맡았다. INDI는 원주민 공동체를 확인하고 그들에게 공동체 토지권과 공동체의 법적 인정과 같은 국가 서비스를 제공하는 역할을 맡았다. 물론 INDI의 역할에도 불구하고 원주민 지도자들에 대한 스트로에스너와 그의 측근들의 후견인 관계는 여전히 지속되었다.

원주민법 904/81이 제정되기 이전 원주민들에 대한 토지 부여가 1930년에 제정된 개별 농민가구에 대한 토지 할당법에 따라 실행되었다면, 새로운 법은 토지의 공동체적 소유권을 인정했다. 따라서 그 법에 따라 원주민 공동체에 직접적으로 토지소유권이 부여될 수 있었다. 그러나 이러한 법이 현실적으로 얼마나 실현될 것인가 하는 점은 또 다른 문제였다. 현실적으로 파라과이에서는 새로운 제도보다 여전히 전통적 후견인 시스템이 더 효력을 발휘하고 있었다. 따라서 원주민 공동체의 집합적 토지 소유권을 인정하는 새로운 법 제정에도 불구하고 대부분의 원주민 공동체는 스트로에스너 체제의 현상유지에 확고한 지지자로 남았다.

스트로에스너 체제가 붕괴되자 원주민들은 세계에서 가장 가난한 나라 중 하나인 파라과이에서도 가장 가난한 계층으로 전락할 위기에 직면했다. 원주민 대부분은 민주화 이후에도 그들에게 부여된 토지에 그대로 머물렀다. 그곳에는 학교는 있었지만 선생님이 없었고, INDI가 설립한 병원이 있었으나 약품이 부족했다. 정부의 경제발전 프로그램에도 불구하고 원주민 노동자들은 살기위해 점차 자신의 공동체를 떠나야 했다.

스트로에스너 체제 붕괴 이후 정권을 잡은 새로운 군인 리더들은 지금까지 원주민들이 누렸던 특별한 지위를 박탈했다. 그들은 소수 종족인 원주민들에 대해 특별한 관심을 가지지 않는 것처럼 보였다. 그러나 민주화 과정이 원주민들에게 부정적 영향을 가져오지만은 않았다. 선교사들과 원주민주의자들의 연합이 새로 구성된 의회에서 원주민 공동체를 지원할 법의 제정을 위해 노력한 결과, 원주민 공동체를 보호하는 1989/43호 법의 제정을 이루어 냈다. 한편 로드리게스Andrés Rodríguez 정부는 INDI를 개혁해서 역사상 처음으로 민간인에게 그 책임을 맡겼으며 예산을 거의 두 배로 증가했다.

1992년에 제정된 새로운 헌법은 원주민에 대한 정부의 의도를 명백하게 보여주었다. 새로운 헌법은 병역이나 공익 근무에서 면제되는 원주민들의 특별 지위를 인정해 주었다. 또한 다양한 문화와 사회그룹을 유지할 수 있는 원주민의 권리도 인정했다. 단순히 공동으로 토지를 소유할 수 있는 수준을 넘어 각각의 그룹들은 그들의 문화적 사회적 통합을 유지하기에 충분한 토지를 소유할 권리를 가지게 되었다. 물론 원주민들의 요구에도 불구하고 새 헌법은 제헌의회에서 원주민들에게 대표성을 할당하는 데까지 나아가지는 않았다. 원주민 대표자들에게 발언권을 주었지만 투표권을 부여하지는 않았다. 1993년에 상원은 국제노동기구 ILO의 원주민 권리 선언을 인준하는 234/93호 법을 통과시켰다.

그러나 이러한 조치들이 원주민 공동체의 삶에 실질적 도움을 주지는 않았다. INDI의 증액된 예산은 주로 그 소속원들의 임금 지불에 사용되었다. INDI의 종사자는 1989년 47명에서 1993년 140명으로 증가했다. 그러나 새로운 종사자 중 원주민이나 최소한 원주민 업무에 경험이 있는 사람은 거의 없었다. 그들은 원주민 공동체를 방문하는 것에조차 별 관심이 없었다. 어떤 경우에 원주민과 농민 목축업자 간에 토지를 두고 분쟁이 생기면 오히려 후자의 편을 들기도 했다. 따라서 원주민과 INDI 사이는 점점 더 멀어졌다Kid, 1997: 33.

로드리게스 정부의 초기 원주민을 향한 호의적 수사에도 불구하고 1990년 정부는 '모두를 위한 토지tierras para todos' 정책을 토지의 민간소유 정책으로 전환했다. 그에 따라 농민, 벌목꾼, 목축업자들이 아무런 제재 없이 원주민의 땅에 들어왔다. 그로 인한 숲의 파괴는 매우 심각한 수준에 이르렀다. 스토로에스너 시기에 연간 200,000헥타르의 숲의 사라졌다면 로드리게스 정부 아래서는 연간 거의 500,000헥타르의 숲이 사라졌다. 심지어 1992년에는 INDI의 예산조차 60% 감소되었다. 로드리게스 정부 아래에서 원주민을 위한 INDI의 토지 획득은 거의 성과를 내지 못했다. 결론적으로 민주화 그 자체가 원주민들을 위해 할 수 있는 것은 아무것도 없었다.

민주화 이후 실시된 1993년과 1998년 선거는 1951년 이래 군부가 선거과정과 후보직을 통제하지 않은 최초의 선거가 되었다. 콜로라도 당의 영향력도 점차 감소했다. 수십 년간 유지되어 온 콜로라도당과 자유당 양당 시스템이 막을 내렸다. 제3당이 지역선거에서 승리하기 시작했고, 결국 수도 아순시온에서는 시장직을 차지하기도 했다. 지역의 정치적 보스가 원주민 공동체에 다양한 권리와 재원을 공급해 주었던 과거 봉건적 후견인 체제에서와는 달리 원주민 그룹들은 이제 민주적 과정에 참여함으로써 자신의 것을 스스로 획득해야만 했다.

그러나 원주민의 문제를 해결하는 데 있어서 민주적 과정은 여러 가지 문제를 가지고 있었다. 무엇보다 원주민의 투표 행태가 자신의 이익을 위해 가장 효과적인 선택을 하지 못한다는 점이다. 그리고 무한 경쟁을 추구하는 신자유주의 정책이 소수 종족의 이익에 부합되지도 않는다. 어쨌든 파라과이에서 원주민들은 약자이고, 심지어 원주민들이 집중적으로 거주하는 지역에서조차 그들은 수적으로 열세이다. 따라서 민주적 과정 아래서 원주민의 권리를 방어하는 것이 어떻게 보면 과거 후견인적 시스템 아래에서 보다 더 어려울 수도 있다.

실제 이가티미^{Igatimi} 메스티소 마을 주변의 과라니 유권자들의 경험에 대한 분석은 이러한 사실을 잘 보여준다. 민주화 이후 이 지역의 과라니 원주민들은 선거과정에 광범위하고 열성적으로 참여했음에도 불구하고, 어떤 후보도 과라니 원주민 공동체를 방문하거나 그들의 문제를 공약에 담지 않았다. 과라니 유권자들도 후보자의 자질이나 정당의 공약을 보고 투표하지 않았다. 따라서 과라니의 요구는 이러한 민주적 선거를 통해 결정되는 정책에 있어서 거의 반영되지 않았다. 따라서 원주민 공동체들은 민주화 과정에서 스토로에스너 시절보다 더 냉소적으로 변했다 Reed, 2002: 318.

미주기구$^{OAS, 2001}$의 보고서에 따르면 스토로에스너 시절과 비교해 민주주의가 원주민들에게 가져다 준 긍정적 변화는 거의 없다. 1994년에서 1998년 사이 토지를 요구한 47개 원주민 공동체 중에서 단지 1개 공동체만이 토지소유권을 획득했으며, 반이 그들의 토지 요구에 대한 INDI의 무의미한 보증만을 받았을 뿐이다. 게다가 2000년 토지 수용을 위한 예산은 1998년에 비해 58%나 삭감되었다. 그로 인해 원주민에게 토지 분배를 하기 위한 전국적 토지 획득 프로그램은 사실상 중단되었다.

　민주주의는 원주민에게 기존의 후견인적 보호 시스템을 제거했다. 따라서 원주민들은 이제 새로운 정치의 장에서 자신들의 이익을 대변하기 위해 스스로 투쟁해야 하는 처지에 놓이게 되었다. 전국적으로 원주민들은 2% 미만의 소수 인종에 불과하지만 서부 차코 지역을 비롯한 일부 지역에서 그의 비중은 무시할 수 없는 수준이다. 그러나 최근 새로운 이민자들이 원주민 지역으로 유입됨에 따라 이들 지역에서 비원주민의 비율이 급격히 증가하고 있다. 이는 곧 원주민 표의 중요성 감소로 나타났다. 특히 동부의 카닌데유, 아맘바이, 알토 파라나 주에서 원주민의 비중은 예전에 비해 거의 반으로 줄어들었다. 원주민 인구가 상당한 비율을 차지하는 차코 지역에서도 급격한 변화가 일어났다. 특히 보케론 주에서 원주민 인구의 비율은 80%대에서 40%대로 급락했다. 프레시덴테 아예스 주에서는 40%대에서 20%대로 감소했다[Helders, 2001].

　결론적으로 민주화는 파라과이 원주민들에게 다음과 같은 유산을 남겨주었다. 무엇보다 원주민들의 권리를 보호해 주었던 전통적 수단인 후견인 시스템을 사라지게 했다. 선거에 의한 대표자들이 지역의 정치적 보스들을 대신함에 따라 원주민들은 다양한 이익단체들 사이에서 자신의 권리를 찾기 위해 투쟁해야 하는 상황에 처했다. 힘 있는 후견인에게 개별적으로 요구하는 대신에 이제 원주민 리더들은 농민, 목재회사, 농업기업 등 다수이자 강력한 사회 부문들 사이에서 소수인 자신들의 이익을 대변하기 위해 투쟁해야 한다. 그리고 비원주민인 농민들에게 토지를 분배함으로써 대중적 지지를 획득하고자 하는 민주정부의 노력의 결과 원주민들이 주로 거주했던 지역에서 비원주민 인구가 증가했다. 그에 따라 이 지역에서 원주민 표의 중요성도 감소했다. 따라서 민주화 과정은 원주민들을 보호받던 소수종족에서 단순한 빈곤층으로 전락시켰다.

2008년 해방신학 계열의 좌파성향 대통령 페르난도 루고$^{Fernando\ Lugo}$의 등장도 원주민의 삶에 근본적 변화를 가져오지는 않았다. 세계 5위의 콩 생산국으로서 콩 재배의 확대로 인해 토지를 상실한 원주민들이 도시로 몰려들었다. 이들에게 토지를 회복해 줄 수 없는 루고 정부는 임시방편으로 수도 아순시온 인근의 원주민 불법 거주지에 대한 지원 프로그램을 실시함으로써 원주민 어린이와 십대들이 어려서부터 거리로 나서는 일을 최대한 줄이고자 노력하고 있다.

토지와 관련해서도 루고 정부는 INDI를 통해 원주민에게 토지반환을 촉구하고 있으나 원주민의 요구와 정부 조치 사이에는 여전히 큰 격차가 있다. 특히 민간소유 황무지를 보호하기 위해 1994년 제정된 352/94호법에 따라 국가의 일방적 수용이 쉽지 않기 때문에 원주민들에 대한 토지 회복은 쉽지 않은 과제이다. 따라서 루고 정부가 원주민에 대해 우호적 입장을 취하고 있음에도 불구하고 파라과이 원주민들 실질적 삶의 조건의 변화는 쉽게 이루어지지 않을 것으로 보인다.

3. 브라질의 원주민 정책과 원주민 운동

브라질의 원주민은 전체 인구의 0.4%에 불과하다. 역사적으로 브라질의 원주민들은 전체사회로부터 소외되어 왔다. 그들의 수가 많지 않았기 때문에 식민지시대 사탕수수 농장에서도 아프리카에서 수입된 흑인 노예들이 원주민들을 대신했다. 그로 인해 브라질은 흑인과 백인과 물라토의 나라가 되었고, 브라질에서 원주민들은 소외된 소수 종족으로 간주될 뿐이었다. 그럼으로 19세기 말까지 브라질에서 원주민 문제가 국가적 어젠다로 부각된 적은 거의 없었다.

19세기 말 브라질에서는 아마존 유역에서의 국경선 설정과 광범위한 아마존 내륙지역과 해안 도시들과의 소통이 중요한 문제로 제기되기 시작했다. 게다가 아마존 지역에 새로운 정착민들이 유입됨에 따라 현지에 거주하는 원주민들과의 갈등이 발생했다. 그로 인해 원주민에 대한 관심이 처음으로 국가적 차원에서 제기되기 시작했다. 문명화를 위해서는 '미개한' 원주민들을 제거해야 한다는 주장에 반해, 원주민 피가 조금 흐르는 지방 유력인사 칸디도 마리아노 다 실바 론돈Candido Mariano da Silva Rondón과 같은 사람은 원주민을 포함해 모든 인간은 문명화에 참여할 수 있고, 진보의 사다리를 올라갈 수 있는 능력을 가지고 있다고 주장했다. 그는 브라질의 원주민 사회는 보호되어야 하며, 국가가 추진하는 문명화에 참여할 수 있도록 원주민들에게 교육 등의 사회적 서비스가 제공되어야 한다는 점을 강조했다. 따라서 원주민들이 거주하는 브라질 내륙지역의 전신서비스 설립을 위한 책임자로 임명되었을 때 그는 자신의 확신을 보여주기 위해 기꺼이 노력했다. 다 실바 론돈의 그와 같은 주장은 당시로서는 매우 앞서가는 생각이었다. 그는 내륙지역에서 전신서비스를 확대하기 위해서 접촉하게 되는 어떤 원주민도 살해하지 않았다. 이러한 그의 실천으로 인해 다 실바 론돈은 원주민들을 대하는 브라질식 특별 방식의 주창자가 되었고, 나아가 브라질의 영웅으로 대접받기도 했다.

1910년 다 실바 론돈은 정부를 설득해 원주민 보호 서비스Service for the

Protection of Indians, 이하 SPI와 같은 정부기관을 설립했다. 다 실바 론돈이 책임을 맡은 SPI의 원주민을 위한 서비스는 브라질 원주민에 대한 이해를 증진하고, 대재앙이나 착취로부터 원주민들을 보호하고, 원주민들의 토지를 보호하고, 원주민들에게 교육을 제공함으로써 그들을 브라질 사회에 실질적으로 통합시키는 일과 같은 것들이다.

그러나 브라질과 같이 면적이 넓고 소수의 원주민들이 넓게 퍼져 있는 나라에서 이러한 서비스를 성공적으로 실현하는 것은 쉬운 일이 아니었다. 지속적으로 자금이 부족했던 SPI는 자신의 목표를 실현하기 위해 처음부터 어려움에 직면했다. 따라서 실제 원주민들은 SPI보다는 그들의 접근하기 힘든 지리적 위치로 인해 보호될 수 있었다(Marbury-Lewis, 2002: 330-333.

그렇지만 또 다수의 원주민들은 그들을 둘러싸고 있는 사회와 지속적으로 접촉해 오기도 했다. 원주민과 비원주민들의 만남은 20세기 초 브라질 사람들의 내륙을 향한 지속적 이주의 결과로 발생했다. 특히 1960년대 수도가 리우데자네이루에서 내륙 브라질리아로 옮겨가면서부터 원주민과 비원주민들의 접촉이 증가했다. 특히 1964년 쿠데타를 통해 권력을 잡은 군사정권이 좌파 혁명 전략에 대응하여 내세운 내륙 개발 정책이 농업기업과 목축업자들을 아마존 지역으로 진출하게 함에 따라 그러한 과정은 보다 가속화되었다. 원주민들은 거대 농업기업들과 또 토지를 찾아 이주한 소규모 영농업자들에 의해 그들의 삶의 기반이 붕괴되기 시작했다. 만약 원주민들이 스스로를 보호하고자 했다면 그들은 '반개발주의자' 혹은 당시 분위기로는 '체제 도전자'로 간주되었을 것이다. 당시 군부의 개발 이데올로기는 비판이 허용되지 않았기 때문에 원주민들이나 그들의 지지자가 원주민 거주지와 그들의 삶의 형태를 외부 세력으로부터 보호하기 위해서 할 수 있는 일은 거의 아무것도 없었다.

SPI가 원주민들에게 피해를 주는 사람들과 맞섰으나 군사정권은 다 실바 론돈이 설립한 인도적 차원의 SPI를 해체했다. 그리고 그를 대신해서 1967년에 전국 원주민기금Fundação Nacional do Indio, 이하 FUNAI을 설립했다. FUNAI는 원주민들에게 피해를 입히는 사람들에 대한 조사를 실시하기도 했으나 그것은 형식에 불과했다. 실제로 FUNAI가 원주민들을 보호하기 위해 한 것은 아무것도 없었다.

FUNAI는 다 실바 론돈과 SPI의 전통을 계승해 원주민의 권리와 그들의 토지를 보호하는 것이 그의 주된 설립 목적이었다. 하지만 그러한 목적은 개발을 우선시하는 군부 정권의 방향과 서로 충돌하는 면이 없지 않았다. 따라서 FUNAI의 역할은 항상 애매모호했고, 비효율적이었다. 군사정권 아래서 FUNAI는 원주민의 인권과 토지를 강력히 방어할 수 없었다.

대신 그들은 19세기 노예제 폐지와 유사한 원주민들의 '해방' 정책을 실현했다. 군부정권은 원주민들을 현재 상태에서 '해방'시킴으로써 브라질에서 더 이상 원주민 문제가 제기되지 않기를 바랐다. '해방'된 원주민은 더 이상 원주민이 아니기 때문에 브라질에 원주민이 더 이상 존재하지 않게 될 것이고 따라서 원주민 문제도 사라질 것이라는 생각이었다.

그러나 FUNAI의 원주민 '해방' 정책은 결코 노예인적이 없었던 원주민들에게는 단지 정체성의 상실을 의미할 뿐이었다. 따라서 원주민 리더들은 FUNAI의 '해방' 정책을 받아들일 수 없다고 주장했다. 그들은 자신의 정체성으로부터 벗어나는 것을 원하지 않았다. 그들이 정부에 바라는 것은 헌법에 따라 원주민 토지의 구획을 정하고, 그것을 보호해 주는 것이었다. 그럼으로 일방적 '해방' 정책은 원주민들과 친 원주민 여론을 움직였고, 친 원주민 운동의 탄생에 기여했다Comissão Pro-Indio, 1979.

원주민 조직의 탄생에는 비원주민 협회들의 지원이 컸다. 특히 원주민주의의 대의를 내세우는 가톨릭 조직인 원주민주의 선교사 위원회

Conselho Indigenista Missionário, 이하 CIMI는 브라질과 같이 면적이 넓은 나라에서 산재하는 원주민 그룹들이 함께 모일 수 있도록 도우는 등 브라질에서 원주민 운동의 탄생을 위해 중요한 역할을 했다.

군부정권 아래서 이루어진 헌법에 따른 원주민 보호구역의 구획정리 과정은 매우 느렸고, FUNAI는 항상 그를 수행하기 위한 기금 부족을 호소했다. 게다가 군사정권은 원주민 업무를 국가안보 차원의 문제로 다루었다. 브라질의 중심지로부터 멀리 떨어진 곳에 거주하는 소규모 종족들의 문제가 국가안보 차원에서 다루어진 것은 그들이 거주하는 곳이 주로 국경지역으로서 마약이나 게릴라 문제가 빈번히 발생하는 곳이었기 때문이다. 군사정부는 원주민들이 이런 반란적 활동에 개입되는 것을 우려했다. 게다가 브라질의 엘리트와 군부는 외부세력이 브라질의 안보차원의 문제에 개입하는 것을 매우 불쾌하게 생각했다.

한편 원주민 거주 지역에서 주석, 보크사이트 등의 매장이 발견되고, 기업농이나 소규모 자영농들의 원주민 거주 지역으로의 진출이 증가함에 따라 원주민 토지권의 문제가 점점 더 심각해져 갔다. 한편 정치적 개방, 즉 군사정권의 민간정부로의 이양이 전개됨에 따라 원주민과 원주민 토지 침해 문제가 전국적 언론에서도 다루어졌다. 1985년 브라질에 민간정부가 들어섰을 때 원주민 문제는 국내외의 주목을 받기 시작했다. 특히 야노마미Yanomami족 거주지에서 광산업 개발자들에 의한 원주민 삶의 파괴는 심각한 문제로 제기되었다. 그러나 브라질 행정당국은 야노마미족들을 지원하기는커녕, 그들을 도우려는 자원봉사자들의 접근도 허용하지 않았다. 그들에게 접근할 수 있는 사람들은 광산업자와 군인과 FUNAI뿐이었다. 그러는 동안 야노마미 족의 삶은 완전히 황폐화되었다Ramos, 1991.

원주민의 거주지에 매장되어 있는 풍부한 광물자원 개발의 필요성과 원주민의 거주지 보호라는 명분은 민주화 이후 1988년 브라질 신헌법 제정과정에서 주요한 논란의 대상이 되었다. 카이아포^{Kaiapó}족을 비롯한 다양한 종족들이 제헌의회 앞에서 시위를 벌이는 가운데 친 원주민 활동가들은 원주민의 권리가 헌법에 보장될 수 있도록 노력했다. 그들은 신헌법이 브라질이 다종족국가임을 인정하고, 원주민들이 자신의 문화적 권리를 유지할 수 있도록 보장해 줄 것을 요구했다.

그러나 브라질에서 원주민들은 비원주민보다 일인당 더 많은 토지를 보유하고 있다는 등의 명확하지 않은 이유들이 제시되면서 신헌법에서 원주민주의자들의 요구는 받아들여지지 않았다. 민주화 이후 제정된 신헌법은 브라질을 다종족국가로 인정하지도 않았고, 원주민 토지를 광산업 개발로부터 보호하는 조항도 포함하지 않았다. 신헌법은 단지 원주민 거주지에서 광산업의 개발은 정부의 허가를 받아야 한다는 조항만 포함시켰을 뿐이다. 원주민 권리에 대한 국민적 지지의 증가에도 불구하고, 다종족국가의 헌법적 인정과 원주민 권리의 헌법적 보장이 국가의 필수적 이익을 손상시킨다는 보수주의자들의 반대 때문에 결국 그 조항이 신헌법에 포함되지는 못했다.

원주민들을 보호하고, 교육을 통해 그들을 브라질 사회에 통합시켜야 한다는 다 실바 론돈 식의 원주민주의는 현재 효력을 상실한 것처럼 보인다. 게다가 대부분의 브라질인들은 원주민의 토지와 문화를 보호하는 것이 국가이익에 상반되는 것으로 생각한다. 민주화 이후 브라질 정부는 원주민들을 효과적으로 보호하기 위해 실제로 필요한 일들을 전혀 하지 않으면서 원주민 권리를 옹호한다는 수사만을 늘어놓았다.

이러한 경향은 원주민 보호구역 구획지정 사업의 추진 과정에서 확연히 드러났다. 그 사업을 담당한 FUNAI가 계속해서 기금 부족을 호소하는 가운데 그를 위한 정부의 예산은 매년 삭감되었다. 특히 페르난도 엔리케 카르도소^{Fernando Henrique Cardoso} 대통령은 1775호 행정명령을 통해 FUNAI 가 추진하는 원주민 보호구역 구획지정 사업에 이의를 제기하는 사람들을 위한 법적 구제 절차를 마련해 주려고 시도하기도 했다. 물론 이러한 시도는 법원에 의해 폐기되었고, 보호구역 구획지정 사업도 속도를 내는 것처럼 보였다. 그러나 또 다른 문제는 보호구역이 지정되었다고 해서 외지인들의 토지침해로부터 원주민들이 완전히 보호될 수 없다는 점이었다. 그로 인해 브라질 전역에서 폭력이 확산됨에 따라 약자인 원주민들은 그에 대해 그의 무방비 상태에 놓이게 되었다. 특히 그 지역의 토지나 자원이 개발로 인한 분쟁에 휩싸인 지역에서 보호구역의 지정은 폭력 앞에 아무런 효과를 발휘할 수 없었다.

특히 전통적으로 자율성이 강한 브라질의 주정부나 시정부들은 자신의 지역에서 원주민들에게 보호구역을 지정하려는 중앙정부의 시도에 맞서 지역 목축업자나 기업형 농민들에게 그 땅의 소유권을 부여함으로써 중앙정부의 시도를 고의적으로 방해했다. 지방 정부에 의해 토지 소유권을 가지게 된 사람들은 중앙정부가 지정한 원주민 보호구역에 맞서 법정에서 법적 소유권을 다투었다. 게다가 그들은 이러한 토지 분쟁지역에서 문제를 보다 쉽게 해결하기 위한 방편으로 무장한 사람들을 고용해 원주민들을 위협하고 추방하는 폭력적 수단을 활용했다. FUNAI나 지역 경찰은 이러한 폭력사태를 막는 데 전혀 효과적이지 않았다. 오히려 지역 당국과 경찰은 무장 세력을 고용하는 사람들 편에 서 있었다. 따라서 그들이 자신의 폭력적 행위에 대해 처벌받는 경우는 거의 없었다. 원주민과 같은 약자들에게 가한 범죄 행위에 대해 면죄부를 가지는 문화는 브라질 전역에 광범위하게 확산되어 있었다.

그에 따라 1997년 가톨릭교회는 원주민 폭력에 대한 불처벌 관행에 반대하는 시위를 주도했다. 이 시위에는 원주민을 비롯해 무토지 농민들도 참여했다. 이를 계기로 빈곤층을 대변하는 사회운동, 특히 원주민 권리에 호의적인 운동이 힘을 받기 시작했다. 원주민 권리 옹호 운동은 국내외적 지지와 지원을 받았다. 국내적으로 1990년대에 원주민 조직은 그의 설립을 쉽게 한 1988년 헌법과 원주민 그룹과 환경 프로젝트를 함께 하는 국내외 NGO들의 지원으로 인해 크게 증가했다. 1990년대 말 브라질에는 제대로 설립된 원주민 조직이 수백 개에 달했다. 이들 조직의 일부는 단순히 하나의 원주민 공동체를 대변하는 소규모 협회와 같은 것도 있었지만, 숲에 사는 사람들 동맹Alliance of Forest Peoples과 같이 원주민뿐만 아니라 비원주민들도 포함하는 부족 간, 지역 간의 광범위한 동맹 조직도 있었다.

2000년 포르투갈의 브라질 도착 500주년을 기념하는 행사에는 전국의 원주민을 비롯해 흑인과 무토지 농민들을 대표하는 대표자들이 포르투갈이 처음 도착한 포르토 세구로 항에 모였다. 그곳에서 원주민들은 포르투갈의 도래가 그들을 위해 전혀 축하할 일이 아니었음을 지적하면서 시위를 벌였다. 포르투갈의 도래를 공식적으로 축하하는 정부는 그들의 시위를 폭력적으로 억압했다. 이 장면들은 국제적 언론에 공개되었고, 그로 인해 브라질은 여전히 원주민들의 인권을 위협하는 국가라는 이미지를 갖게 되었다.

이 사건을 통해 원주민 권익 운동에 반대하는 브라질 보수주의자들이 진정으로 두려워하는 것이 무엇인지 분명히 드러났다. 그들은 소수 종족으로서 원주민 운동이 브라질에서 다수를 차지하는 흑인이나 무토지 농민들과 같은 다른 세력들과 연합함으로써 인종주의 반대 운동이나 빈곤운동으로 확대되는 것을 가장 두려워하고 있었다. 빈곤층과 흑인을 포함한 소외된 종족의 통합 운동은 경제발전과 사회질서를 위협하고 나아가 체제에 도전하는 것이라 생각했다. 이것이 바로 브라질 보수주의자들이 사회적 소수에 불과한 원주민들의 운동을 국가안보 차원에서 위협요인으로 심각하게 간주하는 이유이다. 또한 이것은 브라질의 엘리트 그룹이 브라질 사회에서 '원주민'이라는 범주 자체를 소멸시키려고 하는 이유이기도 하다.

물론 브라질의 지배 세력이 이러한 우려와 의도를 겉으로 잘 드러내지는 않는다. 실제 민주화 이후 제정된 1988년 헌법은 비록 브라질이 다인종사회임을 인정하지는 않았지만, 원주민 문화의 소멸과 원주민의 브라질 사회로의 통합 시도는 포기했음을 보여주었다. 그럼에도 불구하고 현실적으로 원주민 문화를 소멸시키려는 노력은 지금도 지속되고 있다. 의회 조사위원회CPI는 이미 보호구역으로 지정된 원주민 토지의 유효성을 문제로 삼았다. CPI는 FUNAI로 하여금 분쟁에 휩싸인 지역에 거주하는 원주민들의 정체성 상실 상황을 조사하게 했다. 조사의 목적은 만약 이 지역의 원주민들이 자신의 것이 아닌 외부의 문화들을 많이 받아들였다면 더 이상 그들은 원주민이 아니기 때문에 그들의 보호구역도 유효성을 상실하게 됨을 밝히기 위한 것이었다.

민주화 이전이나 민주화 이후에 관계없이 브라질 정부의 원주민에 대한 기본 생각은 일정 교육을 받은 원주민들은 더 이상 원주민으로서 보호받을 대상이 아니라는 것이다. 기본적으로 정부는 원주민이 원주민이라는 범주에서 '해방'되어야 한다고 생각한다. 왜냐하면 '해방'된 원주민들은 일반 농촌 빈민으로 간주되어 더 이상 전통적 토지에 대한 권리를 주장할 수 없기 때문이다.

이러한 생각은 1988년 헌법에 보다 더 복잡하게 반영되었다. 1988년 헌법은 브라질이 다종족사회임을 인정하지 않았다.[73] 그러나 한편으로

---

73) 관련하여 원주민들을 어떻게 규정할 것인가 하는 문제가 논쟁이 되었다. 원주민들은 스스로를 '원주민민족(nações indígenas)'이라 부르기를 원하나, 정부는 그들의 종족성을 인정하지 않고 단순히 '원주민 공동체(comunidades indígenas)'라고 부르고자 한다. 현재 정부와 원주민은 협약을 통해 '원주민 국민들(povos

1988년 헌법은 원주민들의 사회조직, 관습, 언어, 신념, 전통, 전통적 토지에 대한 권리를 인정했다. 그를 통해 국가는 더 이상 원주민들을 브라질 사회에 통합하려고 하지 않았으며, 한편으로 원주민들을 더 이상 국가의 피후견인으로 인정하지도 않았다. 원주민들의 토지와 문화는 헌법적으로 보장되었다. 그러나 그러한 법적 권리를 광범위하게 실현할 정치적 의지는 부족했다. 심지어 비원주민적 관습을 받아들인 원주민들을 더 이상 원주민으로 간주하지 않았고, 따라서 그들의 전통적 토지에 대한 권리도 박탈되었다. 또한 개발로 인해 분쟁이 있는 지역의 지역 당국은 중앙정부의 원주민 토지권 인정을 무효로 하고자 하는 이익그룹들의 무력 사용을 눈감아 주거나, 심지어 지원하기도 했다. 중앙정부 또한 그를 실현할 효과적 수단이나 확고한 의지가 부족했다.

한편 정부는 개발의 손길이 미치지 않는 아마존과 같은 오지에 거주하는 '비접촉' 원주민들에 대해서는 더 이상 브라질 사회로의 통합을 촉구하지 않고, 그들 방식대로 살아가도록 놔두고 있다(다만 최근에 정부는 그들의 소재를 지속적으로 파악하기 위해 열 감지 장치와 같은 조사를 시행할 비행기를 도입했다). 따라서 이들은 외부의 개입 없이 자연 속에서 자급자족의 소박한 삶(일부 환경주의자들은 이러한 삶을 이상으로 간주하기도 한다)을 살아간다. 그러한 정책의 결과 일부 지역에서는 원주민 인구가 증가하기도 했다.

그러나 최근 한 유명 시사주간지는 이러한 '비접촉' 원주민들의 보건, 교육, 빈곤과 같은 삶의 조건이 매우 열악함을 보여주었다. 그들 방식대로 살아가는 원주민들의 삶은 '축복'인 동시에 '저주'이기도 한 것이다 The Economist, 2008. 11. 20.. 그에 따라 최근 다수의 '비접촉' 원주민들도 빈곤층을 위한 사회복지 프로그램인 '볼사 파밀리아bolsa familia'의 혜택을 받기

indígenas: indigenous peoples)'이라는 용어를 사용하고 있다.

시작했다. 이 프로그램은 빈곤층과 원주민에게 현금을 직접 지급하는 조건으로 교육과 보건에 있어서 자녀들의 예방주사 접종과, 자식 학교 보내기를 의무화하고 있다. 브라질 정부의 '비접촉' 원주민들에 대한 이러한 정책이 과연 올바른 방향인가에 대한 평가는 좀 더 시간이 필요하다.

V부
흑인과 종족성의 정치

8장 브라질과 흑인:

'인종민주주의'에서 인종차별시정정책으로

Ⅰ. 브라질의 흑인 인구

브라질 통계청IBGE, 2009의 자료에 따르면 2009년 브라질 흑인preto74) 인구는 총 13,252,000명으로 전체 191,796,000명의 6.9%를 차지하는 것으로 나타났다. 백인branco 인구는 92,477,000명으로 전체의 48.2%, 혼혈인pardo 인구는 84,700,000명으로 전체의 44.2%를 차지한다. 그리고 나머지 황인종amarelo과 원주민indigena 인구는 1,307,000명으로 전체의 0.7%에 불과하다.

---

74) 최근 브라질 인구조사는 인종을 백인(branco), 혼혈인(pardo), 흑인(preto), 황인종(amarela), 원주민(indigena)으로 나누어서 구분한다. 그러나 대중적으로 사용되는 인종분류는 그보다 훨씬 더 복잡하다. 테예스(Telles, 2004: 82-85)에 따르면 브라질에서 대중적으로 인종과 관련된 용어는 100개가 훨씬 넘지만 실제로는 6~7개 정도의 표현이 널리 사용된다고 한다. 미리 규정된 분류기준 없이 응답자 스스로가 자신의 인종에 대해 규정할 것을 요구한 1995년의 한 조사에 따르면, 42%가 자신을 브랑코(branco: 백인)라고 답했으며, 32%가 모레노(moreno: 갈색 백인, 혼혈인), 7%가 파르도(pardo: 혼혈인), 6%가 모레노 클라로(moreno claro: 밝은 색 모레노), 5%가 프레토(preto: 흑인), 3%가 네그로(negro: 흑인), 2%가 클라로(claro: 밝은 색 백인)라고 답함으로써 전체조사 대상자 중 아시아계와 원주민을 제외한 97%가 7개의 분류 범주 내에서 자신의 인종을 표현하고 있음을 알 수 있다. 대중적으로 사용되는 표현과 인구조사에서 공식적으로 사용되는 용어 사이에 가장 큰 차이는 '모레노'이다. '모레노'와 '모레노 클라로'를 합쳐서 총 38%가 이 용어를 통해 자신의 인종을 표현했다. '모레노'는 원래 금발의 아주 밝은 색 피부를 가진 백인과 구분되는 검은 머리와 햇볕에 그을린 듯한 어두운 색 피부를 가진 백인을 지칭하는 표현이다. 그러나 현재는 브라질을 비롯해 라틴아메리카 전역에서 모레노는 혼혈인을 나타내는 표현으로 널리 사용되고 있다. 한편 대중적으로 흑인을 나타내는 표현으로는 인구조사에서 사용되는 '프레토'와 함께 '네그로'가 있다. 3%의 흑인이 자신을 '프레토'가 아닌 '네그로'로 표현했다. 그리고 보다 최근에 유엔이나 정부의 공식문서 혹은 학계에서는 흑인을 지칭하는 용어로 '아프리카계후손'(afrodescendente)이라는 용어를 사용하기 시작했다. 그러나 이 표현은 아직까지 매우 제한적으로 사용되고 있다. 한편 흑인운동을 하는 사람들에게 있어 흑인은 단지 '프레토'와 '네그로' 뿐만 아니라 미국에서와 같이 흑인의 피가 조금이라도 섞인 혼혈인인 '파르도'와 '모레노'까지를 모두 포함하는 개념으로 사용되고 있어 흥미롭다.

다음 <그림 1>에서 보듯이 인구조사가 시작된 1872년 이래 흑인 인구는 1991년까지 지속적으로 감소하였으나 최근에 와서 다시 약간 증가하는 경향을 보여주고 있다. 1872년 브라질의 흑인 인구는 1,954,452명으로 전체 인구의 19.7%였으나 1991년의 흑인 인구는 7,335,136명으로 그 절대적 수는 증가했으나 전체에서 차지하는 비율은 5.0%로 감소했다. 그러나 그 후 흑인 인구의 비율은 조금씩 증가하는 추세를 보여, 2000년 6.2%에 이어, 앞서 살펴본 대로 2009년에는 6.9%를 기록했다.

　인종차별 등의 이유로 인해 브라질 흑인들은 자신의 정체성을 '파르도'나 '모레노'와 같은 중간 범주에 두려는 경향이 있다. 리우데자네이루에서 2000년 실시된 한 조사에서 흑인으로 자기를 규정한 사람들의 100%, 혼혈인으로 자신을 규정한 사람의 86%, 심지어 백인으로 자신을

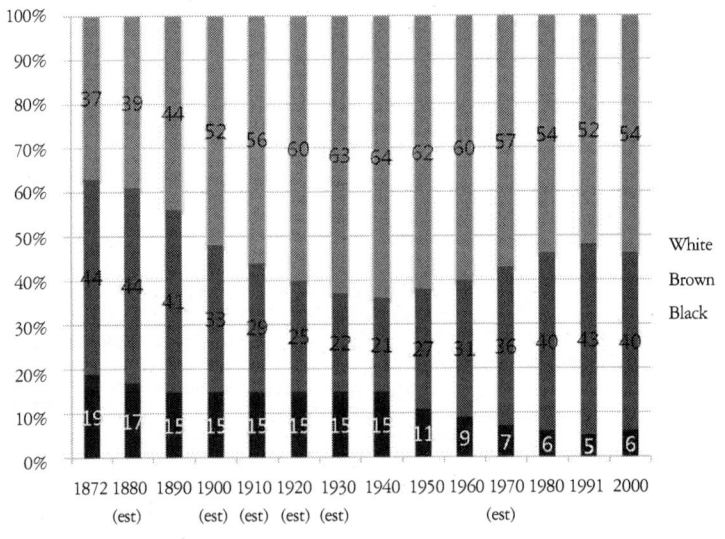

a: 인구조사에서 인종분류가 행해지지 않은 1900년, 1920년과 군부정권하의 1970년의 수치와 인구조사가 없었던 1880년, 1910년, 1930년의 수치는 추정치이다.
자료: Telles, 2004: 30

〈그림 1〉 브라질 인구 구성비의 변화[a]

규정한 사람들의 38%가 아프리카계 조상을 가진 것으로 드러났다. 따라서 미국식으로 부모의 가계 중 어느 한쪽이라도 아프리카계이면 흑인으로 간주된다면 브라질의 흑인 인구는 아마 최소한 전체의 50%는 될 것이다. 그러나 흑인에 대한 브라질 사회의 광범위한 인종적 편견으로 인해 광범위한 흑인 정체성을 형성하는 데는 어려움이 있다. 그러나 최근 흑인운동과 정부의 인종차별시정정책 등의 영향으로 자신의 정체성을 흑인이라고 규정하는 사람들이 미약하나마 증가하고 있는 것도 사실이다.

브라질 흑인 인구의 지역적 분포를 보면 다음 <표 1>에서 나타나는 것처럼 북부나 남부보다 북동부, 남동부, 중서부 지역75)에서 그 비중이 보다 높음을 알 수 있다. 북동부 지역은 대표적 혼혈 지역이다. 이 지역의 혼혈인pardo의 비율은 62.7%에 달한다. 북동부 지역에서는 식민지화 초기에 포르투갈인들과 원주민들 사이에 혼혈이 진행되었다. 그리고 17세기에는 사탕수수 농장에 수백만의 아프리카 노예들이 유입됨에 따라 백인과 흑인 간의 혼혈이 많이 이루어졌다. 이 지역은 17세기 사탕수수 산업의 호황 이후 경제적 호황을 누린 적이 단 한 번도 없었기 때문에 19세기 이후 유럽인들의 이주도 거의 없었다. 따라서 남부나 남동부 지역과 같은 백인화 과정이 발생하지 않았다. 흑인 인구의 비율도 5개 지역 중 가장 높은 8.1%이다. 특히 바이아 주의 흑인 인구는 15%가 넘고, 그 주의 주도인 살바도르 시의 흑인 인구는 28%를 넘는다IBGE, 2009. 따라서 살바도르 시는 아프리카 밖에서 가장 큰 흑인 도시로 간주되기도 한다.

---

75) 브라질은 26개 주와 1개의 연방구로 나누어진다. 이를 대 지역으로 구분하면 북부에 론도니아, 아크레, 아마조니아, 로라이마, 파라, 아마파, 토칸틴스 7개 주; 북동부에 마라냐오, 피아우이, 세아라, 리오그란데도노르테, 파라이바, 페르남부쿠, 알라고아스, 세르히페, 바이아 9개 주; 남동부에 미나스제라이스, 에스피리투산토, 리우데자네이루, 상파울루 4개 주; 남부지역에 파라나, 산타카타리나, 리오그란데도수르 3개 주; 중서부지역에 마토그로소, 마토그로소도수르, 고이아스 3개 주와 연방구 하나로 구성되어 있다.

〈표 1〉 브라질 인종의 지역별 분포

(단위: 천명, %)

인종	브라질	지역별				
		북부	북동부	남동부	남부	중서부
전체	191,796 (100)	15,555 (100)	54,020 (100)	80,466 (100)	27,776 (100)	13,978 (100)
백인	92,477 (48.2)	3,671 (23.6)	15,583 (28.8)	45,597 (56.7)	21,798 (78.5)	5,828 (41.7)
흑인	13,252 (6.9)	726 (4.7)	4,375 (8.1)	6,224 (7.7)	988 (3.6)	939 (6.7)
혼혈인	84,700 (44.2)	11,076 (71.2)	33,888 (62.7)	27,862 (34.6)	4,799 (17.3)	7,075 (50.6)
그 외	1,307 (0.7)	69 (0.4)	169 (0.3)	747 (0.9)	189 (0.7)	133 (0.9)

자료: IBGE, 2009

북동부 지역 다음으로 흑인 인구의 비율이 높은 지역이 남동부 지역이다. 이 지역에는 브라질 인구의 거의 40%가 거주한다. 초기에는 포르투갈인들과 원주민, 그리고 그들 사이의 혼혈인들이 주로 거주했다. 특히 반데이란테Bandeirante라 불렸던 혼혈인들은 브라질 내륙개척에 앞장섰다. 17세기말 반데이란테에 의해 미나스제라이스 광산이 발견되자 수천 명의 아프리카 노예들이 이 지역에 들어왔다. 따라서 18세기 말 리우데자네이루는 세계에서 가장 많은 아프리카 노예를 가진 도시가 되었다. 그러나 19세기 초 포르투갈 왕실의 브라질 이전으로 수만 명의 백인 귀족들이 이 지역으로 이주해 옴에 따라 남동부지역은 보다 유럽적 면모를 띠기 시작했다. 특히 19세기 중반부터 커피농장에서 아프리카 노예를 대신할 노동력을 확보하기 위해 유럽 이민을 적극적으로 받아들임에 따라 남동부지역의 백인화가 급격히 이루어졌다. 따라서 현재 이 지역의 백인 인구 비율은 56.7%로 남부 지역 다음으로 높다. 하지만 흑인 인구의 비율도 7.7%로서 북동부 지역 다음으로 높다. 심지어 흑인의 절대적 수는 오히려 622만 명으로 북동부의 437만 명보다 더 많다.

북동부, 남동부 지역에 이어 그다음으로 흑인 인구의 비율이 높은 지역은 중서부이다. 이 지역은 18세기 포르투갈 인들이 유입되기 전까지 원주민들이 거주하고 있었다. 그 후 귀금속 등 광물을 찾아서 온 포르투갈 인들과 원주민들 사이에 혼혈이 진행되었다. 그러나 20세기 중반까지 중서부지역의 인구는 매우 적었다. 그러나 1960년 이 지역에 연방 수도인 브라질리아가 건설된 이후 북동부 지역에서 많은 노동자들이 이 지역으로 유입되어 들어왔다. 이 지역에 거주하는 흑인들의 대부분도 이때 들어온 사람들이다. 현재 이 지역 흑인 인구의 비율은 6.7%이다. 1970년대에는 이 지역에서 기계농업이 발전함에 따라 독일과 이탈리아로부터 많은 이민자들이 유입되었고, 따라서 백인 인구의 비율도 41.7%로 높아졌다.

북부 지역은 백인 인구의 비율이 23.6%로 가장 낮음에도 불구하고 흑인 인구의 비율도 4.7%로 높지 않다. 대부분이 아마존 밀림으로 덮여있는 북부 지역은 원주민 문화의 영향력이 가장 강한 곳이다. 19세기 후반까지 이 지역에는 다양한 원주민 부족들만이 거주하고 있었다. 그러나 그때부터 고무산업의 발전으로 북동부 특히 세아라 주 사람들이 대량으로 아마존 지역으로 이주함에 따라 기존의 원주민들과 북동부지역 고무 채취업자들 사이에 대대적 혼혈이 진행되었다. 따라서 이 지역의 혼혈인 비율은 71.2%로 5개 지역 중 가장 높다.

브라질의 남부는 백인 인구가 집중되어 있는 지역이다. 이 지역 백인 인구의 비율은 78.5%에 달한다. 식민지 시대에 이 지역은 원주민들만이 드문드문 거주하는 지역이었다. 그러나 18세기 말 포르투갈 본토에서, 19세기 초중반 독일에서, 19세기 말 이탈리아와 폴란드에서 이민이 줄을 이으면서 브라질의 대표적 백인 거주 지역으로 변모했다. 이 지역의 흑인 인구의 비율은 3.6%에 불과하다.

II. 브라질의 '인종민주주의'

브라질에는 미국보다 훨씬 더 많은 수의 아프리카인들이 노예로 유입되었다. 그럼에도 불구하고 브라질에는 인종문제가 없다고 한다. 어떻게 이런 일이 가능한 것일까? 실제로 브라질에는 인종차별이 존재하지 않는가? 이런 의문에 답하기 위해 우리는 '인종민주주의racial democracy'라는 브라질의 독특한 정치사회 이데올로기에 주목해야 한다.

브라질인들 특히 지식인이나 정치 엘리트 계층의 인종에 대한 생각은 역사적으로 다음과 같은 변화과정을 거쳐 왔다. 포르투갈로부터 독립한 이후 19세기 대부분의 기간에 이들은 백인의 인종적 우월성을 믿으며, 흑백간의 혼혈을 인종적 퇴화로 생각했다. 백인 주인과 흑인 노예는 각각 분리된 존재로서 서로 간의 '조화로운' 공존이 모색되었다. 그러나 1888년 완전한 노예해방 후에 백인 지배층은 이들 해방된 흑인들의 존재를 의식하지 않을 수 없었다. 따라서 그때부터 20세기 초까지 백인 지배층의 대안은 혼혈을 통해 브라질의 인종적 개량을 추구하는 것이었다. 그들은 백인이 유전적으로 우성이라고 믿었기 때문에 혼혈을 통한 백인화가 가능하다고 생각했다.

하지만 백인 지배층은 많은 혼혈인 엘리트들의 존재를 의식하지 않을 수 없었다. 그에 따라 1930년대부터는 혼혈 그 자체의 가치를 인정하는 데까지 이르렀다. 이것이 바로 1980년대까지 브라질을 지배한 '인종민주주의'의 이데올로기적 근거이다. 물론 1990년대부터는 이러한 '인종민주주의'도 위기에 직면하게 된다. 엄연히 존재하는 인종 간의 차별구조가 밝혀짐에 따라 혼혈을 통한 인종문제 해결이라는 구도가 한계에 달한 것이다.

따라서 이 장에서는 인종민주주의를 중심으로 브라질에서 지금까지 전개되어온 인종에 대한 의식구조의 변화를 살펴보고자 한다.

1. 백인은 우월한 존재, 그러나 브라질인 모두는 물라토가 아닌가?

1500년 포르투갈 사람들이 브라질에 처음 발을 들여 놓았을 때 브라질 지역에는 멕시코의 아스텍이나 페루와 볼리비아의 잉카와 같은 대규모 원주민 문명이 존재하지 않았다. 그것은 이 지역에 원주민 인구의 수가 상대적으로 많지 않았음을 의미한다. 따라서 브라질에서 본격적으로 사탕수수 농업이 발전하기 시작했을 때 식민지 개척자들은 심각한 노동력 부족에 직면하게 되었다. 그리고 그의 해결책은 아프리카의 노예를 수입하는 것이었다. 물론 아마존 정글에 거주하는 인디언들을 '사냥'해서 노예로 삼기도 했으나 그것으로 엄청난 노동력 수요를 다 충족할 수는 없었다. 그로 인해 16세기 중반부터 노예무역이 중단된 1850년까지 약 3백 년 동안 브라질에 들어온 노예의 수는 약 360만에 달한다. 이는 대서양 노예무역의 약 35%를 차지하는 것으로 미국으로 들어간 노예의 수보다 훨씬 더 많은 것이다.

식민지 시기 동안 왕실과 교회는 기본적으로 인종간의 혼혈에 대해 부정적 시각을 가지고 있었다. 그럼에도 불구하고 이 시기에 혼혈이 적극적으로 전개된 것은 식민지 이주자들의 불균형한 성비 때문이었다. 식민지 초기 포르투갈의 식민지 이주자들은 브라질에 정착하기보다 부를 획득한 후 본국으로 돌아가려는 생각을 했다. 그렇기 때문에 초기에 브라질에 온 사람들은 대부분 가족 단위로 오기보다는 남성 혼자서 왔다. 게다가 포르투갈 여성의 브라질 이주는 종종 금지되었다. 그 결과 식민지 초기 브라질에는 성의 극단적 불균형이 있었고, 또한 그것이 혼혈을 불가피하게 만들었다.

노예제 시기에도 혼혈은 진행되었다. 이 시기의 혼혈은 정상적 부부관계보다는 대부분 백인 남자 주인과 흑인 여자 노예 사이에서 강압적 비도덕적 수단을 통해 이루어졌다. 실제로 1872년 인구조사 결과에 따르면 리우데자네이루 주의 혼혈 사례 중 인종간의 정상적 결혼을 통한 사례는 백인과 물라토 사이에서는 전체의 5.1%, 백인과 흑인 사이에는 전체의 0.8%에 불과했다.

19세기에는 세계적으로 백인의 인종적 우월성을 주장하는 '과학'이 지배했다. 그러나 브라질의 백인 지배층들은 이러한 생물학적 우월성보다는 오히려 백인의 지적·도덕적 우월성을 강조했다. 어쨌든 19세기 전반에 걸쳐 백인 지배층의 인종에 대한 생각은 흑인은 지적 도덕적으로 열등하고, 혼혈은 인종적 퇴화라는 것이었다.

그런데 문제는 대부분의 유럽인이나 미국인들이 지적하는 것처럼 브라질 엘리트의 상당수가 이미 물라토였다는 점이다(그를 가장 극명하게 보여주는 사례로 당시 주 브라질 프랑스 외교관이었던 아르투르 고비네아우 백작은 자신의 친구인 황제를 제외하고 거의 모든 브라질인들이 이미 물라토화되었다고 말한 적이 있다). 이러한 사실은 실제 브라질 엘리트 계층의 물라토에 대한 인식에 변화를 가져올 수밖에 없었다. 그들은 점차적으로 물라토가 흑인이나 인디오와는 다르며, 따라서 백인에 더 가깝다는 생각을 하게 되었다.

2. 혼혈과 이민을 통한 백인화

물라토에 대한 점진적 인식의 변화에도 불구하고 흑인과 물라토는 여전히 열등한 존재로 인식되었다. 따라서 19세기 말과 20세기 초에 걸쳐 브라질은 두 가지 방법을 통해 백인화를 추구했다. 하나는 혼혈을 통한 것이고, 다른 하나는 백인 이민의 유입을 통한 것이있다. 당시 브라질의 소위 유전학자들은 백인의 출산율이 흑인보다 높고, 백인의 유전자가 흑인보다 우성이라고 믿었기 때문에 혼혈이 흑인 인구를 점차적으로 감소시켜 결국은 브라질을 백인국가로 만들 수 있을 것이라고 생각했다.

게다가 이러한 백인화를 앞당기기 위해 브라질의 엘리트와 정책 입안자들은 유럽 노동자들의 이민을 적극적으로 수용했다. 특히 당시 커피 산업이 활성화되고 있던 상파울루 주에서 유럽 이민 노동자들은 기존의 흑인 노동자들을 대신하기 시작했다. 게다가 이들 유럽 이민자들의 브라질 현지인과의 혼혈이 적극 추진됨에 따라 거대한 흑인 인구를 희석시키는 결과도 기대되었다.

유럽인들의 브라질 이민(1920년대까지 브라질로 이주한 유럽인들은 주로 포르투갈, 이탈리아, 스페인, 독일인들이었다)은 1880년대에 시작되어 1890년대에 정점에 이르렀다가, 1930년대에 들어서 거의 막을 내린다. 1890년대에 유럽 이민자의 수는 총 약 120만으로서 당시 브라질 백인 인구 약 500만의 20%를 넘는 수준이었다. 그 후 1950년대에 유럽인들의 이민은 다시 약간 회복되었으나 이미 전체 인구 구성에 미치는 효과는 미약했다.

1890년 이후 1930년까지 40년간 백인화의 결과를 정확히 평가하는 것은 실제로 불가능하다. 왜냐하면 1900년, 1910년, 1920년, 1930년 네 번에 걸쳐 실시된 인구조사에서 인종에 대한 조사가 이루어지지 않았기 때문이다. 이는 재원 부족이라는 이유도 있지만 그보다 브라질의 엘리트들이 인종구성 자체의 의미를 경시했기 때문이다. 어쨌든 1940년에 실시된 인구조사부터 인종에 대한 항목이 다시 조사되기 시작했다. 그리고 그 결과를 1872년의 통계와 비교해 보면 브라질의 백인화가 실제 상당히 진행되었음을 알 수 있다. 1872년 19%였던 흑인 인구의 비중은 1940년에 15%로 감소했으며, 44% 차지했던 혼혈인은 21%로 감소했다. 반면 1872년에 37%였던 백인은 1940년에 64%로 증가했다.

3. 질베르투 프레이리, 인종민주주의 그리고 바르가스

백인화의 성과에도 불구하고 1920년대에 유럽 이민이 막을 내려감에 따라 브라질 인종의 미래에 대한 우려가 다시 증가하기 시작했다. 유럽 인을 대신하여 아시아와 북아프리카계 이민을 받아들일 것인지 결정을 앞두고 혼혈의 의미에 대한 논쟁이 다시 불붙기 시작했다. 이때 혼혈은 인종적 퇴화를 가져온다는 기존의 주장에 맞서 혼혈은 '정상적이고 건전한' 것이라는 주장이 등장했다. 혼혈의 주창자들은 미국과 독일의 인종주의 정책과 다른 미지의 길을 가는 데 대한 브라질 사람들의 자신감 부족을 지적하면서, 이미 우리 모두가 혼혈인임을 강조했다. 따라서 그들은 혼혈을 거부하는 것은 우리 모두를 거부하는 것이며, 브라질은 혼혈을 통해 인종적 조화와 국민적 통합을 이루어나가야 한다고 주장했다.

혼혈이 브라질 정체성의 중심으로 자리 잡게 된 것은 많은 학자들에 의해 '20세기 브라질의 가장 영향력 있는 논픽션 저술'로 꼽힌 질베르투 프레이리Gilberto Freyre의 『주인과 노예Casa Grande e Senzala』가 1933년에 출판되면서부터다.

프레이리는 이 책에서 식민지 시기 대규모 플랜테이션 농장의 가부장적 경제 체제 아래에서, 주인의 가족에 소속된 존재인 흑인 노예들이 의식주뿐만 아니라 언어나 사랑의 표현, 성행위 등에서 브라질의 문화 형성에 얼마나 많은 영향을 끼쳤는지를 긍정적으로 분석했다. 또 그러한 분석을 통해 혼혈이 경멸스러운 것이 아니라 브라질 문화의 가장 중요한 특징임을 부각시켰다. 또한 프레이리는 브라질이 서구 국가들 중에서 유일하게 유럽인, 인디언, 아프리카인들의 문화가 소화롭게 섞인 나라이며, 그 결과 브라질은 다른 나라들에서 강력한 영향을 미친 인종주의로부터 자유로울 수 있었다고 주장했다. 한마디로 브라질은 조화로운 혼혈로 인해 인종주의와 인종차별을 사라지게 했다는 것이다.

그 후 이러한 주장에 바탕을 둔 '인종민주주의'는 브라질의 국가적 이데올로기로 자리 잡았고, 1930년대부터 1990년대 초까지 브라질의 인종에 대한 사상을 지배했다. 그러나 인종민주주의에 있어서 민주주의의 의미는 오늘날 말하는 제도적 측면의 민주주의와는 차이가 있다. 프레이리가 이해하는 민주주의는 제도적 선거 민주주의라기보다는 스페인식 형제애나 사회신분의 유동성을 말하는 것이다. 즉, 프레이리의 '인종민주주의'[프레이리는 초기에 인종이라는 개념이 피부색을 강조하는 한계 때문에 '종족민주주의ethnic democracy'라는 표현을 사용했었다]는 인종 간의 애정과 원활한 사회적 유동성을 말하는 것이었다.

프레이리는 브라질에서 그러한 혼혈이 가능했던 이유를 500년간 무어인들의 지배를 받았던 포르투갈 사람들의 인종적 개방성과 관용성에서 찾았다. 물론 그러한 주장은 아프리카에서 포르투갈 인들이 보여주었던 인종적 배타성으로 볼 때 학문적으로 인정받을 수 있는 주장은 아니다. 게다가 프레이리의 사상은 흑인운동가들에 의해 흑인과 흑인 문화의 말살을 가져온다고 비판받기도 했다.

그럼에도 불구하고 프레이리의 사상은 1990년대 초까지 브라질의 정치와 문화에 지대한 영향을 미쳤다. 특히 1930년에서 1945년, 1951년에서 1954년까지 두 시기에 걸쳐 브라질의 대통령이었던 바르가스Getulio Vargas는 포퓰리스트로서 브라질의 다양한 사회 계층, 즉 다양한 인종들로부터 지지를 받고 있었다. 그로 인해 바르가스는 프레이리의 인종민주주의를 국가적 이데올로기로서 수용할 필요성이 있다고 판단했다. 바르가스에 의해 인종민주주의는 국가적 이데올로기로서 보다 확고한 위치를 차지하게 되었다.

그런 상황에서 카니발과 축구가 브라질의 인종적 조화를 나타내는 민족적 정체성의 상징으로 자리 잡았다. 브라질 축구대표팀이나 삼바 축제 무희들의 인종구성이 다양했기 때문에 그곳에서 인종차별은 사라진 듯 보였다. 바르가스는 이러한 상징성을 수용함으로써 그를 통해 흑인과 물라토를 하나의 민족적 정체성 아래에 통합시키고자 했다. 국가적 통합이라는 정치적 목표를 위해 인종민주주의는 유효한 도구가 되었던 것이다.

4. 군부정권과 인종민주주의

인종민주주의의 개념은 1964년에서 1985년까지 군부 정권 시기에 그의 정점에 도달했다. 국제적으로 1960년대 미국 흑인 인권 운동의 강화와 인종 갈등의 심화, 그리고 국내적으로 소위 1968년에서 1974년에 걸친 '경제 기적'에도 불구하고 심화되는 인종적 불평등과 같은 상황들은 브라질 군부로 하여금 브라질에서 인종 갈등이 부각되는 것에 대한 두려움을 느끼게 만들었다. 실제 군부정권은 국가 안보의 가장 큰 위협으로 흑인의 저항을 염두에 두고 있었다. 따라서 브라질 군부정권은 프레이리의 이론에 거의 강박증을 가지고서 집착했다. 그로 인해 군부 정권 시 인종민주주의는 국가 통치를 위한 하나의 도그마가 되었다.

군부의 억압이 심화되는 가운데 1970년 브라질 축구는 흑인 선수 펠레를 앞세워 월드컵에서 우승에까지 이르렀다. 그로 인해 펠레는 브라질의 국민적 영웅으로 부상했다. 군부정권은 그를 통해 세계적으로 브라질의 국가적 이미지를 개선하고, 국내적으로 국민적 통합을 강화하는 데 활용하고자 했다.

또한 같은 해 브라질은 1940년 인구조사에서 다시 시작되었던 인종분류를 다시 없애버렸다. 그것은 군부정권이 브라질에는 인종민주주의에 따라 인종주의가 없음을 강조하는 것과 맥을 같이한다. 따라서 이 시기에 브라질에서 인종문제를 언급하는 사람들에게는 '인종주의자'의 낙인이 찍혔다. 게다가 미국과 유사한 형태의 흑인 인권운동을 말하거나 실제 조직하게 되면 군부정권의 탄압을 피할 수 없었다. 브라질 군부정권은 다양한 학문적 연구들을 통해 밝혀진 브라질의 인종주의와 인종적 불평등 실상에 대해 잘 인식하고 있었기 때문에 브라질에서 인종갈등이 실제로 부각될 것에 대해 매우 큰 우려를 하고 있었다. 그리고 이러한 우려는 브라질 군부가 인종민주주의에 보다 집착하게 되는 결과를 가져왔다.

한편 인종 구성 면에서 바르가스 체제와 군부정권 아래에서 전개된 이러한 인종민주주의는 브라질을 물라토화하는 결과를 가져왔다. 앞의 <그림 1>에서 보는 바와 같이 1940년에서 1991년(1980년부터 인구조사에서 인종항목이 부활) 사이의 인구통계를 비교해보면 백인 인구는 64%에서 52%로 감소했고, 흑인 인구도 15%에서 5%로 감소한 데 비해, 혼혈 인구는 21%에서 43%로 증가했다.

브라질 인구의 물라토화는 다음과 같은 요인으로 인해 발생했다. 높은 출산율이 유지되는 가운데 수명이 증가함에 따라 전체 인구가 급속히 증가한 상황에서, 백인 인구는 백인 이민 유입이 중단되고 또 백인 여성의 출산율이 급격히 감소함에 따라 상대적으로 비중이 감소했다. 흑인 인구는 실제 비중의 감소보다는 국가적 혼혈 정체성 선호 경향에 따라 많은 흑인들이 자신의 정체성을 혼혈인이라고 규정함으로써 그 비중이 감소한 것으로 나타났다.

그러나 최근 2000년 인구조사에서는 1990년대에 시작된 다문화주의와 인종차별시정정책 등의 영향으로 물라토 인구는 40%로 1991년에 비해 3% 감소한 데 비해, 흑인 인구는 6%로 미약하나마 다시 증가하고 있어 흥미롭다.

Ⅲ. 인종민주주의에서 인종차별시정정책으로

1. 흑인운동과 인종차별주의의 부각

1970년대 이전 브라질의 흑인연합은 문화주의적culturalist 그리고 동화주의적assimilationist 목표를 가지는 경향이 있었다. 그리고 그들은 봉건적 주종관계patron-client나 조합주의적 정치 행태에 익숙해 있었다.

그러나 1970년대부터 점진적으로 민주화가 시작되면서 그러한 목표와 정치적 행태는 새로운 흑인 활동가 세대들의 신뢰를 얻을 수 없었다. 1970년대와 1980년대에 대부분 대학교육을 받은 젊은 흑인 리더들은 흑인 정체성을 강조하고 인종민주주의를 하나의 신화라고 가차 없이 비난하면서 인종과 계급 정치의 합일점을 찾고자 했다.

1974년 바이아 주 살바도르 시의 흑인들은 그들만의 배타적 카니발 학교인 일레 아이예Ilê Aiyê를 설립했다. 흑인성을 옹호하는 일레 아이예의 활동은 흑인운동이 과거의 문화운동에서 최근의 저항운동으로 나아가는 가교 역할을 했다. 비록 명백한 정치운동은 아니었지만 살바도르의 흑인 혼Black Soul 운동은 리우데자네이루와 상파울루 흑인운동의 방향에도 변화를 가져왔다. 흑인 혼은 복장, 음악, 춤 등에서 흑인 정체성을 과시적으로 표현했다. 그에 대해 질베르토 프레이리는 그러한 운동이

미제국주의의 산물이며, 전혀 브라질적이지 않다고 비난했다[Hanchard, 1994].

근대적 흑인 정치로의 이전은 1978년 흑인 통합운동[Movimiento Negro Unificado, 이하 MNU]의 형성과 함께 완성되었다. 그해 약 2,000명의 흑인들은 브라질에 광범위하게 존재하는 인종차별에 반대하기 위해 상파울루 시립극장 앞에서 시위를 전개했다. 그때부터 1980년대 중반까지 브라질의 작지만 성장하는 흑인운동은 연방정부와 주정부에 제한적이나마 영향력을 행사하기 시작했다[Mitchell, 1985].

흑인운동의 성장에 따라 1980년대에 일부 주 정부는 흑인의 지위 향상을 위한 특별위원회를 설립했다. 최초는 1984년 상파울루 주에서 설립된 '흑인 공동체의 발전과 참여를 위한 위원회[conselhos]'였다. 그의 설립 목적은 흑인들의 이익을 방어하는 입법 행위를 모니터링하고, 주 의회와 주 정부에 그들 자신의 프로젝트를 제안하고, 인종차별과 정치적 폭력에 대한 불만을 조사하는 것이었다. 1988년에 위원회의 시민사회 멤버들은 다양한 정당들에 참여하기 시작했다.

여러 가지 운영상의 문제점에도 불구하고 이러한 상파울루 흑인 위원회[conselhos]는 브라질 흑인의 이미지를 개선하고, 민주적 참여의 가능성을 보여주었다는 점에서 긍정적 측면이 없지 않았다. 그 때문에 그의 영향으로 바이하(1987), 리오그란데도수르(1988), 리우데자네이루(1991) 등에서도 유사한 위원회가 설립되었다.

연방정부 차원에서 당시 사르네이[José Sarney] 대통령은 인종민주주의에 대한 미련을 여전히 가지고 있었지만, 한편으로 그와 다른 차원에서 1985년 보상 활동을 위한 흑인 위원회[Conselho Negro de Ação Compensatória]를 제안했다. 물론 이 위원회는 실제 설립되지는 않았고 대신 사르네이는 노예제 폐지 100주년이 되는 1988년에 팔마레스 문화재단[Instituto Fundação Cultural Palmares, 이하 IFCP]을 설립했다. 인종민주주의와 인종차별주의 인정 양자의 입장 사이에서 우왕좌왕하면서도 사르네이는 흑인들의 지지를 획득하기 위해 이 재단이 사회의 모든 분야에서 흑인들의 존재를 부각시키는 계기가 될 것이라고 주장했다.

그러나 IFCP가 1988년 브라질 헌법 215조가 명시하는 브라질 사회의 형성에 있어 흑인 사회로부터 오는 문화적·사회적·경제적 가치를 보전하고 촉진해야 한다는 항목을 재단의 활동 목표로 삼았음에도 불구하고, 실제로 그의 관심은 주로 문화적 차원에 집중되었다. 그로 인해 IFCP는 고용이나 교육, 보건과 같이 흑인들이 실제 삶에서 절박하게 필요로 하는 것들에 대해서는 상대적으로 경시하는 태도를 보였다[Maggie, 1991].

한편 흑인 권리 옹호자들은 역사적으로 혜택을 받지 못한 그룹들의 권리를 법률이나 헌법으로 인정받기 위한 투쟁을 전개했다. 그 결과 흑인 그룹은 1988년 헌법에서 반인종주의 법을 규정하는 성과를 얻어냈다. 특히 1988년 헌법은 다문화주의 원칙 아래 인종주의를 보석 없는 범죄로 규정했고, 아프로브라질 문화의 보존 필요성을 언급했으며, 킬롬보[quilombo: 노예 해방 이전 도망친 해방노예들의 공동체]의 토지소유권을 인정했다. 이것은 국가가 공식적 차원에서 처음으로 브라질 인종문제의 존재를 암묵적으로 인정한 것으로서 인종민주주의에 대한 최초의 공식적 부정이라고 할 수 있다.

그와 함께 흑인 정치인들도 자신의 흑인 정체성을 인정하고 인종 문제를 중요한 이슈로 부각시키기 시작했다. 1980년대 예비[suplente] 상원이자 오랜 기간 리우데자네이루의 흑인운동가였던 압디아스 두 나시멘토[Abdias do Nascimento]는 의회에서 아프리카계 브라질인들을 드러내고 옹호한 최초의 흑인 의원이 되었다. 특히 1991년 풀뿌리 운동을 통해 인종문제를 부각시킨 빈곤층 흑인 여성 베네디타 다 실바[Benedita da Silva]가 국회의원으로 선출된 이래 의회에서 흑인들은 인종문제를 공개적으로 또 정기적으로 제기하기 시작했다. 그때부터 노동자당PT 소속의 흑인 하원의원인 리오그란데 도 수르의 파울루 파임Paulo Paim, 마토그로소 도 수르의 벤히 페레이라Ben-Hur Ferreira, 바이아의 루이스 알베르투Luiz Alberto와 같은 사람들은 의회에서 흑인 권리 옹호를 위한 확고한 태도를 보여주었다. 비록 과거에도 흑인 하원의원과 상원의원들이 없지는 않았지만 그들은 흑인 정체성도 가지지 않았고, 흑인 권리를 결코 옹호하지도 않았다. 따라서 1980년대 말 이래 흑인 의원들의 이러한 모습은 분명히 과거와는 달라진 양상이었다. 게다가 1990년대 초에는 에스피리투 산투, 리오그란데 도 수르, 세르지페 주에서 흑인들이 주지사로 선출되었다. 1994년에는 브라질 시민사회의 가장 강력한 위치 중 하나로서 브라질 최대 노조인 노동자 통합본부Central Unica de Trabalhadores, 이하 CUT의 장으로 흑인 비센테 파울루 다 실바Vicente Paulo da Silva가 선출되기도 했다. 게다가 후에 베네디타 다 실바는 리우데자네이루의 부지사와 주지사로 선출되었다.

게다가 흑인운동은 국제적 지원을 얻어 자신을 비정부기구NGO로 조직화했다. 그 결과 1990년대 말경 브라질의 많은 주에서 다양한 규모와 재원과 전문적 능력을 가진 NGO들이 설립되었다. 브라질 흑인운동의 이와 같은 NGO화는 브라질 사회운동의 전반적 변화를 반영한다. 이러한 변화를 통해 흑인 NGO들은 점차 흑인들의 공식적 대표조직이 되었다.

시민사회조직들은 기본적으로 민주국가에서 부정의는 법적 메커니즘과 제도를 통해 해결해야 한다는 인식을 가지게 되었다. 그럼으로 흑인운동 조직들도 1988년 헌법의 반인종주의 항목을 활용해 자신들에 대한 부당한 대우를 바로잡기 위한 법적 분과를 설립했다. 따라서 일부 흑인운동 NGO들은 많지 않은 흑인 로스쿨 졸업생들 사이에서 변호사를 고용하고, 흑인들의 불만이나 인종주의적 행태에 대한 법적 대응을 시작했다. 무엇보다 이들 조직은 인종차별의 희생자들을 보호하기 위한 인종주의 SOS$^{SOS\ Racism}$를 설립했다. 리우데자네이루를 비롯한 몇 개 주의 NGO 아래 설립된 인종주의 SOS는 브라질 사회에서 오랫동안 부정되었던 인종주의라는 존재를 드러내는 데 기여했다. 하지만 브라질의 인종주의를 수정하는 데에는 거의 아무런 성과를 거두지 못했다. 실제 1988년에서 1998년 사이 인종주의로 인해 유죄판결을 받은 경우는 단지 3건에 불과했다$^{Dulitzky,\ 2000}$.

한편 흑인운동 지도자들은 교육 캠페인과 언론을 통해 반인종주의 전략을 수행하고 유지하는 노력을 기울였다. 방송과 언론 등에서 행해지는 인종차별적 행태를 고발하는 것도 그들의 주된 역할이었다. 그러한 활동은 여론에 영향을 미쳤다. 따라서 인종민주주의에 대한 대중의 인식에도 변화가 생겼다. 1995년 브라질 주요 언론에서 실시된 전국적 조사는 브라질인들의 다수가 브라질 백인들이 인종적 편견을 가지고 있다고 믿고 있음을 보여준다. 이렇게 새롭게 탄생한 흑인운동들은 인종민주주의를 비적절한 개념으로 만들었다. 50년 전 프레이리에 의해 형성된 인종민주주의의 신화가 1990년대에 대중의 인식 속에서조차 점차 사라져 가고 있었다$^{Carvalho,\ 1999}$.

이제 브라질 사회는 인종주의의 존재를 인식하게 되었다. 따라서 흑인들도 진정한 민주적 시민권과 인권의 보장을 당당히 국가에 요구하기 시작했다. 인종차별시정정책$^{affirmative\ action}$에 대한 관심도 그와 함께 증가했다. 그러나 여기서 한 가지 유의할 점은 브라질 사회가 비록 인종주의의 존재를 인정하고, 그의 시정을 요구하고는 있지만, 여전히 대다수의 사람들은 인종민주주의의 인종적 혼혈의 가치를 긍정적으로 평가한다는 것이다. 그 증거로 1995년의 한 조사에 따르면 브라질 백인의 88%, 혼혈인의 87%, 흑인의 89%가 혼혈에 대해 긍정적 생각을 가지고 있는 것으로 나타났다$^{Telles,\ 2004:\ 52}$.

2. 인종민주주의에 대한 학계의 비판

인종민주주의에 대한 학문적 비판이 시작된 것은 이미 1950년대부터이다. 당시 인종 간의 차별 실태를 조사하기 위한 UNESCO의 한 프로젝트는 기대와 달리 브라질 사회에 인종주의가 확산되고 있으며, 백인은 여전히 흑인들에 대해 적대적이며 편견을 가지고 있고, 또 백인들은 노예제가 끝났음에도 불구하고 흑인에 대한 인종적 지배를 통해 이익을 취하고 있으며, 그로 인해 브라질에서 인종간의 경제사회적 차이가 여전히 매우 크다는 사실을 밝혔다. 따라서 그들은 인종민주주의는 신화에 불과하다고 지적했다.

그에 대해 프레이리와 그의 지지자들은 그러한 차별과 차이는 노예제라는 역사적 산물이므로 시간이 흐름에 따라 점차적으로 감소할 것이라는 낙관적 전망을 제시했다. 그에 대해 비판자들은 인종 간의 경제사회적 차이가 구조적 차별 때문이라고 반박했다. 일부 흑인 지식인들은 인종민주주의가 흑인과 흑인문화를 제거하기 위한 또 다른 백인화 과정이라고 비판하면서 다문화주의적 시각에 바탕을 둔 근대적 흑인운동의 필요성을 제기하기도 했다. 그러나 인종민주주의에 대한 비판에도 불구하고 군부 정권 아래에서 인종민주주의는 지배적 이데올로기로서 영향력을 지속적으로 행사했다.

군부 정권이 학계에 대한 억압을 완화함에 따라 인종문제에 대한 학문적 관심이 고개를 들기 시작했다. 1978년 카를로스 하젠바르그Carlos Hasenbalg는 UC버클리에서 박사학위를 마치고 브라질로 돌아와 브라질 학계에 인종문제에 대한 연구의 새로운 장을 펼쳤다. 플로레스탄 페르난데스Florestan Fernandes와 함께 그의 연구는 자본주의 발전과 산업화가 브라질의 인종 불평등에 미친 영향에 대한 것이었다. 그들은 이러한 과정에서 백인들이 경쟁력 없는 비백인들로 인해 혜택을 받았으며, 그로 인해 브라질 사회에 광범위한 인종적 차별과 불평등이 발생했음을 찾아냈다. 특히 미시간 대학에서 훈련받은 그의 동료 넬슨 도 바예 시우바^{Nelson do Valle} Silva는 복잡한 통계 기술을 통해 브라질의 인종과 계급에 대한 연구를 진행했다. 이들의 이러한 작업은 브라질 사회에 광범위한 인종적 불평등과 차별을 밝혀냄에 따라 인종민주주의에 대한 믿음을 타파하는 데 결정적 역할을 했다.

또한 1983년 브라질 통계청인 IBGE에 의해 출판된 『노동력에 있어서 흑인의 지위』^{IBGE, 1983}라는 책은 인종적 불평등에 대한 기존의 생각을 변화시키는 데 중요한 역할을 했다. 특히 IBGE가 정부공식기관임으로 그의 영향력은 보다 컸다.

1990년대 브라질 사회과학계에서는 인종문제의 중요성에 대한 합의가 이루어졌다. 그 후 인종문제는 브라질의 경제학자, 정치학자, 정치 분석가들이 가장 관심을 많이 가지는 영역이 되었다. 그들은 인종적 불평등에 통계적 연구를 지속했고, 그를 통해 인종적 불평등에 대한 사회적 관심을 촉구했다.

3. 인종차별주의에 대한 정부 차원의 대응

1995년 흑인운동은 아마존의 도망친 흑인 노예 공동체^{quilombo}의 전설적 지도자 줌비 도스 팔마레스^{Zumbi dos Palmares}의 사망 3백주년을 기념하여 수도 브라질리아에 모여 수천 명이 행진을 하면서 의회와 카르도소 대통령에게 인종적 차별을 해소하기 위한 구체적 처방을 제시하라고 요구했다. 그에 대해 카르도소는 대통령으로서 처음으로 브라질에 인종주의의 존재를 인정하면서 흑인들을 위한 정책을 개발하기 위한 부처 간

워킹그룹Grupo de Trabalho Interministerial, 이하 GTI의 설립을 발표했다. 그러나 실제로 각 부처가 GTI 권고안의 실현을 거부했기 때문에 그의 성과는 미약했다.

1996년에는 인종차별시정affirmative action과 같은 정책이 사법부가 지원하고 카르도소 대통령이 승인한 다문화주의와 인종주의 위원회에서 토의되었다. 그리고 그 결과 카르도소는 여성, 장애인, 원주민, 흑인을 위한 단기, 중기, 장기 목표를 규정하는 전국 인권 프로그램Programa Nacional de Dereitos Humanos, 이하 PNDH을 설립했다. PNDH는 중기적으로 인종차별시정정책을 실시하고, 장기적으로 모든 차별법을 폐지하는 것을 목표로 삼았다. 이는 명백히 유색인종에게 호의적인 공공정책을 정부가 공식적으로 지원하는 것을 의미했다. 그러나 그 후 5년 동안 PNDH가 제시한 목표들은 거의 실현되지 않았고, 따라서 대통령의 약속도 이행 없이 끝나는 것처럼 보였다. 비록 카르도소 대통령의 인종차별시정정책의 실현 의지에 진정성이 있었다고 하더라도 그를 구체화시킬 세력이 부재했다.

사실 카르도소 행정부에서 중요한 영향력을 가지는 시니어그룹 학자들은 여전히 인종민주주의 가치에 대한 믿음을 가지고 있었다. 그들은 인종을 대상으로 하는 정책은 오히려 인종 간의 경계를 공고화할 뿐이라고 생각했다. 따라서 인종차별시정정책과 같은 정책은 미국 정책의 적절치 못한 복사로서 브라질 사회에는 어울리지 않는다고 주장했다. 특히 1998년 헤알화 위기가 발생하면서 인종차별시정정책과 같은 논쟁적 프로그램들은 정치적 토론의 장에서 밀려났다. 카르도소 정부도 그의 실현을 미룰 수밖에 없었다. 그럼에도 불구하고 반인종주의 활동들은 수면 아래서 가속화되고 있었다.

4. 인종차별시정정책의 맹아

인종불평등과 차별 해소를 위한 다양한 정책들에 대한 연방정부의 공식적 반대에도 불구하고 진보적 성향의 주정부나 브라질 사회의 다양한 부문들에 의한 시범적 사례들은 인종차별시정을 위한 제한적 정책들을 실현하기 시작했다. 관련하여 헤링저Heringer, 2000는 1995년에서 1999년 사이 열 개 대도시 지역에서 실현된 124개의 인종차별시정정책들을 찾아냈다. 그중 29개는 연방·주·시정부에 의해, 42개는 NGO에 의해, 17개는 정부와 NGO 연합으로, 그리고 나머지는 대학, 교회, 정당, 기업들에 의해 실현된 것들이다. 연방정부의 프로그램은 주로 흑인 소기업들을 대상으로 한 것으로서 정부 조달 사업에 있어 이들 기업이 효율적으로 계약을 따낼 수 있게 하기 위해 전문적·행정적·기술적 교육과 훈련을 시키는 것이었다.

좌파 정당이 이끄는 지역정부도 인종주의를 해소하기 위한 정책들을 실현했다. 1998년 벨로 오리손테는 대규모 도시로는 처음으로 흑인 공동체를 위한 업무 담당부서Municipal Department for Black Community Affairs: SMACOM를 설치했다. SMACOM은 행정명령에 따라 인종차별을 시정하기 위해 빈곤 지역에서의 주거와 직업훈련 프로그램들을 개발했다. 1999년 포르토 알레그레 시도 시와 맺는 모든 계약 사업에서 노동력의 5%를 흑인으로 채워야 한다는 조치를 실행했다.

비정부 차원에서 실현된 전략 중 가장 두드러지는 것은 흑인들의 대학입학시험 통과를 위한 지원 과정이다. 이러한 전략은 1994년 리우데자네이루에서 가톨릭교회의 지원을 받은 사제들에 의해 처음 시작되어 다른 지역으로 확산되었다. 그리고 1999년에는 벨로 오리손테 시정부도 유사한 프로그램을 도입했다. 이 프로젝트의 목적은 흑인들도 적적한 지원만 있으면 성공할 수 있다는 것을 보여주기 위한 것이었다.

상파울루에 기반을 둔 흑인운동 NGO들은 노동시장에서 존재하는 인종차별의 실상을 부각시켰다. 특히 미국 국적의 다국적 기업들이 자국에서는 인종과 성의 다양성을 실현하면서도 그들의 브라질 자회사에서는 여성 특히 흑인들에 대한 차별을 행하고 있음을 밝혔다.

대중 매체에서도 인종차별시정정책이 실현되었다. 잘 알려진 여배우 제제 모타Zeze Mota가 설립한 브라질 흑인 연예인을 위한 정보와 문서화 센터CIDAN는 흑인 배우와 예술가들의 진출을 도왔다. CIDAN은 흑인 예능인들의 자료를 데이터화함으로써 그들을 필요로 하는 대중매체가 쉽게 흑인 예능인들을 찾을 수 있는 허브 역할을 담당하기도 했다. 법적으로 바이하 주는 주를 알리는 광고에 있어서 최소 3분의 1은 흑인 모델을 사용할 것을 의무화하기도 했다.

하지만 이때까지 이러한 시도들이 연방정부 차원에서 이루어지지는 않았다. 연방정부는 농촌 흑인 공동체quilombo 토지를 법적으로 인정하는 정책을 적용하기도 했지만 기본적으로 인종차별시정정책에 있어 가장 보수적 면모를 보여 주었다. 게다가 대학과 노동시장에서 비백인 쿼터에 대한 광범위한 지지가 확산되고 있음에도 불구하고, 연방 차원에서 그와 같은 인종차별시정정책의 법제화는 계속 지연되었다. 2002년까지 인종 문제와 관련된 130개의 법안이 연방의회에서 계류 중에 있었다. 사르네이가 상원의원 시절 제안한, 대학과 고용에 있어 20%를 흑인과 혼혈인들에게 보장해 주자는 안은 의회에서 여전히 통과되지 못했다.

연방하원 의원 파울루 파임Paulo Paim이 2000년에 제안한 법안은 보다 급진적이다. 이 법안은 공립대학, 대중매체, 대기업, 시정부, 주정부에서 흑인 20% 쿼터를 제공하고, 정당 후보로는 30%, TV와 영화배우로는 25%, 홍보물에는 40%의 쿼터를 흑인에게 제공하며, 아프리카계 후손들에게 102,000헤알을 배상금으로 지불하고, 학교에서 아프리카 역사를 가르치며, 의회에 인종불평등에 대한 옴부즈맨을 두며, 킬롬보 거주민들의 법적 소유를 보장하는 것을 주 내용으로 하고 있다. 이런 인종차별시정을 위한 법안들은 브라질 엘리트들의 인종관련 안건에 대한 뿌리 깊은 거부감으로 인해 국회통과에 실패했다. 따라서 일부 인종차별시정정책들은 주로 행정적 조치들로 이루어졌는데 이는 국회를 통과한 법에 비해 훨씬 덜 안정적이었다.

5. 흑인운동의 세계화

세계화와 함께 브라질 흑인운동도 국제적 네트워크를 형성했다. 그를 통해 브라질 흑인인권문제도 국제적 이슈가 되었다. UN 산하 인종주의 제거를 위한 국제위원회CERD에 대한 브라질 정부의 보고서도 처음에는 인종민주주의에 기반을 두고 작성되었으나 점차 인종주의와 인종적 불평들에 대해 보고하기 시작했다. 그리고 2001년의 보고서에서 브라질 정부는 인종주의의 존재를 공식적으로 인정했다.

또한 흑인운동가들은 미주개발은행IDB이나 세계은행과 같은 세계자본주의의 보증기관의 모임에도 모습을 드러내기 시작했다. 이러한 기관들은 흑인운동의 존재가 부각됨에 따라 브라질의 인종 관련 사회적 이슈에 대해 점점 더 많은 관심을 가지게 되었다. 그리고 그들의 지원 프로그램에 인종주의 희생자들을 우선적으로 고려하게 되었다. 이러한 기관들의 지원 프로그램은 해당국 정책에 여러 가지 조건들을 제시하기 때문에 이들 기관의 인종문제에 대한 관심은 브라질 인종주의에 강력한 도전으로 다가왔다.

또한 브라질 내부에서도 인권운동이 군부정권 시절에는 반독재 투쟁에 전념했었다면, 이제는 인권유린의 가장 큰 희생자이기도 한 흑인과 혼혈인들의 문제에 관심을 가지게 되었다. 따라서 흑인운동은 정부와 시민사회 양쪽의 국가적 인권 어젠다에 있어서 인종문제를 부각시키는 데 성공했다. 그 결과 최근 브라질 인권운동의 보고서들은 정기적으로 흑인들이 브라질 인권 남용의 가장 큰 희생자임을 지적하고 있다.

국제인권단체들의 콘퍼런스와 컨벤션들도 브라질 흑인문제를 세계적으로 부각시키는 데 크게 기여했다. 국제회의에서 브라질의 인종문제가 부각되는 것은 국가의 국제적 평판에 영향을 주기 때문에 정부로서는 이를 간과할 수만은 없었다. 특히 2001년 남아공의 더반에서 개최된 제3회 세계 인종주의 콘퍼런스를 앞두고 1997년부터 2000년까지 열린 준비 모임에서 브라질의 흑인운동은 그의 인종문제를 국제적으로 부각시키는 데 성공했다. 처음에 미국과 남아공의 흑인 대표들은 브라질의 인종주의 사례들을 무시했었다. 그러나 브라질 흑인운동가들이 적극적 활동을 통해 회의에서 브라질의 인종주의를 부각시킴으로써 브라질 흑인운동의 국제적 연대를 강화하는 기반을 마련했다. 이는 브라질 정부에 또 다른 우려를 자아냈다.

비록 브라질 외교부가 정부 부처들 중에서 가장 마지막까지 인종민주주의의 가치를 고수하면서 인종문제에 있어 브라질의 도덕성을 끝까지 주장하고자 했지만 그들 또한 준비과정에서 점차 기존의 생각을 바꿀 수밖에 없었다. 결과적으로 2000년 칠레에서 개최된 중남미 지역 회담에서 브라질 정부는 흑인운동의 제안을 수용하는 데까지 이르렀다. 이는 브라질 흑인운동에 있어 역사적 전환점이 되었다.

2001년 남아공 더반에서 개최된 세계 반인종주의 콘퍼런스에는 정부 대표단과 흑인운동 대표자들이 함께 참여했다. 따라서 보수적인 외교부조차 더 이상 인종 문제를 간과할 수 없었다. 정부와 사회운동가 사이에 인종문제와 관련한 협력이 이루어졌다. 미국과 이스라엘의 정부 대표단이 각각 노예제에 대한 보상요구와 팔레스타인 문제로 인한 이스라엘 제재요구 때문에 콘퍼런스 장에서 철수함에 따라 브라질 정부는 이들 정부 대표단들과 비교해 상대적으로 인종문제에 있어 더 진보적으로 보이기도 했다.

콘퍼런스에서 보여준 브라질 정부의 유연한 입장은 국내 상황에도 반영되었다. 역사적으로 인종문제를 경시했던 브라질의 언론은 콘퍼런스 전부터 인종과 인종주의에 대해 집중적으로 보도하기 시작했다. 브라질의 5대 신문은 콘퍼런스가 열리는 8월 25일에서 31일까지 일주일 동안 총 170건의 뉴스와 논설, 의견, 독자편지 등의 기사를 실었다. 그것은 인종문제와 관련해서 브라질에서 전례가 없던 일이다.

더반의 세계 콘퍼런스는 브라질 흑인운동가들에게 낙관적 전망을 심어주었다. 가장 보수적인 외교부^{Itamaraty}가 흑인운동을 지지하는 방향으로 입장을 전환한 것처럼 보였기 때문이다. 인종차별시정정책을 포함한 인종문제와 관련된 연방정부의 약속은 전례 없는 것이었다. 더반 콘퍼런스 이전에도 브라질이 지방정부 차원에서 혹은 민간 차원에서 소규모 인종차별시정정책을 적용하기는 했지만 연방정부 차원의 대규모 인종차별시정정책은 단순한 구상에 머물러 있었다.

6. 인종차별시정정책의 실현

더반 콘퍼런스 이후 연방정부 차원에서도 인종차별시정정책이 본격적으로 실현되기 시작했다. 더반 세계 콘퍼런스의 요구에 따라 브라질 연방정부는 우선 농업개발부를 통해 '흑인과 여성을 위한 인종차별시정 프로그램'을 실시했다. 그 프로그램은 공무원 선발과 농지 개혁 수혜에 있어 인종에 따른 불평등을 감소시키기 위해 공무원 선발에 있어 흑인과 여성에게 쿼터를 제공하고, 흑인 공동체에 농민 신용 접근을 보장하고, 성과 인종과 종족 등에 관련된 세미나와 연구 프로그램 등을 지원하는 것을 내용으로 하고 있다. 특히 그 프로그램은 농업개발부 행정직의 20%를 흑인들에게 제공하고, 그의 예산의 30%를 흑인이 다수인 농촌 공동체에게 할당할 것을 명시하고 있다. 게다가 연방과 주정부 관할의 모든 킬롬보 토지를 인정하고 소유권을 부여할 것을 지시했다.

2001년 9월 11일 미국에서 발생한 대형 테러사건이 브라질에서 강하게 불고 있던 인종 이슈에 대한 관심을 급격히 사라지게 하는 와중에도 10월 9일 리우데자네이루 주 의회는 관할 대학에서 입학생의 40%를 흑인을 포함한 유색인종으로 뽑을 것을 입법화 했다. 지금까지의 인종차별시정정책들이 단순히 행정조치 수준의 것이기 때문에 정권의 변화에 따라 언제든지 철회될 수 있는 성격의 것이었다면, 이번 리우데자네이루의 인종차별시정정책의 입법화는 변경이 어렵다는 점에서 의미하는 바가 매우 컸다.

12월에는 사법부와 연방대법원이 인종차별시정정책에 동참했다. 사법부는 그의 고위직과 자문위원 그리고 그의 하도급업체 직원의 20%가 흑인이어야 한다는 규정을, 그리고 연방대법원도 역시 그의 하도급업체 고용인의 20%가 흑인이어야 한다는 규정을 두었다. 카르도소 대통령은 또한 사실상 모두 백인들로 구성되어 있던 브라질 외교학교Instituto Rio Branco에서도 매년 20명의 흑인 학생에게 장학금을 지불하고 선발할 것을 규정하는 인종차별시정정책을 실시했다. 노동부는 노동자 지원 예산의 20%를 흑인 노동자들의 전문적 기술 훈련에 사용하도록 지시했다. 2002년에는 연방정부의 이런 정책들이 지역정부나 민간 부문으로 확산되었다.

2002년 5월에 카르도소 대통령은 그의 21개 부처 중 7개 부처가 제출한 전국 인종차별시정정책 프로그램National Program for Affirmative Action, 이하 NPAA 에 서명했다. NPAA는 사회적 약자를 보호하는 행정적 메커니즘을 규정하고 있었지만 어떤 구체적 쿼터나 실현목표를 설정하지는 않았다. 게다가 다음 대선 후보로 지목된 보건부 장관 호세 세라José Serra는 그 계획에 사인도 하지 않았다.

여러 가지 한계에도 불구하고 카르도소 정부의 인종차별시정정책 실현의 의미는 무엇보다 인종민주주의와의 단절에 있다. 인종차별시정정책을 추진하면서 브라질 정부는 노예제 폐지 이후 처음으로 인종차별과 인종적 불평등의 존재를 공식적으로 인정했다. 그로 인해 브라질은 과거에도 그러지 않았고, 현재도 그렇지 못한 인종민주주의라는 환상에서 벗어날 수 있었던 것이다.

7. 룰라 정부의 인종차별시정정책

룰라 정부는 2003년 1월에 시작되었다. 룰라의 당선은 흑인 대표성에 있어 더 많은 증가가 있을 것을 기대하게 했다. 기대한 대로 룰라는 당선 직후 세 명의 흑인과 혼혈인을 부처의 장으로 임명했다. 그것은 브라질 역사에 전례 없는 일이었다. 유명한 브라질 대중음악 가수이자 작곡가인 지우베르토 질Gilberto Gil은 문화부 장관에, 전 상원의원이자 리우데자네이루 주지사인 베네디타 다 시우바Benedita da Silva는 사회복지부 장관으로, 혼혈의 환경운동가이자 아마존 지역 전 상원의원인 마리나 시우바Marina Silva는 환경부 장관에 각각 임명되었다. 그리고 룰라는 후에 인종포용정책 촉진부SEPPIR를 신설하고, 그의 장으로 흑인 여성 마틸데 히베이루Matilde Ribeiro를 임명했다. 한편 상원은 룰라의 취임식 직후 그의 초대 부의장으로 흑인 파울로 파임Paulo Paim을 선출했다. 무엇보다 중요한 것은 브라질 대법원이 당시 48세의 호아킴 베네디토 바르보사 고메스Joaquim Benedito Barbosa Gomes를 대법관으로 임명한 사실이다. 대법원에 흑인이 임명된 사실은 그의 174년 역사에 처음 있는 획기적 사건이었다. 장관직이 정치적 영향을 받는 일시적 자리인데 비해 대법원의 지위는 70세까지 보장되고 또 그의 영향력도 매우 크기 때문에 흑인의 대법관 임명이 의미하는 바는 매우 컸다.

인종차별시정정책에 있어 룰라 정부는 기본적으로 카르도소 정부의 정책을 계승했다. 게다가 룰라의 당선으로 인해 연방정부의 인종차별시정정책은 보다 영향력을 획득하는 것처럼 보였다. 카르도소 정부에서 시작되었던 인종차별시정정책은 다른 지역 정부나 대학들로 확산되었다. 룰라 정부는 SEPPIR를 통해 인종평등을 촉진하는 광범위한 계획들을 전개했다. SEPPIR는 외교학교 장학금 제도, 대학 입학 시 흑인 쿼터 등의 정책을 지속하면서 전 정부에 의해 실현된 인종차별시정을 위한 다양한 쿼터제들을 지지했다. 게다가 룰라 정부는 아프리카의 문화와 역사를 초등학교와 중학교 교과과정에 포함하려는 계획의 법제정에 서명했다. 무엇보다 룰라 정부는 인종불평등의 극복을 그의 정부의 다년간 계획에서 가장 우선적인 것으로 설정했다. 흑인운동과 연방정부 간의 대화는 전례 없는 수준에 이르렀다. 인종주의를 타파하려는 정부의 실질적 행동은 새로운 PT 행정부의 정치적 의지와 흑인운동의 새 정부와의 협상력과 영향력에 달려 있었다. 브라질 흑인운동 지도자들의 대부분이 PT당 소속이라는 점을 룰라는 잘 인식하고 있었기 때문에 인종문제에 있어 룰라 정부의 역할은 긍정적 방향으로 전개될 수밖에 없었다.

그러나 인종차별시정정책에 대한 브라질 사회의 반발도 없지는 않았다. 2003년 사립학교 연합은 주립대학 입학생 중 40%를 흑인과 유색인종에게 부여하고, 45%를 공립학교 졸업생에게 부여하는 리우데자네이루 주법의 위헌성을 문제로 삼았다. 쿼터에 의한 역차별로 피해를 입었다고 주장하는 백 명 이상 백인학생들의 구제 청원서가 제출되었다. 이에 대해 이미 인종쿼터에 지지를 보냈던 브라질 언론과 많은 백인 중산층 계급들이 인종쿼터에 반대하는 입장을 취했다. 흑인운동가들이 그에 대한 방어를 준비하는 동안 2003년 리우데자네이루 주 입법부는 쿼터에 대한 조정을 실시했다. 새로운 쿼터는 공립학교 출신에게 20%, 육체적 장애인에게 5%, 흑인에게 20%(전에는 40%)로 조정되었다.

이러한 반발에도 불구하고 브라질에서 인종민주주의가 이제 더 이상 과거와 같은 영향력을 가질 수 없게 되었음은 분명하다. 민주화 이후 본격적으로 시작된 흑인운동도 이제 대중 속에서 완전히 자리를 잡았다. 브라질 사회는 이제 인종주의의 존재를 아무도 부정하지 않는다. 브라질 정부도 공식적으로 인종차별을 시정하기 위한 구체적 정책들을 실현하기 시작했다. 카르도소 정부에서 본격적으로 시작되고 룰라 정부에서 지속적으로 확대된 브라질의 인종차별시정정책은 인종문제를 국가적 어젠다로 부각시켰다. 비록 브라질 사회가 인종 쿼터의 구체적 내용에 대해 전적인 합의를 이루지는 못했지만, 브라질 정부나 공공여론 모두 인종차별을 시정하기 위해 뭔가를 해야 한다는 데에는 모두 입장을 같이하고 있다.

9장 쿠바:

인종차별주의가 부활하고 있는가?

I. 아프리카계 쿠바인 인구

2002년 실시된 인구조사[76] 통계에 따르면 쿠바의 흑인 인구수는 물라토를 포함해 최대 390만 명으로 브라질(8,880만), 콜롬비아(950만), 아이티(850만), 도미니카공화국(810만), 베네수엘라(700만)보다 적다. 흑인 인구의 절대적 수로는 라틴아메리카 전체에서 여섯 번째이다. 그러나 물라토를 포함한 쿠바 흑인 인구의 비중은 35%로서 카리브 소규모 국가들을 제외하면 아이티(100%), 자메이카(97%), 도미니카공화국(84%), 브라질(44%)에 이어 다섯 번째이다. 물라토를 제외한 흑인의 비중은 10%로서 아이티(95%), 자메이카(91%), 도미니카공화국(11%)에 이어 네 번째이다.(CIA World Factbook; ONE, Censo 2002.[77])

---

76) 쿠바에서 가장 최근에 이루어진 인구조사는 2002년이다.

77) 흑인 인구의 수도 라틴아메리카 전체에서 여섯 번째이고, 그 비중도 네 번째에 불과함에도 불구하고 쿠바를 브라질과 함께 라틴아메리카 흑인 문제의 대표적 사례로 선택한 이유는 다음과 같다. 쿠바는 흔히 1959년 혁명 이후 인종차별 문제가 해소된 나라로 간주되고 있다. 물론 쿠바 혁명정부의 사회주의적 계급 타파와 복지정책으로 인해 대부분 저소득층이었던 흑인들의 삶의 수준이 많이 개선되었고, 교육 등에 있어서 기회균등이 주어진 것은 사실이다. 하지만 그러한 쿠바에조차 인종차별 문제는 여전하다. 심지어 최근 경제위기를 겪으면서 그러한 차별은 보다 심화되고 있다. 따라서 브라질과 함께 쿠바를 대표적 사례로 선택한 이유는 사회주의 혁명으로 인해 인종차별문제가 해소되었다고 생각되는 쿠바에서 조차 인종차별이 여전히 존재함을 보여주기 위해서이다.

<표 1> 쿠바 흑인 인구와 비중(2002)

(단위: 명)

총	11,177,743
백인	7,271,926(65.05%)
흑인	1,126,894(10.08%)
물라토 혹은 메스티소	2,778,923(24.86%)

자료: Oficina Nacional de Estadistica(ONE), Censo 2002

　라틴아메리카 모든 국가에서 그렇듯이 쿠바에서도 광범위한 혼혈이 이루어졌기 때문에 흑인 인구의 정확한 비중을 알 수는 없다. 미국 마이애미 대학의 쿠바와 쿠바계 미국인연구소Institute for Cuban and Cuban—American Studies는 쿠바의 흑인 인구 비중이 62%에 이른다고 주장한다. 그들의 주장에 따르면 쿠바혁명 이후 주로 백인들이 쿠바를 떠남으로써 쿠바는 흑인의 쿠바가 되었다는 것이다(www.miamiherald.com). AfroCubaWeb은 정부 공식적 통계는 19세기부터 이어져 오는 인구의 '백인화'를 여전히 추구하고 있다고 주장한다. 특히 유럽인들이 지배하는 관광업의 성장과 함께 이러한 경향이 보다 강화되고 있다는 것이다. 즉, 관광산업을 발전시키기 위해서 쿠바가 보다 '백인화'되어 보이는 것이 유리하다는 판단에 따라 인구통계도 흑인 인구를 의도적으로 감소하려는 시도가 있다는 것이다. 게다가 최근 다양한 개방 과정에서 흑인보다 백인으로 간주되는 것이 여러 가지 점에서 유리하다고 판단한 쿠바인들이 인구조사 시 자기정체성 결정에서 백인으로 답하는 경우가 많아졌다는 점도 지적한다(afrocubaweb.com/census2002).

　어쨌든 2002년 쿠바의 흑인 인구는 많게는 62%, 적게는 35%(물라토를 제외하면 10%)이다. <표 2>에서 보듯이 정부의 공식통계에 따르면 물라토를 포함한 흑인 인구의 비중은 1841년 58.5%에서 혁명 전까지 지속적으로 하락하여 1943년 25.7%, 1953년 27.2%를 기록했다. 흑인과 물라토 인구 비중의 이러한 지속적 감소 요인으로는 첫째, 1860년대 노예무역의 중단으로 새로운 흑인 인구의 유입이 이루지지 않았고; 둘째, 스페인계 백인들이 지속적으로 쿠바로 이민해 왔으며; 셋째, 1895~1898년 사이에 있었던 독립전쟁에서 비백인 인구들의 사망률이 백인들보다 훨씬 더 높았던 점을 들 수 있다[De la Fuente, 1995: 135-136].

그러나 1943년 74.3%에 달했던 백인 인구의 비중이 1950년대부터 조금씩 감소하기 시작함에 따라 흑인과 물라토의 인구 비중이 다시 조금씩

〈표 2〉 쿠바 흑인 인구 비중의 변화(%)

연도	총 인구(명)	백인	흑인(1)	물라토 혹은 메스티소(2)	(1)+(2)
1774	171,620	56.2	29.3	14.5	43.8
1792	273,979	48.8	34.4	16.8	51.2
1817	553,033	43.2	40.1	16.7	56.8
1827	704,487	−(a)			
1841	1,007,624	41.5	48.7	9.8	58.5
1846	898,752	−(a)			
1861	1,366,232	56.8	−(b)		43.2
1877	1,509,291	65.0	−(b)(c)		35.0
1887	1,609,075	67.6	−(b)		32.4
1899	1,572,797	66.9	14.9	18.2	33.1
1907	2,048,980	69.7	13.4	16.9	30.3
1919	2,889,004	72.2	11.2	16.6	27.8
1931	3,962,344	72.1	11.0	16.2	27.2
1943	4,778,583	74.3	9.7	16.0	25.7
1953	5,829,029	72.8	12.4	14.8	27.2
1970	8,569,121	−(d)			
1981	9,723,605	66.0	12.0	22.0	34.0
2002	11,177,743	65.0	10.1	24.9	35.0

(a): 인종에 대한 조사하지 않음
(b): 흑인과 메스티소, 물라토를 구분하지 않음
(c): 당시 쿠바 인구의 2.9%에 달했던 황인종(아시아계)이 포함됨(아시아계는 그 후 혼혈이 진행됨에 따라 지속적으로 감소하여 1981년에는 그 비중이 0.1%로 감소)
(d): 인종에 대한 조사가 이루어졌으나 공식통계로 발표하지는 않음(쿠바 혁명 정부는 기본적으로 사회를 계급적 구조로 파악하기 때문에 인종적 구분에 대한 정보를 제공하지 않았다.)
자료: ONE. CEPDE, 2009

증가하기 시작했다. 이는 흑인과 물라토의 출생률이 상대적으로 높은 데다 이들의 유아 사망률이 감소했기 때문이다. 또한 혁명 이후에는 흑인과 물라토의 유아 사망률이 급감한 데다가 백인들의 상당수가 쿠바를 탈출해 미국으로 망명함에 따라 백인 인구의 비중이 급감했다.[78] 따라서 흑인과 물라토 인구의 비중이 1981년 34.0%로 증가했으며, 2002년에도 거의 유사한 수준을 유지했다.

물라토를 제외한 흑인 인구의 비중만을 보면 1841년에 48.7%를 기록한 이후, 혼혈 과정을 통해 지속적으로 감소하여 1899년에는 이미 14.9%로 감소했고, 그 이후에도 꾸준히 감소세를 이어감에 따라 1943년에는 9.7%까지 내려갔다. 그 후 다시 조금 상승하여 혁명 전인 1953년 12.4%, 혁명 이후에도 1981년 12.0%로 비슷한 수준을 유지하고 있다. 2002년에는 약간 감소하여 10.1%를 기록했다.

II. 혁명 이전 시기의 인종문제

쿠바 인종문제에 대한 현 정부의 공식 입장은 1959년 혁명 이후 흑인들에게 완전한 경제적·사회적·정치적 평등이 보장됨에 따라 혁명 이전에 존재했던 인종차별이 혁명 후 쿠바에서는 완전히 뿌리 뽑혔다는 것이다. 그러나 소수의 흑인운동가와 미국 망명 쿠바인들의 입장은 그와는 사뭇 다르다. 그들은 백인 중산층 지식인들에 의해 주도된 혁명이 혁명 이전 인종 간의 통합정책을 통해 사라지고 있던 인종차별을 오히려 강화했다고 주장한다. 따라서 혁명 이후 쿠바의 인종차별 해소에 대한 성과를 제대로 파악하기 위해서는 혁명 이전의 상황을 제대로 파악

---

78) 미국으로 이주한 쿠바인들의 인구 비를 살펴보면 1959년에서 2000년 사이 총 828,577명 중 백인은 87.2%, 흑인은 2.9%, 물라토 및 메스티소는 10.7%, 아시아계는 0.2%를 차지한다(Pedraza, 2007: 156).

할 필요가 있다.

혁명 이전의 인종문제 상황을 정확히 파악함으로써 우리는 혁명이 기존에 존재하던 인종차별을 해소했는지, 아니면 혁명 이전에 사라져가고 있던 인종차별을 혁명이 오히려 강화했는지, 혹은 혁명 이전부터 인종적 통합이 진행되고 있었고 혁명은 그러한 과정을 보다 심화했는지, 또는 쿠바는 기본적으로 인종차별적사회이고 혁명은 인종차별에 큰 변화를 가져 왔으나 그러한 차별은 아직도 지속되고 있는지를 평가할 수 있을 것이다.

1. 노예해방 이후의 인종적 불평등

쿠바에서 흑인들은 1868년까지 거의 대부분 노예 신분이었다. 십년전쟁(1868~1878)의 발단이 되었던 1868년 반란을 주도했던 사탕수수 농장주 카를로스 마누엘 데 세스페데스는 쿠바독립을 위해 그와 함께 싸웠던 그의 노예들을 해방시켜 주었다. 그리고 새로운 정부는 주인에 의해 군에 입대하게 된 모든 노예들을 해방시킨다는 행정명령을 발표했다. 그리고 전쟁이 끝난 1878년 산혼조약Pacto de Zanjón은 전쟁에 참여한 모든 노예들을 노예의 신분에서 해방시켜주었다. 그리고 2년 후 1880년에는 스페인 왕실도 나머지 노예들을 모두 해방시켜 주는 대신 이들을 8년간 주인의 보호patronato 아래에 머무르게 하는 노예폐지법을 공포했다. 그러나 법적으로 해방된 노예들은 여전히 무급으로 주인에게 노동을 제공해야만 했기 때문에 사실상 노예와 다를 바가 없었다. 1886년 10월 7일 스페인 왕실이 그러한 보호제patronato를 불법으로 규정함에 따라 마침내 쿠바에서 노예제가 완전히 사라졌다.

그러나 노예제의 법적 소멸이 쿠바의 인종적 통합을 가져오지는 않았다. 스페인의 사상가들은 인종적 혼혈이 가져올 잠정적 폐해에 대해 여전히 경고하고 있었다. 노예제가 폐지되고 나서 대부분의 노예들은 사탕수수 농장에서 일하게 되었다. 노예해방 후에도 백인과 흑인들 간의 인종적 차별은 매우 컸다. 1887년 쿠바의 백인들은 33%가 글을 읽고 쓸 수 있었지만, 아프리카계 쿠바인들은 단지 11%만이 그렇게 할 수 있었다. 스페인 식민지 당국은 아프리카계 쿠바인들의 신분 카드와 공식문서에 Don이나 Doña와 같은 존칭 표현을 삭제했다[1893년 12월 16일 인종 평등법La Igualdad에 따라 공식문서에서 아프리카계 쿠바인들을 위한 이러한 존칭의 사용이 다시 가능해졌다]. 아프리카계 쿠바인들에게는 극장의 좌석이 주어지지 않았고, 많은 호텔과 고급식당들에서도 그들에게 서비스를 제공하는 것이 거부되었다. 철도조종사노조는 아프리카계 쿠바인들의 고용을 거부했고, 그 외 많은 기업들이 고용 시 인종적 조건을 구체적으로 명시했다. 정부나 문화계는 쿠바백인사회에 내재하는 인종적 갈등의 두려움을 표출했다.[79] 교육의 기회도 모든 인종에게 평등하게 부여되지 않았다. 1880년 모든 노예의 해방을 선언한 법은 500명 이상의 마을에 학교 설립을 의무화했다. 그리고 그런 교육을 통해 인종적 차별이 사라질 것이라고 기대했다. 그러나 실제로 많은 학교들이 흑인 학생들을 받아들일 것을 거부했고, 일부 마을에서는 흑인들을 위한 학교를 별도로 운영하기도 했다. 한편 흑인들이 공립학교에 다니게 되자 부유한 백인들을 위한 사립학교가 설립되기 시작했다. 이러한 사립학교는 10년 동안 세 배로 증가했다(www.historyofcuba.com).

---

79) 스페인은 쿠바 백인들의 독립 열망을 잠재우기 위해 인종적 갈등을 과장했다. 예를 들어 십년전쟁 시기에는 스페인이 쿠바에서 물러가면 독립군의 부사령관인 흑인 안토니오 마세오가 백인들을 학살할 것이라고 위협했다. 1794년에 인접한 아이티에서 흑인 반란이 가져온 결과를 지켜보았던 쿠바의 백인들에게 이러한 위협은 실질적으로 다가왔다. 십년 전쟁이 교착상태에 빠진 것도 바로 쿠바 백인들의 이러한 우려가 있었기 때문이다.

2. 유색인종 독립당의 설립

흑인과 물라토는 독립전쟁에서 보다 많은 희생을 치렀음에도 불구하고(독립전쟁에서 죽은 흑인과 물라토의 수는 82,000명이고, 백인의 수는 26,000명이다) 그들의 희생이 독립 이후 쿠바에서 제대로 평가받지 못했기 때문에 많은 흑인과 물라토들은 배신감과 분노를 느껴야 했다. 독립 이후 쿠바사회에서 아프리카계는 군사적으로 탁월한 능력을 보여주었거나, 서구적 교육을 성공적으로 이수한 소수를 제외하고, 나머지 대부분은 정치적·사회적으로 여전히 차별적 대우를 받아야 했다. 심지어 미군정은 쿠바 인구의 백인화를 추구했다. 심지어 1901년 미군정 총독 레오나르드 우드Leonard Wood는 백인들만의 포병대를 창설하고자 했다. 이러한 미군정의 인종적 분리주의 정책은 쿠바 민족주의자들의 통합주의적 이상과 정면으로 배치되는 것이었다.

한편 독립전쟁에서 많은 역할을 수행한 쿠바의 흑인들은 노예의 존재에서 벗어나 열등감을 극복하고 쿠바 독립에 기여자로서 정당한 대우를 받기를 원했다. 그들은 독립과 함께 모든 쿠바인들에게 평등한 교육과 사업 기회가 주어지는 통합된 사회가 올 것이라 기대했다. 그것은 쿠바 독립의 영웅 호세 마르티José Martí가 언급했던 이상이기도 했다.

관련하여 호세 마르티는 다음과 같이 언급했다. "인종적 분리 혹은 인종적 차이를 고집하는 것은…… 공적 혹은 개인적 목표들을 어렵게 만드는 것이다. 왜냐하면 그들의 성공이 함께 살아야 하는 그룹들의 보다 큰 화해에 기반을 두고 있기 때문이다. 사람을 나누는 모든 것들, 즉 사람을 분류하고, 분리하고, 서로 차단하는 모든 것들은 인간성에 반하는 죄악이다…… 인간은 백인, 물라토, 흑인 그 이상의 존재이다."Martí, 1992: 205-207 그는 독립이 쿠바를 아이티와 같은 흑인공화국으로 만들 가능성이 있다는 식민지 당국의 위협에 맞서 흑인들의 관대함, 미덕, 자유에 대한 열망, 위대함, 신중함에 대해 역설했다. 호세 마르티와 안토니오 마세오^{Antonio} Maceo 같은 민족주의자들은 독립이 인종적 통합을 가져다 줄 것이라 주장했다.[80]

실제 독립 이후 새로운 정부는 성인 남성 모두에게 투표권을 부여했다. 당시 유권자의 3분의 1이 흑인과 물라토였기 때문에 정치인들은 이들의 표를 얻지 않고서는 선거에서 승리가 불가능했다. 20세기 초에 이미 흑인과 물라토 모두에게 선거권을 부여한 것은 당시로서는 앞서가는 정치적 형태였다.

그러나 백인들에 의해 구성된 기존 정당에 의한 흑인들의 포용정책은 흑인들을 위해서는 명백한 한계가 있었다. 포용과 통합 정책에도 불구하고 실제 흑인들은 정치와 공직에서 배제되었다. 독립 이후 흑인들이 소속되었던 해방군은 해체되었고 임시정부도 사라졌다. 그에 따라 수천 명의 흑인들이 차지하고 있던 군대 내의 지위와 공직도 사라졌다. 새로 구성된 하원에는 흑인 대표자가 한 명도 없었다.

이러한 상황에 불만을 가진 흑인들은 전쟁에 참여했던 참전용사들을 중심으로 아프리카계 쿠바인 조직을 구성했다. 그리고 그들은 1900년대 초반 인종적 평등을 위한 투쟁에서 주도적 역할을 수행했다. 그들의 목표는 아프리카계 쿠바인들이 평등한 정치적 참여를 통해 쿠바 주류사회에 통합되게 하는 것이었다. 그들은 쿠바사회에서 인종차별을 종식하고, 흑인과 물라토가 교육과 공직에 공평하게 접근할 수 있도록 만들고자

---

80) 물론 민족주의자들의 통합을 위한 담론은 인종적 정체성을 희생시키는 것이었다. 독립 세력들은 민족적 통합을 위해 인종적 차이에 대해 의식적이고 선택적인 침묵을 강요했다. 결국 쿠바 민족주의자들의 민족적 통합의 강조는 결국 인종적 정체성과 민족적 통합이 함께 갈 수 없다는 식민지적 담론을 약간의 포용적 성격을 가지고 재구성한 것에 불과하다. 따라서 그러한 담론 하에서 아프리카계 쿠바인들은 흑인정체성을 선택함으로써 '인종적으로 분리된 민족'이 되거나, 아니면 자신의 정체성을 포기함으로써 '인종 없는 민족주의자'가 되거나 둘 중 하나를 선택해야만 했다. 즉, 흑인으로서 그들의 인종적 불만을 표시하는 것은 '애국적 쿠바인'이 되기를 포기하는 결과로 나타나는 것이다(De la Fuente, 1998: 44-45).

했다. 그에 따라 1908년에는 에바리스토 에스테노스Evaristo Estenoz를 중심으로 하는 유색인종독립당Partido Independiente de Color, 이하 PIC이 설립되있다.

그러나 그들은 자신의 목표를 제대로 추진해 나갈 수 없었다. PIC 설립에 맞서 1909년 물라토인 쿠바 상원의장 모루아 델가도Morúa Delgado는 인종과 종교에 기반을 둔 정당을 금지하고, 이웃 아이티와 자메이카 흑인들의 이민을 금지하는 소위 '모루아 법'을 제정했다. 그에 대응해 유색인종독립당은 시위를 전개했고, 이러한 시위는 점점 더 폭력적으로 전개되었다. 1912년 시위대는 외국인 소유의 자산을 공격하고 불태우는 지경에 이르렀다. 그로 인해 사태는 소위 '인종전쟁Race War'로까지 발전하게 되었다.

3. 1912년 '인종전쟁'

1912년 5월 20일 PIC가 모루아 법 폐지를 외치는 시위를 처음 전개했을 때 그것은 비폭력적이었음에도 불구하고 백인들을 두려움에 떨게 만들었다. 그 후 시위가 폭력적으로 변해감에 따라 쿠바 정치 엘리트들은 그 시위를 PIC가 쿠바 백인들에 맞서 일으킨 '인종전쟁'이라고 규정했다. 언론 또한 그 시위를 '인종전쟁'이라고 보도하면서, 아이티의 '흑인 반란'을 지켜보았던 쿠바백인들의 두려움을 가중시켰다. 나아가 언론은 흑인들에 의한 '인종전쟁'에 맞서기 위해 쿠바 전역에서 백인 민병대를 조직해야 할 필요성을 언급하기도 했다. 흑인들의 야만성에 맞서기 위해 문명화된 백인들이 스스로를 무장해야 한다고 주장했다. 언론의 이러한 태도는 스페인 식민지 시대 이래로 쿠바 백인의 뿌리 깊은 인종차별주의를 다시 떠올리게 하는 것이었다.

진압은 즉각적으로 이루어졌고, 오리엔테Oriente 지역81)을 제외한 대부분의 지역에서 사태는 진정되었다. 모든 흑인들이 PIC가 주도한 시위에 가담한 것이 아님에도 불구하고 진압과정에서 많은 무고한 흑인들이 체포되고 처형되었다. 오리엔테 지역에 마지막까지 남은 저항세력들은 자신들을 여러 그룹으로 나누고, 산악지역으로 숨어들어 저항을 이어갔다. 그에 대해 정부는 상황을 조기에 종식하고, 미국의 또 다른 군사적 개입을 피하기 위해 오리엔테 지역에 강제수용소를 설치하는 전략을 취했다. 이 전략에 따라 오리엔테의 시골지역에 거주하는 흑인들은 모두 이 수용소에 강제로 들어가야 했다. 그리고 수용소 밖에서 발견되는 모든 흑인들은 적으로 간주되어 모두 제거되었다.

이런 전략에 따라 오리엔테에서의 저항도 관타나모 주를 제외한 나머지 지역에서는 거의 사라졌다. '인종 전쟁'이라 불린 이 흑인 저항운동에 참여했던 아프리카계 쿠바인의 수는 약 10,000명 정도이다. 그리고 진압과정에서 사살된 수는 약 2,000명으로 추정된다[Helg, 1995].

이 사건을 통해 1886년 노예제 완전 폐지 이후 존재했던 쿠바의 인종적 평등에 대한 신화는 완전히 사라졌다. 흑인들의 대량학살에 대해 분노하는 쿠바 백인은 아무도 없었다. 백인이 지배하는 언론이나 문화계는 노예제 폐지 이후 드러나지 않았던 인종차별주의를 다시 표출하기 시작했다. 그들은 공공연히 쿠바가 소수의 백인 엘리트들에 의해 통치되어야 하고, 흑인들의 정계나 공직 진출은 그들의 '준비 부족' 때문에

---

81) 쿠바 동부의 올긴, 관타나모, 산티아고, 그란마 주를 포함하는 오리엔테 지역은 쿠바 흑인들에게 특별한 의미를 부여한다. 독립전쟁 이후 오리엔테는 아프리카계 쿠바인들에게 새로운 삶을 살기에 가장 적합한 지역으로 간주되었다. 따라서 이 시기에 오리엔테의 아프리카계 쿠바인 인구는 22.4%나 증가했다. 그들에게 오리엔테는 인종적으로 평등함이 존재하는 지역이었다. 실제 1899년 미군정 하의 인구조사에서 오리엔테는 자영농과 소작농의 비율이 가장 높은 지역으로 나타났다. 그리고 소규모 농장 소유주의 45%가 아프리카계 쿠바인들이었고, 아프리카계 쿠바인들이 이 지역 토지의 26%를 맡아서 경작하고 있었다. 이것은 쿠바 전체에서 가장 높은 비율이다. 또한 쿠바 흑인들이 소유한 전체 토지 중 75%가 오리엔테에 소속되어 있었다. 그러나 그 후 사탕수수 농업을 위해 미국자본이 유입됨에 따라 토지집중현상이 발생했고, 그로 인해 오늘날 오리엔테 지역의 사람들은 쿠바 내에서도 가장 낙후되고 차별받는 사람들이라는 의미에서 쿠바의 '팔레스타인 사람들', 즉 '팔레스티노(palestino)'라 불리기도 한다(Pérez, 1986).

제한되어야 한다고 주장했다.

결국 이 사건은 PIC를 완전히 사라지게 했으며, 모든 아프리카계 쿠바인들에게 백인이 지배하는 사회구조에 대한 도전은 결국 피비린내 나는 억압을 부를 뿐이라는 인식을 심어주었다.

4. 1930년대에서 혁명 이전까지: 메스티사혜

사탕수수 산업에 미국의 투자가 증가함에 따라 미국인들과 그들의 이익을 대변하는 이데올로그들은 혼혈 쿠바인들의 능력에 대한 우려를 표시했다. 미국인들은 흑인과 물라토들을 통치능력이 결여된 똑같은 흑인이라고 생각했다. 그에 대응해서 쿠바인들은 자신의 문화적 다양성을 강조하기 시작했다. 1930년대 쿠바의 지식인들은 쿠바의 민족적 특징에 흑인문화의 기여를 강조하면서 쿠바는 물라토 혹은 메스티소 문화임을 강조했다. 그리고 그러한 메스티사혜mestizaje는 피부색에 의한 혼혈이 아니라, 영혼, 즉 문화적 혼종임을 강조했다. 이러한 주장에 가장 큰 기여를 한 사람은 페르난도 오르티스Fernando Ortiz와 니콜라스 기옌Nicolás Guillén이었다. 이들은 마르티의 쿠바의 '인종적 다양성racial multiplicity' 주장에서 한걸음 더 나아가, 쿠바의 '인종적 혼합성racial synthesis'을 강조했다Ortiz, 1943; Guillén, 1976.

그러나 한편 메스티사혜 이데올로기는 쿠바의 인종문제 언급을 사실상 배제하는 역할을 했다. 그에 따라 메스티사혜는 결국 쿠바사회의 인종적으로 분리된 계급구조를 공고히 하는 데 기여했다. 물론 메스티사혜 담론이 쿠바 정치의 장에서 인종문제를 완전히 사라지게 하지는 않았지만, 인종이 공식적으로 분리되지 않은 사회에서 엄격하게 인종적 구분에 따른 정치적 운동이 존재할 공간은 그다지 크지 않았다. 쿠바의 흑인들이 계급적 혹은 지역적으로 동질적 그룹을 형성하지 않았기 때문이라기보다 쿠바가 명확하게 인종적으로 배타적인 사회가 아니었기 때문에 쿠바에서 명확하게 인종적 성격을 띤 정치활동이 성공할 가능성은 거의 없었다.

하지만 인종이 공적 담론에서 사라진 것은 아니었다. 그 예로서 1940년 헌법 개정 때 인종문제는 뜨거운 쟁점이 되었다. 그리고 그 이후에도 쿠바공산당은 인종차별에 반대하는 법을 통과시키기 위한 노력을 계속했다. 그러나 쿠바노동자동맹Confederación de Trabajadores de Cuba, 이하 CTC이 정부통제조직으로 변화하고, CTC의 중앙위원회와 흑인 중산층의 주요조직인 쿠바전국공동체동맹Federación Nacional de Sociedades Cubanas, 이하 FNSC에서 공산주의자들이 추방되고, 또 FNSC가 국가에 의존하는 단체로 변모함에 따라 인종적 평등을 위한 투쟁은 약화되었다. 혁명 이전의 바티스타 정부는 독립적 흑인운동을 인정하지 않았다.

5. 혁명 이전의 인종적 불평등

메스티사혜 과정을 통해 혁명 이전 쿠바사회는 인종 간의 불평등이 어떤 측면에서 겉으로 감소하는 경향을 보여주기도 했으나 실질적 측면에서 인종 간의 불평등은 여전히 지속되고 있었다. 예를 들어 전문직 노동시장은 흑인이나 물라토가 필요한 교육수준을 획득했을 경우 그들을 인종적인 이유로 배제하지는 않는다. 따라서 필요한 학위를 획득한 비백인의 비율은 그 분야의 전문직에 종사하는 비백인의 비율과 유사했다. 이것은 전문직과 같은 직업에서 인종에 의한 차별이 존재하지 않았다는 것을 의미한다.

그러나 문제는 비백인이 대학 학위를 받는 것이 어렵다는 점이다. 인종적 불평등은 바로 여기서 나타난다. 1929~1930년 사이 흑인과 물라토 인구가 대학의 각 전공에서 차지하는 비율은 비백인 전체 인구 비중(27.2%)에 비해, 법학에서 4.9%, 정치경제학 3.0%, 의학 10.4%, 약학 11.6%, 치의학 15.1%, 수의학 5.6%, 철학 8.2%, 교육학 10.0%, 물리학·수학 3.6%, 화학 2.2%, 자연과학 2.4%, 토목공학 3.4%, 전기공학 1.6%, 건축학 4.8%, 설탕공학 4.6%, 농업전문가 7.3%로 인구비중에 비해 현저히 낮다De la Fuente, 1995: 151.

전통적으로 비백인들은 주로 생산성이 낮은 농업, 어업, 광업, 제조업, 비전문적 서비스업에 종사하고, 백인들은 상업, 운수업, 전문적 서비스업에 종사했다. 그러나 독립 이후부터 비백인도 상업이나 전문적 서비스업에 종사하는 비율이 증가했다. 그러나 그러한 현상이 쿠바사회의 인종적 통합을 의미하지는 않았다. 왜냐하면 비백인의 제조업과 저생산성 개인서비스업에 종사하는 비율이 여전히 높았기 때문이다. 특히 제조업과 저생산성 개인서비스업이 전체 고용시장에서 차지하는 비중이 높은 것을 감안할 때 전문 직업을 통해 사회적 통합과정에 참여할 수 있었던 비백인의 수는 소수에 불과했다고 할 수 있다. 또한 공공부문에 참여한 비백인들에게도 차이는 여전히 존재했다. 공공부문에 있어서 비백인의 참여 비율은 거의 백인과 유사한 수준으로 증가했다. 그러나 비백인이 차지하는 공직은 고위 사무직이 아니라 주로 경찰이나 군인과 같은 낮은 임금의 공직이었다De la Fuente, 1995: 152-155.

결론적으로 직업에 있어서 비백인에 대한 공식적 차별은 존재하지 않았지만 현실적으로 비백인들은 주로 제조업이나 저생산성 개인서비스업에 종사하거나, 같은 전문직이나 공직이라도 수익이 적거나 지위가 낮은 곳에 머물렀다. 소득 측면에서도 저소득·저수익 직종에서 인종간의 격차는 별로 커지 않았지만, 전문직일수록 백인과 비백인의 소득

격차는 매우 컸다. 게다가 비백인의 경우 고소득 전문직을 획득하기 위해서 필요한 교육수준을 획득하는 것이 일차적 어려움이었고, 그러한 교육수준을 획득하고 전문직이나 공직을 가지더라도 같은 직업 내에서 상대적으로 낮은 소득을 가지는 경우가 대부분이었다.

Ⅲ. 쿠바 혁명은 인종차별을 뿌리 뽑았는가?

인종문제는 혁명운동 지도자들에게 중요한 어젠다는 아니었다. 그러나 흔히 말하는 것처럼 그들의 정치적 어젠다에서 완전히 배제된 것도 아니었다. 1955년 '7월 26일 운동'의 '쿠바국민을 위한 선언문 1호'는 인종적 이유로 인한 차별의 모든 흔적들을 제거하기 위해 교육과 입법에 있어서 적절한 처방을 취할 것을 요청하고 있다. 게다가 오리엔테 지역 산티아고 데 쿠바에서 '7월 26일 운동'의 리더였던 프랑크 파이스Frank País 는 1957년 두 명의 학자에게 인종 문제를 혁명 프로그램에 집어넣을 방안을 찾도록 요구하기도 했다Bonachea and Valdés, 1972: 270. 그럼에도 불구하고 대부분의 쿠바혁명 지도자들은 기본적으로 인종차별을 경제적 계급적 착취의 문제로 생각했다. 따라서 계급적 특권이 사라지면 인종차별의 문제도 자동으로 사라질 것으로 판단했다.

실제로 쿠바혁명이 인종 간의 차별 문제에 초점을 맞추지는 않았지만 다양한 사회 개혁을 통해 각종 경제사회적 지표에서 인종 간의 차이가 많이 감소한 것은 사실이다. 혁명 정부의 사회정의 추구는 아프리카계와 백인들 사이의 관계에 실제로 많은 영향을 주었다. 제도적으로 차별화된 행위들도 혁명 이후 거의 제거되었다. 예를 들어 혁명전 학교, 해변, 사회클럽과 같이 인종적으로 배타적이었던 시설에 이제 모든 인종의 접근이 허용되었다. 다양한 재분배 프로그램들은 비록 인종과 무관하게 빈곤층을 위한 것이었지만, 빈곤층의 다수가 아프리카계들이었기 때문에 그의 혜택을 받은 사람들도 주로 아프리카계였다. 이러한 구조적 변화의 결과 1970년대 후반 경 쿠바에서 인종적 불평등은 실제로 급격히 감소했고, 특히 혁명정부가 심혈을 기울였던 보건과 교육과 같은 경제사회적 지표에서 인종 간의 차이는 거의 사라졌다.

우선 기대 수명을 보면 <표 3>에서 보듯이 다른 나라에 비해 쿠바의 인종 간 차이가 가장 작음을 알 수 있다. 1981년 통계 자료를 아프리카계 인구가 많은 다른 서반구의 주요 국가들과 비교해 보면 쿠바의 아프리카계 평균 기대수명은 70.2세로서 브라질, 심지어 미국 아프리카계의 평균 수명보다 높다. 백인과의 기대 수명의 차이도 불과 1.0으로서 브라질 6.7, 미국 6.3보다 훨씬 낮다.

<표 3> 인종 간의 기대 수명 차이

(단위: 세)

국가	백인(A)	흑인(B)	A − B
쿠바(1981)	71.2	70.2	1.0
브라질(1980)	66.1	59.4	6.7
미국(1980)	74.4	68.1	6.3

자료: CEE, Censo 1981; Andrews, 1992: 239

교육 부문에 있어서 문맹률을 보면 혁명 이후 백인과 비백인 간의 차이가 또한 크게 감소했음을 알 수 있다. <표 4>에서 보듯이 혁명 이전에 백인과 비백인 사이의 식자율 차이는 1943년 5.0%였던 것이 혁명 이후 1981년에는 0.2%로 감소했다. 그리고 비백인의 식자율은 1981년 거의 98.8%에 달했다.

<표 4> 쿠바 10~19세 식자율

(단위: 전체 인구 중 %)

연도	백인(A)	비백인(B)	A - B
1899	43.1	34.8	8.3
1907	69.5	66.9	2.7
1919	63.0	56.6	6.3
1931	75.6	71.5	4.1
1943	74.5	69.5	5.0
1953	72.4	-	-
1981	99.1	98.8	0.2

자료: De la Fuente, 1995: 149

혁명 이후 백인과 아프리카계 간의 학력 수준의 차이도 크게 축소되었다. <표 5>에서 보듯이 1981년 통계에 따르면 대학을 졸업한 백인의 비율은 4.7%이고, 흑인의 비율은 3.9%, 물라토는 3.3%로서 서로 간에 큰 차이가 없다. 고등학교 졸업 비율을 보면 백인이 8.7%, 흑인이 9.4%, 물라토가 8.3%로서 흑인의 비율이 오히려 백인보다 높다. 초등학교 학력을 가진 사람들의 비율을 보면 백인이 43.5%, 흑인이 39.7%, 물라토가 43.3%로서 낮은 학력 소지 비율에서는 백인이 오히려 흑인이나 물라토보다 높게 나타난다. 이렇듯 대학 졸업자 비율에서 약간의 차이를 제외하면 혁명 이후 쿠바에서 인종 간의 학력 격차는 거의 사라졌다고 할 수 있다.

이상의 지표에서 알 수 있듯이 보건과 교육 부문에서 나타나는 수치만으로 보면 혁명은 최소한 쿠바사회에서 인종 간의 차이를 거의 해소했다고 할 수 있다. 비록 혁명 정부의 사회정책들이 인종보다는 계급적 차이 해소에 초점을 맞추고 있기는 했지만, 빈곤층의 다수가 아프리카계였기 때문에 그러한 정책들의 실질적 혜택을 가장 많이 받은 사람들도 바로 아프리카계들이었다. 따라서 보건과 의료와 같은 부문의 인종 차별을 해소하는 데 있어서 쿠바혁명은 라틴아메리카 다른 어떤 나라의

(단위: 각 인종 전체에서 %)

교육수준	백인	흑인	물라토
무학	2.2	2.2	2.9
초등학교 졸업	43.5	39.7	43.3
중등학교 졸업	33.4	36.4	35.3
고등학교 졸업	8.7	9.4	8.3
숙련 노동자 교육	1.0	1.4	1.2
전문 기술 교육	4.1	4.3	3.4
교사 교육	2.4	2.7	2.3
대학 졸업	4.7	3.9	3.3

자료: CEE, Censo 1981: 77-80

개혁도 이루어내지 못한 성과를 거두었다.

그러나 그러한 인종차별의 감소가 이데올로기의 영역에서는 거의 나타나지 않았다. 혁명 초기에 피델 카스트로, 체 게바라, 라울 카스트로 같은 혁명 지도부가 인종차별의 근절을 언급했지만 그 후 인종문제는 혁명정부의 공적 담론에서 빛을 보지 못했고, 기껏해야 계급의 부산물 정도로 다루어졌다.

물론 혁명정부는 쿠바 민족문화의 뿌리로서 아프리카계 문화의 전통을 높이 평가하고, 그것을 민족문화 형성의 주요 요인으로 인정했지만, 다른 한편으로 정치경제적 측면에서는 인종에 대해 공식적 침묵을 강요했다. 1960년대 초 인종에 대한 쿠바 혁명정부의 공식적 입장은 인종차별주의는 식민지적, 반 식민지적 과거의 바람직하지 않은 유산으로서 혁명 후 계급적 특권이 제거된 쿠바에서는 인종차별주의는 사라졌다는 것이다. 1962년 '제2차 아바나 선언'은 혁명이 인종차별을 사라지게 했음을 공식적으로 단언했다[Carneado, 1962].

이때부터 인종문제는 다시 사회의 분열을 조장하는 요인으로, 또 그의 공개적 토론은 필요한 국가적 단합에 대한 위협으로 간주되었다. 경쟁적 정치 시스템의 부재, 혁명체제에 대한 외부의 위협, 혁명정부의 언론 통제 등이 인종문제를 쿠바의 공적 담론에서 사라지게 하는 데 기여했다. 혁명정부가 인종문제를 해결했음으로 쿠바에는 더 이상 인종차별이 존재하지 않는다. 따라서 인종문제를 언급하는 것은 사회적 분열을 조장하는 것이다. 이러한 주장들은 사실 혁명 이전 쿠바 정부의 주장과도 다르지 않다. 혁명정부 내의 인종문제와 관련된 수정주의적 시각들은 공식적 억압을 받았다.

쿠바 혁명정부는 내부적으로 인종문제에 대해 침묵을 지켰지만 국제적으로는 오히려 인종문제에 대해 목소리를 높였다. 특히 쿠바가 인종차별 문제를 '제거'한 것에 비해 미국에서는 유색인종에 대한 착취가 여전히 존재한다고 주장하면서, 쿠바혁명정부는 이러한 사실을 미국의 사회질서를 비판하는 정치적 도구로 삼고 미국의 흑인운동에 도덕적 정치적 지지를 보냈다. 그에 대한 응답으로 미국의 몇몇 흑인 지도자들이 쿠바를 방문해 아바나에서 개최된 국제 콘퍼런스에 참여했다. 아바나에 근거를 둔 아프리카, 아시아, 라틴아메리카 국민들의 연대를 위한 조직은 전 세계에 퍼져 있는 그의 회원 조직들과 혁명운동들에게 '아프리카계 미국인 형제들의 해방을 위한 투쟁'을 지지할 것을 호소했다. 이 조직은 그러한 투쟁이 제국주의에 반대하는 세계적 투쟁의 한 부분이라고 생각했다. 그리고 아프리카계 미국인들은 '미제국주의를 내부에서 공략'하고 있다고 말했다De la Fuente, 1998: 62.

이와 같은 인종 문제의 '국제화'는 쿠바의 아프리카 앙골라 군사적 개입과 함께 불가피하게 국내 정치에도 영향을 미쳤다. 1970년대 말 피델 카스트로는 쿠바인을 '아프로-라틴'Afro-Latin으로 규정하면서 인종적 종족적 연대 차원에서 쿠바의 아프리카 군사적 개입을 정당화하고자 했다. 그리고 1986년 쿠바 공산당은 혁명 이후 처음으로 혁명정부의 경제 시회적 프로그램이 사회의 일부영역에서 불평등 문제를 남겨놓았음을 인정했다. 그럼으로 제 3차 공산당대회에서 쿠바공산당은 당과 정부의 지도부에 아프리카계의 참여가 보다 증가해야 한다고 지적했다. 그것은 쿠바 공산당이 쿠바에서 소수인종우대정책affirmative action이 필요함을 인정하는 것이었다. 카스트로는 "역사적 불평등이 스스로 사라지도록 기대할 수는 없다. 평등법을 제정하고, 완전한 평등을 기대하는 것으로 충분하지 않다. 우리는 여성, 흑인, 혼혈인들이 스스로 성장하도록 기대할 수는 없다. 우리는 역사가 왜곡해 놓은 것을 바로잡을 필요가 있다."Castro, 1990: 503

그러나 이러한 인종적 발언들은 쿠바가 아프리카에서 발을 빼는 것과 때를 맞추어 쿠바 혁명정부의 공식 담론에서도 사라졌다. 그리고 쿠바 혁명정부는 다시 인종적 문제에 대한 침묵으로 나아갔다. 1959년 이전 어떤 정부 아래서도 인종문제가 완전히 배제된 적은 없었다. 그러나 혁명정부 아래에서 오히려 인종문제에 대한 언급이 완전히 사라져 버렸다.

그러나 1990년대 초반에 발생한 경제적 위기가 인종적 차이를 심화시킴에 따라 쿠바의 인종문제에 대한 학문적 관심이 다시 증가했고 정부와 당도 그 문제에 대해 다시 눈길을 보내기 시작했다. 쿠바의 인종문제가 특별히 흥미로운 이유는 수사적으로 국가통합을 외친 다른 라틴아메리카 국가들과 달리 쿠바 혁명 정부는 인종차별을 위한 실질적 정책들을 실현했음에도 불구하고 쿠바에서 인종차별의 문제가 여전히 존재한다는 점이다.

Ⅳ. 경제위기와 인종차별주의의 부활

1990년대 소련과 동구권의 붕괴로 야기된 쿠바경제의 위기는 다양한 사회적 문제들을 발생시켰다. 그중에서 가장 심각한 문제 중 하나가 인종 간 차이의 심화 현상이다. 위기에 대응하기 위한 정부의 다양한 정책들은 각 인종 그룹에 각각 다른 영향을 미쳤다. 물론 이러한 효과를 정부가 의도한 것은 아니다. 하지만 위기 대응 정책의 효과는 각 인종 그룹에 각각 다르게 작용했다.

1. 해외송금의 인종차별적 효과

가장 대표적 사례가 달러 송금 허용 정책이었다. 이 정책에 따라 해외에서 달러 송금을 해 줄 수 있는 친지를 가진 사람과 그렇지 못한 사람 사이의 격차가 크게 벌어졌다. 해외송금은 쿠바경제에 있어서 관광업 다음으로 큰 외화수입원이다. 해외송금의 인종적 차별 효과가 명확히 드러난 자료는 없지만 송금의 대부분을 차지하는 쿠바계 미국인의 인종 구성을 보면 어느 정도 짐작은 가능하다. 1990년도 인구조사에 따르면 쿠바계 미국인의 약 90%가 백인인 것으로 드러난다. 이것은 미국으로부터 쿠바로 오는 해외송금의 대부분이 쿠바의 백인 가족들에게 갈 것이라는 것을 말해준다.

실제 블루Blue, 2007: 58-59의 표본 조사에 따르면 <표 6>에서와 같이 해외에 친척이 있는 백인 가구의 수는 전체 조사 대상의 64%였던 것에 비해, 혼혈인은 51%, 흑인은 37%에 불과했다. 그리고 해외송금을 받는 가구 수도 백인은 조사대상의 44%인 것에 비해 혼혈인은 35%, 흑인은 23%로 역시 차이가 크다. 쿠바계 미국인 중 백인의 비율이 90%를 넘는

<표 6> 인종별 해외송금을 받는 가구

(단위: %)

가구의 인종	해외에 친척이 있는 가구	해외송금을 받는 가구
백인	64	44
혼혈인	51	35
흑인	37	23
전체	51	34

자료: Blue, 2007: 58

다는 것을 고려하면 해외송금을 받는 흑인의 비율이 23%라는 것은 생각보다 높은 수치이다. 이러한 현상이 발생한 것은 조사대상자의 70% 이상이 1980년대 이후에 이민을 간 사람들의 가족이었기 때문이다. 1980년대 이후 이민자들 중에는 흑인의 비중이 꾸준히 증가하고 있다. 그러나 미국에 거주하는 쿠바계의 60% 이상이 1980년대 이전에 이주한 사람들이고 그들 대부분은 백인들이었다. 그런데 이들 백인들은 자신의 가족을 역시 이주시켜 미국에서 가족이 다시 합친 경우가 많다. 따라서 미국 쿠바계 중 백인이 압도적으로 많음에도 불구하고 실제로 현재 쿠바에서 해외친척을 가진 가구와 해외송금을 받는 흑인 가구의 비율은 쿠바계 미국인 중 흑인의 비율과는 약간의 차이를 보이는 것이다. 어쨌든 해외송금을 받는 가구 비율에서 인종간의 차이는 명확하다.

이러한 차이는 실제 연간 가구소득에서도 인종 간의 차이를 가져왔다. 역시 블루Blue, 2007: 59의 조사에 따르면 해외송금을 포함해 달러로 환산한 연 가구소득이 1,500달러를 넘는 최상위층 가구의 비중은 백인이 25%인 데 비해 흑인은 14%에 불과했다.

해외송금을 받을 수 있는 쿠바인들은 달러로만 살 수 있는 상점에서 부족한 생필품들을 충족할 수 있을 뿐만 아니라 나아가 그 돈을 기반으로 많은 경제활동들을 시작할 수 있게 됨으로써 해외송금을 받는 사람과 그렇지 못한 사람들과의 격차는 보다 더 확대된다. 예를 들어 해외송금을 받는 사람들은 보다 더 큰 집에서 거주하는 것이 가능하고 그를 통해 관광객에게 집을 렌트하는 사업을 벌일 수가 있다. 또 해외송금을 기반으로 개인 식당 운영에서도 보다 유리한 입장에 있을 수 있다. 게다가 해외송금으로 달러를 벌 수 있는 관광서비스업 부분에 취업하기 위해 때때로 필요한 뇌물을 마련할 수도 있다.

해외송금을 받을 수 없는 대부분의 아프리카계들은 이런 기회를 가지는 것이 사실상 불가능하다. 아프리카계 쿠바인들은 쿠바의 개방화 정책에 따른 자유기업 체제에서 근본적으로 불리한 위치에 놓여 있다. 흑인의 피부색은 관광업에의 참여를 어렵게 할 뿐 아니라, 대부분의 흑인들은 해외송금을 받을 수 없음으로 국가가 허용하는 개인 자영업에의 참여도 힘들다.

2. 관광업의 활성화와 아프리카계의 소외

경제 위기 이후 쿠바 정부가 가장 역점을 두었던 관광업 활성화도 아프리카계 쿠바인들에게는 오히려 차별을 심화했을 뿐이었다. 실제로 1980년대 초까지 관광 서비스직은 월급도 적었고, 특권도 없었기 때문에 이 부문에 종사하는 흑인과 물라토의 비율은 백인에 비해 상대적으로 높았다. 따라서 1990년대 위기 이후 관광업이 개발되면서 이 부문에 경험이 있는 아프리카계들이 많은 혜택을 입을 것으로 기대되었다. 그러나 실제로 현재 관광과 관련된 직업의 대부분은 백인들이 차지하고 있다. 특히 관광객들과 직접적 접근이 가능한, 따라서 팁이나 선물과 같은 기본 수입 외 특별 수익이 가능한 직업에서 흑인의 비율은 매우 낮아졌다.

그러한 이유에 대해서는 다양한 설명이 있을 수 있겠으나 그러한 설명들은 대부분 아프리카계 쿠바인들이 보기에 좋지 않고, 지저분하고, 범죄성향이 높고, 비효율적이고, 적절한 매너가 부족하고, 교육수준이 낮기 때문이라고 암시적으로 지적하고 있다. 가장 흔한 입장은 관광객들이 좋아할 것으로 가정하는 '좋은 용모buena presencia'의 필요성, 즉 외모적 고려이다. 관련하여 쿠바 역사가 라파엘 두아르테와 엘사 산토스Duharte and Santos, 1997: 135의 다음과 같은 주장은 매우 흥미롭다. "관광업에서 흑인들의 부재는 흥미로운 현상이다. 나는 이것이 부분적으로 외모의 문제라고 생각한다. 물론 그것이 가장 중요한 요인은 아니다. 하지만 이들의 주 역할이 주로 백인 관광객들을 즐겁게 하는 것이기 때문에 백인 관광객이 비록 인종차별주의자는 아니라고 할지라도 비즈니스 차원에서 흑인을 고용하는 것은 리스크가 있다. 따라서 관광업에서 백인을 고용하는 것은 문제가 되지 않는다."

실제 이러한 외모적 고려가 고용의 기회에 미치는 영향은 매우 크다. 따라서 관광업에서 흑인과 물라토의 참여율은 매우 낮을 수밖에 없다. 역시 두아르테와 산토스의 조사에 따르면 한 관광업 회사는 60명 직원 중 3명이 흑인이고, 또 다른 회사는 500명의 직원 중 단지 5명이 흑인이다Duharte and Santos, 1997: 121-126. 쿠바 법에 관광업에는 백인만 종사해야 한다는 항목은 없다. 그러나 회사규정에 따라 좋은 용모를 요구할 수는 있다. 그러한 규정에 따르면 관광업에 흑인이 종사하기는 사실상 어려운 것이다.

행정부도 이러한 경향에 일조했다. 관광업을 활성화하기를 원하는 쿠바 정부도 유럽 관광객과 투자자들의 취향을 맞추는 데 급급했다. 그들은 쿠바가 '유럽'처럼 보이기를 원했으며, 아프로쿠바 문화는 단지 이국적 취향을 만족시키는 수준으로 취급했다. 정부는 흑인들이 관광업 부문에서 불리한 조건에 있다는 것을 명확히 인식하지 않았기 때문에 흑인들을 엔터테인먼트를 넘어 관광업 부문에 보다 많이 참여할 수 있게 하기 위해 특별한 노력을 기울이지 않았다. 정부의 이런 무관심은 원래 불리한 조건에 있는 흑인들의 관광업 부문 참여증대에 전혀 도움을 줄 수 없었다. 호텔의 부패도 중요한 요인이다. 호텔에서 일하기 위해서 일부는 뇌물을 지불하기도 한다. 백인들보다 달러에 대한 접근이 어려운 흑인들은 여기서도 백인들에게 밀릴 수밖에 없다. 이와 같은 부패는 관광업에서 흑인의 참여를 보다 어렵게 만들었다Sawyer, 2006: 110.

3. 거주지의 차이에 따른 인종적 불평등

거주지에서도 명백한 인종 간의 분리가 존재한다. 물론 깨끗한 동네에 흑인들이 살기도 하고, 지저분한 동네에 백인이 사는 경우도 있다. 하지만 대부분 1940년대와 1950년대에 새롭게 건설된 아바나의 베라데로나 미라마르와 같은 동네에 가면 대부분의 주민이 백인인 것도 사실이다. 반면 흑인들은 주로 센터럴 아바나Central Habana나 구 아바나Old Havana에서 산다. 돈이 있거나 혁명 정부와의 연결고리가 있는 사람들은 혁명 후에도 자신의 자산을 유지할 수 있었다. 일인당 한 채의 집을 소유할 수 있었기 때문에 부유한 백인들은 부부가 각각 한 채씩 두 채의 집을 소유할 수 있었다. 이들은 이제 한 채의 집은 관광객들에게 대여하고 한 채의 집에서도 일부 공간을 소규모 식당업paladar을 하는 데 사용했다. 이를 통해 그들은 충분한 경제적 수익을 얻을 수 있었다. 반면 센터럴 아바나와 구 아바나에 대부분 거주하는 아프리카계들은 작은 아파트에 2, 3세대가 함께 거주하기 때문에 또 다른 경제활동을 할 여지가 거의 없다. 혁명 이전에 좋은 집을 가지지 않았던 흑인들이 혁명 후에 좋은 집을 가지는 경우는 거의 없었다. 따라서 혁명 이전에 백인들이 가졌던 이점이 혁명 이후에도 실제 그대로 유산되었다.

4. 암시장에서의 인종차별

암시장에서도 아프리카계들은 열악한 부문에 종사한다. 쿠바의 암시장은 허가 없이 외국인에게 방을 빌려주거나, 자기 자동차로 허가 없이 택시 영업을 하거나, 위조 시가를 길거리에서 관광객들에게 팔거나, 훔친 석유를 팔거나 하는 등의 행위를 말한다. 이러한 거래는 대부분 달러로 이루어지고, 이를 통해 쿠바인들은 턱없이 부족한 공식적 수입을 보충한다. 이러한 불법 행위는 쿠바 국민의 저항의 한 형태이자, 쿠바 체제가 유지되는 한 요인이기도 하다. 따라서 쿠바 정부도 마약 거래나 공직자의 심각한 부패가 아니라면 이러한 암시장 거래를 필요한 경제행위로 어느 정도 용인하는 상황이다.

그런데 이러한 암시장에서도 인종차별은 존재한다. 아프리카계 쿠바인들은 암시장에서도 주로 좀도둑질, 관광객 사기, 매춘 등과 같이 덜 바람직한 부문에서 종사한다. 왜냐하면 비록 불법이라도 그럴듯한 소규모 사업을 하기 위해서는 시간과 자본의 투입이 필요하기 때문이다. 게다가 아프리카계에게는 경찰의 단속도 더 심하다. 왜냐하면 이들이 보다 범죄의 경향이 더 높다고 인식되는 것이 현실이기 때문이다.

관광업과 같이 수입이 좋은 직업에 종사하는 것이 사실상 어렵고, 또한 해외송금을 받을 수도 없는 많은 아프리카계 쿠바인들은 달러를 벌기 위해 결국 불법적이고 비윤리적인 일에 빠질 수밖에 없다. 흑인들이 길거리의 불법 판매업자에서, 매춘과 가벼운 도둑질까지 하게 됨에 따라 그렇지 않아도 범죄성향이 높고 쉽게 돈을 벌려는 경향이 있다는 흑인들에 대한 기존의 편견이 보다 강화되고 있다.

5. 같은 직업 내의 인종차별

쿠바에는 공식적으로 인종차별이 존재하지 않는다. 모든 인종은 똑같이 교육받고, 똑같은 직업의 기회를 가진다. 따라서 차이는 개인의 문제이지 인종의 문제가 아니라고 한다. 따라서 국가는 소수종족 우대와 같은 정책을 적극적으로 펼치지 않는다. 그러나 모든 면에서 백인이 분명 유리함을 가지는 것은 현실이다. 심지어 같은 직업 내에서도 인종 간의 차이가 점점 더 벌어지고 있다.

많은 아프리카계 쿠바인들은 공직에서도 직업의 수준에 명백한 차이가 있다고 느낀다. 아프리카계들이 공직에서 주로 차지하는 직업은 상대적으로 임금이 낮은 대민봉사직이다. 그들은 1차 의료기관의 의사나 교사가 될 수는 있지만 고위직에 오르는 경우는 드물다. 따라서 공직에 종사하는 사람들의 임금도 인종에 따라 차이가 난다. 블루Blue, 2007: 49의 조사에 따르면 공직에 종사하는 사람 중 달러로 환산한 월급이 350달러를 넘는 사람의 비율은 백인이 12%, 물라토가 12%인 데 비해 흑인은 3%에 불과했다. 대학 졸업자의 임금 소득도 인종에 따라서 차이가 크다. 역시 블루Blue, 2007: 56의 조사에 따르면 달러로 환산한 임금이 연 350달러에서 3,900달러에 달하는 최고소득층에는 백인의 15%가 여기에 속하지만, 물라토는 10%, 흑인은 0%가 이 계층에 속한다. 이것은 쿠바에서 흑인이 백인과 같이 대학을 졸업하고 같은 직업을 가질 수는 있지만 최고소득을 올릴 수 있는 위치에까지 도달할 수는 없음을 말해준다.

물론 공직에서 이러한 차별은 공공연하기보다는 은밀하게 이루어진다. 쿠바에서는 흑인이라고 해서 드러난 차별을 받지는 않는다. 그러나 쿠바에서 백인은 많은 점에서 유리함을 가지고 있다. 이것이 바로 쿠바 인종차별의 현주소이다.

6. 혼혈과 인종차별

혼혈도 인종적 차별을 제거하는 데 기여하지 못했다. 혼혈이 라틴아메리카의 인종차별주의를 제거할 것이라는 생각은 쿠바를 비롯한 라틴아메리카 대부분 국가의 인종정책의 기반을 형성했다. 그러나 혼혈은 비록 인종적 범주를 복잡하게 만들어 놓기는 했지만, 기존의 인종에 따른 계층화 문제를 제거할 수는 없었다. 혼혈은 인종적 구별을 의미 없게 만들기보다 오히려 인종적 계층화를 보다 강화했다. 백인은 대부분 여전히 사회적·경제적·정치적으로 가장 높은 위치에 있고, 흑인들은 가장 낮은 위치에 존재한다. 따라서 혼혈은 한편으로는 흑인의 피를 백인화하는 길이고, 다른 한편으로는 백인의 피를 더럽히는 길이기도 하다. 쿠바사회에서 백인이 되는 것은 여전히 최선의 길이고, 흑인이 되는 것은 최악의 길이다. 물라토는 '물라토' 혹은 '흑인'으로 간주되지, 절대 '백인'으로 간주되지 않는다. 물라토에게 중요한 것은 그들이 백인이 아니라는 점이다. 백인이 아닌 물라토는 흑인과 다를 바가 없다. 심지어 쿠바의 중국계들도 흑인과 같은 범주로 취급된다. 따라서 쿠바에서 중요한 것은 백인인지 아닌지 하는 것이지, 물라토인지 흑인인지는 사실 크게 중요하지 않다.

다른 인종 간의 결혼이 흔히 있지만 피부색은 여전히 성공적 결혼을 판가름하는 기준이 되고 있다. 자기보다 밝은색 피부를 가진 사람과 결혼하면 사회적으로 한 단계 올라서는 것으로 간주되고, 반대로 자기보다 어두운 피부의 사람과 결혼하면 사회적으로 한 단계 내려서는 것으로 간주된다. 백인 여자와 결혼한 흑인 남자는 자신의 혼혈 자식이 외가에서 창피를 당하지 않을까 걱정해야 하고, 흑인 남자와 결혼하려는 백인 여자들은 흑인 남자의 능력과는 상관없이 대부분 가족의 반대에 부딪친다. 쿠바의 백인들은 여전히 혼혈에 대해 부정적 입장을 가지고 있다. 혼인관계에 있어서도 인종적 차별은 여전히 존재한다.

V. 아프리카계 쿠바인들의 정체성과 쿠바 사회의 인종 갈등

1. 아프리카계 쿠바인들의 정체성 탐구

쿠바사회에 존재하는 명백한 인종차별에도 불구하고 미국과 비교해서 인종과 관련된 조직이 상대적으로 활성화되지 못한 이유는 무엇인가? 또 왜 쿠바에서는 미국과 같은 흑인 인권 운동이 발생하지 않는 것인가? 그에 대한 답은 흑인의 정체성 문제에서 찾아야 할 것이다.

쿠바를 비롯해 다른 라틴아메리카 국가에서 백인 지배세력은 메스티사혜 담론 등을 통해 인종문제가 사회적 범주로 부각되는 것을 막고자 했다. 그리고 그러한 인종적 통합 정책은 일정 부분 성공을 거두기도 했다. 특히 혁명을 겪은 쿠바에서 흑인 정체성, 즉 흑인의 종족적 의식은 지금까지 거의 성장할 수 없었다.

정부가 비록 아프리카계 문화의 중요성을 강조하고는 있으나 그것은 주로 쿠바 민족 정체성의 통합적 요소로 간주될 뿐이지 쿠바에서 흑인 정체성을 부각시키는 것은 아니다. 쿠바에서 아프로쿠바 정체성은 관광객들을 매혹시키는 '민속음악' 혹은 통합적 쿠바 민족성을 구성하는 한 요소로 간주될 뿐 다문화사회에서 억압받는 종족의 투쟁을 위한 정체성과는 거리가 멀다.

그럼에도 불구하고 많은 아프리카계 쿠바인들은 그들이 백인들과는 다른 역사적 뿌리와 문화를 가진다고 생각하고 있다. 체제는 이러한 의식을 분리주의적이라고 비판하지만 이들은 이러한 흑인 정체성과 동시에 쿠바 시민으로서의 의식도 함께 가지고 있다. 다만 그들은 혁명이 약속했던 인종 간의 평등을 실현하지 못했다고 생각하기 때문에 쿠바에서 인종문제는 사라졌다고 생각하는 혁명정부의 주장을 거부한다.

물론 인종문제와 관련된 아프리카계 쿠바인들의 태도는 매우 다양하다. 그들은 쿠바에 더 이상 인종문제가 존재하지 않는다고 생각하는 사람에서부터 쿠바사회가 근본적으로 인종차별적이라고 주장하는 사람까지 다양하다. 그러나 대부분의 아프리카계 쿠바인들이 인종적 정체성보다 국가적 정체성을 먼저 내세우는 것 또한 사실이다. 이는 인종적 정체성을 먼저 내세우고 다음으로 국가적 정체성을 말하는 미국 흑인들과 다른 점이다. 그럼에도 불구하고 대부분의 아프리카계 쿠바인들은 쿠바에서 인종문제가 사라졌고 따라서 쿠바에서 인종문제를 거론하는 것 자체가 인종차별적이라는 쿠바정부의 공식적 입장을 거부한다.

2. 쿠바사회의 인종 관련 갈등의 맹아

아프리카계에 대한 차별의 심화는 쿠바 사회에도 인종적 긴장을 가져왔다. 비록 인종적 문제에 대한 관심은 주로 학문적 영역에서 다루어져 왔지만 때때로 그러한 한계를 넘을 때도 있었다. 1994년 8월 말레콘 폭동은 쿠바 사회에서 인종 문제로 인한 긴장이 얼마나 고조되었는지를 보여주는 상징적 사건이었다. 아프리카계 쿠바인들이 주로 거주하는 구 아바나 시에서 발생한 그와 같은 대중의 폭발은 아프리카계가 더 이상 정부 정책의 수동적 수혜자로만 남아있지 않을 것임을 보여주었다.

이러한 메시지는 5년 후 인종차별에 반대하는 것을 주목적으로 설립된 흑인 형제 조직Cofradía de la Negritud으로 인해 보다 구체화되었다. 아프리카계 불만의 또 다른 증거는 최근 쿠바에서 출현한 다양한 정치적 반대 조직이나 인권조직들의 지도부에 흑인들의 참여가 증가하는 것으로도 나타난다. 이러한 조직이나 운동의 가장 저명한 지도자의 일부는 흑인이나 물라토들이다. 이러한 조직들은 주로 쿠바 정치구조의 민주화와 개인 인권의 존중을 요구하고 있다. 비록 그들이 아직까지 인종적 차원의 요구에 초점을 맞추는 어젠다를 부각시키고 있지는 않지만 실제 인종차별의 문제가 이들의 큰 관심사가 되고 있음은 분명하다.[Tena, 1999]

그에 대해 쿠바 정부 당국도 이러한 현실을 인식하고 때때로 인종문제에 대해 다시 언급하기 시작했다. 1999년 미국에 기반을 두고 있는 범아프리카 포럼[Trans Africa Forum] 대표자들과의 만남에서 피델 카스트로는 쿠바에서 인종차별주의가 완전히 사라지지 않았음을 솔직히 인정했다. 라울 카스트로 또한 한 정부 위원회 모임에서 여성, 흑인, 젊은이들이 정부의 다양한 부문의 지도자급 지위에 보다 많이 참여해야 한다고 강조했다. 그는 또한 이들의 참여 부족이 필요한 교육수준의 부재 때문이라는 오래된 핑계가 더 이상 유효하지 않다고 경고했다[Lee, 1998].

VI. 결론

쿠바의 경험은 다음과 같은 의문을 제기한다. 인종 문제는 혁명과 같은 급진적 사회변혁에도 불구하고 왜 쿠바사회에서 다시 부각되고 있는가? 혁명의 급진적 사회 통합 프로젝트도 라틴아메리카의 뿌리 깊은 인종차별주의를 해소할 수 없는 것인가? 쿠바의 경험은 단순히 사회의 구조적 변화에만 초점을 맞춘 정책이 인종문제를 해결하는 데 한계가 있음을 보여주었다. 물론 계급적 특권의 폐지와 다양한 사회정책들이 인종적 불평등을 감소하는 데 크게 기여했음은 사실이다. 그러나 쿠바의 경험은 인종차별주의의 해체 즉 사회적 조망에 있어서 인종 문제를 제거하기 위해서는 그 이상의 것이 필요함을 말해준다.

현재 쿠바에서 인종 이데올로기는 비록 감추어져 있긴 하지만 여전히 사회의식 속에 살아있다. 인종문제가 과거 식민지 시대의 노예제와 유럽 자본주의 확대의 역사적 산물인 것은 분명하지만 인종주의를 단순히 과거의 유산 정도로만 간주한다면 그러한 유산이 지속적으로 유지되는 과정을 간과하는 실수를 범하게 된다. 인종의 문제는 역사적 산물이기도 하지만 현재의 역사이기도 하다. 따라서 인종차별주의에 대한 투쟁은 과거의 좋지 않은 유산에 대한 투쟁을 넘어 그러한 유산 아래 삶을 묶어 놓는 현재의 사회적 조건들과 사회적 행위자들에 대한 투쟁으로 발전해 나가야 한다.

인종문제에 대한 침묵을 제도화함으로써 쿠바 정부는 인종적 이데올로기의 지속적 부각을 사전에 차단했다. 혁명 헤게모니는 흑인들의 인종적 문제의식을 사실상 억압해 왔다. 그에 따라 많은 흑인들이 인종문제를 부각하는 것은 사회적 질서를 파괴하고, 사회를 분열시킨다는 정부의 주장을 믿고 있다. 그들은 여전히 인종문제보다 국가가 겪고 있는 다른 총체적 문제들이 더 우선적이라고 생각한다. 따라서 인종문제는 아직 '특별한 관심'의 대상일 뿐 쿠바사회가 안고 있는 가장 시급한 문제는 아니라고 생각한다. 특히 미국과의 대면, 경제적 어려움 등으로 인해 인종문제는 부차적인 것으로 간주되었다. 심지어 흑인들은 혁명 체제가 붕괴되고, 마이아미의 망명자들과 미국의 지배가 다시 시작된다면 흑인들의 삶은 보다 나빠질 것이라고 두려워하고 있다. 흑인들의 이러한 인식이야말로 명백한 인종차별의 존재에도 불구하고 쿠바에서 흑인 정체성 회복 운동이나 인종적 갈등이 부각되지 않는 중요한 이유이다.

그러나 최근 경제 위기는 인종차별주의에 대해 새로운 관심을 불러일으키고 있다. 그러나 그조차 인종주의의 본질을 건드리지는 못하고 있다. 권력관계의 변화야말로 점진적으로 물질적 문화적 차원에서의 인종 차별주의의 근간을 변화시킬 수 있을 것이다. 그러나 불행히도 쿠바에서 아직 그러한 일들이 일어날 것 같지는 않다.

쿠바에서 명백히 존재하는 인종 문제를 해결하는 유일한 길은 그것의 존재를 인정하고, 공개적으로 그 문제를 논의하고, 해결책을 찾는 것이다. 즉, 인종문제에 대한 언급이 사회적 질서를 파괴할 것이라는 우려로 인해 그것을 덮으려고만 해서는 문제가 근본적으로 해결되지 않는다. 쿠바 사회의 다인종성을 인정하고, 흑인과 물라토의 종속적 지위를 고발하고, 그것을 적극적으로 시정해 나가고자 할 때 문제 해결의 길이 열릴 것이다.

결론:

종족성 정치의 성과와 한계

혼혈이 라틴아메리카 인종문제를 해결했다는 것은 신화에 불과하다. 라틴아메리카에서 인종에 따른 사회적 불평등은 여전히 심각하다. 그에 따라 원주민과 흑인들은 자신의 정체성을 회복하고 스스로를 조직하면서 그러한 사회적 불평등 구조를 개선하려는 노력을 기울이기 시작했다. 그것은 운동에서 시작해서 정당과 같은 종족성의 정치로 발전하고 있다. 특히 볼리비아와 에콰도르 같은 안데스 국가에서 원주민 종족 정당의 발전이 두드러진다. 게다가 원주민 인구의 비중이 높지 않은 콜롬비아와 베네수엘라에서도 종족 정당의 발전이 이루어졌다.

그러면 라틴아메리카에서 원주민들이 운동에서 벗어나 종족 정당을 형성하게 되는 조건은 무엇인가? 그에 대해 우리는 다음의 몇 가지 요소를 생각해 볼 수 있다. 첫째, 무엇보다 원주민 인구의 비중이 높고, 또 그들의 원주민 운동에 대한 지지도가 높아야 한다. 볼리비아와 에콰도르는 원주민의 비중도 높고, 그들의 원주민 운동에 대한 지지도도 높다. 반면 페루와 과테말라는 원주민 인구의 비중은 높지만, 원주민들의 원주민 운동에 대한 지지도가 높지 않기 때문에 종족성의 정치가 발전할 수 없었다.

둘째, 원주민 운동이 정책결정 과정에 참여하여 실제로 자신들이 요구한 개혁을 이루어낸 경우이다. 이럴 경우 자신감과 용기를 가지게 된 원주민 운동의 리더들은 운동에서 한걸음 더 나아가 정당의 형성까지도 생각하게 된다. 이러한 사실은 에콰도르, 콜롬비아, 베네수엘라에서 두드러진다. 이들 나라에서는 제헌의회의 헌법 제정 과정에 원주민 대표들이 참여함으로써 원주민의 정치 참여에 호의적인 제도적 환경을 구축했다. 볼리비아에서는 원주민 조직들이 제헌의회에 직접 참여하지는 않았지만 정부 관료들과의 직접 접촉이나 대대적 시위를 통해 헌법 개정에 영향력을 행사함으로써 자신들의 이익을 헌법에 반영했다. 그 결과 이들 네 나라에서 원주민 운동은 헌법개혁 직후에 바로 종족 정당으로 발전했다.

그러면 원주민 종족 정당의 설립을 가능하게 했던 제도적 조항들로는 어떤 것들이 있는가? 여러 가지 조항들이 있겠지만 그중 가장 중요한 세 가지는 무엇보다 정당 등록과 유지를 위한 조건의 완화, 정치와 선거의 탈 중앙집중화, 원주민 지정의석 할당제 등이다. 무엇보다 정당의 등록과 유지를 위해서 전국적으로 분포된 높은 수준의 득표율이 요구된다거나, 일정 득표율을 획득하지 못한 정당에 대해서 재정적 페널티를 가하는 경우 원주민들에 의한 소규모 신설 정당들은 생존하기가 쉽지 않을 것이다. 따라서 헌법 개혁을 통해 정당 등록 유지에 필요한 그런 엄격한 조항들을 완화한 콜롬비아, 에콰도르, 베네수엘라에서 원주민 운동은 선거 참여를 위해 이제 더 이상 기존 정당들에 의존할 필요 없이 스스로 정당을 설립할 수 있게 되었다. 한편 볼리비아의 경우는 이러한 법조항의 개선 없이도 종족 정당의 발전이 이루어졌다. 이 경우 원주민 조직들은 기존의 소규모 좌파정당들의 이름을 빌려서 선거에 참여했고, 선거에서 승리한 후에는 좌파 정당의 성격을 원주민 정당으로 전환시켜 버렸다.

정치와 선거의 탈 중앙집중화, 즉 지방 분권화도 원주민 정당의 발전에 크게 기여했다. 왜냐하면 그것은 원주민들이 다수 혹은 의미 있는 소수를 차지하는 선거구를 많이 만들 수 있게 했고, 또한 그에 따른 지방자치 선거는 중앙 차원의 선거에 비해 선거 부정에 있어서도 상대적으로 자유로웠기 때문이다. 원주민 인구가 집중되어 있는 지역에서 원주민 정당들은 이러한 선거를 통해 큰 경쟁 없이 선거에서 승리가 가능했다.

원주민 인구의 비중이 상대적으로 크지 않은 베네수엘라와 콜롬비아에서는 원주민 지정의석 할당제가 종족 정당의 발전에 크게 기여했다. 원주민을 위한 의석이 예약된 지역구를 가진 나라들에서 원주민 정당들은 그를 발판으로 삼아 예약된 지역구뿐만 아니라 그 밖으로 활동 영역을 확대해 나갈 수 있었다.

1990년대 라틴아메리카에서 좌파 정당의 쇠퇴도 원주민 종족 정당의 부상에 크게 기여했다. 볼리비아, 에콰도르, 콜롬비아, 페루에서 좌파 정당은 1990년대에 크게 쇠퇴했다. 사실 라틴아메리카에서 좌파의 쇠퇴 현상은 1970년대부터 나타나기 시작했다. 1970년대 칠레 아옌데 정권이 피노체트 쿠데타로 인해 실패로 돌아가고, 라틴아메리카에서 군부정권이 정점에 달하면서 계급 갈등은 점차 약화되기 시작했다. 1980년대에는 외채위기의 발생으로 구조조정과 긴축의 바람이 불면서 노조와 농민 조직들도 힘을 잃었다. 1990년대에는 워싱턴 컨센서스 아래에서 좌파 정치인들이 신자유주의에 접근하지 않을 수 없었고, 결국 그로 인해 좌파 정당들은 급속히 쇠퇴할 수밖에 없었다.

이런 시점에서 원주민 공동체들은 계급기반의 농민조직에서 벗어나 종족 기반의 조직을 형성하기 시작했다. 좌파정당과 계급 기반 조직들이 쇠퇴하는 상황에서 신자유주의 헤게모니에 가장 효과적으로 도전한 것은 원주민 운동이었다. 이미 충분히 조직화되어 있던 원주민 운동이 좌파 정당 쇠퇴로 인한 정치적 공백을 메웠다. 원주민 조직들의 정치적 경험 부재라는 문제는 쇠퇴한 좌파정당의 정치인들과 지식인들이 보완했다. 이들이 원주민 운동과 정당에 참여함으로써 원주민 조직들 고유의 문화적 정체성 회복과 정치적 자치 요구가 반신자유주의 담론과 합쳐졌다. 그 결과 원주민 정당들은 하층 계급과 기존 정당들의 부패에 실망한 다양한 계층들의 광범위한 지지를 획득할 수 있었다.

상대적으로 강력한 원주민 운동은 상대적으로 약하고 분열된 좌파정당과의 동맹 강화를 통해 성장했다. 특히 볼리비아에서 ASP와 에보 모랄레스의 코카재배업자 조직은 이미 거의 기능하지 않는, 그러나 법적으로 등록되어 있는 기존 좌파정당의 이름을 빌려서 선거에 나설 수 있었다. 에콰도르에서도 원주민 정당 Pachakutik은 지지기반이 약한 대도시와 해안 지역에서는 좌파정당과의 동맹을 통해 선거에 나설 수 있었다. 좌파의 쇠퇴는 종족 정당의 발전에 있어서 반드시 필요한 조건은 아니지만 위의 경우에서 보듯이 종족 정당이 쇠퇴한 좌파 정당들을 흡수한 경우 선거에서 보다 높은 성과를 올린 것만은 분명하다.

물론 베네수엘라의 사례는 좌파의 쇠퇴가 원주민 정당의 성공을 위해 반드시 필요한 조건이 아님을 보여주기도 한다. 카라카소 이후 신자유주의 모델 적용이 실패로 돌아간 베네수엘라에서 좌파 정당은 쇠퇴하기보다 오히려 성장했다. 그럼에도 불구하고 베네수엘라는 원주민 정당이 성공한 사례로 꼽힌다. 그 이유는 베네수엘라 법이 선거동맹을 허용함에 따라 좌파 정당들이 문화적 정체성 회복과 정치적 자치를 요구하는 원주민 조직과의 동맹을 적극적으로 추진하였기 때문이다. 예를 들어 도시에 기반을 둔 좌파 정당 PPT는 원주민이 다수를 차지하는 농촌 지역 아마조나스에서의 선거 승리를 위해 원주민 종족 정당 PUAMA와 적극적으로 동맹을 시도했다. 또한 좌파 정당의 쇠퇴가 반드시 종족 정당의 발전을 가져오지도 않았다. 1990년대 페루에서 보듯이 좌파 정당뿐만 아니라 기존 정당이 거의 붕괴된 상황에서도 종족 정당의 선거 성과는 매우 미약했다. 이는 종족 정당의 발전을 위해 좌파 정당의 쇠퇴가 중요한 요인이기는 하지만 반드시 필요한 조건도 또 충분조건도 아님을 말해준다.

원주민 인구의 비중과 지역적 분포도 원주민 정당의 성과에 많은 영향을 미쳤다. 원주민 종족 정당은 원주민이 다수이거나 25%를 넘는 선거구에서 상대적으로 보다 성공적이었다. 예를 들어 원주민 정당이 가장 성공적이었던 볼리비아와 에콰도르는 원주민 인구가 25%를 넘는 선거구를 각각 78.7%와 42.9%가지고 있다. 반면에 전체 원주민의 비중이 높은 같은 안데스 국가임에도 불구하고 페루에서는 원주민 비중이 25%가 넘는 선거구의 비중이 단지 28%에 불과하다. 즉, 페루와 에콰도르의 원주민 인구 비중은 비슷하지만 페루의 원주민은 25개 주 중 5개에 집중되어 있는 반면, 에콰도르의 원주민은 3개 주에서 절대 다수를 차지하고, 6개 주에서 25% 이상의 의미 있는 소수를 차지하고 있다. 이는 종족 정당의 발전을 위해서 원주민이 일부 지역에 집중적으로 거주하는 것보다 전국적으로 의미 있는 수준에서 널리 분산되어 있는 것이 유리하다는 것을 말해준다.

원주민 인구의 비중이 상대적으로 낮은 국가들의 경우도 종족 정당이 발전한 콜롬비아와 베네수엘라는 각각 15.1%와 0.04%의 선거구가 25% 이상의 원주민 인구를 가지는 반면, 종족 정당이 발전하지 못한 아르헨티나의 경우에는 원주민 인구의 비중이 25%가 넘는 지역구는 하나도 없다.

원주민 종족 정당들이 원주민 인구가 소수인 지역에서도 선거 승리를 거둘 수 있었던 것은 다음과 같은 이유 때문이다. 첫째, 지배 정당에 대한 호소력 있는 대안을 제시함으로써 그 정당에 얽매이지 않고 그에 대해 불만을 가진 유권자들을 끌어들였다. 둘째, 원주민 정체성을 가지지 않는 민중조직들, 좌파 정치인들, 진보적 지식인들을 종족 정당에 끌어들이고, 그를 통해 진보적 중산층까지도 포용하는 보다 광범위한 선거 공약을 제시했다. 셋째, 비원주민 정당과 선거동맹을 형성했다. 비원주민 정당 혹은 사회운동과의 선거 동맹으로 인해 원주민 종족 정당들은 원주민 인구가 25% 미만인 선거구에서도 성공적으로 경쟁할 수 있었다. 예를 들어 콜롬비아 카우카 선거구의 경우 원주민 인구의 비중이 15% 이하임에도 불구하고 원주민 종족 정당은 다양한 사회세력과의 동맹을 통해 2000년 선거에서 원주민 주지사를 탄생시키기도 했다.

원주민 운동의 역량도 종족 정당으로의 발전에 중요한 변수 중 하나이다. 성공한 종족 정당을 형성한 원주민 운동 조직은 평균 14년 정도의 정치 활동 경험을 가지고 있으며, 성공적 대중동원 능력을 가지고 있다. 이러한 조직적 지원 없이 정당을 형성한 원주민 엘리트들은 개인이든 그룹이든 정당으로서 지속적으로 등록을 유지하고 선거에서 승리하기 위해 필요한 표를 획득할 수 없었다. 게다가 종족 정당으로의 발전에 성공한 원주민 운동 조직들은 콜롬비아나 베네수엘라에서와 같이 헌법 개혁 과정에 효과적으로 참여한 경험도 가지고 있다. 원주민 조직들의 통합 또한 중요한 요인이다. 특히 에콰도르, 콜롬비아, 베네수엘라에서는 하나의 원주민 조직이 원주민 인구의 다수를 통합하고 있다. 몰론 볼리비아의 경우 원주민 운동은 고지대와 저지대 조직들로 나누어져 있고, 각 지역에서도 통합적 조직 없이 다양한 조직들로 분열되어 있다. 그럼에도 불구하고 성공적인 종족 정당을 형성한 그룹들은 에보 모랄레스 개인의 리더십 아래 통합된 모습을 보여주었다. 전국 농민조직인 CSUTCB에 소속된 코카재배업자들은 비록 저지대 원주민들 사이에서는 영향력이 약했지만 고지대 원주민들 사이에서는 강력한 통합력을 발휘했다. 이리한 조직적 통합은 원주민 후보 선택과정에서 불가피한 분열을 막고 조직을 유지하게 하는 힘이 되었고, 나아가 다른 종족 정당의 형성과 원주민 표의 분열을 막을 수 있었다. 성공한 종족 정당들은 또한 원주민 조직 간의 긴밀한 네트워크에 소속되어 있다. 뿐만 아니라 경쟁 정당에 비해 턱없이 부족한 자금을 보완하기 위해 소속된 조직원들의 자원봉사에 의존할 수 있어야 했다.

선거 제도의 변화도 원주민 종족 정당의 성공에 중요한 요인이 되었다. 지방자치 강화를 위해 1995년 볼리비아가 시장 선거를 직접선거로 바꾸는 선거개혁을 단행하자 원주민 종족 정당은 크게 고무되었다. 그러나 정치의 탈중앙집중화, 즉 지방자치의 강화가 항상 원주민 종족 정당의 발전을 가져오지는 않았다. 아르헨티나는 라틴아메리카에서 가장 정치의 탈중앙집중화가 진전된 나라임에도 불구하고, 그곳에서 종족 정당의 발전은 이루어지지 않았다. 종족 그룹들이 너무 분산되고 소수여서 지역 선거구에서 다수 혹은 의미 있는 소수를 형성하기 어렵고, 지방 엘리트들이 중앙 정부보다 상대적으로 보다 더 강력한 힘을 가지는 아르헨티나와 같은 나라에서 정치의 과도한 탈중앙집중화는 종족 정당의 발전을 가져오기보다 오히려 그의 발전을 막는 역할을 했다. 아르헨티나의 지방 엘리트들은 중앙의 정치인들이나 NGO들이 원주민 권리를 위한 새로운 법을 제정하고, 또 기존의 법을 적용하려는 모든 노력들을 거부했다. 아르헨티나에서는 정치가 대부분 지역 차원에서 이루어지기 때문에 원주민들이 강력한 전국적 조직을 형성하기 위한 동기 부여를 가지는 것이 쉽지 않았다. 콜롬비아와 베네수엘라의 원주민은 아르헨티나에서와 마찬가지로 소수임에도 불구하고 전국적 조직화를 통해 효과적인 정치적 행위자로 부상한 것에 비해, 아르헨티나의 원주민들은 정치의 과도한 탈중앙집중화로 인해 전국적 조직화를 시도조차 할 수 없었다. 원주민이 소수이고, 전국적 조직화나 동맹을 이룰 수 없었던 아르헨티나와 같은 나라에서 탈중앙집중화의 강화는 지역 엘리트들에 의한 원주민의 지배를 오히려 강화하는 역할을 했다.

한편 원주민 인구의 비중이 높은 지역에서 새로운 선거구의 형성은 1990년대 중반 베네수엘라의 아마조나스 주와 콜롬비아의 몇몇 새로 탄생한 도시들에서 보듯이 종족 정당의 발전에 크게 기여했다. 뿐만 아니라 원주민 후보를 위한 지정 의석제의 도입은 역시 콜롬비아와 베네수엘라에서 보듯이 원주민이 단순히 지정된 의석을 차지하는 것을 넘어 새로운 정당을 형성하고 다른 지역에서도 성공적으로 활동할 수 있는 기반을 마련해 주었다. 반면 페루의 2002년 지역 선거처럼 기존 정당의 비례대표에 원주민을 포함하는 제도는 원주민 후보들 간의 경쟁을 불러옴으로써 종족 정당과 비종족 정당 사이에서 원주민의 표를 분열시켰다. 따라서 종족 정당의 발전에 오히려 부정적 영향을 미쳤다.

결론적으로 원주민 운동이 종족 정당으로 발전하기 위해서는 무엇보다 의미 있는 원주민 인구를 가진 선거구의 광범위한 존재, 원주민 운동 조직의 역량, 좌파 정당의 쇠퇴와 같은 조건과 함께, 지방자치의 강화, 원주민 인구가 높은 지역의 새로운 선거구 형성, 원주민 후보를 위한 지정의석제 도입 등과 같은 제도적 변화가 필요하다. 물론 종족 정당의 발전을 위해 이러한 조건들이 반드시 모두 갖추어져야 하는 것은 아니다. 그러나 종족 정당이 성공한 나라들은 대부분 이러한 조건의 대부분을 충족하고 있었다. 라틴아메리카에서 가장 성공적인 4개의 종족 정당과 이러한 조건들의 충족 상황을 비교해 보면 다음의 <표 1>과 같다.

이러한 종족 정당의 발전은 라틴아메리카 정치에 다음과 같은 긍정적 효과를 가져왔다. 첫째, 소외된 세력의 대표성을 향상시킴으로써 민주주의를 심화시켰다. 둘째, 정당의 대표성 확대를 통해 정당과 사회운동 간의 건전한 관계 모델을 제시했다. 셋째, 문화적 다양성, 인종차별, 시민사회운동의 자율성과 같은 새로운 정치적 어젠다를 제공했다. 넷째, 기존 정치에서 나타나는 후원주의와 같은 부패구조에서 탈피함으로써 정치의 투명성을 높였다. 다섯째, 정당 운영에 있어 전통적 합의 도출 방식과 당원의 참여 행태를 도입함으로써 정당의 내부 민주화를 이루었다. 물론 종족 정당에도 주도적 인물이 있기는 하지만 리더십과 후보의 교체가 기존 정당에 비해 훨씬 자주 일어났다. 여섯째, 종족 정당의 발전으로 원주민들이 실질적 혜택을 누리는 정책들이 증가했다. 자원개발 시 원주민의 사전 허가를 법제화한 것이 그의 대표적 사례이다.

　종족 정당의 발전은 이런 긍정적 효과가 있는 반면 부정적 효과도 가져올 수 있을 것이다. 무엇보다 원주민 운동 조직들이 정당 정치에 참여

〈표 1〉 가장 성공적인 종족 정당들의 조건들

볼리비아: ASP, MAS	에콰도르: Pachakutik	콜롬비아: ASI	베네수엘라: PUAMA
- 원주민 인구 다수	- 원주민 의미 있는 　소수 형성	- 원주민 인구 소수 - 농촌 지역에 집중	- 원주민 인구 소수 - 농촌 지역에 집중
- 전국적 원주민 　조직 부재	- 전국적 원주민 　통합조직 존재 - 원주민 조직 헌법 　개혁에 참여	- 전국적 원주민 　통합 조직 존재 - 원주민 조직 헌법 　개혁에 참여	- 전국적 원주민 　통합조직 존재 - 원주민 조직 헌법 　개혁에 참여
- 지방 자치 강화 (시 단위 직접 선거)	- 지방자치 강화 - 원주민 지역 새로운 　선거구 형성	- 원주민 지역 새로운 　선거구 형성 - 소수 종족을 위한 　지정 의석제 - 지방 자치 강화 (주와 시 단위 직접선거)	- 원주민 지역의 새로운 　선거구 형성 - 소수 종족을 위한 지정 　의석제 - 지방 자치 강화
- 좌파 정당의 쇠퇴	- 좌파 정당의 쇠퇴 - 이웃 국가 종족 　정당 성공 사례	- 좌파 정당의 약화	- 강력한 좌파 정당의 존재 - 이웃 국가 종족 정당 　성공 사례

함으로써 조직의 내부분열이 야기될 수 있다. 또한 경쟁과 개인의 성취를 강조하는 서구적 제도인 정당 정치에 참여함으로써 조화와 합의와 공동체를 강조하는 원주민 고유문화가 오염될 가능성도 있다. 즉, 종족 정당의 성공이 원주민 고유의 정체성 파괴를 가져올 수 있다. 종족 정당의 성공은 또 원주민 운동 조직의 약화를 가져올 수 있다. 특히 종족 정당이 다양한 비원주민적 사회조직들과 동맹을 맺은 경우 그럴 가능성은 더 크다. 게다가 원주민 조직들에 대한 외부 지원의 중단 가능성도 있다. 게다가 무엇보다 우려되는 점은 원주민 선출자의 정치적 경험과 능력의 부재로 인해 종족 정당에 대한 신뢰가 상실될 가능성이 있다는 것이다. 이런 모든 부정적 가능성에도 불구하고 원주민 종족 정당의 발전은 라틴아메리카 정치에 신선한 바람을 불어오고 있음은 분명하다.

한편 페루, 멕시코, 과테말라의 경우에서는 원주민 인구가 다수 혹은 의미 있는 소수를 형성하고 있음에도 불구하고 종족 정당의 발전이 매우 미약하다. 또한 원주민이 소수인 아르헨티나, 칠레, 파라과이, 브라질과 같은 나라에서는 원주민이 소수임에도 불구하고 종족 정당의 발전을 이룬 콜롬비아와 베네수엘라에서와 같은 현상이 아직 발생하지 않고 있다.

특히 종족 정당이 발전한 콜롬비아, 베네수엘라, 에콰도르, 볼리비아와 같이 안데스 지역에 자리 잡고 있는 페루의 경우는 매우 특이하다. 페루는 안데스 지역에 위치한 국가로서 원주민 인구의 비중도 15%를 넘는다. 게다가 원주민 인구가 과반수인 주도 5개나 된다. 이웃 안데스 국가와 마찬가지로 원주민 종족성의 정치가 발전할 수 있는 기본적 조건들을 갖추었다는 이야기이다. 그럼에도 불구하고 페루 종족성 정치의 발전은 아직까지 매우 미약하다. 그 이유로는 우선 인디헤니스모를 들수 있다. 멕시코와 마찬가지로 페루도 인디헤니스모를 통해 원주민의 대부분을 촐로화하는 데 성공했다. 따라서 이들 촐로화된 원주민들은 자신의 경제사회적 권리에 대한 요구는 할지라도 자신의 문화적 정체성을 강조하지는 않는다. 벨라스코 군사정부도 페루에서 원주민 종족성 정치의 발전을 막는 주요한 요인이 되었다. 1960년대 진보적 성향의 벨라스코 군사정부는 농지개혁, 원주민 공동체 토지 소유권의 입법화, 농민공동체 자치권 부여와 같이 오늘날 원주민 운동이 요구하는 다양한 조건들을 이미 모두 실현했다. 따라서 페루의 원주민들은 자신의 권리를 획득하기 위해 군이 종족 정체성을 부각시킬 필요가 없었다.

그러나 이러한 상황은 다른 안데스 국가들에서도 정도의 차이는 있지만 전혀 없었던 것은 아니다. 따라서 페루에서 원주민 종족성 정치의 부재를 설명하기 위해서는 또 다른 요인들을 언급할 필요가 있다. 1980년대 라틴아메리카 외채위기 이후 좌파가 쇠퇴하고 그 대안으로 다른 나라들에서 종족성의 정치가 부상할 때 페루에서는 센데로 루미노소라는 강력한 좌파 게릴라 운동이 등장했다. 그들은 원주민이 주로 거주하는 안데스 지역을 근거지로 삼고, 자신의 계급노선과 다른 모든 정치세력들을 억압했다. 또 다른 안데스 국가에서 원주민 운동이 종족 정당으로 발전해 가던 1990년대에는 후지모리 대통령이 게릴라와의 전쟁이라는 명분 아래 모든 사회운동들을 억압했다. 또한 다른 안데스 국가들에서는 원주민 권리를 보장하는 헌법개혁이 이루어지는 동안 후지모리는 신자유주의 모델의 원칙에 따라 원주민의 집합적 토지 소유권과 언어 교육권을 오히려 후퇴시켰다. 2002년 지방선거를 앞두고 개정된 정당후보 중 원주민 15% 할당제 또한 페루 원주민 종족 정당의 설립을 방해했다. 이러한 요인들 외에도 에콰도르와 볼리비아의 수도가 원주민이 집중되어 있는 안데스 지역에 위치한 반면 페루의 수도는 원주민 수가 상대적으로 적은 해안 지역에 위치해 있다는 점도 페루 원주민들이 중앙정치에서 상대적으로 멀어지게 한 주요 요인 중 하나이다.

이런 모든 불리한 조건에도 불구하고 페루에서도 원주민 운동과 종족성 정치 발전의 시도가 전혀 없었던 것은 아니다. 1990년대에는 원주민 자치통합기구인 COPPIP이 설립되었고, 최근에는 MIAP과 같은 원주민 종족 정당이 설립되기도 했다. 페루에도 종족성 정치의 싹이 트고 있는 것이다. 그러나 페루의 원주민 운동과 종족 정당이 에콰도르나 볼리비아와 같이 발전되기를 기대하는 것은 아직 이르다.

멕시코의 원주민 인구 비중은 2005년 6.7%로 상대적으로 높지 않지만, 인구수는 6백만 이상으로 라틴아메리카에서 가장 많다. 특히 남부 지역의 치아파스, 오아하카, 유카탄과 같은 주에서 원주민의 비중은 25% 이상으로 의미 있는 소수를 형성하고 있다. 그럼에도 불구하고 1994년 사파티스타의 등장 이전까지 멕시코에서 원주민 운동은 매우 미약했다. 그것은 멕시코 혁명과 그로 인한 인디헤니스의 영향 때문이었다. 혁명 이후 멕시코는 인디헤니스모에 따라 메스티소적 통합을 추진했다. 그리고 에히도라는 제도를 통해 원주민들에게 공동체 토지를 인정해 주었다. 이러한 정책들은 일정 부분 성과를 거두었고, 그로 인해 멕시코에서 원주민 운동의 발전은 실현될 수 없었다.

그러나 1970년대 이후 인디헤니스모가 한계를 드러내기 시작했다. 특히 1990년대 살리나스 정부가 에히도 제도를 폐지하자 원주민의 불만은 극에 달했다. 살리나스 정부는 신자유주의 원칙에 따라 다문화주의를 인정했으나 그것은 문화적 권리 인정에 불과한 것이었고, 원주민들의 실제 삶에 관련된 것들은 인정하지 않거나 오히려 후퇴시켰다. 한편 멕시코 정부는 그들의 원주민 정책에 순종하지 않는 사람들에 대해서는 폭력과 억압의 사용을 주저하지 않았다. 이렇게 멕시코 원주민들은 정부의 인디헤니스모 정책에 순응하든지 아니면, 폭력과 억압의 희생자가 되든지 양자택일을 해야만 했다.

1994년 사파티스타의 등장은 바로 그런 원주민들 불만의 폭발이었다. 원주민의 다수가 거주하는 남부 치아파스 주에서 발생한 사파티스타 운동은 과거 전위적 좌파 리더가 주도하고 원주민이 수동적으로 추종하는 게릴라 투쟁 방식에서 벗어나 원주민 스스로가 운동의 리더이자 주체가 되는 완전히 새로운 형태의 게릴라 운동 방식을 선보였다. 그리고 그들은 원주민의 권리회복을 위해 정치적 자치, 문화적 가치 인정, 토지개혁, 정치적 참여 등과 같은 요구를 내세웠다.

사파티스타 운동으로 불붙기 시작한 멕시코의 원주민 운동이 지속적 발전을 이루기 위해서는 무엇보다 멕시코 내 다른 지역 원주민들과의 전국적 통합이 과제이다. 그러나 멕시코 원주민들은 매우 다양한 삶의 조건과 상이한 문화를 가지고 있기 때문에 이러한 통합이 결코 쉽지 만은 않을 것이다. 한편 멕시코 원주민 운동이 종족성의 정치를 발전시키기 위해서는 무엇보다 원주민들의 제도 정당에 대한 뿌리 깊은 불신과 선거에 대한 무관심이 해결되어야 한다. 그러나 이러한 불신과 무관심이 너무나 크기 때문에 멕시코 원주민 운동의 종족 정당으로의 발전도 결코 쉽지는 않을 것이다.

과테말라의 원주민 인구 비중은 41%에 달한다. 볼리비아 다음으로 높은 수치이다. 게다가 중부와 서부 고지대 몇몇 주에서 원주민 인구의 비중은 거의 90%가 넘는다. 인구 비중만으로 볼 때 과테말라는 라틴아메리카에서 원주민 종족 정치가 가장 잘 발전할 수 있는 조건을 갖추고 있다. 그러나 과테말라의 원주민 운동은 종족성 정치로의 발전은 고사하고, 다양한 지역의 비지속적인 소규모 조직들로 구성되어 있다. 통합된 리더십과 운동의 방향도 가지고 있지 않다. 따라서 과테말라의 원주민 운동을 '운동'이라고 규정하기에는 여전히 미흡한 점들이 많다.

어쨌든 과테말라의 원주민 운동은 현재 두 가지 형태로 이루어져 있다. 안데스 국가의 원주민 운동이 지역에 따라 안데스 고지대 원주민 운동과 아마존 지역 원주민 운동으로 나누어진다면, 과테말라의 원주민 운동은 성향에 따라 원주민 민중-좌파운동과 범마야 문화운동으로 나누어진다. 원주민 민중-좌파운동은 계급적 성격을 띤 것으로 안데스 지역의 농민 운동과 비슷하다. 따라서 이를 원주민 정체성을 가진 종족 운동이라고 보기는 어렵다. 이들 원주민의 상당수는 내전 시기 동안 게릴라 운동에 참여했다. 그에 대해 정부는 친정부적 원주민 조직을 형성함으로써 원주민 사이에 대결구도가 형성되었다. 그런 과정을 통해 과테말라 원주민의 상당수는 지금까지도 보수적 성향을 지니고 있다. 이러한 상황은 원주민이 주로 거주하는 농촌지역에서 원주민 운동의 발전에 큰 걸림돌이 되고 있다.

한편 정체성 회복을 위한 원주민 문화 활동은 마야학교를 세워 마야어와 마야문화를 가르치는 등 종족적 전통의 보전과 재탄생 등 문화적 이슈에 집중하고 있다. 그러나 이들도 1990년대 들어 평화가 정착되면서 정치적 자치, 인구수에 비례하는 원주민 대표성 확보, 원주민 고유법 인정과 같은 정치적 요구들을 하기 시작했다. 그러나 마야 문화 활동은 여전히 개인적, 소그룹적 차원에서 이루어지고 있다. 게다가 운동을 주도하는 리더들은 일찍이 도시에 나와 교육을 받은 사람들로서 도시적이고 상대적으로 부유한 원주민들이다. 따라서 이들은 농촌지역의 빈곤한 마야 대중과 제대로 된 소통을 할 수 없다. 따라서 마야 원주민 대중 다수의 지지를 얻지 못하고 있다.

게다가 과테말라의 마야 원주민 운동은 라디노들의 인종적 편견과 두려움에도 직면해야 한다. 원주민 운동의 부상을 두려워하는 과테말라의 라디노들은 메스티사헤 이데올로기를 통해 원주민들의 통합을 추구하고 있다. 마야 문화 활동은 이러한 라디노들의 이데올로기적 공세와도 맞서야 한다. 이런 모든 요인들로 인해 과테말라에서 마야 원주민 운동은 지금까지도 매우 미약한 수준에 머물러 있다. 앞으로 종족성 정치로의 발전도 요원해 보인다.

코노수르 지역은 전통적으로 백인 인구의 비중이 높은 지역이다. 이지역 국가들의 원주민 인구 비중은 칠레가 4.6%이고, 나머지는 모두 2% 미만이다. 브라질의 원주민 인구 비중은 0.4%에 불과하다. 따라서 이 지역의 원주민 운동은 미약하고, 종족성 정치의 발전도 거의 이루어지지 않고 있다.

칠레 원주민의 80% 이상은 마푸체 족이다. 이들은 과거 주로 칠레 남부의 오지에 고립되어 살았다. 스페인의 정복에 강력히 맞서 싸웠던 이들 마푸체 족은 정부의 통합정책도 저항했다. 따라서 이들은 사회문화적 정체성을 어느 정도 유지할 수 있었다. 아옌데 정부는 이들을 위해 토지개혁을 단행했고, 종족적 발전을 위한 원주민 법을 제정했다. 그러나 피노체트 군사정권은 원주민을 위한 이런 법들을 모두 폐지했다. 그로 인해 원주민들은 토지를 상실하게 되었고, 원주민의 빈곤화가 가속화되었다. 피노체트 정부는 원주민의 통합정책을 추구하면서 원주민 공동체 토지 소유권을 폐지했다. 그에 따라 목재회사들의 마푸체 거주 지역 개발이 시작되었고, 그에 대응해 마푸체 족들은 좌파세력들과 연합해 투쟁했다.

민주화 이후에도 목재회사와 마푸체 간의 갈등은 지속되었다. 민주화 이후의 정부들은 이들의 갈등에 개입하지 않고 문제 해결을 위해 법원의 결정을 존중한다는 기본 입장을 유지했다. 그것은 결국 목재회사의 승리를 의미하는 것이었다. 그러나 민주화 이후의 정부들이 피노체트 정부 아래 민주화 투쟁의 선봉이자, 독재정치의 가장 극단적 희생자였던 마푸체 족의 문제를 완전히 방관할 수만은 없었다. 그래서 정부는 일부 지역을 국립보존림으로 지정하여 개발을 금지하거나, 목재회사 소유의 땅을 구입해 마푸체에게 반환하는 정책을 실시하기도 했다. 원주민 권리의 법적 인정도 이루어졌다.

그러나 이런 모든 조치들의 효과는 제한적이었다. 따라서 댐건설이나 목재회사의 개발에 반대하는 마푸체의 투쟁도 지속되었다. 1994년 멕시코 치아파스에서 사파티스타 운동이 발발한 이후 정부는 마푸체의 저항에 대해 강경하게 맞서기 시작했다. 마푸체의 저항이 과격해지자 정부는 이들을 '테러리스트'로 규정하기 시작했다. 정부의 강경 대응에 눌린 마푸체 운동은 최근 다양한 사회세력들과의 연계를 통해 운동의 활성화를 꾀하고 있다. 한편 도시에 거주하는 칠레 원주민들은 농촌 거주 원주민들의 생존 투쟁과는 달리 정체성 회복을 추구하는 문화적 운동을 전개하기 시작했다. 이는 칠레 원주민 운동이 또 다른 방향에서도 시작되고 있음을 보여준다.

파라과이의 원주민들은 스토로에스너 독재 정권 아래에서 정부의 후견인적 보호에 길들여져 있었다. 따라서 1990년대 민주화는 파라과이 원주민들에게 희망을 가져다 준 동시에 우려를 낳기도 했다. 민주화 이후 토지의 민간 소유 정책이 확산됨에 따라 원주민의 땅에서도 개발이 시작되었다. 정부의 보호에 길들여진 파라과이 원주민들은 민주화 과정에 직접 참여하여 스스로의 권익을 찾아야 했다. 따라서 민주화는 결국 파라과이 원주민들의 소외를 심화시켰을 뿐이다. 즉, 이들은 보호받던 소수 종족에서 이제 단순 빈곤층으로 전락하고 있다. 보호에 길들여진 파라과이 원주민들이 민주화된 세상에서 스스로를 조직하고, 그를 통해 자신의 권리를 찾을 수 있기 위해서는 시간이 좀 더 필요할 것이다.

아르헨티나의 원주민은 반 이상이 도시에 거주하고 있다. 따라서 아르헨티나의 원주민 운동은 도시에 거주하는 원주민 지식인 운동과 지역 단위의 농촌 원주민 운동으로 크게 나누어져 있다. 전체적으로도 아르헨티나의 원주민 운동은 주된 조직 없이 전국적으로 파편화되어 있다. 게다가 원주민 리더나 조직들은 독립적 운동을 형성하기보다는 기존의 정당이나 국가 조직에 포용되었다. 따라서 친정부 성향의 원주민 리더와 독립적 원주민 리더 사이의 갈등도 야기되고 있다. 결과적으로 아르헨티나의 원주민 운동은 단합된 조직 없이 지역적 수준에서 파편화되어 있고, 그나마 대부분의 리더들은 기존 정당들에 흡수됨으로써 전반적으로 원주민 운동은 매우 미약한 수준에 머물러 있다.

브라질은 흑인과 물라토의 나라이다. 그러나 내륙 아마존 지역에 0.4% 정도의 원주민이 존재한다. 브라질 인구규모로 볼 때 0.4%는 수적으로 적은 것만은 아니다. 그러나 비중이 워낙 낮기 때문에 브라질에서 원주민 문제가 국가적 어젠다로 부각된 적은 거의 없다. 원주민들은 단지 보호의 대상일 뿐이었다. 그러나 1960년대 군사독재정권이 등장한 이후 내륙개발이 본격화되면서 보호받던 원주민들의 삶의 기반이 붕괴되기 시작했다. 민주화 이후에도 이러한 개발 논리는 지속되었다. 민주화 이후의 정부들은 비록 원주민들의 권리를 옹호해야 한다고 주장했음에도 불구하고 실제로 그들의 삶을 보호하기 위한 구체적 조치를 취하지는 않았다. 심지어 원주민 운동이 반인종차별주의 운동으로 확산될 것을 두려워하여 강력히 탄압하기도 했다. 이런 상황에서 브라질의 원주민 운동은 아직 미약한 수준에 머물러 있다.

한편 브라질의 흑인 인구는 전체의 6%를 차지한다. 미국식으로 물라토까지 흑인 인구에 포함하면 46%에 달한다. 높은 흑인 인구 비중으로 인해 브라질의 백인 지배계층은 인종갈등을 피할 목적으로 흑백 사이의 조화로운 공존을 시도했다. 그로 인해 혼혈의 가치를 인정하는 '인종민주주의' 이데올로기가 확산되었다. '인종민주주의'는 1980년대까지 국가적 이데올로기로 자리 잡았다. 그 결과 브라질에는 인종차별주의가 존재하지 않는다는 인식이 국내외적으로 널리 퍼졌다.

그러나 1970년대부터 젊은 흑인운동가들은 흑인정체성을 강조하기 시작했고, 인종민주주의를 하나의 신화라고 비판했다. 민주화 이후 1988년 헌법은 반인종주의 법을 규정했다. 이는 국가가 공식적 차원에서 처음으로 브라질에서 인종문제의 존재를 암묵적으로 인정하는 것을 의미했다. 이러한 인종차별주의 존재의 인식은 인종차별시정정책에 대한 관심을 불러왔다. 일부 진보적 성향의 주 정부들은 일찍이 인종차별시정정책을 적용했으나 연방정부는 사회적 반발에 부딪혀 1990년대까지 인종차별시정정책을 구체적으로 실현할 수 없었다. 그러나 2001년 남아공 더반에서 개최된 세계 반인종주의 콘퍼런스 이후 브라질 중앙정부의 입장에도 변화가 생겼다. 결국 2002년 5월 카르도수 대통령은 '전국인종차별시정정책 프로그램'에 서명했고, 룰라 정부도 그의 정책을 계승했다.

브라질에는 인종차별주의가 존재하지 않는다는 기존의 인식에도 불구하고 현실은 인종차별이 명백히 존재함을 보여주고 있다. 브라질의 지배 계층도 점차 이러한 현실을 인정하기 시작했다. 그 결과 2000년대에는 그의 완화를 위한 인종차별시정정책이 실현하기에까지 이르렀다. 그러나 이러한 정책의 변화는 결국 정부에 의해 주도되어 왔다. 브라질에서는 안데스 국가의 원주민 운동과 종족성 정치와 같은 강력한 흑인운동과 흑인 종족성 정치의 발전이 아직까지는 이루어지지 않고 있다.

한편 쿠바 흑인 인구의 비중은 약 10%이고, 물라토와 합하면 약 35% 정도이다. 쿠바는 라틴아메리카에서 브라질과 함께 흑인 인구의 비중도 높고 국가의 규모도 큰 몇 안 되는 국가 중 하나이다. 게다가 혁명을 겪기도 했기 때문에 이 국가에서 인종문제가 어떻게 전개되어 왔는가 하는 점은 매우 흥미롭다. 쿠바에서 흑인 노예제가 완전히 사라진 것은

1886년이다. 그러나 노예제의 폐지가 민족적 통합을 가져오지는 않았다. 정부의 통합 정책에도 불구하고 흑인들은 정치와 공직에서 배제되었다. 그에 따라 1912년에는 흑인들의 폭력적 시위가 발생했고, 쿠바의 인종 평등 신화도 소멸되었다. 그 후 백인 지배층은 '메스티사헤' 이데올로기를 강조하면서 인종문제에 대한 언급을 사실상 차단했다. 이런 상황에서 쿠바의 인종적으로 분리된 계급적 사회구조는 보다 공고화되어 갔다.

쿠바혁명은 계급적 착취구조를 붕괴시켰다. 따라서 대부분이 빈곤층인 흑인들의 차별 문제도 자동으로 사라졌다. 혁명정부의 다양한 사회 정책들은 쿠바의 뿌리 깊은 인종적 불평등을 급격히 감소시켰다. 그러나 1990년대 소련과 동구권의 붕괴로 인해 쿠바 경제가 위기에 직면하면서 인종적 차이는 다시 심화되기 시작했다. 위기에 대응하기 위한 정부의 다양한 개방 정책들이 인종적 불평등을 다시 불러온 것이다.

그 결과 1994년 흑인들이 다수를 차지하는 말레콘에서 폭동이 일어났다. 이 사건은 쿠바사회에 인종문제로 인한 갈등이 다시 고조되고 있음을 보여주는 상징적 사건이었다. 또한 혁명 후 처음으로 인종차별에 반대하는 흑인조직들이 탄생했다. 그에 따라 최근 카스트로 정부도 쿠바에서 인종차별주의의 존재를 인정하기에 이르렀다. 다시 말해 1990년대 이후 경제위기와 개방정책은 쿠바 사회의 뿌리 깊은 인종차별주의와 인종 간의 불평등을 다시 부각시켰고, 그로 인해 쿠바 사회에도 미약하나마 흑인운동의 싹이 다시 트기 시작하고 있다.

라틴아메리카 전체적으로 볼 때 종족성 정치의 발전은 아직까지 안데스 일부 국가에서만 이루어지고 있다. 게다가 안데스 국가들의 원주민 종족성 정치도 최근 좌파정부의 부상으로 다시 약화된 것처럼 보인다. 그러나 라틴아메리카 대부분의 국가에서 인종 간의 불평등과 인종차별주의의 존재는 너무나 명백하다. 다만 그로 인한 불만이 종족적 성격의 운동이나 종족성의 정치로 표출될 것인지, 아니면 기존의 정치적 틀 안에서 나타날 것이지는 상황에 따라서 다를 것이다. 라틴아메리카에서 메스티사헤를 통한 인종적 통합의 시도는 이제 더 이상 유효하지 않다. 메스티사헤는 라틴아메리카의 뿌리 깊은 인종적 불평등 문제를 해결하지 못했다. 따라서 라틴아메리카에서 종족성은 여전히 정치의 중요한 변수이다.

참고문헌

김기현(2005), 「라틴아메리카 원주민 인권: 문화적 다양성의 지향」, 『라틴아메리카연구』, Vol. 18, No. 3, pp. 85-119.

_____(2007), 「원주민 인권과 종족성의 정치: 볼리비아 사례를 중심으로」, 『라틴아메리카연구』, Vol. 20, No. 1, pp. 105-133.

미할리스 멘티니스(2009), 『사빠띠스따의 진화』, 갈무리.

애너 캐리건(2002), 「치아파스, 최초의 포스트모던혁명」, 후아나 폰세 데 레온 엮음, 『우리의 말이 우리의 무기입니다』, 해냄.

Adams, Richard N.(1994), "A Report on the Political Status of the Guatemalan Maya", Donna Lee Van Cott(ed.), *Indigenous Peoples and Democracy in Latin America*, NY: Inter-American Dialogue, pp. 155-186.

AIDESEP(2000), "Primer Boletín de la Asociación Interétnica de Desarrollo de la Selva Peruana", www.aidesep.org.pe

Albó, Xavier(1991), "El Retorno del Indio", *Revista andina,* Vol. 1, No. 2, 299-345.

_____(1994), "And from Kataristas to MNRistas? The Surprising and Bold Alliance between Aymaras and Neoliberales in Bolivia", Donna Lee Van Cott(ed.), *Indigenous Peoples and Democracy in Latin America*, NY: Inter-American Dialogue, pp. 55-81.

ANAMURI(Asociación Nacional de Mujeres Rurales e Indígenas)(2008), "Open letter to Bachelet", cited in R. Zibechi, "Historical Mapuche Hunger Strike Ends in Success", *Americas Policy Program Special Report,* Washington DC: Center for International Policy.

Andolina, Robert(1999), *Colonial Legacies and Plurinational Imaginaries: Indigenous Movement Politics in Ecuador and Bolivia.* Ph.D. diss., University of Minnesota.

Andrews, George Reid(1992), "Racial Inequality in Brazil and United States: A Statistical Comparison", *Journal of Social History*, Vol. 26, No. 2, Winter, pp. 229-264.

Balazote, Alejandro O. and Juan C. Radovich(1999), "Present Situation of Indigenous Populations in Argentina", *Culture Link*, August, pp. 157-163.

Barié, Cletus Gregor(2003), *Pueblos indígenas y derechos constitucionales en América Latina: un panorama*, 2nd. ed., México: Gobierno de la República.

Becker, Marc(2009), "Ecuador, popular and indigenous uprisings under the Corea government", Immanuel Ness (ed.), *International Encyclopedia of Revolution and Protest*, Blackwell Publishing, pp. 1058-1060.

Bengoa, J.(1991), *Historia del Pueblo Mapuche*, Santiago de Chile: Ediciones Sur.

Blue, Sarah A.(2007), "The Erosion of Racial Equality in the Context of Cuba's Dual Economy", *Latin American Politics and Society*, Vol. 49, No. 3, Fall, pp. 35-68.

Bonachea, Rolando E. and Nelson P. Valdés(eds.)(1972), *Revolutionary Struggle 1947-1958: Vol. 1*, Cambridge: MIT Press.

Briscoe, Ivan(2005), "The time of the underdog: rage and race in Latin America", *Open Democracy*, www.opendemocracy.net/democracy

Brown, Michael E. and Eduardo Fernández(1993), *War of Shadows: The Struggle for Utopia in the Peruvian Amazon*, Berkeley: University of California Press.

Campos Muñoz, Luis(2003), "Chile's Mapuche. Not yet 'pacified'", *NACLA Report on the Americas*, Vol. XXXVII, No. 1, July/August, pp. 32-43.

Cardenas, Lázaro(1978), "Discurso del Presidente de la República en el Primer Congreso Indigenista Interamericano, Pátzcuaro, Michoacán, 14 de abril de 1940", *Palabras y documentos públicos de Lázaro Cárdenas 1928-1974, Vol. I*, México: Siglo XXI, pp. 402-405.

Carneado, José Felipe(1962), "La discriminación racial en Cuba no volverá jamás", *Cuba Socialista,* Vol. 2, No. 5, pp. 54-67.

Carruthers, David and Patricia Rodriguez(2009), "Mapuche Protest, Environmental Conflict and Social Movement Linkage in Chile", *Third World Quarterly*, Vol. 30, No. 4, pp. 743-760.

Carvalho, Olavo de(1999), "Só preto, com preconceito", *República 3*, No. 32.

Castro, Fidel(1990), *Informe Central I, II, III. Congreso del Partido Comunista de Cuba*, La Habana: Editora Política.

CEE(Comité Estatal de Estadísticas) de Cuba, *Censo 1981 XVI, 2.*, Habana: CEE.

Center on Democratic Performance(2002a), "Bolivia 2002 Presidential Election", http://www.binghamton.edu

Center on Democratic Performance(2002b), "Bolivia 2002 Legislative Election", http://www.binghamton.edu

CEPAL(2006), *Pueblos indígenas y afrodescendientes de América Latina y el Caribe: información sociodemográfica para políticas y programas*, Santiago de Chile: Naciones Unidas.

CIA, *The World Factbook*,
https://www.cia.gov/library/publications/the-world-factbook/index.html

CNE(Corte Nacional Electoral)(2007), *Boletín Estadístico*. Año III, No. 7, 1-8, *www.cne.org.bo*

CNE(Consejo Nacional Electoral) de Ecuador, www.cne.gob.ec/

Comissão Pro-Indio(1979), *A Questão da Emancipação*, São Paulo: Editora Global.

DANE(Departamento Administrativo Nacional de Estadistica)(2007), *Colombia. Una Nación Multicultural. Su diversidad étnica*, Colombia: DANE.

Davis, Shelton(2002), "Indigenous Peoples, Poverty and Participatory Development: The Experience of the World Bank in Latin America", Rachel Sieder (Ed.), *Multiculturalism in Latin America*, England: Palgrave.

Defensoría del Pueblo(2000), *Situaciones de Afectación a los Derechos Políticos de los Pobladores de las Comunidades Nativas*, Serie Informes Defensoriales, no. 34, Lima, March.

Degregori, Carlos Iván(1998), "Movimientos étnicos, democracia y nación en Perú Bolivia", Claudia Dary(ed.), *La construcción de la nación y la representación ciudadana en México, Guatemala, Péru, Ecuador y Bolivia*, Guatemala: FLACSO, pp. 159-225.

De la Cadena, Marisol(2004), *Indígenas Mestizos. Raza y cultura en el Cusco*, Lima: Instituto de Estudios Peruanos.

De la Fuente, Alejandro(1995), "Race and Inequality in Cuba, 1899-1981", *Journal of Contemporary History*, Vol. 30, No. 1, January, pp. 131-168.

_____(1998), "Race, National Discourse, and Politics in Cuba: An Overview", *Latin American Perspectives*, Vol. 25, No. 3, May, pp. 43-69.

Deruyttere, Anne(1997), *Indigenous Peoples and Sustainable Development. The Role of the Inter-American Development Bank, Forum of the Americas, April 8*, Washington DC: IDB.

Diaz – Polanco, Héctor(1992), "El estado y los indígenas", *El nuevo estado mexicano vol. 3*, Guadalajara: Universidad de Guadalajara, CIESAS.

Dietz, Gunther(2004), "From Indigenismo to Zapatismo. The Struggle for Multi-ethnic Mexican Society", Nancy Grey Postero and Leon Zamosc (Ed.), *The Struggle for Indigenous Rights in Latin America*, England: Sussex Academic Press, pp. 32-80.

DGEEC Paraguay(2002), II Censo Nacional Indígena 2002, www.dgeec.gov.py

Dosh, Paul and Nicole Kligerman(2009), "Correa vs. Social Movements: Showdown in Ecuador", *NACLA Report on the Americas*, Sep.-Oct., Vol. 42, Issue 5, pp. 21-24.

Duharte, Rafael and Elsa Santos(1997), *El fantasma de la esclavitud: prejuicios raciales en Cuba y América Latina*, Bonn: Pahl-Rugenstein.

Dulitzky, Ariel E.(2000), *Assessment of the International Human Rights Law Group: Brazil Mission*, Washington, D.C.: International Human Rights Law Group.

Eaton, Kent H.(2006), "Bolivia at the Crossroads: Interpreting the December 2005 Election",

Strategic Insights, Vol V, Issue 2, February.

Eckstein, Susan(2001), "Epilogue. Where Have All the Movements Gone? Latin American Social Movements at the New Millenium", Susan Eckstein (ed.), *Power and Popular Protest. Latin American Social Movements*, California: University of California Press, pp. 351-406.

EZLN(1995a), *Documentos y Comunicados*, 2a. ed., México: ERA.

_____(1995b), *Documentos y Comunicados 2*, México: ERA.

_____(1996), "Hoy decimos: Aquí estamos! Somos la dignidad rebelde, el corazón de la patria!", es.wikisource.org

_____(2005), "La otra Cammpaña", es.wikisource.org

Fernández Fontenoy, Carlos(2000), "Sistema político, indigenismo y movimiento campesino en el Perú", in Julie Massal and Marcelo Bonilla (eds.), *Los movimientos sociales en las democracias andinas*, Quito: FLACSO, IFEA, pp. 193-211.

Fischer, Edward(2004), "Beyond Victimization: Maya Movements in Post-war Guatemala", Nancy Grey Postero and Leon Zamosc (Ed.), *The Struggle for Indigenous Rights in Latin America*, England: Sussex Academic Press, pp. 81-104.

Fuentes, Federico(2007), "Ecuador: The Indigenous Movement and President Correa", *Green Left Weekly*, August 04, www.globalexchange.org/countries/americas/ecuador/4905.html

Fundação Nacional do Indio(2007), www.survival.es/sobre/funai

García Sánchez, Miguel(2001), "La Democracia Colombiana: Entre las reformas institucionales y la guerra. Una Aproximación al desempeño de las terceras fuerzas en las alcaldías municipales. 1988-2000", *Paper prepared for presentation at 2001 Congreso of the Latin American Studies Association*, Washington D.C., Sep. 6-8.

García, María Elena and José Antonio Lucero(2004), "Un país sin Indígenas? Rethinking Indigenous Politics in Peru", Nancy Grey Postero and Leon Zamosc (ed.), *The Struggle for Indigenous Rights in Latin America*, Brighton: Sussex Academic Press, pp. 158-188.

Gelles, Paul H.(2002), "Andean Culture, Indigenous Identity, and the State in Peru", David Maybury-Lewis (ed.), *The Politics of Ethnicity: Indigenous Peoples in Latin American States*, Massachusetts: Harvard University Press, pp. 239-266.

Greene, Shane(2005), "Incas, Indios and Indigenism in Peru", *NACLA Report on the Americas*, Vol. 38, Issue 4, pp. 34-39.

Guillén, Nicolás(1976), "Don Fernando", *Prosa de Prisa, Vol. 2*, La Habana: Editorial Arte y Literatura, pp. 337-338.

Gustafson, Bret(2002), "Paradoxes of Liberal Indigenism: Indigenous Movements, State Processes, and Intercultural Reform in Bolivia", Maybury-Lewis, David (ed.), *The Politics of Ethnicity: Indigenous Peoples in Latin American States,* Cambridge: Harvard University

Press, pp. 265-306.

Hale, Charles(2002), "Does multiculturalism menace? Governance, cultural rights, and the politics of identity in Guatemala", *Journal of Latin American Studies*, No. 34, pp. 485-524.

Hall, Gillette and Harry Anthony Patrinos, *Pueblos indígenas, pobreza y desarrollo humano en América Latina 1994-2004*, Washington DC: Banco Mundial.

Hanchard, Michael(1994), *Orpheus and power: The Movimiento Negro in Rio de Janeiro and São Paulo, Brazil, 1945-1988*, Princeton, NJ: Princeton University Press.

_____(2005), *Racial Politics in Contemporary Brazil*, NC: Duke University Press.

Handelman, Howard(1975), *Struggle in the Andes. Peasant Political Mobilization in Peru*, Austin: University of Texas Press.

Helders, Stefan(2001), www.world-gazetteer.com/fr/fr_py.htm. The World Gazetteer. May 26.

Helg, Aline(1995), *Our Rightful Share: The Afro-Cuban Struggle for Equality, 1886-1912*, NC: The University of North Carolina Press.

Heringer, Rosana(2000), "Mepeamento das Ações e Discursos de Combate As Desigualdades Raciais no Brasil", *Estudos Afro-Asiaticos*.

Hernández Castillo, Rosalva Aída et al.(2004), *El Estado y los indígenas en tiempos del PAN: Neoindigenismo, legalidad e identidad*, Mexico City: CIESAS/Porrúa. and Victoria J. Furio(2006), "The Indigenous Movement in Mexico: Between Electoral Politics and Local Resistance", *Latin American Perspectives*, Vol. 33, No. 2, pp. 115-131.

Herrera Salas, Jesús Maria(2005), "Ethnicity and Revolution: The Political Economy of Racism in Venezuela", *Latin American Perspectives*, Vol. 32, No. 2, Mar., pp. 72-91.

IBGE(Instituto Brasileiro de Geografia e Estatistica)(1983), *O Lugar do Negro na Força de Trabalho*, Rio de Janeiro: IBGE.

_____(2005), *Uma análisis dos indígenas com base nos resultados da amostra dos Censos Demográficos 1991 e 2000*, Rio de Janeiro: IBGE.

_____(2009), *Pesquisa Nacional por Amostra de Domicílios. Síntesis de Indicadores 2009*, Rio de Janeiro: IBGE.

IFES, Election Guide, www.electionguide.org/results.php?ID

INAH(Instituto Nacional de Antropología e Historia)(1987), *Dinámica de la Población de Habla Indígena(1900-1980)*, D.F.: INAH.

INDEC(Instituto Nacional de Estadísticas y Censo), Argentina(2005), *Encuesta Complementaria de Pueblos Indígenas, 2004-2005*, www.indec.gov.ar

INE(Instituto Nacional de Estadística) de Boilivia(2001), *Bolivia: Población Total, Por Condició n Indígena y Área de Residencia Según Departamento, Censo 2001*, Bolivia: INE.

INE de Chile(2003), *Censo 2002*, Santiago de Chile: Empresa Periodistica La Nación S.A.

INE(Instituto Nacional de Estadística) de Guatemala(2002), *Censo Nacional XI de Población VI de Habitación*, Guatemala: INE.

INE(Instituto Nacional de Estadística) de Venezuela(2001), *XIII Censo de Población y Vivienda*, Venezuela: INE.

INEC(Instituto Nacional de Estadísticas y Censos), *La población indígena del Ecuador*, www.inec.gov.ec

INEI(2007), *Censos Nacionales 2007. Sistema: Indicadores Demográficas*, Perú: INEI.

INEGI(Instituto Nacional de Estadística y Geografia)de México, www.inegi.org.mx

Iturralde, Diego(1998), "Movimientos indígenas y contiendas electorales: Ecuador y Bolivia", Miguel A Bartolomé and Alicia M. Barabas (ed.), *Autonomías étnicas y estados nacionales*, México: Conaculta.

Jackson, Jean E., and Kay V. Warren (eds.)(2002), *Indigenous Movements, Self-Representation and the State in Latin America*. Austin: University of Texas Press.

Jonas, Susanne(2002), "Guatemala", Harry E. Vanden and Garry Prevost (ed.), *Politics of Latin America. The Power Game*, NY: Oxford University Press, pp. 252-283.

Keck, Margaret E. and Kathryn Sikkink(1998), *Activists Beyond Borders: Advocacy Networks in International Politics*. Ithaca, N.Y.: Cornell University Press.

Kid, Stephen(1997), "Tierra, política y chamanismo benévolo. Los indígenas Enxet en un Paraguay democrático", *Suplemento Antropológico*, December.

Latinamerica Press(2001), "Sustainable for Whom?", *Latinamerica Press* 33, 45-6, Dec. 17th, p. I-12.

Laurent, Virginie(2008), "Organizacions indigenas, estrategias electorales y representación en Colombia. Reflexiones acerca de la reforma política de 2003", *Ponencia presentada en el 1er Congreso Colombiano de Ciencia Política*, Bogota, Universidad de Andes.

Lee, Susana(1998), "El primer requisito", *Granma*, Habana, April 23.

Macdonald, Jr. Theodore(2002), "Ecuador's Indian Movement: Pawn in a Short Game or Agent in State Reconfiguration?", David Maybury-Lewis (ed.), *The Politics of Ethnicity: Indigenous Peoples in Latin American States*, Massachusetts: Harvard University Press, pp. 169-198.

Maggie, Yvonne(1991), *A Ilusão do Concreto. Análise do Sistema de Classificação no Brasil*, Ph.D. dissertation, Rio de Janeiro: Universidade Federal do Rio de Janeiro.

Mariqueo, V.(1979), "The Mapuche Tragedy", *Chile 1979*, Copenhagen: IWGIA.

Marroquín, Alejandro D.(1972), *Balance del indigenismo*, Mexico: Instituto Indigenista Interamericano, Ediciones especiales, No. 62.

Martí, José(1992), *Obras Escogidas, Vol. 3*, La Habana: Editorial de Ciencias Sociales.

Maybury-Lewis(2002), "For Reasons of State: Paradoxes of Indigenist Policy in Brazil",

David Maybury-Lewis (ed.), *The Politics of Ethnicity: Indigenous Peoples in Latin American States*, Massachusetts: Harvard University Press, pp. 329-346.

Mayorga, René Antonio(2005), "Bolivia's Democracy at the Crossroad", Frances Hagopian and Scott P. Mainwaring (ed.), *The Third Wave of Democratization in Latin America. Advances and Setbacks*, NY: Cambridge University Press, pp. 149-178.

Millaman, Rosamel(2001), "Mapuches Press for Autonomy", NACLA Report on the Americas, Vol. XXXV, No. 2, September/October, pp. 10-12.

Mitchell, Michael(1985), "Blacks and the Abertura Democratica", Pierre-Michel Fontain (ed.), *Race, Class and Power in Brazil*, Los Angeles: UCLA Center for Afro-American Studies.

Montoya Rojas, Rodrigo(1993), "Libertad, democracia y problema étnico en el Perú rural", in Carlos Iván Degregori (ed.), *Democracia, etnicidad y violencia política en los países andinos*, Lima: IFEA, IEP, pp. 103-112.

Morales, Mario Roberto(1993), "Hegemonía ladina y guerra étnica", *Prensa Libre*, 22 de agosto, p. 10.

_____(2009), "Hacia una teoría del mestizaje intercultural diferenciado", *Revista Iberoamericana*, Vol. 20, No. 2, pp. 221-251.

Nigh, Ronald(1994), "Zapata Rose in 1994: The Indian Rebellion in Chiapas", *Cultural Survival Quarterly*, Vol. 18, No. 1, pp. 9-11.

OAS(2001), *Country Report-Paraguay: Pueblos Indígenas*, Washington DC: OAS.

OCEI(Oficina Central de Estadistica e Informática)(1993), *Censo Indígena Venezuela. 1992*, Venezuela: OCEI.

ONE(Oficina Nacional de Estadisticas)de Cuba, Censo 2002, www.one.처

_____. CEPDE(2009), *La Medición del Color de la Piel en los Censos de Población y Viviendas*, Cuba: ONE.

Ortega, Hugo O.(1996), "A 500 Años, Los pueblos indios en la Argentina", in Eulogio Frites, Hugo O. Ortega and Roberto L. Bozzano (eds.), *Abya-Yala. La tierra de los pueblos indios*, BA: Asamblea Permanente por los Derechos Humanos. Comisión de Pueblos Indígenas, pp. 11-22.

Ortiz, Fernando(1943), "Por la integración cubana de blancos y negros", *Revista Bimestre Cubana*, NO. 51, pp. 256-272.

Pallares, Amalia (2002), *From Peasant Struggles to Indian Resistance. The Ecuadorian Andes in the Late Twentieth Century*, Norman: University of Oklahoma Press.

Pedraza, Silvia(2007), *Political disaffection in Cuba's revolution and exodus*, NY: Cambridge University Press.

Pérez, Louis A. Jr.(1986), "Politics, Peasants, and People of Color: The 1912 'Race War' in Cuba Reconsidered", *Hispanic American Historical Review*, Vol. 66, No. 3, August.

Petras, James(1997), "Latin America: The Resurgence of the Left", *New Left Review*, No. 223, May/June, pp. 17-47.

Plant, Roger(2002), "Latin America's Multiculturalism: Economic and Agrarian Dimensions", Rachel Sieder (Ed.), *Multiculturalism in Latin America*, England: Palgrave.

Postero, Nancy Grey(2004), "Articulation and Fragmentation. Indigenous Politics in Bolivia", Nancy Grey Postero and Leon Zamosc (Ed.), *The Struggle for Indigenous Rights in Latin America*, England: Sussex Academic Press, pp. 189-216.

Psacharopoulos, George and Harry Anthony Patrinos(1996), *Indigenous People and Poverty in Latin America*, Brookfield: Avebury.

Ramos, Alcida Rita(1991), "Os Direitos do Indio no Brasil: Na Encruzilhada da Cidadanía", *Serie Antropologia 116*, Brasília: Universidade de Brasília.

Regnault, Blas(2006), "La asistencia escolar de la población indígena venezolana", in Cepal, *Pueblos indígenas y afrodescendientes de América Latina y el Caribe: información sociodemográfica para políticas y programas*, Santiago de Chile: Naciones Unidas, pp. 167-196.

Reed, Richard(2002), "New Rules for the Game: Paraguayan Indigenous Groups and the Transition to Democracy", David Maybury-Lewis (ed.), *The Politics of Ethnicity: Indigenous Peoples in Latin American States*, Massachusetts: Harvard University Press, pp. 308-328.

Remy, María Isabel(1994), "The indigenous population and the construction of democracy in Peru", Donna Lee Van Cott (ed.), *Indigenous Peoples and Democracy in Latin America*, NY: Inter-American Dialogue, pp. 107-130.

Rénique, José Luis(1998), "Apogee and Crisis of a 'Third Path': Mariateguismo, People's War and Counterinsurgency in Puno, 1987-1994", in Steve J. Stern (ed.), *Shining and Other Paths. War and Society in Peru, 1980-1995*, Durham, NC: Duke University Press, pp. 307-338.

Rivera Cusicanqui, Silvia(1987), *Oppressed but not defeated, Peasant Struggles among the Aymara and Quechua in Bolivia, 1900-1980*, Switzerland: United Nations Research Institute for Social Development.

Rivero Pinto, Wigberto(2006), *Pueblos Indígenas de Bolivia*, www.amazonia.bo/pueblos.php

Roberts, Kenneth M.(1998), *Deepening Democracy? The Modern Left and Social Movements in Chile and Peru*, Stanford: Stanford University Press.

Rubin, Jeffrey(1998), "Ambiguity and Contradiction in a Radical Popular Movement", Sonia E. Alvarez, Evelina Dagnino, and Arturo Escobar (ed.), *Cultures of Politics, Politics of Cultures: Re-visioning Latin American Social Movements*, Boulder Colo.: Westview Press, pp. 141-164.

Rus, Jan(1995), "Local Adaptation to Global Change: The Reordering of Native Society in

Highland Chipas, Mexico, 1974-1994", *European Review of Latin American and Caribbean Studies*, No. 58, pp. 71-89.

Salvador Barrios, Oscar(2006), "La experiencia paraguaya del Censo Nacional Indigena 2002", CEPAL, *Pueblos indígenas y afrodescendientes de América Latina y el Caribe: información sociodemográfica para políticas y programas*, Santiago de Chile: Naciones Unidas, pp. 357-377.

Sawyer, Mark Q.(2006), *Racial Politics in Post-Revolutionary Cuba*, NY: Cambridge University Press.

Schaefer, Timo(2009), "Engaging Modernity: the political making of indigenous movements in Bolivia and Ecuador, 1900-2008", *Third World Quarterly*, Vol. 30, No. 2, pp. 397-413.

Schirmer, Jennifer(2002), "Appropriating the Indigenous, Creating Complicity: The Guatemalan Military and the Sanctioned Maya", David Maybury-Lewis (ed.), *The Politics of Ethnicity: Indigenous Peoples in Latin American States*, Massachusetts: Harvard University Press, pp. 51-77.

Selverston, Melina H.(1994), "The politics of culture: indigenous peoples and the state in Ecuador", Donna Lee Van Cott (ed.), *Indigenous Peoples and Democracy in Latin America*, NY: Inter-American Dialogue, pp. 131-152.

Serbín, Andrés(1981), "Las organizaciones indígenas en la Argentina", *América Indígena*, Vol. XLI, No. 3, July-September, pp. 407-433.

Servindi(2002), "COPIPP elige Consejo Directivo y afianza unidad indigena nacional", *Servindi-Servicio de Información Indígena,* 15, Oct., pp. 1-4.

_____(2003), "Inician campaña para incluir derechos indigenas en Constitución Política", *Servindi-Servicio de Información Indígena,* 20, Feb. pp. 1-2.

Sieder, Rachel (ed.)(2002), *Multiculturalism in Latin America: Indigenous Rights, Diversity and Democracy*. Houndsmills, England: Palgrave Press.

Singer, Matthew M.(2006), "The presidential and parliamentary elections in Bolivia, December 2005", *Electoral Studies*, XX, pp. 1-5.

Skidmore, Thomas E. and Peter H. Smith(1984), *Modern Latin America*, USA: Oxford University Press.

Smith, Richard Chase(1996), "Las políticas de la diversidad. Coica y las Federaciones Etnicas de la Amazonia", in Stefano Varese(coord.), *Pueblos indios, soberanía y globalismo*, Quito: Biblioteca Abya Yala, pp. 81-125.

Starn, Orin(1998), "Villagers at Arms: War and Counterrevolution in the Central-South Andes", in Steve J. Stern (ed.), *Shining and Other Paths. War and Society in Peru, 1980-1995*, Durham, NC: Duke University Press, pp. 224-257.

Stavenhagen, Rodolfo (2002), "Indigenous Peoples and the State in Latin America: An Ongoing Debate", Rachel Sieder (ed.), *Multiculturalism in Latin America*, England: Palgrave.

Sznajder, Mario(2003), "Ethnodevelopment and Democratic Consolidation in Chile: The Mapuche Question", Eric D. Langer and Elena Muñoz (ed.), *Contemporary Indigenous Movements in Latin America*, Wilmington, DE: Scholarly Resources Inc.

Tanaka, Martin(1998), *Los espejismos de la democracia: El colapso del sistema de partidos en el Perú, 1980-1995, en perspectiva comparada*, Lima: Instituto de Estudios Peruanos.

Telles, Edward E.(2004), *Race in Another America. The Significance of Skin Color in Brazil*, New Jersey: Princeton University Press.

Tena, Gerardo(1999), "Los 'ríos blancos' irrumpen en las filas de la disidencia", *El Nuevo Heraldo*, October 2.

Terwindt, Carolijn(2009), "The Demands of the'trué Mapuche: Ethnic Political Mobilization in the Mapuche Movement", *Nationalism and Ethnic Politics*, No. 15, pp. 237-257.

The Economist(2004), "A political awakening. Indigenous people in South America", *The Economist*, Feb. 19th.

_____(2008), "The other Brazil", *The Economist*, Nov. 20th.

_____(2009a), "Indigenous Venezuelans get welfare but, so far, not much land", *The Economist*, Jan. 15th.

_____(2009b), "Black Colombians suffer 'structural discrimination'", *The Economist*, Jul. 30th.

Torres-Rivas(2008), "Las elecciones de 2007: la dolorosa búsqueda de lo nuevo", www.albe-drio.blogspot.com

Tresierra, Julio C.(1995), "Mexico: Indigenous Peoples and the Nation-State", Donna Lee Van Cott (ed.), *Indigenous Peoples and Democracy in Latin America*, NY: St. Martin's Press, pp. 187-210.

Vanden, Harry E. and Gary Prevost(2002), *Politics of Latin America. The Power Game*, N.Y.: Oxford University Press.

Van Cott, Donna Lee(2000a), "A Political Analysis of Legal Pluralism in Bolivia and Colombia", *Journal of Latin American Studies*, Vol. 32, No. 1, pp. 207-34.

_____(2000b), "Bolivia: The Construction of a Multiethnic Democracy", Howard J. Wiarda and Harvey F. Kline (ed.), *Latin American Politics and Development*, 5th ed., Colorado: Westview Press, pp. 331-349.

_____(2002), "Constitutional Reform in the Andes: Redefining Indige-nous-State Relations", Rachel Sieder (ed.), *Multiculturalism in Latin America*, England: Palgrave.

_____(2003), "Andean Indigenous Movements and Constitutional Trans-formation: Venezuela in Comparative Perspective", _Latin American Perspectives_, Vol. 30, No. 1, Jan., pp. 49-69.

_____(2005), _From Movements to Parties in Latin America. The Evolution of Ethnic Politics_, NY: Cambridge University Press.

Warren, Kay B.(1998), _Indigenous Movements and their Critics: Pan-Maya Activism in Guatemala_, Princeton: Princeton University Press.

_____(2002), "Voting against Indigenous Rights in Guatemala. Lessons from the 1994 Referendum", Kay B. Warren and Jean E. Jackson (ed.), _Indigenous Movements, Self-Representation, and the State in Latin America_, Austin: University of Texas Press, pp. 149-180.

Wikipedia, _File: Pueblos originarios de Bolivia_,

http://en.wikipedia.org/wiki/File:Pueblos_originarios_de_Bolivia.png

Yashar, Deborah J.(1998), "Contesting Citizenship: Indigenous Movements and Democracy in Latin America", _Comparative Politics_, Vol. 31, No. 1, October, pp. 23-42.

Yrigoyen Fajardo, Raquel(2002), "Peru: Pluralist Constitution, Monist Judiciary-A Post-Reform Assessment", Rachel Sieder (ed.), _Multiculturalism in Latin America_, England: Palgrave.

Zamosc, Leon(2004), "The Ecuadorian Indian Movement. From Politics of Influence to Politics of Power", Nancy Grey Postero and Leon Zamosc (ed.), _The Struggle for Indigenous Rights in Latin America_, Brighton: Sussex Academic Press, pp. 131-157.

인터넷 사이트

http://afrocubaweb.com/census2002.htm

www.aicocolombia.org

www.aymaranet.org

"¿Evo Indígena o mestizo?", www.bolpress.com/art.php?Cod=2006012217

www.conavigua.org.gt

www.escuelavirtual.registraduria.gov.co

www.gam.org.gt

www.historyofcuba.com

www.iwgia.org

www.miamiherald.com

www.onic.org.co

www.opiac.org.co

www.todacolombia.com/etnias/etniasdecolombia.html

색 인

김기현 ─────────────

한국외국어대학교 서반아어학과를 졸업하고, 멕시코국립자치대학교(UNAM) 정치사회과학대학
에서 중남미지역학 석사와 박사학위를 받았다. 현재 선문대학교 스페인어중남미학과 교수로 재
직하고 있으며, 동 대학 중남미연구소장직을 맡고 있다. 대외적으로는 한국라틴아메리카학회 총
무이사를 거쳐 현재 부회장직을 맡고 있으며, 외교통상부 정책자문위원직을 수행하고 있기도 하다.
주요 저서로는 『질문으로 풀어주는 멕시코』(2009), 『라틴아메리카 경제의 이해: 자원, 불평등, 그
리고 개혁』(2011)이 있고, 역서로는 『라틴아메리카 자본주의 발달사』(2009)가 있다.
최근에는 종족과 정치, 그리고 자원개발과 경제발전 등의 문제에 관심을 가지고 있으며, 주요 논
문으로는 「브라질 룰라 정부의 에너지 정책: 실용적 국가통제의 강화」(포르투갈-브라질 연구,
2011), 「페루, 에콰도르 아마존 지역의 석유개발과 환경사회운동」(이베로아메리카 연구, 2011), 「라
틴아메리카 원주민은 종족 정체성을 회복하고 있는가?」(라틴아메리카 연구, 2010) 등이 있다.

라틴아메리카
인종과 정치

초 판 인 쇄 | 2012년 11월 30일
초 판 발 행 | 2012년 11월 30일

지 은 이 | 김기현
펴 낸 이 | 채종준
펴 낸 곳 | 한국학술정보㈜
주   소 | 경기도 파주시 문발동 파주출판문화정보산업단지 513-5
전   화 | 031) 908-3181(대표)
팩   스 | 031) 908-3189
홈 페 이 지 | http://ebook.kstudy.com
E-mail | 출판사업부 publish@kstudy.com
등   록 | 제일산-115호(2000. 6. 19)

ISBN   978-89-268-3901-0 93330 (Paper Book)
        978-89-268-3902-7 95330 (e-Book)